Kornelia Steinhardt, Christian Büttner & Burkhard Müller (Hg.)

Kinder zwischen drei und sechs.
Bildungsprozesse und Psychoanalytische Pädagogik im Vorschulalter

Jahrbuch für Psychoanalytische Pädagogik 15

Jahrbuch für Psychoanalytische Pädagogik

Kornelia Steinhardt, Christian Büttner &
Burkhard Müller (Hg.)

Kinder zwischen drei und sechs

Bildungsprozesse & Psychoanalytische Pädagogik im Vorschulalter

Jahrbuch für Psychoanalytische Pädagogik 15

Mitbegründet von Hans-Georg Trescher (†)
Herausgegeben von
Wilfried Datler, Urte Finger-Trescher, Christian Büttner,
Johannes Gstach & Kornelia Steinhardt
im Auftrag des Frankfurter Arbeitskreises für
Psychoanalytische Pädagogik

Psychosozial-Verlag

Gedruckt mit Förderung des Bundesministeriums
für Bildung, Wissenschaft und Kultur in Wien

Bibliografische Information der Deutschen Nationalbibliothek
Die Deutsche Nationalbibliothek verzeichnet diese Publikation in der Deutschen Nationalbibliografie; detaillierte bibliografische Daten sind im Internet über <http://dnb.d-nb.de> abrufbar.

E-Mail: info@psychosozial-verlag.de
www.psychosozial-verlag.de

Umschlagabbildung:
Albert Edelfelt: »Saturday Evening at Hammars« (Detail), 1885.
Umschlaggestaltung nach Entwürfen des Ateliers Warminski, Büdingen.
ISBN978-3-89806-391-3

Inhalt

Editorial

Die Lebenswelt(en) eines Kindes, seine Erfahrungsräume und seine Möglichkeiten, die Verarbeitung seines Erlebens auf manifester und latenter Ebene sind grundlegende Themen der Psychoanalytischen Pädagogik. Daher gab es in den letzten Jahrbüchern immer wieder Themenschwerpunkte, die den Blick auf unterschiedliche Aspekte des Aufwachsens von Kindern und Jugendlichen richteten. So wurde im Jahrbuch 12 über »Das selbständige Kind« nachgedacht, im Jahrbuch 11 »Gestalten der Familie – Beziehungen im Wandel« aufgezeigt und im Jahrbuch 10 »Die frühe Kindheit« – Entwicklungsprozesse im ersten Lebensjahr näher beleuchtet.

In Deutschland und in Österreich wurde nach den letzten Ergebnissen der PISA-Studie, die in beiden Ländern eher mäßig ausgefallen sind, heftig darüber diskutiert, welche Verbesserungen im Schulsystem notwendig wären, um die Schulleistungen der Schülerinnen und Schüler zu heben. Dabei wird immer wieder auf die Bedeutung der Vorschulzeit verwiesen. Denn schon hier werden die Grundbausteine für die kindliche Leistungsfähigkeit gelegt. Der Vorschulbereich ist damit verstärkt ins Blickfeld des öffentlichen Interesses gerückt. Der Kindergarten alten Stils hat ausgedient, er wird zur Bildungseinrichtung umstrukturiert und muss neuen Anforderungen genügen. Das zeigt sich in zahlreichen Aktivitäten im und für den Vorschulbereich: Bildungspläne werden erstellt, neue Strukturen aufgebaut, Qualitätsstandards entwickelt u.a.m. Diese Veränderungsprozesse regen an, darüber nachzudenken, wie Vorschulkinder auf die sich stellenden Anforderungen reagieren und wie Bildungsprozesse im Vorschulalter aus psychoanalytisch-pädagogischer Perspektive verstanden werden können. Daher widmet sich der Themenschwerpunkt dieses Jahrbuchs »Kindern zwischen drei und sechs – Bildungsprozesse und Psychoanalytische Pädagogik im Vorschulalter«.

Das Thema wird nach einer Einführung von *Kornelia Steinhardt* in den Beiträgen von *Rolf Göppel, Gertrude Bogyi, Gerd E. Schäfer, Martin R. Textor, Helmuth Figdor, Iram Siraj-Blatchford, Kathy Sylva, Brenda Taggart, Edward Melhuish, Pam Sammons, Karen Elliot, Cath Arnold, Colette Tait* und *Daniela Kobelt Neuhaus* aus vielfältigen Perspektiven behandelt.

Eine Besonderheit dieses Jahrbuchs stellt die »Kritische Glosse« dar, die von *Hans Füchtner* verfasst wurde. In Weiterführung des Themenschwerpunkts setzt er sich in seiner realsatirisch zu lesenden Abhandlung mit der »Ich-AG Dreikäsehoch« auseinander. Anhand zahlreicher Zitate aus renommierten Zeitungen und Zeitschriften zeigt Hans Füchtner auf, dass im Vorschul- und Schulbereich mittlerweile der Trend vorherrscht, mit Grundhaltungen der Ökonomie an Erziehungs- und Bildungsfragen heranzugehen. Aus dem spielenden Kind wird ein Umsetzer kreativer Ideen, die es optimaler Weise auch noch unternehmerisch verwertet. Es soll als kleine Ich-AG Unternehmergeist entwickeln, der von der Gesellschaft gewürdigt und belohnt wird.

Der Autor verweist nicht ohne Ironie darauf, dass sich die Psychoanalytische Pädagogik hier noch nicht in ausreichendem Maße in den Diskurs eingelassen hat.

Ein fixer Bestandteil des Jahrbuchs ist – wie auch schon in allen vorangegangen – die thematisch gegliederte Literaturübersicht über die Neuerscheinungen zur Psychoanalytischen Pädagogik, in der die zentralen Gedanken der einzelnen Publikationen vorgestellt werden. Auch im diesjährigen Review-Artikel, der von *Kathrin Fleischmann* und *Elisabeth Vock* verfasst wurde, ist zu sehen, in welch weit gefassten Themenspektrum Beiträge zur Psychoanalytischen Pädagogik publiziert werden. Den Abschluss des Jahrbuchs bilden wie immer die Rezensionen von aktuell erschienen Büchern im Bereich der Psychoanalytischen Pädagogik.

Die Redaktion

Themenschwerpunkt: Kinder zwischen drei und sechs. Bildungsprozesse und Psychoanalytische Pädagogik im Vorschulalter.

Kinder zwischen drei und sechs: eine »neue« Herausforderung für die Psychoanalytische Pädagogik?

Kornelia Steinhardt

Schon Sigmund Freud betonte, dass die ersten Lebensjahre für die weitere Entwicklung des Menschen von eminenter Bedeutung sind. Er sah in ihnen *die* entscheidende Lebensperiode, in der die Kinder dem Einfluss von Erziehung am ehesten zugänglich sind. Allerdings maßen Eltern wie auch Pädagoginnen und Pädagogen, wie Freud kritisch anmerkte, dieser Lebensspanne nicht jene Wichtigkeit zu, die ihr seiner Meinung nach zustand. Doch er blieb optimistisch und schrieb,

> »vielleicht lassen sie (die Erzieher, Anm. K.S.) sich durch die Ergebnisse der Psychoanalyse noch dazu bewegen, den Hauptnachdruck der Erziehung auf die ersten Kinderjahre, vom Säuglingsalter an, zu verlegen. Der kleine Mensch ist oft mit dem vierten oder fünften Jahr schon fertig und bringt später nur allmählich zum Vorschein, was bereits in ihm steckt« (Freud 1917, 369).

Mehr darüber zu erfahren, wie kindliche Entwicklungsprozesse ablaufen, wie Kinder im Vorschulalter die vielfältigen Erlebnisse innerpsychisch verarbeiten, welchen Einfluss Erziehende auf die Kinder haben, war auch für Anna Freud von besonderem Interesse. Sie beschränkte sich nicht nur auf punktuelle Beobachtungen von Kindern im familiären Umfeld, sondern nutzte Räume der institutionellen Kleinkinderziehung zur intensiven Erkundung. Dies begann schon in den 30er Jahren des vorigen Jahrhunderts in den Jackson Nurseries in Wien und fand seine Fortsetzung in den Hampstead Nurseries in London. Die MitarbeiterInnen der Nurseries waren angehalten, die Kinder in ihrem Tun, ihren Interaktionen und Beziehungsgestaltungen zu beobachten und alles aufzuschreiben, was sie sahen (A. Freud 1980). Dabei kam in den Blick, dass das Kind das Zusammensein mit Gleichaltrigen und Erzieherinnen im Rahmen einer Institution als haltend und stützend, aber auch als bedrohlich und ängstigend erleben kann, dass der Gestaltung des Lebensraums Kindergarten und den darin gelebten Beziehungen große Bedeutung zukommt, wie Kinder mit Trennungen von den Eltern umgehen, wie sie ihren Schmerz darüber zeigen und wie sie ihn verarbeiten.

Die Pädagogin Nelly Wolffheim sah in der Psychoanalyse ein wichtiges Instrumentarium, kindliches Verhalten besser zu verstehen und Erziehungsprozesse in Kindergärten den kindlichen Bedürfnissen angemessen zu gestalten. Sie bemühte sich daher schon in den 20er Jahren des vorigen Jahrhunderts in einem von ihr geleiteten Privatkindergarten in Berlin psychoanalytische Erkenntnisse umzusetzen und Kindergartenpädagoginnen psychoanalytisch zu schulen (Wolffheim 1966).

War die Betreuung von Drei- bis Sechsjährigen in pädagogischen Einrichtungen in der ersten Hälfte des vorigen Jahrhunderts noch nicht selbstverständlich, hat sie sich heute beinahe flächendeckend etabliert. Die institutionelle Vorschulerziehung wird als wichtiger Rahmen für soziale, emotionale und kognitive Entwicklungsprozesse in einer Peergroup mit Unterstützung pädagogisch ausgebildeter Erwachsener gesehen. Doch die Vorschulpädagogik in Kindertagesstätten bzw. Kindergärten sieht sich gegenwärtig massiven Anforderungen nach Veränderungen ausgesetzt, denen in vielen Einrichtungen offensiv begegnet wird, die aber mancherorts auch Verunsicherung und Ängste hervorrufen:

- Kindergärten stellen Orte dar, in denen Kinder vielfältige neue Erfahrungen machen, sind aber zugleich jene Orte, in die die Kinder ihre vielgestaltigen familiären und außerfamiliären Erlebniswelten einbringen. Die Vorschulerziehung hat sich daher den veränderten gesellschaftlichen Bedingungen des Aufwachsens zu stellen, was bedeutet, dass die Einrichtungen gleichsam als Container fungieren sollen, in dem die Kinder bei der emotionalen Verarbeitung der Erfahrungen, die sie außerhalb der Einrichtung gemacht haben, begleitet und unterstützt werden.
- Um pädagogisch angemessen auf die steigenden Anforderungen reagieren zu können, braucht es professionell handelnde MitarbeiterInnen und LeiterInnen, die im Sinne von Donald Schön (1983) die Fähigkeit haben, während und nach Arbeitsprozessen das Erlebte reflektieren und neu bewerten zu können. Bemühungen um verstärkte Professionalisierung sind vielerorts zu sehen.[1]
- Der gesellschaftliche Anspruch, dass Kinder in den Vorschuleinrichtungen gezielt kognitiv gefördert werden, steigt. Insbesondere nach den eher enttäuschenden Ergebnissen der PISA-Studie wird vermehrt nachgefragt, wie Kinder in Vorschulinstitutionen bei (natur-)wissenschaftlichen Lernprozessen unterstützt werden. Allgemeiner formuliert wird darüber diskutiert, welchen Erziehungs- und Bildungszielen die Vorschulerziehung nachkommen soll.

---

[1] Allerdings werden weder in Deutschland noch in Österreich Schritte gesetzt, um die Ausbildung auf Hochschulniveau zu heben, was im Sinne der Professionalisierung unerlässlich wäre.

Der letztgenannte Aspekt verweist darauf, dass Kindergärten als Bildungsinstitutionen zu verstehen und zu gestalten sind und dass es nicht ausreicht, die Zeit mit Beschäftigungen zu füllen. Über die Frage, was unter Bildung im Vorschulalter zu verstehen ist, wird seit einigen Jahren in Deutschland intensiv diskutiert und es mündet(e) in die Erstellung von Bildungsplänen für Kindertagesstätten in einzelnen deutschen Bundesländern (Laewen, Andres 2002, Fthenakis 2004, Schäfer 2005). Damit wird einem Trend gefolgt, der international schon weitaus stärker verbreitet ist. Allerdings herrscht im internationalen Diskurs große Uneinigkeit darüber, von welchem Bildungsverständnis bei der Erstellung von Curricula und Bildungsplänen ausgegangen werden soll (Oberhuemer 2004). Daran knüpfen sich zahlreiche Fragen, wie etwa der Übergang zur Schule gestaltet werden soll, wie verstärkte kognitive Förderung gestaltet werden kann und welche Auswirkungen die neuen Anforderungen auf die Ausbildung der PädagogInnen haben.

Die Debatte über die Zukunft der Vorschulerziehung wird derzeit intensiv geführt, was sich in zahlreichen Publikationen niederschlägt. Doch erstaunlicher Weise findet sie fast unter Ausschluss der Psychoanalytischen Pädagogik statt. Es existieren – von wenigen Ausnahmen abgesehen – kaum aktuelle Beiträge von VertreterInnen der Psychoanalytischen Pädagogik zur Vorschulerziehung. Dies mag verwundern, da es in den 80er und 90er Jahren des vorigen Jahrhunderts zahlreiche Beiträge zur Vorschulerziehung gab (z.B. Bittner 1981, Ettl 1983, Leber, Trescher, Weiss-Zimmer 1989, Finger-Trescher 1992, Büttner, Pfeil 1994).

Wie ist diese gegenwärtige Absenz zu verstehen? Kann diese Entwicklung damit erklärt werden, dass in der Psychoanalytischen Pädagogik der Fokus stärker auf der psychodynamischen Entwicklung des Individuums liegt und daher die Vielschichtigkeit der Lebenswelten der Drei- bis Sechsjährigen wie auch die Komplexität der Anforderungen in Vorschuleinrichtungen aus dem Blick gerät? Es mag an dieser Stelle nicht weiter nach Gründen für diese Absenz gesucht werden. Tatsache bleibt jedoch, dass sich in der aktuellen Debatte zahlreiche Fragen zur Vorschulerziehung aus psychoanalytisch-pädagogischer Perspektive stellen. So ist noch kaum darüber diskutiert, wie die Entwicklung und das Erleben von Vorschulkindern vor dem Hintergrund der aktuellen Bildungsdiskussion und den sich stellenden gesellschaftlichen Anforderungen psychoanalytisch-pädaogisch verstanden werden kann. Und welchen Beitrag können objektbeziehungstheoretische Erkenntnisse zum Verständnis von Bildungsprozessen bei Drei- bis Sechsjährigen leisten?

Will man in differenzierter Weise verstehen, welche Erlebens- und Entwicklungsprozesse im Spannungsfeld von Persönlichkeitsstruktur des Kindes, seinen sozialen Umwelten, seine Beziehungen zu Gleichaltrigen und zu PädagogInnen innerhalb bestimmter institutioneller Strukturen wirksam werden, ist zu überlegen, wie solche Prozesse forschungsmethodisch erfasst werden können. Damit wird eine maßgebliche Diskussion eröffnet: Wie kann der Komplexität der institutionellen Vorschulerziehung in Untersuchungen gerecht werden? Welche Forschungsverfahren bringen tiefer gehende Einsicht in das Zusammenwirken von Psycho- und Organisationsdynamik? Wie können die manifesten und latenten Auswirkungen von Beziehungserfahrungen in Kindertagesstätten erforscht werden?

Hier liegt meines Erachtens die »neue« Herausforderung für die Psychoanalytische Pädagogik, nämlich angemessene Untersuchungsstrategien zu entwickeln, die dem Forschungsgegenstand wie auch dem wissenschaftlichen Verständnis der Disziplin gerecht werden. Es muss darum gehen, sich in der Verschränkung unterschiedlicher Methoden dem Forschungsgegenstand anzunähern. Da mag der Methode des Beobachtens, wie sie schon von Anna Freud verwendet wurde, nach wie vor eine Schlüsselrolle zukommen, das bloße Dokumentieren des Gesehenen wird aber nicht (mehr) ausreichen. Allerdings gibt es vielfältige Erfahrungen, dass die Analyse von Beobachtungsmaterial in Forschungs- oder Seminargruppen Verstehensprozesse eröffnen und Zugang zu latenten Sinnstrukturen ermöglichen kann. Dies ist beispielsweise in ›Young Child Observations‹ oder in ›Work Discussions‹ nach der von Esther Bick entwickelten Methode der ›Infant Observation‹ der Fall (Harris 1977, Klauber 1999). Andere Erfahrungen schildern Cath Arnold und Colette Tait in ihren Beiträgen in diesem Jahrbuch. Sie führten beide Forschungsprojekte im »Pen Green Centre for Under Fives and Their Families« durch, einem Vorschulzentrum in Corby (England), einem sozialen Brennpunkt in der Nähe von London, das ein eigenes Forschungszentrum hat. Beide Autorinnen beschreiben, wie sie ihre Forschungen auf der einfühlsamen Analyse von Videomaterial, von Elternbeobachtungen und (Selbst-)Beobachtungen von PädagogInnen aufbauten. Es gehört darüber hinaus zur Philosophie von Pen Green, Entwicklungs- und Lernfortschritte der Kinder über Beobachtungen einzuschätzen (vgl. Hebenstreit-Müller, Kühnel 2004).

Mit dem gewählten Themenschwerpunkt »Kinder zwischen drei und sechs« soll die Diskussion über die Vorschulerziehung aus Perspektive der Psychoanalytischen Pädagogik neu angefacht und belebt werden. Doch es wird nicht der Anspruch gestellt, das Themengebiet umfassend zu behandeln. Vielmehr ist intendiert, punktuelle Anregungen (die durchaus kontroversiell sein können) zur weiteren Debatte beizusteuern. Daher kommen in diesem Jahrbuch neben psychoanalytisch-pädagogischen AutorInnen vor allem ExpertInnen zu Wort, die Erfahrungen aus ihrer fundierten Kenntnis des Vorschulwesens aus nicht originär psychoanalytisch-pädagogischer Perspektive beisteuern.

Zu den Beiträgen im Einzelnen: *Rolf Göppel* geht der Frage nach, welche Bedeutung der These vom magischen Weltbild des Kindes angesichts einer im Zuge des PISA-Schocks immer stärker effizienzorientierten Bildungsdebatte zukommt. Mit dem magischen Denken beschäftigt sich auch *Gertrude Bogyi*, die aufzeigt, dass die Verarbeitung und Bewältigung traumatischer Ereignisse bei 3-6-Jährigen erst vor dem Hintergrund dieses Konzeptes angemessen verstanden werden können.

Mit der Bildungsdiskussion in der Pädagogik der frühen Kindheit aus der Perspektive der Psychoanalytischen Pädagogik beschäftigt sich *Gerd E. Schäfer*. Er stellt zwei unterschiedliche Bildungskonzeptionen, die sich in den Bildungsplänen von Bayern und von Nordrhein-Westfahlen widerspiegeln, gegenüber. *Martin R. Textor* zeichnet nach, welche impliziten und expliziten Aufträge von den verschiedenen gesellschaftlichen Gruppen an die Kindertageseinrichtung gestellt werden, und konzentriert sich danach ebenfalls auf den Bildungsbegriff, den er von der Dienstleistung abgrenzt.

Helmuth Figdor berichtet – ausgehend von einer Fortbildung für KindergartenpädagogInnen – vom Versuch, psychoanalytisch-pädagogische Gestaltungsmöglichkeiten in der Arbeit mit der Kindergruppe zu entwerfen und zu realisieren. Das Interesse war darauf gerichtet, einen strukturellen Rahmen herzustellen, der die Chance bietet, entwicklungsfördernde Erfahrungen zu machen, was aber die Klärung des Terminus ›gelungene Entwicklung‹ voraussetzt.

In England wird in der groß angelegten EPPE-Studie seit 1997 untersucht, wie sich institutionelle Vor- und Grundschulerziehung auf die kognitive und soziale Entwicklung der Kinder auswirkt. Es wurden 3000 Kinder ab ihrem Eintritt in eine Vorschuleinrichtung begleitend beforscht (Sylva et al. 2004). Dabei zeigte sich, dass manche Einrichtungen viele Kinder mit hohen Entwicklungsfortschritten hervorbrachten, weshalb sich das Forscherteam die Frage stellte, was die Qualität dieser Einrichtungen ausmacht. Es wurden aufwändige Fallstudien über exzellente Vorschuleinrichtungen durchgeführt. In ihrem Beitrag fassen *Iram Siraj-Blatchford, Kathy Sylva, Brenda Taggart, Edward Melhuish, Pam Sammons* und *Karen Elliot* die Ergebnisse der 14 Fallstudien zusammen.

Cath Arnold beschreibt einen Forschungsprozess im Pen Green Centre, bei dem anhand von Videoanalysen pädagogische Haltungen und Strategien der PädagogInnen herausgearbeitet wurden, die als Basis für deren Selbstevaluation herangezogen wurden. *Colette Tait* beschreibt das Konzept des Gefühls der stolzen Zufriedenheit («Chuffedness«), das im Rahmen eines Forschungsprozesses in Pen Green extrapoliert wurde. Sie zeichnet nach, wie die ForscherInnen auf dieses Konzept aufmerksam wurde, was einen spannenden Einblick in den Forschungsverlauf bringt.

Die Aus- und Weiterbildnerin *Daniela Kobelt Neuhaus* geht in ihrem Essay der Frage nach, welche Aufgaben und Chancen die Kindertagesstätte der Zukunft hat und wie in der Weiterbildung von Pädagoginnen und Pädagogen mit diesen sich rasant verändernden Anforderungen adäquat umgegangen werden kann.

Literatur

Bittner, G. (1981): »Was bedeutet kindgemäß«? Entwicklungs- und tiefenpsychologische Gesichtspunkte zur Erziehung im Kindergarten. In: Zeitschrift für Pädagogik 27, 827-838

Büttner, C., Pfeil, J. (1994): Perinatale Aspekte von Verhaltensstörungen am Beispiel eines Kindergartenkindes. In: Jahrbuch für Psychoanalytische Pädagogik 6, 69-90

Ettl, T. (1983): »Geliebter Störenfried«. Ein Kindergartenkind zwischen Widerstand und Anspannung. In: Leber, A., Trescher, H.-G., Ettl, T. et al. (Hg.): Reprodukti-

on der frühen Erfahrungen. Frankfurt/M.: Fachbuchhandlung für Psychologie, 56-76
Finger-Trescher, U. (1992): »Moritz ist im Kindergarten kaum noch tragbar«. Das Problem der aggressiven Verhaltensauffälligkeiten aus individueller und gruppenanalytischer Sicht. In: TPS (2), 98-102
Freud, A. (1980): Berichte aus den Kriegskinderheimen »Hampstead Nurseries« 1943-1945. Die Schriften der Anna Freud, Bd. III. München: Kindler
Freud, S. (1917): Vorlesungen zur Einführung in die Psychoanalyse. Gesammelte Werke, Bd. XI. Frankfurt/M.: Fischer, 1999
Fthenakis, W.E. (2004): Bildungs- und Erziehungspläne für Kinder unter sechs Jahren – nationale und internationale Perspektiven. In: In: Faust, G., Götz, M., Hacker, H., Rossbach, H.-G. (Hg.): Anschlussfähige Bildungsprozesse im Elementar- und Primarbereich. Bad Heilbrunn: Klinkhardt, 9-26
Harris, M. (1977): The Tavistock Training and Philosophy. In: Harris, M., Bick, E.: Collected Papers of Martha Harris and Esther Bick. Perthshire: The Clunie Press, 1987, 259-282
Hebenstreit-Müller, S., Kühnel, B. (Hg.) (2004): Kinderbeobachtung in Kitas. Erfahrungen und Methoden im ersten Early Excellence Centre in Berlin. Berlin: Dohrmann
Klauber, T. (1999): Observation ›at work‹. In: Infant Observation. The International Journal of Infant Observation and its Applications 2 (3), 30-41
Laewen, H.-J., Andres, B. (Hg.) (2002): Bildung und Erziehung in der frühen Kindheit. Bausteine zum Bildungsauftrag von Kindertageseinrichtungen. Neuwied: Luchterhand
Leber, A., Trescher, H.-G., Weiss-Zimmer, E. (1989): Krisen im Kindergarten. Psychoanalytische Beratung in pädagogischen Institutionen. Frankfurt/M.: Fischer
Oberhuemer, P. (2004): Bildungskonzepte für die frühen Jahre in internationaler Perspektive. In: Fthenakis, W.E., Oberhuemer, P. (Hg.): Frühpädagogik international. Bildungsqualität im Blickpunkt. Wiesbaden: VS, 359-383
Schäfer, G.E. (Hg.) (2005): Bildung beginnt mit der Geburt. Weinheim, Berlin, Basel: Beltz, 2. erweiterte Auflage
Schön, D. A. (1983): The Reflective Practitioner. How Professionals think in Action. New York: Basic Books
Sylva, K., Melhuish, E., Sammons, P., Siraj-Blatchford, I., Taggart, B., Elliot, K. (2004): The Effective Provision of Pre-School Education Project – Zu den Auswirkungen vorschulischer Einrichtungen in England. In: Faust, G., Götz, M., Hacker, H., Rossbach, H.-G. (Hg.): Anschlussfähige Bildungsprozesse im Elementar- und Primarbereich. Bad Heilbrunn: Klinkhardt, 154-167
Wolffheim N. (1966): Psychoanalyse und Kindergarten. München, Basel: Reinhardt

»Kinder denken anders als Erwachsene ...«

Die Frage nach dem »magischen Weltbild des Kindes« angesichts der These von der »Kindheit als Konstrukt« und angesichts der neuen Bildungsansprüche an den Kindergarten

Rolf Göppel

> *»Das gewichtige Interesse der Erziehungslehre an der Psychoanalyse stützt sich auf einen zur Evidenz gebrachten Satz: Ein Erzieher kann nur sein, wer sich in das kindliche Seelenleben einfühlen kann, und wir Erwachsenen verstehen die Kinder nicht, weil wir unsere eigene Kindheit nicht mehr verstehen. Unsere Kindheitsamnesie ist ein Beweis dafür, wie sehr wir ihr entfremdet sind. Die Psychoanalyse hat die Wünsche, Gedankenbildungen, Entwicklungsvorgänge der Kindheit aufgedeckt; alle früheren Bemühungen waren in ärgster Weise unvollständig und irreleitend ...« (Freud 1913, GW Bd. VIII, 419)*

Zwei Tendenzen bestimmen maßgeblich die jüngere Diskussion zum Thema Kindheit und kindliches Lernen. Die eine lässt sich als »konstruktivistisch« beschreiben, die andere als »bildungstheoretisch«. Beide Tendenzen hängen zusammen und beide haben gewissermaßen ein »doppeltes Gesicht«: Unter der konstruktivistischen Perspektive auf die Kindheit wird einerseits die Frage nach der Eigenart der kindlichen Welterkenntnis gestellt: Wie konstruiert sich der kindliche Geist seine Welt? Wie schafft er Ordnung und Struktur in der Vielfalt der Eindrücke und Erfahrungen die auf ihn einstürmen? Andererseits wird hier aber auch in sozialhistorisch-relativistischem Sinn die Frage nach dem Konstruktcharakter von Kindheit selbst gestellt: Wie konstruieren Erwachsene zu unterschiedlichen Zeiten und in unterschiedlichen gesellschaftlichen Kontexten Kindheit? Welche Eigenarten, Bedürfnisse, Kompetenzen und Defizite werden Kindern dabei jeweils zugeschrieben? Welche Bilder von Kindheit werden von wem mit welchen Interessen entworfen und finden unter welchen gesellschaftlichen Bedingungen Verbreitung?

Auch die bildungstheoretische Perspektive auf die Kindheit kommt in sehr unterschiedlichen Varianten vor. Einerseits richtet sich hier das Interesse, gerade im Blick auf die frühe Kindheit, auf die individuellen, autochthonen, schöpferischen Prozesse der Weltaneignung. Frühkindliche Bildung wird dann primär als »Selbst-Bildung« im Medium von Spiel und Phantasie verstanden. Pädagogisch geht es darum, das »andere Denken« des Kindes besser zu verstehen, es als bedeutsam zu achten und ihm Anregung und Entfaltungsraum zu bieten.

Andererseits richtet sich, gerade im Zusammenhang mit der PISA-Debatte, das Interesse auf die institutionellen und ökonomischen Aspekte der besseren Nutzung von Bildungszeit und von »Bildungsressourcen« und entsprechend wird zunehmend beklagt, dass der traditionelle Kindergarten seinem Bildungsauftrag nicht gerecht würde, weil dort bisher zu wenig systematische Sprachförderung, Denkschulung und Welterklärung betrieben würde. Entsprechend wird dann das »andere Denken« des Kindes eher als defizitär betrachtet und es geht im pädagogischen Kontext darum, dieses naive kindliche Denken durch Aufklärung und Unterweisung, durch Experimentieren und Üben möglichst früh den »besseren«, »richtigeren«, »korrekteren« Weisen des erwachsenen Weltverstehens anzunähern.

Wie ist nun die psychoanalytische Tradition der Kindheitsforschung und der Frühpädagogik in Bezug auf die hier skizzierten Spannungsfelder einzuordnen?

1. Das psychoanalytische Bild vom Kind und die moderne Kindheitsforschung

In den Sätzen des vorangestellten Zitats hat Sigmund Freud 1913 prägnant den zentralen Grund zusammengefasst, weshalb seiner Meinung nach die Erziehungslehre – heute müsste man hinzufügen: die Erziehungswissenschaft – ein »gewichtiges Interesse« an der Psychoanalyse haben müsste. Und gleichzeitig steckt in diesen Sätzen auch ein durchaus »gewichtiger Anspruch«: Der Anspruch nämlich, eben jene verborgene Welt der kindlichen Wünsche, Gedankenbildungen und Entwicklungsvorgänge entdeckt und erschlossen zu haben und damit die Perspektive des Kindes, seinen Blick auf die Welt, authentisch darstellen zu können. Dabei geht Freud durchaus von einer naturalistischen, ontologisierenden Grundvorstellung aus. Er spricht von den »gesichertsten Ermittlungen der Psychoanalyse über die Kindheit« (1913, 419) und an anderer Stelle von den »schwierigen Aufgaben, ... die *konstitutionelle Eigenart des Kindes* zu erkennen, aus kleinen Anzeichen zu erraten, was sich in seinem *unfertigen Seelenleben* abspielt« (1933, 161). Die heute so populäre Rede von der Kindheit als »sozialem Konstrukt«, als einem Phänomen, das irgendwann erfunden wurde und irgendwann auch wieder verschwinden könnte (vgl. Postman 1986), wäre ihm durchaus fremd gewesen. Natürlich geht es ihm auch – die Rede von dem *unfertigen Seelenleben* macht es deutlich – um das Kind als »Werdenden«, als »Mensch in Vorbereitung«. Tatsächlich ist sein kinderpsychologisches Interesse in erster Linie von seinem klinisch-therapeutischen Interesse her motiviert. Es geht ihm darum, die Wurzelgründe der Neurosen des Erwachsenen in bestimmten Kindheitserfahrungen und Kindheitsvorstellungen zu erforschen. »Der unbekannte Kontinent Kindheit drängte aus dem Schatten der angestrengten Suche nach der Ursache des neurotischen Leidens hervor als selbständiges Erkenntnisziel« (Lorenzer 1979, 30).

Obwohl Sigmund Freud Vater von sechs Kindern war und obwohl er auch schon zu der Zeit, als diese zum Teil noch in den Windeln steckten, leidenschaftlich an den Fragen der Genese des Psychischen und der Bedeutung, welche die infantilen Erfahrungen und Erlebnisweisen dabei spielen, interessiert war, hat er selbst jedoch keine systematischen Beobachtungen an seinen Kindern durchgeführt. So wendet er sich im Februar 1897, als seine eigenen sechs Kinder zwischen einem und neun Jahren alt waren, an seinen Brieffreund und Partner im wissenschaftlichen Gedankenaustausch, Wilhelm Fließ, mit der Bitte, ihm Auskunft zu geben, »wann der Ekel bei kleinen Kindern auftritt und ob es eine ekelfreie Periode des jüngsten Alters gibt«. Freud wusste, dass Fließ ein Notizbuch führte, in welchem er jeden Tag systematische Aufzeichnungen über die Entwicklung seines ersten Sohnes machte und dabei insbesondere sämtliche Spuren sexueller Aktivität verzeichnete. Auf die an sich selbst gestellte rhetorische Frage, warum er nicht selber »in die Kinderstube gehe und bei Annerl Versuche mache?«, gibt er die schlichte Antwort: »Weil ich bei 12 1/2 Arbeitsstunden keine Zeit dazu habe und die Weiblichkeit meine Forschungen nicht unterstützt« (Freud 1887, 245).

Direkte Beobachtungen an Kindern, zu denen Freud später dann seine Schüler und Freunde ausdrücklich »anzueifern« pflegte (1909, 244), waren ihm willkommene Bestätigungen für das, was er auf dem Weg der Rekonstruktion in der Analyse erwachsener Patienten erschlossen hatte. Freilich ging es in dieser frühen psychoanalytischen Kinderforschung nie um bloße oder gar um systematische Beobachtung dessen, was Kinder tun und sagen, sondern vielmehr um reichlich theoriegetränkte Deutung dessen, was sich an eigentlichen Wünschen und Ängsten und an verborgenen Gedanken *dahinter* verbirgt. Es ging eben darum, »aus kleinen Anzeichen zu erraten«, was sich im »*unfertigen Seelenleben* abspielt«. Die Geschichte vom »Kleinen Hans« ist ein eindrucksvolles Dokument dafür. Freud lässt keinen Zweifel daran, dass er letztendlich besser Bescheid weiß über die Probleme und Motive des Knaben als dieser selbst. Denn Hans stellt für ihn gewissermaßen nur das individuelle Exempel für eine von ihm erkannte universelle Gesetzmäßigkeit der kindlichen Entwicklung dar. Und Hans selbst ist vom Wissen Freuds so sehr beeindruckt, dass er seinen Vater auf dem Heimweg fragt, ob der Herr Professor einen direkten Draht zum lieben Gott hätte.

In der modernen Kindheitsforschung geht es dagegen eher darum, verfestigte Kindheitsbilder zu dekonstruieren, Kindheit als historische relatives, von bestimmten gesellschaftlichen Konstellationen abhängiges Konstrukt zu erweisen, Kinder selbst mit ihren Wahrnehmungen und Urteilen zu Wort kommen zu lassen, Kinder als »Seiende«, in ihrer gegenwärtigen Befindlichkeit und mit ihren gegenwärtigen Bedürfnissen und Sorgen ernst zu nehmen. Die Theoriebildung ist dezidiert »anti-naturalistisch«, Das Entwicklungskonzept wird »als Metapher der Bevormundung« zurückgewiesen (Honig et al. 1996, 11). Nicht mehr »*das* Kind« und seine spezifische Weise des Erlebens, Denkens und Fühlens ist eigentlicher Gegenstand der Forschung, auch nicht die Prozesse der Entwicklung oder der Sozialisation sondern die »generationale Ordnung«, die Mechanismen, in denen aus der »menschlichen Nachkommenschaft« durch gesellschaftliche Konstruktionen »Kinder« allererst gemacht werden (vgl. Alanen 1994). »Was Kinder zu Kindern macht, bestimmt sich in der Differenz, in der Unterscheidung von Kindern und Erwachsenen« heißt es in einem aktuellen Text bei M. Honig. In der jüngeren Kindheitsforschung besteht eine ausgeprägte Tendenz, diese Differenz zu negieren oder zumindest zu verringern. So ist bei zahlreichen Autoren die Rede von den Kindern als »kleinen Erwachsenen« zu finden.

Jürgen Zinnecker hat jüngst darauf hingewiesen, »dass die neue Kindheitsforschung das ›wissende Kind‹ akzentuiert« und dass die durch diese Kindheitsforschung geprägte neue politische und pädagogische Korrektheit fordere, »den partnerschaftlichen und gleichberechtigten Bürger-Status der Kinder« anzuerkennen (Zinnecker 1999, 69f.). Bei Helga Zeiher heißt es an einer Stelle, wo sie nachdenklich über das eigene Tun als Kinderforscherin reflektiert: »Werden nicht durch Begriffe, in denen Kinder und Erwachsene unterschieden werden, Differenzen und damit auch die Minorisierung der Kinder, die in der Gesellschaft besteht, durch Kindheitsforschung reproduziert? Trägt Forschung durch ihre Verstehensbemühungen zur Verselbständigung von schon vorhandenen Kindheitsbildern bei? Wäre nicht vielmehr alle Besonderheit der Kinder als Erwachsenenkonstruktion zu dekonstruieren« (Zeiher 1996, 444). Ich habe mich an anderer Stelle mit dieser Tendenz kritisch auseinandergesetzt (vgl. Göppel 1997) und will deshalb hier nicht weiter darauf eingehen, sondern die Frage stellen, wie Freud und in seiner Nachfolge psychoanalytische Pädagogen diese Differenz zwischen Kindern und Erwachsenen bestimmt haben.

Zunächst scheint klar, dass Freud in seiner Art des Zuganges zum Thema Kindheit alle Verfehlungen, Anmaßungen und Irrtümer, die die moderne Kindheitsforschung der traditionellen Kindheitsforschung vorwirft, begangen hat. Seine Sicht auf die Kindheit ist unhistorisch, naturalistisch, ja zum Teil von evolutionsbiologischen Elementen (angeborene Phantasien, Wiederholung der Phylogenese in der Ontogenese etc.) durchsetzt. Sie ist defizitorientiert, familienzentristisch und sie hat in erster Linie die Konsequenzen kindlicher Erfahrungen für die psychische Befindlichkeit des späteren Erwachsenen, also nicht das Kind als »Seienden«, sondern als »Werdenden«, das »Kind als Vater des Mannes«, im Blick. Dennoch hat wohl kein anderer Autor das Bild vom Kind im 20. Jahrhundert so nachhaltig geprägt wie Freud. Er hat sich, wie das eingangs erwähnte Zitat zeigt, durchaus auch selbst als eine Art »Entdecker der Kindheit« gesehen, zumindest als ein Entdecker der »wahren Kindernatur« und der entscheidenden seelischen Konflikte und Prozesse jener Entwicklungsphase. Und er hat die ausgeprägte Differenz zwischen Kindern und Erwachsenen und die großen Missverständnisse betont, die mit der infantilen Amnesie, dem Unvermögen, die frühen Denk- und Erfahrungsweisen zu erinnern, zusammenhängen. Ja gerade das »ungläubige Erstaunen, mit welchem die gesichertsten Ermittlungen der Psychoanalyse über die Kindheit aufgenommen werden«, ist für ihn ein Indiz für »die Distanz, welche unser Seelenleben, unsere Wertungen, ja unsere Gedankenprozesse von denen auch des normalen Kindes trennt« (Freud 1913, 419). Die Analyse des Erziehers sah er als eine Möglichkeit zur partiellen Überbrückung jener Differenzen und jener Verstehensbarrieren. Er ist durchaus auch mit dem aufklärerischen Anspruch aufgetreten, den Mitmenschen die Augen für die wahre aber verborgene Wirklichkeit des Kindes zu öffnen. Dies ist die eine Seite.

Gleichzeitig hat er auf der anderen Seite die Differenz zwischen Erwachsenen und Kindern in zentralen Punkten relativiert. Mit der Lehre von der infantilen Sexualität hat er eine Dimension menschlicher Erfahrung, die bisher als klares Differenzkriterium galt, als durchgängiges, also auch für die Kinder schon bedeutsames Lebensthema in Anschlag gebracht. Dies ist ihm denn auch von vielen zeitgenössischen Kritikern als »Entharmlosung« (Stern), als »Destruktion der Kindheit« – (die eben traditionell mit Asexualität, »Unschuld«, »Reinheit« assoziiert war), und somit als schwerer Frevel, übel genommen worden. Der fünfjährige Knabe als »kleiner Ödipus, der den Vater ›weg‹, beseitigt haben möchte, um mit der schönen Mutter allein zu sein, bei ihr zu schlafen« (Freud 1909, 345), dies ist in der Tat eine sehr markante Variation des Themas vom Kind als »kleinem Erwachsenen«.

Darüber hinaus hat er auch noch von der anderen Seite her diese Differenz nivelliert: Indem er nämlich zeigte, in welch hohem Maße Erwachsene in ihren seelischen Konflikten an die Denk,- Wunsch-, und Erlebnisweisen der Kindheit fixiert sind, wie viel nicht überwundene Kindlichkeit also noch in den meisten erwachsenen Kulturmenschen steckt. Lorenzer, der vom »infantil-reduktionistischen Selbstmißverständnis der Psychoanalyse« spricht, hat später diesen Aspekt noch zugespitzt, indem er betonte, dass sämtliche »Aussagen über die infantile Lebensgeschichte, ihre Typik und prozessuale Abfolge ... abgeleitete Schlüsse aus der Erkenntnis der erwachsenen Persönlichkeit hier und heute« seien. »Der Infantilität der Erwachsenen in der gegenwärtigen Situation also« (Lorenzer 1979, 33). »Das Mißverständnis Historiographie der infantilen Geschichte zu sein«, habe »die Psychoanalyse selbst um ihren besten Fund gebracht: erschlossen zu haben, dass im Erwachsenen lebenslang die Spannung von Sinnlichkeit und Bewusstsein die Basis seiner wunschorientierten Lebenspraxis ist. ›Kindheit‹ ist – die psychoanalytische Grundeinsicht radikal genommen – keine überwundene Phase der Lebensgeschichte, sondern eine bleibende ›Wirklich‹-keit« (ebd.).

2. Bedeutungsvarianten des Satzes: »Kinder denken anders als Erwachsene«

»Kinder denken anders als Erwachsene«, dieser Titelsatz kann in verschiedener Weise verstanden werden: Er ist zunächst einmal kaum zu bestreiten, wenn es um konkrete Interessen, um konkrete Weltaspekte, konkrete Inhalte des Denkens geht. Viele Dinge, die bisweilen im Denken und Phantasieren von Erwachsenen eine wichtige

Rolle spielen, wie etwa Prüfungsthemen, Publikationsvorhaben, Projektanträge etc., kommen im Denken von Kindern kaum vor und umgekehrt interessieren sich Erwachsene in der Regel wenig für Puppenküchen, Pingu-Filme, und Pokémon-Karten. Und wenn sie sich doch einmal auf jene Dinge einlassen, dann weichen ihre Urteile darüber oft ziemlich von denen ihrer Kinder ab.

Natürlich gibt es daneben auch viele andere Lebensbereich und Lebensthemen, die prinzipiell für Erwachsene und für Kinder gleichermaßen von Relevanz sind, bei denen sich aber dennoch die jeweiligen Vorstellungen und Denkweisen deutlich unterscheiden, ja wo sich schon im Laufe der Entwicklungsjahre die Bedeutungen, die Kinder mit bestimmten Begriffen verknüpfen, deutlich wandeln. In diesem Sinne sind in der Entwicklungspsychologie vielfältige Studien unternommen worden um die Konzepte, die »naiven« Vorstellungen zu untersuchen, die Kinder auf verschiedenen Altersstufen von moralisch relevanten Problemen wie Recht und Unrecht, Lüge und Strafe, von sozialen Phänomenen wie Freundschaft und Streit, Versöhnung und Wiedergutmachung, von psychischen Vorgängen wie Gedanken, Wünschen, Überzeugungen und Träumen, von körperlichen Prozessen wie Verdauung und Fortpflanzung, Krankheit und Tod, von physikalischen Phänomenen wie Blitz und Donner, Wind und Wolken, von religiösen Themen Gott und dem Leben nach dem Tod und von vielen anderen Dingen haben.

Eine weitere Bedeutungsvariante des Satzes *»Kinder denken anders als Erwachsene«* wäre in unmittelbaren Zusammenhang mit Studien der neueren Kindheitsforschung zu bringen, die unter der Leitfrage nach der subjektiv erlebten Lebensqualität von Kindern und deren Bedingungen standen. Denn dort wurden in manchen Studien (etwa bei Wilk, Bacher 1994 oder bei Zinnecker 1998) sowohl die Kinder als auch die Eltern in nahezu identischen Fragen um ihre jeweilige Einschätzung von bestimmten Aspekten der Familiensituation und des Erziehungsklimas gebeten. Und dabei war es spannend zu sehen, in welchen Punkten sich die Einschätzungen der Eltern und der Kinder weitgehend deckten und wo es markante Diskrepanzen gab, wie zum Beispiel hinsichtlich der verfügbaren Zeit und hinsichtlich der Konflikthäufigkeit in der Familie.

»Kinder denken anders als Erwachsene«, dieser Satz umreißt natürlich insgesamt ein viel zu weites Thema als das es sinnvoll auf wenigen Seiten zu bearbeitbar wäre. Gewissermaßen die ganze kognitive Psychologie des Kindes- und des Erwachsenenalters in all ihren Verzweigungen könnte man darunter subsumieren. Es geht mir dabei nicht um offensichtliche Interessensunterschiede zwischen Erwachsenen und Kindern, nicht um Unterschiede im »bereichsspezifische Wissen« in diesem oder jenem Bereich, auch nicht um die Differenzen in der Einschätzung der Familiensituation aus der Kinder- und Erwachsenenperspektive, sondern es geht mir um die grundsätzlichere Frage nach dem »kindlichen Weltbild«, ob es so etwas gibt, wie eine »Typik des Weltzuganges« in bestimmten Altersstufen, bzw. darum, ob es heute, angesichts der Kritik der neueren Kindheitsforschung, überhaupt noch legitim ist, über diese Frage nachzudenken.

3. Das Weltbild des Kindes I: Hans Zulliger

Der Titelsatz steht in Anführungszeichen. Es handelt sich um ein Zitat von Hans Zulliger, der eben an einer Stelle sagt: »Kinder denken anders als Erwachsene« ... »Und man tut gut daran, dem Kind in seinem Denken mit gleichem Denken zu begegnen, damit es einen verstehen könne« (Zulliger 1966, 35 und 42). Zulligers ganzes Lebenswerk kann als ein Versuch angesehen werden, dem Leser in unzähligen Geschichten und Beispielen diese andere Art des kindlichen Denkens nahe zu bringen. Die wichtigsten Charakteristika des kindlichen Denkens hat er mit den Stichworten »prälogisch«, »animistisch«, »anthropomorphisierend« und »magisch« umrissen.

Ganz offensichtlich wandelt Zulliger bei seiner Beschreibung in den Spuren von Freuds Werk Totem und Tabu. Zwar ist dies keine kinderpsychologische, sondern eine kulturanthropologische Studie. Aber immerhin hatte Freud dort bekanntlich eine Strukturähnlichkeit im Denken von »Wilden«, Neurotikern und Kindern postuliert und diese u.a. an den Begriffen »Animismus«, »Magie« und »Allmacht der Gedanken« festgemacht. Alle drei Aspekte hängen miteinander zusammen und stehen im Gegensatz zum logisch-kausalen, rationalen Denken: Die Dinge der Welt werden als belebt und beseelt erfahren, den eigenen Vorstellungen, Wünschen und Ängsten wird unmittelbare Wirkung auf die Ereignisse der Außenwelt zugesprochen. In seiner Begeisterung für die Freudsche Lehre und in seinem Bestreben, den Lesern in möglichst großer Drastik vor Augen zu führen, wie sehr die genuine Perspektive des Kindes durch mangelnde Empathie der Erwachsenen verkannt wird, schießt Zulliger bisweilen freilich weit über das Ziel hinaus:

> »Wir sehen ein Kind mit einem Holzscheit spielen. Es hat es in Lumpen gewickelt, es spricht mit ihm, es läßt sich – durch seinen eigenen Mund – vom Scheit mitteilen, was dieses will, möchte und denkt. Es hält mit ihm Zwiesprache, reicht ihm Essen und Trinken, bettet es in eine Kartonschachtel als ›Wiege‹ usw. Und wir sagen lächelnd: ›das Kind nimmt das Scheit für seine Puppe – es phantasiert das Holzstück in eine Puppe und spielt mit ihr – und dies entspricht dem anthropomorphisierenden Denken nach Kinderart‹.
>
> Wir irren. Das Scheit ist nicht *›an Stelle‹* der Puppe, es ist nicht einmal nur *›die‹* Puppe: *es ist das Kind des Kindes,* und was es mit dem Scheite treibt, ist viel mehr als das, was uns Erwachsenen ein ›Spiel‹ bedeutet. Das mit dem Scheit spielende Kind hält das, was wir für sein ›Spielzeug‹ auffassen, für sein *lebendiges* Kind, das es pflegt. Nur dann, wenn wir dies begriffen haben, können wir uns in das spielende Kind einfühlen und eindenken und verstehen, dass es um sein Scheit Tränen der bittersten Trauer weinen, höchste Freuden und tiefstes Herzeleid empfinden kann. Man nehme dem Kind sein ›Kind‹ weg und werfe es in den Ofen – man wird erschrocken sein über die Reaktionen des (wirklichen) Kindes! Wir haben einen glatten Mord begangen – und unser Kind fühlt in starrem Erschrecken, wozu wir fähig sind und – was es selber von unserer Seite her erwarten könnte!« (Zulliger 1967, 14 f.)

Ist dies eine korrekte Beschreibung des kindlichen Denkens und Erlebens? Stimmt es, wenn Zulliger behauptet, das Kind würde noch nicht zwischen äußerer und innerer (phantasierter) Realität unterscheiden? Sind Kinder tatsächlich so in ihre Spielphantasie versunken, dass sie die Ebene des Spiels, des »als ob« nicht mehr von der Ebene des »in Wirklichkeit ...« unterscheiden können? Wenn man spielenden Kindern zusieht, kann man feststellen, dass sie gar keine besondere Mühe damit haben, sich in fließendem Wechsel auf beiden Ebenen zu bewegen. Schon rein sprachlich kommen gerade im sozialen Rollenspiel mit mehreren Kindern immer wieder Formulierungen vor wie »das wäre jetzt ....«, oder »du wärst jetzt...« wenn neue Rollen, neue Gegenstände oder neue symbolischer Bedeutungen in die Spielhandlung eingeführt werden. Beobachtet man Kinder beim freien sozialen Rollenspiel, so kann man feststellen, dass die Phasen der Absprachen über die Aspekte und über die Veränderungen des imaginären Szenarios bisweilen mehr Zeit in Anspruch nehmen als die Spielsequenzen selbst.

Sicherlich wird ein Kind empört sein, wenn man seine Puppe, und sei es auch nur ein Holzscheit, das es sich selbst hergerichtet und zurechtphantasiert hat, ins Feuer wirft. Aber dies ist wohl mehr eine Empörung über den mangelnden Respekt für seinen Besitz, für sein Spiel, für das, was ihm wichtig ist, als eine wirkliche Verwechslung mit einem »Mord an einem Kind«. (Ich erinnere mich durchaus daran, dass meine Tochter sich auf das heftigste empören konnte, wenn ihr Bruder, um sie zu ärgern, ihre Puppen malträtierte, dass sie mir aber andererseits des Öfteren mit der größten Gelassenheit ihre Puppe zur Reparatur brachte, wenn der Kopf mal wieder abgegangen war).

Mir geht es gar nicht so sehr um diese Zulliger-Geschichte als solche und auch nicht um das Problem der Differenzierung von Spiel- und Phantasieebene das ja in der Geschichte der Entwicklungspsychologie durchaus schon eine längere Tradition hat (vgl. dazu Hoppe-Graff, Mäckelburg 1991), sondern vielmehr um das Problem, das sich aus dem *Anspruch* ergibt, mit dem Zulliger die Geschichte vorträgt: Wie und mit welchem Recht können wir überhaupt so etwas wie eine Typik des kindlichen Denkens, des kindlichen Weltverständnisses behaupten? Welches Maß an Sicherheit können wir dabei haben? Wie kommt es, dass ein so erfahrener Kinderpsychologe und Kindertherapeut wie Zulliger in einer so zentralen Frage offensichtlich daneben liegt? (Oder liegt er doch gar nicht daneben?) Gibt es tatsächlich prinzipielle, strukturelle Unterschiede im Denken des Kindes und des Erwachsenen, oder ist es einfach so, dass Kinder »universelle Novizen« sind, dass sie sich eben mit vielen Dingen noch nicht entsprechend auskennen und in ihrem Denken nur begrenzte Komplexitätsgrade verarbeiten können.

Die »Revolution in der Säuglingsforschung«, hat in den letzten Jahren zu einer tief greifenden Revision grundlegender psychoanalytischer Vorstellungen über diese frühe Lebensphase geführt. Das Leitmotiv vom »kompetenten Säugling« (Dornes 1993), hebt hervor, dass die Fähigkeiten des Säuglings, die Umwelt differenziert zu erfassen, Zusammenhänge herzustellen oder Präferenzen zu äußern, von den traditionellen

Konzepten massiv unterschätzt wurden. Unterschätzen vielleicht auch die traditionellen psychoanalytischen Konzepte über das Welterleben der älteren Kinder deren Kompetenzen? Handelt es sich bei Zulligers Thesen vom »prälogischen«, »animistischen«, »anthropomorphisierenden« und »magischen« Denken der Kinder gar im Sinne Zeihers um ideologische Differenzbehauptungen, die der Minorisierung der Kinder dienen, um Erwachsenenkonstruktionen also, die zu dekonstruieren wären?

Die These vom prälogischen, animistischen, magischen Denken der Kinder ist ja nicht nur eine Zulligersche Idee, sondern sie kann durchaus als ein Kernstück psychoanalytischer Kinderkunde gelten und wurde u.a. auch von Anna Freud, Selma Fraiberg, Bruno Bettelheim, Bogyi und Spiel und vielen anderen nachdrücklich vertreten und in zahlreichen Episoden beschrieben.

4. Das Weltbild des Kindes II: Jean Piaget

Anders als bei vielen anderen psychoanalytisch-kinderpsychologischen Thesen, wie zum Beispiel jener von den Phasen der Libidoentwicklung und von den ödipalen Wünschen und Ängsten, besteht bei der Frage nach der Besonderheit des kindlichen Denkens immerhin noch der Vorteil, dass der neben Freud wohl einflussreichste Kinderpsychologe des 20. Jahrhunderts, nämlich Jean Piaget, in seiner Beschreibung der typischen Weisen der Welterfassung von Kindern, Thesen vertrat, die den psychoanalytischen durchaus ähnlich sind. Sehr viel systematischer als Freud und mit sehr viel größerer wissenschaftlicher Vorsicht als Zulliger hat sich Piaget in seinem Buch: »Das Weltbild des Kindes« (Piaget 1980) mit diesen Fragen beschäftigt. Auch bei ihm spielen dabei die Begriffe »kindlicher Animismus« und »Magie« eine wichtige Rolle. Das Buch enthält hunderte von ausführlich zitierten Passagen aus »klinischen Interviews«, also Gesprächen mit Kindern, in denen es darum ging, die Kinder durch geschicktes Fragen und Nachfragen dazu zu bringen, ihre impliziten Welterklärungen explizit zu machen, ihre privaten Vorstellungen über die Natur des Denkens und der Träume, über die Merkmale des Lebendigen und den Lauf der Gestirne, über die Entstehung von Wind und Gewittern und über den Ursprung der Berge und Seen, etc. preiszugeben. Die Belege für die magischen Praktiken der Kinder bilden dabei eine gewisse Ausnahme in Piagets Buch. Sie stammen nämlich nicht aus direkter Beobachtung oder Befragung von Kindern, sondern aus der retrospektiven Erinnerungen Erwachsener, die von bestimmten Ritualen, Denk- Handlungs- und Vermeidungsstrategien berichten, mit denen sie als Kinder versuchten, das Schicksal in ihrem Sinne zu beeinflussen, Wünsche in Erfüllung gehen zu lassen und Unheil zu vermeiden. Hier, wo es nicht nur um die Erklärung der Welt, sondern um die Einflussnahme auf den Weltlauf geht, handelt es sich vielleicht um den Kern jener geheimen Gedanken, die Kinder nicht so ohne weiteres einem erwachsenen Interviewer preisgeben. – Wohl auch deshalb, weil sie durchaus wissen, dass sie mit den magischen Verknüpfungen, die sie bilden, von der Erwachsenenlogik abweichen.

All die kindlichen Aussagen zu den verschiedenen Wirklichkeitsbereichen, die er gesammelt hat, sind für Piaget Ausdruck einer übergreifenden Tendenz, die er folgendermaßen zusammenfasst:

> »Das Kind hält immer zuerst seinen eigenen Standpunkt für absolut. ... Das Kind glaubt, die Sonne folge ihm, die Wolken folgten ihm, die Dinge seien immer so, wie es sie sieht (unabhängig von der Perspektive, der Entfernung usw.). Im gleichen Maße, wie es die Subjektivität seines Standpunktes übersieht, betrachtet es sich selbst als das Zentrum der Welt. Daraus ergeben sich die verschiedenen finalistischen, animistischen und quasi-magischen Vorstellungen ....« (ebd., 110).

Diese Grundhaltungen gegenüber der Welt bedingen und verstärkten sich nach Piaget wechselseitig:

> »Weil das Kind nicht zwischen dem Psychischen und dem Physischen unterscheidet, erscheint ihm jedes physische Phänomen als mit Absicht beladen, und andererseits meint es die gesamte Natur gehorche den Menschen und seinen Eltern. Die meisten Körper und Ereignisse, auf die das Kind magisch einzuwirken versucht (da es nicht anders auf sie einwirken kann), erscheinen ihm deshalb von einem – wohlgesinnten oder feindseligen – Gefühl und Willen durchdrungen« (ebd., 135).

Dies sind in der Tat recht markante Differenzbehauptungen. Eine besondere, durch typische Wahrnehmungs-, Denk- und Handlungsmuster ausgezeichnete Weise des kindlichen In-der-Welt-Seins wird postuliert. Die Aspekte »Egozentrismus«, »Finalismus«, »Animismus«, »Artifizialismus« und »Magisches Denken« als Merkmale der Phase des »präkausalen Denkens« gehören seit langem auch in der Entwicklungspsychologie durchaus zum Standardwissen zahlreicher Lehrbücher. Für Piaget bestand kein Zweifel daran, dass Kinder anders denken als Erwachsene, und ihn interessierte gerade die Frage, wie Kinder im Laufe der Entwicklung zu immer komplexeren und realitätsadäquateren Wirklichkeitskonstruktionen kommen. Auch wenn sich Piaget in diesem Sinne zu Recht als »Konstruktivist« verstand, so war er doch seinem »Forschungsgegenstand Kindheit« gegenüber durchaus »Realist«. Ähnlich wie Freud wäre er der Idee, dass auch Kindheit selbst wiederum ein bloßes »Konstrukt« sei, wohl höchst verwundert gegenübergestanden. Gerade diese Idee ist jedoch mehr oder weniger Allgemeingut in der neueren Kindheitsforschung. In diesem Sinne stellen Kelle und Breidenstein in einem aktuellen Literaturüberblick ganz zutreffend fest, »dass kaum eine neuere Publikation aus dem Kontext der Kindheitsforschung ohne den Hinweis auskommt, dass es sich bei Kindheit um eine ›soziale Konstruktion‹ handelt, konstruiert in mannigfaltigen gesellschaftlichen Diskursen und Institutionalisierungen« (Kelle/Breidenstein 1996, 49). Und Lenzen stellt in seinem Handbuchartikel zum Stichwort »das Kind« im »Grundkurs Erziehungswissenschaft« klar:

»Wenn wir behaupten, die Organismen, die wir Menschen nennen, durchliefen eine Lebensphase, die durch die Abwesenheit bestimmter Merkmale gekennzeichnet sei, dann konstruieren wir ein Bild vom normalen Menschen. Zu definieren, was ein Kind ist, heißt also etwas zu konstruieren, das Kind, den Erwachsenen, den Menschen. Das Ergebnis sind Konstrukte. Was bedeutet das für die wissenschaftliche Auffassung davon, was ein Kind ist? Das Konstrukt ›Kind‹ ist nicht wahrheitsfähig. Denn es gibt keine wissenschaftliche Forschungsmethode, mit der man zweifelsfrei nachweisen könnte, was ein Kind ist und was nicht« (Lenzen 1995, 343).

Das »Kind« ist für Lenzen gewissermaßen eine Erfindung zur Legitimation der erzieherischen Ambitionen der Erwachsenen:

»Kindheit als Konstrukt« – diese These ist, so populär sie derzeit auch sein mag, letztlich – eine Killerphrase, die jedes differenziertere Nachdenken über die Frage nach den Besonderheiten des kindlichen Wahrnehmens und Welterlebens erschlägt! Ian Hacking hat in seinem kleinen Buch »Was heißt ›soziale Konstruktion‹? – Zur Konjunktur einer Kampfvokabel in den Wissenschaften« (Hacking 1999) jüngst eine längst fällige kritische Auseinandersetzung mit dem verbreiteten Trend in den Sozialwissenschaften, alles und jedes zum »sozialen Konstrukt« zu erklären, vorgelegt.

5. Das Weltbild des Kindes III: aktuelle entwicklungspsychologische Tendenzen

Nun ist man beim Lesen von Piagets Buch jedoch tatsächlich bisweilen erstaunt über die Antworten der von ihm befragten Kinder. Dabei bezieht sich das Staunen weniger auf die Antworttendenz als solche, sondern mehr noch auf die zugehörigen Altersangaben. Man wird beim Lesen das Gefühl nicht los, das heutige Kinder in entsprechendem Alter, also Kinder die mit der »Sendung mit der Maus«, mit »Löwenzahn«, »Siebenstein«, »Discovery« und anderen informativen Sendungen, in denen Kindern die Welt erklärt wird, aufgewachsen sind, weniger naiv auf Piagets Fragen antworten würden.

Als Beispiel mögen Piagets Befunde zur Erklärung des Phänomens dienen, dass Sonne und Mond unseren Bewegungen scheinbar folgen. Piaget analysierte dafür die Antworten der Kinder auf die Frage: »Was macht die Sonne (der Mond), wenn du spazieren gehst?« und kam in der Analyse zahlreicher kindlicher Antworten zu folgenden Ergebnissen:

»Wir haben drei Stadien gefunden. Im ersten glaubt das Kind, die Sonne und der Mond folgten ihm, etwa wie ein Vogel auf Dachhöhe. Dieses Stadium dauert im Mittel bis etwa 8 Jahre, man findet es aber auch noch bei 12-jährigen. In einem zweiten Stadium nimmt das Kind gleichzeitig beides an, dass die Sonne uns folge und dass sie uns nicht folge. Das ist ein Widerspruch, der dem Kind durchaus bewußt ist und den es so gut wie möglich aufzuheben versucht: Die Sonne ist unbeweglich, aber ihre Strahlen folgen uns nach, oder die Sonne bleibt an Ort und Stelle, aber sie dreht sich so, dass sie uns immer sieht usw. Das Durchschnittsalter der Kinder dieses Stadiums beträgt 8-10 Jahre. Von durchschnittlich 10-11 Jahren an weiß das Kind schließlich, dass es nur so aussieht, als ob die Sonne und der Mond uns folgen würden und dass diese Täuschung auf die große Entfernung der Gestirne zurückzuführen sei. Vom Animismus her gesehen sind die beiden ersten Stadien animistisch, während im dritten der auf die Gestirne bezogene Animismus im allgemeinen verschwindet. Im ersten Stadium spricht das Kind der Sonne und dem Mond offen und frei Bewußtsein und Willen zu« (Piaget 1980, 177).

Selbst wenn auch heute noch sehr viel irreführende Vorstellungen hinsichtlich der Bewegungen der Gestirne in den Köpfen der Kinder (und der Erwachsenen!) kreisen, so werden heutige Achtjährige, die in der Regel schon einmal Fernsehbilder von der ersten Mondlandung und Teleskopaufnahmen von den Protuberanzen auf der Sonnenoberfläche gesehen haben, kaum noch glauben, Sonne und Mond folgten ihnen wie ein Vogel auf Dachhöhe. Und wenn man erst einmal Bilder von der staubigen Steinwüste gesehen hat, auf der in dicke Raumanzüge verpackte Astronauten unbeholfene Sprünge machen, bzw., von dem brodelnden Feuerball, der glühende Gasmassen ins All schleudert, dann dürfte es auch schon einem Kindergartenkind schwer fallen, diesen Gebilden Bewusstsein und Willen zuzusprechen (Selbst wenn sie auf ihren eigenen Bildern immer noch die Sonne mit lachendem Gesicht ins Eck malen).

Der interessanten Frage, ob und wie sich die Antworttendenzen heutiger Kinder von denen, die Piaget in den zwanziger Jahren untersucht hat, unterscheiden, sind Buggle und Westermann-Duttlinger in einer entsprechenden Replikationsstudie an 5-8-jährigen Kindern nachgegangen. Sie fanden, wie zu erwarten, eine klare Tendenz in dem Sinne, dass Antworten mit animistischer Deutungstendenz bei den Fünf- und Sechsjährigen häufiger vorkommen als bei den Achtjährigen. Jedoch stellen sie auch bei den jüngeren keineswegs ein durchgängiges Deutungsmuster dar, sondern eines, das neben und zusammen mit nichtanimistischen, kausalen, »materialistischen« Erklärungen vorkam. Im Hinblick auf den Zeitpunkt des Umschlags von überwiegend animistischen zu nichtanimistischen Deutungsmustern kommen sie zu der Einschätzung, dass seit Piagets Untersuchung »eine auf das Lebensalter bezogene Vorverlegung von ca. 3 Jahren« stattgefunden habe. (Buggle/Westermann-Duttlinger 1988, 8). Zudem konnten sie zeigen, dass die Tendenzen zu animistischen bzw. nichtanimistischen Deutungen durchaus auch vom Ausmaß der Leseaktivität des Kindes und vom beruflichen Status der Eltern abhängig sind.

Buggle und Westermann-Duttlinger sind mit der gleichen Interviewmethode wie Piaget vorgegangen und haben prinzipiell ähnliche, wenn auch zeitverschobene Antworttendenzen gefunden. Man könnte dies als interessante Ergänzung, bzw. Detailkorrektur zur Kenntnis nehmen im Sinne eines: »Heutige Kinder sind eben ein Stück aufgeweckter, frühreifer, informierter«. Dabei würde jedoch ignoriert, dass Piagets

Thesen zum Weltbild des Kindes in der aktuellen entwicklungspsychologischen Diskussion auf einer viel grundsätzlicheren Ebene in Frage gestellt werden. Sabine Pauen hat jüngst in einer kritischen Evaluation neuerer experimenteller Forschungsergebnisse explizit die Frage aufgeworfen: »Überlebt der Animismus?« und kommt dabei zu folgendem Fazit:

> »Faßt man alle geschilderten Beobachtungen zusammen, so ergibt sich der Schluß, daß die Animismushypothese in der von Piaget formulierten Form nicht mehr haltbar ist. Obwohl Kinder bis zum Ende der Grundschulzeit typische ›Fehler‹ im verbalen Gebrauch der Begriffe ›lebendig‹ und ›Lebewesen‹ machen, kann dies nicht als ein Indiz für eine animistische Grundhaltung oder ein egozentrisches Weltbild gewertet werden. (...) Eine festgelegte Abfolge bestimmter Stadien läßt sich nicht ausmachen« (Pauen 1997, 111).

Noch umfassender hat sich Beate Sodian mit Piagets Thesen zum kindlichen Weltbild auseinandergesetzt und auch sie kann zahlreiche Belege anführen, die nahe legen, »dass Piagets Annahme, Vorschulkinder verfügten nicht über die Grundprinzipien unseres kausalen Denkens, falsch ist« (Sodian 1995, 629). So reagieren auch Vorschulkinder, ja z.T. sogar Säuglinge mit deutlicher Überraschung, wenn sie in trickreichen experimentellen Anordnungen Vorgänge beobachten, bei denen scheinbar die Gesetze der Schwerkraft, der Impulserhaltung oder der Massenkonstanz außer Kraft gesetzt sind. Sie haben ganz offensichtlich die Erwartung kausaler physikalischer Wirkungen. Selbst bezüglich des zentralen Kernstücks von Piagets Denken, dem Egozentrismus und der damit verbundenen Unfähigkeit zur Dezentrierung, zur Relativierung des eigenen Standpunktes – das ja durch klassische Versuche wie das Drei-Berge-Experiment eindrucksvoll belegt zu sein schien – meldet Sodian erhebliche Zweifel an und sie kann zeigen, dass »Kinder schon sehr viel früher fähig sind zu verstehen, dass ein und dasselbe Objekt aus unterschiedlichen Wahrnehmungsperspektiven unterschiedlich aussehen kann. (...) Es kann also nicht stimmen, dass Vorschulkinder durchweg ›egozentrisch‹ sind, wie Piaget annahm« (ebd., 627).

Nun leugnet freilich auch Sodian nicht, dass es gewichtig Unterschiede im Denken des Kindes und des Erwachsenen und somit auch markante Veränderungen im Laufe des Entwicklungsprozesses gibt. Sie bestreitet auch keineswegs, dass bei Kindern typische und gegenüber Instruktion bisweilen relativ hartnäckige Denkfehler beim Lösen bestimmter Aufgaben zu beobachten sind. Sie bezweifelt jedoch, dass es jene von Piaget behaupteten bereichsübergreifenden Entwicklungsschübe in den Grundstrukturen des Denkens gibt. Statt einer einheitlichen Phasenabfolge mit einer durchgängigen Entwicklungslogik auf der Ebene der basalen kognitiven Strukturen, die dann in alle unterschiedlichen Entwicklungsbereiche von der Entwicklung des physikalischen und kosmologischen Denkens bis hin zum moralischen Denken »ausstrahlt«, plädiert Sodian für eine stärkere Betrachtung und Differenzierung der jeweiligen bereichsspezifische Entwicklungsprozesse. Diese Prozesse sieht sie teils einfach als allmähliche Bereicherung und Ausdifferenzierung angeborenen bzw. früh vorhandenen Wissens, teils auch als bereichsspezifische Restrukturierungen dieser Wissensbestände, gewissermaßen als intrapsychische »Paradigmenwechsel« in denen das Kind zu neuen, komplexeren Erklärungsmustern und Begriffssystemen in Bezug auf den jeweiligen Weltausschnitt kommt.

6. Das »prälogische«, »animistische«, »anthropomorphisierende« und »magische« Denken des Kindes also auch in der modernen Entwicklungspsychologie als »Konstrukt« entlarvt?

Stehen die traditionellen Beschreibungen des kindlichen Weltbildes von Zulliger und Piaget also gewissermaßen auf »verlorenem Posten«, sind sie nun als Erwachsenenkonstrukte endgültig dekonstruiert? Ist es also Zeit, jene Klassiker der Kinderkunde endgültig im historischen Wachsfigurenkabinett verschwinden zu lassen? Dies wiederum zu behaupten wäre wohl zu voreilig. Dagegen spräche auch schon der reiche Schatz an erinnerten und erzählten Beispielen für solch eigentümliche kindlichen Denkprozesse, wie sie in der autobiographischen und auch in kinderpsychotherapeutischen Literatur zu finden sind. Bei genauer Betrachtung laufen all die neueren entwicklungspsychologischen Untersuchungen, die die traditionellen Thesen in Frage stellen, eigentlich nur darauf hinaus, dass sie belegen, dass Kinder nicht *ausschließlich* auf eine solche »egozentrische« »prälogische« »animistische«, »anthropomorphisierende«, »magische« Weltsicht beschränkt sind, dass sie schon früher *auch* zu jenen Denkoperationen fähig sind, die nach traditioneller Lehre erst späteren Entwicklungsphasen zugeschrieben wurden. Man muss die Aufgaben in den entsprechenden Experimenten nur sehr klar und einfach strukturieren, dann sind z.B. auch sehr kleine Kinder schon in der Lage, zu erkennen, dass ihr Gegenüber eine andere Wahrnehmungsperspektive hat, als sie selbst. Insofern stellen all die neueren Untersuchungen zu dieser Thematik eigentlich nur die überzogene These in Frage, dass Kinder bis zum Grundschulalter *einzig und allein* auf dieses »egozentrische« »prälogische« »animistische«, »anthropomorphisierende«, »magische« Denken fixiert seien. Keineswegs kann man aber aus der neueren Erkenntnis, dass schon früher als bisher angenommen, auch »erwachsenenähnliche« kausale Denkmuster bei Kindern vorkommen, den Umkehrschluss ziehen, dass animistisches und magisches Denken bei Kindern überhaupt keine Rolle spielte. Bittner hat einmal den Denkstil des späten Kindergarten- und frühen Grundschulalters als »phantastischen Realismus« bezeichnet (Bittner 1996, 158) und in dieser paradoxen Formulierung kommt recht schön der widersprüchliche Charakter jenes Denkens zum Ausdruck. Kinder versuchen sich mit ihren Denkmitteln einen Reim auf viele Probleme und Phänomene zu machen die sie noch nicht in ihrer ganzen Komplexität durchschauen können. Natürlich greifen sie dabei zur Erklärung des Unbekannten auf das zurück, was ihnen bekannt ist. Die Realität, die ihnen recht früh aus eigenem Erleben ganz unmittelbar bekannt ist, ist nun eben einmal die »mentale Realität« des Wünschens und Wollens, des Glaubens und Wissens, des Beabsichtigens und Vermeidens sowie die »Handlungsrealität« des Tuns und Lassens, des Belohnens und Bestrafens, des Machens und Bastelns. Und wenn man diese erste und ursprünglichste Theorie zur »Erklärung dessen was passiert«, auf die Phänomene der äußeren Welt überträgt, dann ergeben sich nun einmal fast zwangsläufig all die Charakteristika des kindlichen Denkstils, wie sie von Zulliger und Piaget beschrieben wurden.

Aus der folgenden kleinen Geschichte von Axel Hacke, einem spontanen kindlichen Schöpfungsmythos, geht sehr schön hervor, wie ein Kind seine persönliche Erfahrungswelt – hier eben die des Bastelns – auf die Lösung eines Welträtsel – hier dem nach der Entstehung des Menschen – anwendet:

> »Am liebsten sitze ich mit Anne auf dem Sofa und lasse mir von ihr die Welt erklären.. Meistens fängt das so an, dass sie ein paar Fragen stellt, zum Beispiel: ›Papa, warum ist heute Sonntag?‹ Oder: ›Warum gibt es Leute mit spitzen Nasen?‹ Oder: ›Wenn ein Riese auf einem Planeten steht, ist der Planet dann immer noch höher?‹
>
> Dann sitze ich da und bin klein, blöd und unfähig, weil ich keine einzige Frage beantworten kann, ja, weil ich sie nicht einmal verstehe. Ich sage dann: ›Ach Anne, erklär‘ du mir lieber was.‹ Und Anne sagt: ›Gut, dann erklär‘ ich dir, wie ein Mensch gemacht wird.‹
>
> ›Hoppla‹, denke ich, ›woher weiß sie das denn mit ihren sechs Jahren?‹
>
> Anne sagt: ›Zuerst wird der Kopf gemacht, aus Ton. Die Haare und die Knochen werden da hineingetan. Dann wird die Haut darüber gemacht, und oben macht man Löcher hinein, damit die Haare hinauswachsen können. Dann werden die Knochen gemacht und mit Haut bespannt – das sind dann die Lippen. Die muß er rot anmalen, der liebe Gott. Dann werden die Zähne reingesteckt und weiß angestrichen. Wie man die Augen macht, weiß ich nicht, aber die müssen ganz vorsichtig angemalt werden, damit der Spiegel nicht kaputtgeht; in den Augen spiegelt sich ja alles. Dann wird der ganze Rest gemacht, wieder aus Ton und wieder Haut drüber. Und ganz am Anfang muß ja erst noch der liebe Gott vom lieben Gott gemacht werden, weil der liebe Gott macht ja alles, auch sich selber‹.
>
> Ich war erstaunt, weil ich davon keine Ahnung gehabt hatte. Später hat Anne dann wieder Fragen gestellt. Als ich ihr aus Pippi Langstrumpf im Taka-Tuka-Land das Kapitel vorlas, in welchem Pipis Vater, der Negerkönig Efraim I. vorkommt, hat Anne wissen wollen: ›Papa, warum bist du kein Negerkönig?‹ Und ich wußte wieder keine Antwort, verdammt« (Hacke 1992, 71 f.).

7. Welche Bedeutung kommt dem »prälogischen«, »animistischen«, »anthropomorphisierenden« und »magischen« Denken des Kindes in der neueren Debatte um den Bildungsanspruch des Kindergartens zu?

Im Gefolge des »PISA-Schocks« ist in Deutschland auch eine ziemlich heftige Debatte um die Versäumnisse und Unzulänglichkeiten der Frühpädagogik aufgebrochen. Zwar hat es kaum einer so ungeschminkt und direkt formuliert, aber der Grundtendenz nach liefen die Klagen doch auf den Vorwurf hinaus, die traditionelle Kindergartenpädagogik vergeude mit ihrer Ideologie vom »Schonraum« und vom »freien Spiel« als der angemessenen Hauptbeschäftigung für die 3-6-jährigen Kinder wertvolle Lernzeit und werde so ihrem Bildungsauftrag nicht gerecht. In diesem Sinn fragt etwa Susanne Roux: »›Verbuddeln wir unsere Kindheit im Sand?‹, versäumen wir es, wesentliche Bildungschancen zu nutzen beim ›Trödeln im Spielparadies‹?« (2002, o.S.).

Den vielleicht radikalsten Vorschlag gegen diese Art von »Lernzeitverschwendung« hat wohl Dieter Lenzen in der Denkschrift »Bildung neu denken« vorgelegt. Er fordert, künftig eine Einschulung der Kinder möglichst bereits mit vier Jahren und eine enge Zusammenarbeit zwischen dem Kindergarten und der Grundschule (Lenzen 2003). Die Begründung für diesen radikalen Vorschlag ist bei ihm strikt bildungsökonomisch: Angesichts der absehbaren demographischen Entwicklung, sei es notwendig, junge Menschen wesentlich früher als bisher als qualifizierte Arbeitskräfte für den Arbeitsmarkt freizusetzen.

Vielleicht hat dieses Ausblenden der pädagogischen Diskussion darüber, was Kindern in welchem Alter gemäß und bekömmlich ist, auch mit der radikal konstruktivistischen Sicht von Kindheit zu tun, die Lenzen schon früher vehement vertreten hat. In seinem Handbuchartikel »das Kind« im »Grundkurs Erziehungswissenschaft« heißt es in diesem Sinn: »Zu definieren, was ein Kind ist, heißt also etwas zu konstruieren, das Kind, den Erwachsenen, den Menschen. Das Ergebnis sind *Konstrukte*« (Lenzen 1995, 343). Als den eigentlichen Sinn dieser Kindheits-Konstruktionen »entlarvt« Lenzen dort die Sicherung gesellschaftlicher Hierarchien und die Selbstlegitimation des pädagogischen Berufsstandes. Weiter wird dann auch noch viel Häme und Spott über die psychologischen Altersnormkonzepte und über die naiven »(beamteten) Vertreter einer Staatsschule« ausgegossen, die meinen, sie müssten intervenieren, »wenn eines der ihnen in Obhut gegebenen Kinder ›abweicht‹«: »Aus der Tatsache, dass der kleine Carsten, dass die kleine Julia im ersten Schuljahr motorisch noch nicht so weit entwickelt sind, wie die Mehrzahl der Klassenmitglieder und deswegen ihre Buchstaben unleserlich krakeln, folgt gerade nicht, dass diese Abweichung beseitigt werden muß« (ebd., 356), und es wird dann auf das Konzept der Walddorfschule verwiesen, das hier gelassen auf die »interne Entwicklungslogik jedes Individuums«

vertraut. Man staunt schon etwas über diese merkwürdigen Wandlungen in den Ansichten eines führenden Vertreters der (beamteten) Erziehungswissenschaft.

Angesichts der neuen Kritik an der »Schonraumpädagogik« des Kindergartens und der neuen energischen Forderungen nach einer effektiveren Nutzung der frühkindlichen Lernzeiten könnte man fast ein wenig den Eindruck haben, dass sich die Geschichte wiederholt. Auch in der Phase der Bildungsreform in den sechziger und siebziger Jahren war von einer »Bildungskatastrophe« (Picht 1964) die Rede und auch dort wurde beklagt, dass die traditionelle Kindergartenpädagogik Kinder verdumme und wertvolle Bildungspotentiale brach liegen lasse. Hinzu kamen damals lerntheoretische Belege für erstaunliche Lernfähigkeiten im frühen Alter sowie die Wende hin zu einem dynamischen, plastischen Begabungsbegriff (Roth 1968). Entsprechend gab es Tendenzen Frühlese- und Intelligenzförderprogramme in den Kindergarten einzuführen und damit den Bereich der Frühpädagogik deutlich stärker zu verschulen. Schon 1972 hat Andreas Flitner vor der Übertreibung solcher Ansprüche gewarnt und mit seinem Buch »Spielen – Lernen« eine Lanze für das Spiel als wichtigstem Medium der kindlichen Weltaneignung gebrochen. In seinem Vorwort zu diesem Buch beschreibt er die neuen Tendenzen kritisch:

> »Nachdem die Vorschulerziehung nicht mehr aus einem Punkt, dem Lese- oder Intelligenztraining, zu kurieren war, setzte man Neben- und Kontrapunkte: Mathematikprogramme, Realien-Lehrgänge, Sprachprogramme, Musikkurse und schließlich Programme für das Sozialverhalten kleiner Kinder. Man hat zum Glück noch keine Einrichtung gesehen, in der das alles durchgeführt würde. Und gewiss hätten sich gegen solche Absichten die Erzieher oder die Kinder bald zur Wehr gesetzt ... Es wird darum Zeit, auf das eigentliche Medium und den Hauptinhalt der Kleinkinderziehung zurückzulenken: auf das Spiel« (Flitner 1972, 10).

1996 hat Flitner sein Buch in überarbeiteter Neufassung herausgebracht und die damalige Diskussion und sein damaliges Anliegen noch einmal rekapituliert:

> »Anfang der siebziger Jahre erschien mir die Spielpädagogik und das Verständnis des Kinderspiels unmittelbar bedroht durch eine Modewelle des Kleinkinder-Lernens, der Frühlesebewegung und der Propaganda für Lern- und Intelligenzspiele aller Art. (...) Kinder lernen, so war die Pointe, in der Fülle ihres eigenen und freien Spiels, auch eines behutsam geförderten Spiels, unendlich viel mehr als mit den Trainingsleitern und Lernsequenzen der Intelligenzförderer« (Flitner 1996, 9)

Als »Sieger« aus dieser damaligen Debatte um eine angemessene, zeitgemäße Konzeption der Kindergartenpädagogik ging damals der »Situationsansatz« hervor, der sich sowohl von der klassisch-fröbelschen Tradition der Spielpflege als auch von den neueren Konzepten des isolierten Intelligenz- und Funktionstrainings abgrenzte und der statt dessen die »relevanten Lebenssituationen« – also die gesellschaftlichen Orte, Institutionen und Probleme (Postamt, Krankenhaus, Behinderung, etc.), mit denen

Kinder konfrontiert sind/sein können zum Ausgangspunkt eines differenzierten Curriculums machte, bei dem also mehr das soziale und alltagspraktische Lernen im Mittelpunkt stand (vgl. Zimmer 1982, 1984).

Gegen diese überwiegend auf »Nützlichkeit«, d.h. auf Alltagsfertigkeiten und gesellschaftliche Handlungsfähigkeit ausgerichtete pädagogische Konzeption hat Bittner versucht, in einer ziemlich heftig geführten Debatte, eine Vorstellung »kindgemäßer« Elementarpädagogik zu vertreten, die stärker den Bereich der Förderung der kindlichen Phantasietätigkeit und des Spiels in den Mittelpunkt stellt (vgl. Bittner 1981, 1991). In seinem Buch »Kinder in die Welt, die Welt in die Kinder setzen« hat er diese Vorstellung noch einmal prägnant zusammengefasst:

> »Pädagogische Aufgabe wäre es also, die Phantasie des Kindes im Vorschulalter nicht übermäßig zu lenken, zu trainieren und damit zu korrumpieren, sondern ihr einen Raum zu geben, in dem sie sich entfalten kann: durch Spielmaterial, das wenig strukturiert und damit für kreative Sinngebung offen ist, durch sprachliches Material, das der Phantasietätigkeit Nahrung gibt – und nicht zuletzt durch Märchen und biblische Geschichten« (Bittner 1996, 159).

In der Nach-PISA-Diskussion ist auch der Situationsansatz, der die Kindergartenpädagogik in den letzten Jahrzehnten dominierte, in die Kritik geraten. So meint etwa Fthenakis: »Die vorschulischen Einrichtungen haben ein pädagogisches Konzept, den so genannten Situationsansatz, über Jahrzehnte angewandt, ohne diese Konzeption bezüglich ihres Beitrags an der Stärkung kindlicher Entwicklung und kindlicher Kompetenzen zu hinterfragen. Hinzu kam, dass in unseren Einrichtungen die kognitive Entwicklung des Kindes nicht angemessen gefördert wurde« (Fthenakis 2003). Fthenakis selbst hat inzwischen im Auftrag des bayerischen Sozialministeriums ein eigenes Curriculum für den Vorschulbereich entwickelt, das zum verbindlichen »Bildungsplan« für die bayerischen Kindertagesstätten werden soll.

Der Gegensatz zwischen den maßgeblichen aktuellen Vorstellungen innerhalb der deutschen Frühpädagogik, wie Bildungsprozesse von Kindern im Vorschulalter angemessen zu verstehen und entsprechende Angebote zu konzipieren sind, lässt sich auf die Formeln: »Bildung als ›Selbstbildung‹« versus »Bildung als Ko-Konstruktions-Prozess« bringen. Erstere Vorstellung wird etwa von Gerd Schäfer vertreten. In seinem Buch »Bildungsprozesse im Kindesalter. Selbstbildung, Erfahrung und Lernen in der frühen Kindheit« (Schäfer 1995) hat er diese Sichtweise entfaltet und in einem neueren Text heißt es an zentraler Stelle: »In diesem Sinne muss man sagen, dass frühkindliche Bildung in erster Linie Selbst-Bildung ist und dass diese Bildung entlang den Erfahrungen gewonnen wird, die Kinder in ihren Lebenszusammenhängen machen« (Schäfer 2002, 24). Eine ähnliche Konzeption von frühkindlicher Bildung als »Selbstbildung« liegt dem Bundesmodellprojekt »infans« zugrunde das unter der Leitung von Hans-Joachim Laewen steht: »Die Bildungsprozesse der Kinder sind Konstruktionsprozesse, mit denen sie eine innere, virtuelle Welt in Kopf und Körper schaffen, die sie in der äußeren Welt handlungsfähig werden lässt« (Laewen 2002). Er kritisiert die Vorstellung, man müsse Kinder belehren und unterweisen, und fordert stattdessen von den Pädagogen eher eine Haltung genauen Beobachtens und empathischen Verstehens der kindlichen Fragen und ihrer Such-, Entdeckungs- und Konstruktionsprozesse. Dies würde damit auch die Forderung nach dem Respekt für die »prälogischen«, »anthropomorphisierenden«, »animistischen«, »magischen« Aspekte des kindlichen Denkens einschließen.

Anders dagegen Fthenakis, dem diese Position offensichtlich zu zurückhaltend ist und der sehr viel stärker fordert, die Kinder möglichst früh durch aktive pädagogische Impulse in die richtigen, angemessenen Formen des Denkens und der Welterfassung einzuführen und ihnen jene kognitiven Kompetenzen nahe zu bringen, die für späteres Lernen wichtig sind. In diesem Sinne expliziert er den Bildungsbegriff der dem Bildungsplan für die bayerischen Kindertagesstätten zugrunde liegt: »Das Kernstück des Planes besteht in einer Neudefinition von Bildung: Bildung ist als sozialer Prozess zu verstehen und nicht mehr als Selbstbildungsprozess. An diesem sozialen Ko-Konstruktions-Prozess beteiligen sich Kinder, Eltern, Fachkräfte und Erwachsene« (Fthenakis 2003). Besonderes Gewicht wird in diesem Konzept auf Lernkompetenzen und metakognitive Aspekte gelegt. Zwar wird der Welterschließung etwa durch Imitation und Variation von Erwachsenenrollen- und Tätigkeiten im Spiel durchaus noch eine wichtige Rolle zugestanden, gleichzeitig aber wird das »bloße Spielen« der Kinder doch als irgendwie defizitär betrachtet. Am Beispiel des bei Vorschulkindern so beliebten Kaufladen-Spiels macht Fthenakis deutlich, wie er sich eine entsprechende »pädagogische Anreicherung« des Kinderspiels in frühpädagogischen Einrichtungen vorstellt:

> »Nehmen Sie einen Kaufladen: Die Kinder lernen viel, indem sie kaufen und verkaufen. Was sie aber nicht lernen, ist die Reflexion darüber, dass sie lernen, was sie lernen und wie sie lernen. In einem meta-kognitiven Arrangement müsste die Erzieherin mit den Kindern vor dem Spiel die Ziele gemeinsam definieren. Die Komplexität des Kaufladens muss den Kindern angemessen vermittelt werden – die Perspektive des Verkäufers, des Käufers, des Lieferanten, die unterschiedlichen Bewertungen und Erwartungen. Auch die Frage nach der Rolle des Geldes muss geklärt werden. Für Kinder ist es einfach da. Sie haben seine Rolle in diesem komplexen Geschehen nicht begriffen. Das Wissen darum ist die Voraussetzung für lernmethodische Kompetenz. Außerdem muss die Erzieherin mit den Kindern immer wieder reflektieren, was sie gelernt haben, es dokumentieren und zum Abschluss noch einmal darüber sprechen. Die Kinder müssen in der Lage sein, ihr Wissen auch anderen Kindern zu vermitteln. Dieser ganze Aspekt wird in den Einrichtungen momentan nicht hinreichend beachtet« (ebd.)

Es fragt sich freilich ob die Vorschulkinder so viel Interesse an all dieser Art von Aufklärung und Unterweisung über die ökonomischen Sachverhalte des Waren- und

Geldverkehrs haben, ob sie tatsächlich vor dem Spiel gemeinsam mit den Erzieherinnen die »(Lern)ziele« ihres Spiels »definieren« wollen und ob sie im Anschluss daran gar auf metakognitiver Ebene darüber reflektieren wollen, was sie nun gelernt haben. Implizit wird das Spiel letztlich dadurch entwertet, wenn es mehr oder weniger nur mehr als Aufhänger für solche kognitiven und metakognitive Einsichten dient.

In der neueren Bildungsdiskussion und gerade auch in der Diskussion um frühkindliche Bildungsprozesse wird gerne auf die Gehirnforschung und ihre neuren Einsichten in Aufbau, Entwicklung und Funktion des menschlichen Gehirns, als des physischen Substrats menschlichen Lernens, Bezug genommen. Diese neurologischen Sachverhalte gelten gemeinhin als besonders harte, unverrückbare Voraussetzungen und Rahmenbedingungen für alle Ideen und Programme, menschliche Bildung zu fördern. Deshalb sei hier auf die Aussage eines renommierten deutschen Gehirnforschers verwiesen, der sich häufig auch mit der Frage nach der Relevanz seiner Erkenntnisse für pädagogische Zusammenhänge befasst hat. In seinem Beitrag »Was kann ein Mensch wann lernen« in dem Band »Die Zukunft der Bildung« kommt Wolf Singer zu folgendem Fazit:

> »Die Existenz zeitlich gestaffelter sensibler Phasen für die Ausbildung verschiedener Hirnfunktionen führt zu dem Postulat, dass das Rechte zur rechten Zeit verfügbar sein oder angeboten werden muss. Es ist nutzlos und womöglich sogar kontraproduktiv, Inhalte anzubieten, die nicht adäquat verarbeitet werden können, weil die entsprechenden Entwicklungsfenster noch nicht offen sind. Da bislang nur wenig experimentelle Daten darüber vorliegen, wann das menschliche Gehirn welche Informationen benötigt, ist es wohl die beste Strategie, sorgfältig zu beobachten, wonach die Kinder fragen. Ich habe ausgeführt, dass das Gehirn bei der Organisation seiner Entwicklung die Initiative hat und sich die jeweils benötigten Informationen selbst sucht. Es sollte demnach ausreichen und wäre wohl die optimale Strategie, sorgfältig darauf zu achten, wofür sich das Kind jeweils interessiert, wonach es verlangt und wodurch es glücklich wird« (Singer 2002).

Diese vorgeschlagene Strategie scheint mir sehr plausibel und sie enthält gleichzeitig eine sehr starke Aufforderung dazu, in pädagogischer Hinsicht nicht nur die Fragen, die die Kinder stellen ernst zu nehmen, sondern auch ihre eigenen Antwortversuche und damit eben auch die phantasievollen magischen Weltdeutungen, mit denen sie für sich selbst Wege zur Beantwortung ihrer Fragen und zum Verständnis der rätselhaften Phänomene, mit denen sie täglich konfrontiert sind, suchen.

All dies soll freilich keineswegs so verstanden werden, als gäbe es im Bereich der Elementarpädagogik keinen Veränderungsbedarf, als könne man sich bequem auf die Position zurückziehen, dass die Kinder sich die benötigten Anregungen und Informationen schon selber suchen. Es soll auch nicht bestritten werden, dass es durchaus zahlreiche Kindergärten gibt, in denen eine eher ideenlose, routinemäßige, wenig inspirierende Atmosphäre vorherrscht, in denen sich wenig Spannendes, Interessantes,

Herausforderndes, Staunenswertes und Beglückendes ereignet, in denen die Erzieher wenig sensibel sind für die kindlichen Fragen und die dahinter stehenden Weltdeutungen, und in denen sich Kinder deshalb häufig unterfordert und gelangweilt fühlen.

Es soll auch keineswegs bestritten werden, dass die frühe und gezielte sprachliche Förderung für Kinder nichtdeutscher Herkunft im Kindergarten, wie sie im Rahmen der PISA-Debatte gefordert wurde, wichtig ist, damit diese Kinder nicht gleich von Anfang an aufgrund ihrer mangelnden Sprachbeherrschung in der Schule »abgehängt« sind oder dass Programme zur Förderung der phonologischen Bewusstheit im Kindergarten wirksam und damit segensreich zur Prävention von Lese-Rechtschreibschwäche in der Grundschule sein können (vgl. Schneider 2001). All dies soll nicht in Frage gestellt werden. Bedenklich wäre es freilich, wenn überhaupt nur noch solche Inhalte und Programme, die der gezielten Förderung spezifischer kognitiver und sprachlicher Kompetenzen dienen, im Kindergarten als wirklich relevant und bedeutsam betrachtet würden und wenn das freie Spielen und Phantasieren der Kinder als bloße »Spielerei« oder gar als »Zeitverschwendung« entwertet würden.

Lenzen hat in seinen Ausführungen über das »Konstrukt Kind« gemeint, zum Kind werde gemeinhin »alles definiert, was *›noch nicht‹* ist: reif, erwachsen, verantwortlich, fähig, gebildet, ausgebildet« (Lenzen 1995, 357).Vielleicht ist gerade der Blick auf die kindliche Phantasietätigkeit und auf das kindliche Spiel geeignet, zumindest an einem Punkt dieses Verhältnis umzukehren und Respekt vor den geistigen Leistungen des Kindes, vor seiner Fähigkeit zur Weltschöpfung, zur lustvollen Imagination und zur kreativen Umdeutung, hervorzurufen. Denn in dieser Hinsicht muss man ja in der Regel bei den Erwachsenen ein *»nicht mehr«* konstatieren.

Literatur

Alanen, L. (1994): Zur Theorie der Kindheit. Zur »Kinderfrage« in den Sozialwissenschaften. In: Sozialwissenschaftliche Literatur Rundschau, 23, 93-112

Bittner, G. (1996): Kinder in die Welt, die Welt in die Kinder setzen. Eine Einführung in die pädagogische Aufgabe. Kohlhammer: Stuttgart, Mainz, Köln

Bittner, G. (1981): Was bedeutet »kindgemäß«? Entwicklungs- und tiefenpsychologische Überlegungen zur Erziehung im Kindergarten. In: Zeitschrift für Pädagogik, 27, 827-838

Bittner, G. (1991): Was ist kindgemäß? In: Das Kind. Halbjahresschrift für Montessori-Pädagogik, Heft 10, 17-37

Bogyi, G., Spiel, G. (1991): Die Bedeutung der magisch-animistischen Phase für die Entwicklung des Kindes. In: Lehmkuhl, U. (Hg.): Entwicklung und Individuation. Beiträge zur Individualpsychologie 14. München, Basel: Reinhardt, 42-51

Buggle, F., Westermann-Duttlinger, H. (1988): Untersuchung zum Animismus bei 5-8jährigen Kindern. In: Zeitschrift für Entwicklungspsychologie und Pädagogische

Psychologie, 20 (1), 3-14

Dornes, M. (1993): Der kompetente Säugling. Die präverbale Entwicklung des Menschen. Fischer: Frankfurt/M.

Flitner, A. (1972): Spielen – Lernen. Praxis und Deutung des Kinderspiels. Piper: München, erweiterte Neuauflage, 1996

Fraiberg, S. (1972): Die magischen Jahre. Rowohlt: Reinbek

Freud, S. (1909): Analyse der Phobie eines fünfjährigen Knaben. (Der Kleine Hans). GW Bd. VII

Freud, S. (1913): Das Interesse an der Psychoanalyse. GW Bd. VIII

Freud, S. (1933): Neue Folge der Vorlesungen zur Einführung in die Psychoanalyse. GW. Bd. XV

Freud, S. (1887): Brief Nr. 120 vom 8.2. 1887. In: ders: Briefe an Wilhelm Fließ. 1887-1904. Fischer: Frankfurt/M., 1986

Fthenakis, W. (2003): »Alles andere ist Kosmetik am System ...«. In: http://www.forum-bildung.de/templates/imfokus_inhalt.php?artid=191&start=0&str1=Fthenakis&str2=&str3=&lib =&art=&details=

Göppel, R. (1997): Kinder als »kleine Erwachsene«? – Wider das Verschwinden der Kindheit in der modernen Kindheitsforschung. In: Neue Sammlung, 37, 357-376

Hacke, A. (1992): Der kleine Erziehungsberater. Kunstmann: München

Hacking, I. (1999): »Was heißt ›soziale Konstruktion‹? – Zur Konjunktur einer Kampfvokabel in den Wissenschaften«. Fischer: Frankfurt/M.

Honig, M.-S. (1999): Forschung »vom Kinde aus«? Perspektivität in der Kindheitsforschung. In: Honig, M., Lange, A., Leu, H.-R. (Hg.): Aus der Perspektive von Kindern? Zur Methodologie der Kindheitsforschung. Juventa: Weinheim, München, 9-29

Honig, M.-S., Leu, H.-R., Nissen, U. (1996): Kindheit als Sozialisationsphase und als soziales Muster. Zur Strukturierung eines Forschungsfeldes. In: dies. (Hg): Kinder und Kindheit: soziokulturelle Muster – sozialisationstheoretische Perspektiven. Juventa: Weinheim, München, 9-29

Hoppe-Graff, S., Mäckelburg, B. (1991): Phantasie und Illusion beim Spielen. Zu William Sterns Psychologie des Kinderspiels. In: Zeitschrift für Entwicklungspsychologie und Pädagogische Psychologie, 23 (2), 115-131

Kelle, H., Breidenstein, G. (1996): Kinder als Akteure. Ethnographische Ansätze in der Kindheitsforschung. In: Zeitschrift für Sozialisationsforschung und Erziehungssoziologie, 16, 47-67

Laewen, H.-J. (2002): Bildung und Erziehung in Kindertageseinrichtungen. In: Laewen, H.-J., Andres, B. (Hg.): Bildung und Erziehung in der frühen Kindheit. Bausteine zum Bildungsauftrag von Kindertageseinrichtungen. Beltz: Weinheim, Berlin, Basel, 16-102

Lenzen, D. (1995): Das Kind. In: ders. (Hg.): Erziehungswissenschaft. Ein Grundkurs. Rowohlt: Reinbek

Lenzen, D. (2003): Mit vier Jahren in die Schule. In: DIE ZEIT, 30/2003

Lorenzer, A. (1979): Kindheit. In: Kindheit, 1, 29-36
Pauen, S. (1997): Überlebt der Animismus? Kritische Evaluation einer Hypothese zum präkausalen Denken. In: Zeitschrift für Entwicklungspsychologie und Pädagogische Psychologie, 29 (2), 97-118
Piaget, J. (1926): Das Weltbild des Kindes. Ullstein: Frankfurt, Berlin, Wien, 1980
Picht, G. (1964): Die deutsche Bildungskatastrophe. Walter: Olten
Postman, N. (1986): Das Verschwinden der Kindheit. Fischer: Frankfurt/Main
Roth, H. (Hg.)(1969): Begabung und Lernen. Klett: Stuttgart
Roux, S. (2002): PISA und die Folgen. Der Kindergarten zwischen Bildungskatastrophe und Bildungseuphorie. In: Textor, M. (Hg.): Kindergartenpädagogik. Online-Handbuch. 2002, http://www.kindergartenpaedagogik.de/967.html
Schäfer, G.E. (1995): Bildungsprozesse im Kindesalter. Selbstbildung, Erfahrung und Lernen in der frühen Kindheit. Weinheim: Juventa.
Schäfer, G.E. (2002): Bildung beginnt vor der Schule. In: Ministerium für Frauen, Jugend, Familie und Gesundheit des Landes Nordrhein-Westfalen, Sozialpädagogisches Institut des Landes Nordrhein-Westfalen (Hg.): Lebensort Kindertageseinrichtung. Bilden – Erziehen – Fördern. Frühkindliche Bildung im Kindergarten. Chancen und Möglichkeiten nach der PISA-Studie. Dokumentation. http://www.tageseinrichtungen.nrw.de/diskurs/doku ws5.pdf , 23-30
Schneider, W. (2001): Frühzeitiges Training hilft. Wie die Entstehung von Lese-Rechtschreibschwierigkeiten verhindert werden kann. In: Deutsch, W., Wenglorz, M. (Hg.): Zentrale Entwicklungsstörungen bei Kindern und Jugendlichen. Klett-Cotta: Stuttgart, 111-133
Singer, W. (2002): Was kann ein Mensch wann lernen? In: Killius, N., Kluge, J., Reisch, L. (Hg.): Die Zukunft der Bildung. Fischer: Frankfurt/M., 78-99
Sodian, B. (1995): Entwicklung bereichsspezifischen Wissens. In: Oerter, R., Montada, L. (Hg.): Entwicklungspsychologie, 3. vollständig überarbeitete Auflage. Beltz: Weinheim, 622-653
Textor, M. (2002): Kindergarten Dienstleistungsunternehmen oder Bildungseinrichtung? In: Textor, M. (Hg.): Kindergartenpädagogik. Online-Handbuch. 2002, http://www.kindergartenpaedagogik.de/967.html
Wilk, L, Bacher, J. (1994): Kindliche Lebenswelten. Opladen: Westdeutscher Verlag
Zeiher, H. (1996): Tagungsbericht: Programmdebatte um eine künftige Kindheitssoziologie. 2. Jahrestagung der Arbeitsgruppe Soziologie der Kindheit (Mai 1996, Deutsche Gesellschaft für Soziologie). In: Zeitschrift für Sozialisationsforschung und Erziehungssoziologie, 16, 442-446
Zimmer, J. (Hg.) (1984): Erziehung in früher Kindheit. Enzyklopädie Erziehungswissenschaft, Bd. 6, Klett: Stuttgart
Zimmer, J. (1982): Kindgemäßheit und Vorschulerziehung. Fünf Anmerkungen zu Günther Bittners Wahrnehmung des Situationsansatzes und der Reform der vorschulischen Erziehung. In: Zeitschrift für Pädagogik, 28, 315-318
Zinnecker, J. (1998): Streßkinder und Glückskinder. Eltern als soziale Umwelt von

Kindern. In: Zeitschrift für Pädagogik, 44, 7-34
Zinnecker, J. (1999): Forschen für Kinder – Forschen mit Kindern – Kinderforschung. Über die Verbindung von Kindheits- und Methodendiskurs in der neuen Kindheitsforschung zu Beginn und am Ende des 20. Jahrhunderts. In: Honig, M., Lange, A., Leu, H.-R. (Hg.): Aus der Perspektive von Kindern? Zur Methodologie der Kindheitsforschung. Juventa: Weinheim, München, 69-80
Zulliger, H. (1966): Die Angst unserer Kinder. Huber: Bern, Stuttgart
Zulliger, H. (1967): Heilende Kräfte im kindlichen Spiel. Fischer: Frankfurt/M., 1991

Magisches Denken und die Verarbeitung von traumatischen Ereignissen

Gertrude Bogyi

Einleitung

Die Welt des zwei- bis sechsjährigen Kindes ist geprägt von magisch-animistischen Vorstellungen, von der Ich-Bezogenheit, vom Anthropomorphismus und vom Finalismus. Sein Denken ist prälogisch, an die Wahrnehmung gebunden und der Charakter der Umwelt spielt eine wesentliche Rolle. Alles ist belebt, vieles wird im magischen Weltbezug »beseelt«.

Einerseits ist das Kind nun geneigt, sich als Mittelpunkt der Welt zu sehen, der über alles Macht hat, andererseits aber treten just zu dieser Zeit Ängste auf, die durch den Fortschritt im Denken ermöglicht wurden. Vorstellungen jeglicher Art werden möglich: Verlassenheits-, Schuld-, Bestrafungsängste und Angst vor Trennung und Dunkelheit, vor bösen Tieren und Ungeheuern können quälend, aber auch mit Abenteuerlust erlebt werden.

Daher werden Strategien zur Bewältigung gesucht: Das Kind wird zum »Helden«, der Gefahren meistern kann, oder zum »Täter« – also schuldig –, der bestraft und vernichtet wird. Die Grenzen zwischen Phantasie und Wirklichkeit verschwimmen, eine turbulente Zeit der Entwicklung hat begonnen. Es gibt kaum einen Bereich der kindlichen Umwelt, der nicht stark emotional besetzt ist. Diese emotional besetzte Umwelt spielt für das Kind eine enorme Rolle, die oft von Erwachsenen im Alltag kaum beachtet wird, und kommt besonders dann zum Tragen, wenn das Kind traumatische Ereignisse erlebt.

Psychische Traumatisierung im Kindesalter kann als eine das Kind in seiner psychischen Entwicklung überfordernde Lebenserfahrung verstanden werden, der es wehrlos und unentrinnbar ausgeliefert ist, wie etwa körperlichen Misshandlungen, sexuellem Missbrauch, Vernachlässigung, Verlust der Eltern, Unfällen und Katastrophen.

Im Folgenden sollen vor allem Todeserfahrungen und deren mögliche Auswirkungen auf das psychische Erleben von Kindern in dieser Entwicklungsphase berücksichtigt werden.

Magisch-animistische Denkweise

Selma Fraiberg (1972, 7) schreibt im Vorwort ihres Buches »Die magischen Jahre« treffend:

> »Es sind magische Jahre, weil das Kind in seinen ersten Jahren, im psychologischen Sinn, Magier ist. Sein frühester Begriff von der Welt ist ein magischer, es glaubt, dass seine Handlungen und seine Gedanken Ereignisse hervorbringen können.«

Nach Jean Piaget (1988) ist das Weltbild des Kindes in diesem Alter von Partizipation und Magie geprägt. Unter Partizipation versteht er »eine Beziehung, die das ursprüngliche Denken zwischen zwei Wesen oder zwei Phänomenen zu sehen glaubt, welche es als teilweise identisch betrachtet oder nach seiner Meinung einen starken Einfluss aufeinander ausüben, obwohl zwischen ihnen weder ein räumlicher Kontakt noch eine einseitige kausale Konnexion besteht« (ebd., 145).

Magie ist nach Piaget der Gebrauch, den das Individuum glaubt, von den Partizipationsbeziehungen machen zu können, um die Wirklichkeit zu verändern. Magisches Denken hilft somit, unaushaltbare Realität lebbar zu machen, wenn traumatische Ereignisse das Selbst- und Weltbild des Kindes erschüttern. Jede Magie setzt Partizipation voraus.

Animismus ist die Tendenz des Kindes, den unbelebten Gegenständen Leben und Bewusstsein zuzuschreiben. Magie und Partizipation einerseits sowie Animismus andererseits hängen auf das Engste zusammen. Piaget erklärt dies an einem Beispiel: So meinen Kinder z.B., die Sonne würde ihnen folgen. Wird der Akzent auf die Spontaneität der ihnen nachfolgenden Sonne gesetzt, ist das Animismus. Wenn sie glauben, sie selbst würden die Sonne hinter sich herziehen, so ist das Partizipation und Magie. Partizipationen und magische Praktiken des Kindes sind auf zweierlei Weise zu klassifizieren:

Erstens vom Inhalt: Relationen, die mit Angst, Gewissensbissen, Triebhaftigkeit und dem Gefühl der Ordnung, die in der Natur herrscht, verbunden sind.

Zweitens von der Strukturverbindung:

a) Magie durch Partizipation der Handlungen und der Dinge (z.B. Rituale zur Angstvermeidung);
b) Magie durch Partizipation des Denkens und der Dinge (z.B. das Gegenteil dessen denken, was man sich wünscht);
c) Magie durch Partizipation von Substanzen (z.B. Wind entsteht, wenn etwas gefächert wird);
d) Magie durch Partizipation von Intensionen (z.B. Magie durch Befehle).

In dieser Phase sucht sich das Kind neue Ordnungsprinzipien. Der Egozentrismus wird dann deutlich, wenn zwischen Sonne und Menschen eine dahingehende Partizipation gedacht wird, dass die Sonne keinen anderen Daseinsgrund hat, als sich mit uns zu beschäftigen. Diese Zeit ist aber auch die Phase des subjektiven Realismus, d.h. die Unfähigkeit, zwischen dem Ich und der äußeren Welt zu unterscheiden. Es wird zwischen Physischem und Psychischem nicht differenziert, deshalb ist alles mit Absicht beladen, alles ist entweder »gut« oder »böse«.

Auch führt das Kind alles auf seinen Standpunkt zurück; es kennt die Vielfalt der Betrachtungsweisen noch nicht. Die Trennung zwischen Phantasie und Wirklichkeit, zwischen anschaulichem und symbolischem Denken ist zeitweise nicht möglich. Das Kind hat die Tendenz zu magischen Deutungen, was nicht nur aus Informationsmangel geschieht, sondern weil ihm infolge der prälogischen und anthropomorphistischen Struktur der Denkprozesse scheinbar keine andere Möglichkeit bleibt.

Aus den genannten Gründen kommt es in diesem Alter zum Höhepunkt des Rollenspiels. Erlebtes wird mit Hilfe von willkürlichen Umdeutungen und Verwandlungen von Personen und Dingen nachahmend reproduziert. Das Rollenspiel reproduziert Erlebtes durch symbolische Darstellungen, hat die Bedeutung des »als ob«. Teilweise findet eine restlose Identifikation mit der Rolle statt, teilweise kommt es zum Realitätsverlust, was oftmals zur Angst vor Verquickung beider Realitäten führt. Das Rollenspiel ist aber nicht nur nachahmende Verarbeitung emotionaler Eindrücke, sondern reproduziert oft affektgeladene Situationen. Es dient damit unmittelbar der emotionalen Anpassung und der Verminderung seelischer Spannungen, indem es Kompensation für unlustbetonte Erlebnisse schafft, Aggressionen zur Entladung kommen lässt, unerfüllbare Wünsche in spielerischer Form realisiert und durch Wiederholung von angstbesetzten Situationen als Bewältigung wirkt. Indem das Kind vielfach selbst die Rolle dessen übernimmt, wovor es sich fürchtet, gelingt es ihm, die Angst allmählich zu überwinden und Konflikte zu lösen.

Ein wesentlicher Aspekt dieses Alters ist auch, dass einerseits eigene Erfahrungen als allgemein gültig angesehen werden, andererseits auch die Tendenz besteht, Erfahrungen anderer auf sich selbst zu beziehen. So entsteht etwa die Angst, dass sich die eigenen Eltern trennen oder dass ein Elternteil stirbt, wenn das Kind dies bei anderen Familien miterlebt. Einen großen Entwicklungsschritt bedeutet es, wenn eigene Erfahrungen von den Erfahrungen anderer getrennt werden können.

John Bowlby (1995) erkannte, dass das Kind einen bedeutungsvollen Entwicklungsschritt macht, wenn ihm allmählich klar wird, dass die Mutter ihre eigenen Ziele, Ideen und Gefühle haben kann. Das Kind beginnt, über seine eigene innere Verfassung zu reflektieren, eine Theorie des Mentalen (»theory of mind«) zu entwickeln. Cutting und Dunn (1999) untersuchten die Mentalisierungsfähigkeit von Kindern genauer und fanden heraus, dass die meisten Kinder im Alter von vier Jahren wissen, dass andere Menschen andere Gefühle haben und ihre Gefühle davon abhängen, wie sie eine Situation wahrnehmen. Kinder, die schon relativ viele Gedanken und Gefühle über den Zustand einer anderen Person äußern konnten, stammten aus Elternhäusern, in denen sehr viel kommuniziert wurde und insbesondere Gefühlszustände und Vorstellungen angesprochen wurden.

Für die Entwicklung der Mentalisierungsfähigkeit ist einerseits die Struktur der Persönlichkeit ist zu berücksichtigen, die als stabile, überdauernde Dimension des Verhaltens zu verstehen ist. Andererseits kommt die Variabilität des Verhaltens zum Tragen, einschließlich der Fähigkeit, die Realität zu realisieren, aber auch der Fähigkeiten, auf Konflikte und Ambivalenzen zu reagieren. D.h. es ist zu berücksichtigen, was das Kind zu dieser Zeit aufgrund der verschiedenen Gegebenheiten kann. Dabei spielt der Zeitfaktor, nämlich das Gewordensein in der Zeit und in den Entwicklungsanforderungen im emotionalen und im persönlichen Bereich, eine besondere Rolle. Anders gesagt, im Bereich des psychischen Apparates ist die Über-Ich-Entwicklung, im Bereich des Beziehungsmodus der ödipale Konflikt und hinsichtlich des kognitiven Rahmens sind alle Entwicklungsdimensionen zu berücksichtigen;.

Die gewonnen kognitiven Möglichkeiten eröffnen das grundsätzliche Problem, dass Entwürfe von anderen Welten möglich werden. D.h. die Fähigkeit, Vorstellungen zu entwickeln, wird in einer Zeit möglich, in der das Kind eine Fülle von Bedrohungen und Konflikten wahrnehmen kann. Das Kind ist aber zum ersten Mal imstande, Kompetenzen zu entwickeln, seinen Selbstwert zu begreifen und Instanzen zur Bewältigung zu suchen. Durch neue kognitive Bedingungen entstehen neue Fähigkeiten des Ich. Aber durch die schlechte Realitätsprüfung kommt es zum spezifischen Einsatz von Abwehrmechanismen. Somit entstehen in dieser Phase neue Abwehrstrategien, die bisher noch nicht verwendbar waren: verleugnen, umgestalten, verschieben und umkehren ins Gegenteil.

Zusätzlich gibt die verbale Information des Kindes selbst Auskunft, wie mit Hilfe der Phantasie die Auseinandersetzung mit der Realität erfolgt, aber auch wie die Verleugnung der Realität mit Hilfe der Phantasie geschieht (Bogyi, Spiel 1990).

Das Todeskonzept dieser Altersstufe

> »Gedanken an den Tod treten viel früher auf, als gemeinhin angenommen wird. Sie bilden eine mächtige Kraft in Bezug auf die gesamte Entwicklung des Kindes, auf die Entstehung der Religion und auch auf den Sozialisierung« (Bürgin 1981, 53).

Aus der entwicklungspsychologischen Forschung ist bekannt, dass sich Konzepte von Leben und Tod nach und nach entwickeln. Das Todeskonzept der verschiedenen Altersstufen beinhaltet jeweils eine kognitive und eine emotionale Komponente. Ausschlaggebend für die Entwicklung des Todeskonzeptes sind die folgenden Dimensionen (Speece, Brent 1984):

1. Nonfunktionalität: die Erkenntnis, dass alle lebenswichtigen Körperfunktionen mit dem Eintritt des Todes aufhören.
2. Irreversibilität: das Wissen um die Unumkehrbarkeit des einmal eingetretenen Todes.

3. Universalität: die Einsicht, dass alle Lebewesen sterben müssen.
4. Kausalität: das Berücksichtigen der Tatsache, dass die Ursachen des Todes biologischer Art sind.

Die Untersuchungen von Stern (1958) in Deutschland und Frankreich, von Gesell und Ilg (1954) in den USA und von Nagy (1948) in Ungarn sind von großer Bedeutung. Es wird davon ausgegangen, dass sich die intellektuelle Entwicklung und die Entstehung des kognitiven Todesverständnisses parallel vollziehen. Auch wenn sich die Untersuchungsmethoden der genannten Autoren deutlich voneinander unterscheiden, stimmen ihre Ergebnisse weitgehend überein. Sie alle kommen zum Schluss, dass sich das Todesverständnis im Laufe der Entwicklung wandelt und in der Interaktion mit der jeweiligen Umgebung erworben wird.

Nach Stern (1958) bekommt das Kind mit vier Jahren eine Ahnung, dass der Tod etwas ist, was jeden betrifft. Gesell und Ilg (1954) meinen, dass die Vorstellung vom Tod erst mit fünf Jahren detaillierter wird. Da das fünfjährige Kind den Tod sehr sachlich betrachtet, kann es vorkommen, dass es kleinere Tiere aus Experimentierfreude tötet. Der Tod wird zwar als Ende betrachtet, jedoch noch als reversibel gesehen. Nagy (1948) leistete bei der Erforschung des kindlichen Todesverständnisses Pionierarbeit. Ihre Untersuchung mit kognitionspsychologischem Schwerpunkt wurde anderweitig konkretisiert und bestätigt. Sie unterscheidet drei Entwicklungsstufen:

1. *Phase (zwischen drei und fünf Jahren)*: Der Tod wird nicht als ein normaler und endgültiger Vorgang anerkannt, sondern als Übergang, als ein weiteres Dasein unter veränderten Umständen gesehen. Es existieren auch Ideen, dass der Tod nur vorübergehend ist. Das Kind sieht sich selbst als lebendes Sein. In seiner selbstbezogenen, egozentrischen Art entwickelt es das für diese Entwicklungsphase typische Weltbild, indem es sich die Welt außerhalb – lebende Dinge ebenso wie tote Menschen – als lebend vorstellt.
2. *Phase (zwischen fünf und neun Jahren)*: Der Tod wird personifiziert. Die Kinder versuchen aber, ihn auf Distanz zu sich selber zu halten. Diejenigen sterben, die vom »Totenmann« weggetragen werden. Fünfjährige Kinder können eine gewisse Endgültigkeit des Todes anerkennen, obwohl sie manchmal gleichzeitig denken, der Tod wäre nur vorübergehend und könne rückgängig gemacht werden, ähnlich wie eine Krankheit.
3. *Phase (ab neun Jahren)*: Hier wird der Tod als ein Vorgang gesehen, der in uns stattfindet und dessen wahrnehmbares Resultat die Zersetzung des menschlichen Körpers ist. Nun wissen die Kinder, dass der Tod unvermeidbar ist.

Im Sinne der kognitiven Entwicklungstheorie von Piaget (1988) lässt sich die Entwicklung der drei Stufen, wie sie Nagy beschreibt, als Übergang kennzeichnen von amorphen zu konstanten Vorstellungen, von magisch-animistischen zu realistischen Konzepten und von egozentrisch-konkreten zu abstrakt-universalistischen Konzepten.

Ging man in diesen Untersuchungen primär von kognitiven Reifungsprozessen aus, so weisen spätere Autoren darauf hin, dass nicht nur das Alter, sondern besonders Sozialisationseinflüsse, wie der Umgang der Eltern mit Tod und Sterben und vor allem Erfahrungen mit dem Tod, eine große Rolle bei der Entwicklung der kindlichen Todesvorstellungen spielen (Iskenius-Emmler 1988).

Erna Furmann (1977) beschäftigte sich eingehend mit der Situation verwaister Kinder und untersuchte, nach welchen Kriterien Kinder Vorstellungen vom Tod entwickeln. Sie vertritt die Ansicht, dass ein Vorschulkind nicht unbedingt größere Schwierigkeiten haben muss als ein Erwachsener, den Tod als irreversibel zu begreifen, sondern dass es davon abhängt, ob und wie mit dem Kind über den Tod gesprochen wird. Leichter zu verstehen ist der Tod für Kinder, deren erste Todeserfahrungen nicht in direktem Zusammenhang mit einem geliebten Menschen stehen.

Der Sozialpsychologe und Psychoanalytiker Tobias Brocher (1996) setzt die Altersstufen für das Entstehen von Todesvorstellungen ähnlich an wie Furmann. Ein drei- bis vierjähriges Kind kann den Tod noch nicht verstehen, es erlebt lediglich die Abwesenheit von Personen. Mit vier bis fünf Jahren glaubt es, der Tod treffe lediglich andere, es assoziiert ihn mit Dunkelheit, Schlaf, Starre. Mit fünf bis sechs Jahren leben Kinder in der Vorstellung, der Tote würde in seiner ursprünglichen Form oder in einer anderen Gestalt zurückkommen. Brocher vertritt den Standpunkt, dass Kinder in diesem Alter angstfreier und unbefangener mit dem Tod umgehen können als ältere Kinder, weil sie seine Endgültigkeit noch nicht erfasst hätten. Er ist überzeugt, dass Kinder um den Tod auf der Gefühlsebene weit früher wissen, als sie ihn auf der intellektuellen Ebene verstehen. Das emotionale Begreifen findet demnach vor dem rationalen Begreifen des Todes statt.

Alle Untersuchungen stimmen darin überein, dass Kinder im Vorschulalter noch über kein stabiles und einheitliches Todesbild verfügen. Kinder dieser Altersstufe haben noch nicht die Möglichkeit, die gängigen drei Abgrenzungskriterien des Todes gefühls- oder verstandesmäßig zu erfassen: Der Tod betrifft alle Menschen, der Tod ist unvermeidbar, der Tod ist endgültig.

Hält man sich die Merkmale des kindlichen Weltbildes für die Altersstufe zwischen drei und fünf Jahren vor Augen, so wird deutlich, dass der Tod und das Tot sein eigentlich keinen endgültigen Platz im Denken der Kinder haben, dem gegenüber spielen diese in der Gefühlswelt der Kinder aber eine enorme Rolle. Der Tod als abstrakter Begriff ist nicht zu fassen, der Tod als Ereignis mit bestimmten emotionalen Reaktionen in der Umwelt kann die kindliche Seele jedoch zutiefst bewegen.

Da die Endgültigkeit des Todes nicht oder nur schwer begriffen werden kann, bedeutet tot sein auch weg sein. Wer weggegangen ist, kann aber auch wiederkommen. Oft tauchen Bilder auf, der Verstorbene würde weiter atmen, weiter essen, gleichsam auf »Sparflamme« weiterleben und irgendwann einmal wieder »wirklich« leben (Specht-Tomann, Tropper 2002).

Tot sein bedeutet auch weg sein, nicht verfügbar sein. Die Mama, die etwas nicht erlaubt, soll tot sein, oder auch das lästige Geschwister. Die Gefühllosigkeit, die Erwachsene hinter einer solchen Aussage vermuten, schockiert sie. Tatsächlich steht aber die Botschaft dahinter »du sollst weg sein, weil du mich im Moment störst« (Reitmeier, Stubenhofer 1998). Auch von sich selbst sagen Kinder in diesem Alter »ich bin jetzt tot« oder »ich will tot sein«, um sich zu entziehen und kurzfristig nicht erreichbar zu sein.

Wie bereits erwähnt, versuchen sich die Kinder dieser Altersstufe spielerisch die Welt und die Dinge des Lebens begreiflich zu machen. So wird auch tot sein im Spiel aufgegriffen. Spielthemen wie Totschießen, Unfall, Krankenhaus, Beerdigung sind beliebt, auch ohne reales Todeserleben. Immer aber geht es darum, »Herr über Leben und Tod« zu sein.

Tritt dann ein Todesfall ein, wird die Verbindung zu den eigenen »bösen« Gedanken und dem Tod hergestellt. »Herr über Leben und Tod« – diese Allmachtsphantasie wird dann im Kopf des Kindes zur beklemmenden Möglichkeit und führt zu starken Schuldgefühlen. Das magische Denken hat im Zusammenhang mit Tod große Bedeutung, wenn Kinder versuchen, dieses Denken einzusetzen. Dann bemühen sie sich, besondere Dinge zu leisten oder zu erfinden, um z.B. die schwere Erkrankung der Mutter zu beenden oder den Tod des Vaters rückgängig zu machen.

Kinder dieser Altersstufe nehmen alles sehr wörtlich. Umschreibungen des Todes mit Bildern, in denen Vergleiche mit Aspekten des Lebens hergestellt werden, wie z.B. »entschlafen«, »vorausgegangen«, »ewige Ruhe«, »einen Menschen verlieren«, verwirren Kinder und können zusätzliche Ängste aktivieren.

Zusammenfassend entwickeln Kinder vage Todesvorstellungen, der Tod ist jedoch ein vorübergehender Zustand. Tod wird gleichgesetzt mit Dunkelheit und Bewegungslosigkeit, Tod ist immer der Tod anderer. Prinzipiell zeigen Kinder dieser Altersstufe ein großes Bedürfnis, den Tod zu erforschen. Selbstverständlich wird die Entwicklung des Todesverständnisses durch die elterliche Einstellung, durch Kultur und Religion sowie konkrete Todeserfahrung beeinflusst. Eine Sonderstellung bezüglich des Erfahrungseinflusses nimmt die Medienwelt ein: Audivisuell erlebt das Kind Tod und Gewalt in verschiedenen Varianten sehr real, aber doch nur mittelbar, denn es fehlt die unmittelbare Beziehung zum Objekt.

Traumatische Ereignisse

> »Traumen sind kurz- oder langanhaltende Ereignisse oder Geschehen von außergewöhnlicher Bedrohung mit katastrophalem Ausmaß, die nahezu bei jedem tiefgreifende Verzweiflung auslösen würden« (ICD 10, WHO 1994).

Für eine Typisierung von Kindheitstraumata besonders bedeutsam ist die von Terr (1995) vorgeschlagene Unterscheidung zwischen einem einmaligen traumatischen Ereignis (Typ I-Trauma) und einem komplexen, längeren traumatischen Geschehen

(Typ II). Beide Traumata führen zu unterschiedlichen Wahrnehmungen und langfristigen Konsequenzen. Das Typ I- oder Schocktrauma wird detailliert erinnert, abgesehen von Wahrnehmungsverzerrungen, die durch die akute Traumareaktion bedingt sind. Kinder finden oft magische Erklärungen für das Geschehen, solange sie aufgrund ihrer kognitiven Entwicklung noch nicht imstande sind, die oft komplexen Zusammenhänge zu durchschauen und den Einfluss des Zufalls zu berücksichtigen. Die Folge ist, dass Schuldzuschreibungen – wie bereits erwähnt – oft an die eigene Person vorgenommen werden.

Ein Trauma vom langfristig andauernden Typ II führt nach Terr zu Verleugnung und emotionaler Anästhesie. Depersonalisation und Dissoziation sind häufig. Manche Kinder entwickeln eine Fähigkeit zur Selbsthypnose, um sich über den wiederkehrenden traumatischen Stress hinweg zu retten. Diese Fähigkeit kann einer der Kindheitsvorläufer einer späteren dissoziativen Identitätsstörung sein.

Wenn Kinder über drei Jahre alt sind und ein einzelnes furchtbares Erlebnis durchgemacht haben, sind sie nahezu immer in der Lage, ihre Erfahrungen in präzisen Details nachzuerzählen. Traumaopfer vom Typ II dagegen sind in der Lage, massive Schutzmechanismen gegen das Erinnern aufzubauen, weil darin für sie die einzige Möglichkeit besteht, ihre schrecklichen Erlebnisse zu überstehen (Dipold 1998).

Um die Besonderheit einer Traumawirkung auf Kinder abzuschätzen, muss, wie Fischer und Riedesser (1998) betonen, davon ausgegangen werden, dass das kindliche Selbst- und Weltverständnis, welches durch die traumatische Erfahrung erschüttert wird, sich noch im Aufbau bzw. in der Entwicklung befindet. So ist gerade in dieser Altersstufe das Situationsverständnis durch das kognitive Niveau begrenzt, das – generell gesprochen – mehr konkretistisch und personenbezogen ausgerichtet ist als im späteren Alter. Von daher neigt das Kind dazu, auch überpersönliche Abläufe, wie Naturkatastrophen, persönlich zu attribuieren: Die mächtigen Elternfiguren haben ihren Schutz versagt, etwa weil das Kind ungehorsam war. Das Kind kann sich von den realistischen Umständen, unter denen das Trauma zustande kam, nur begrenzt eine Vorstellung bilden, weil es die komplexen technischen Abläufe und menschlichen Handlungen noch nicht überblicken bzw. gedanklich rekonstruieren kann. So werden die Lücken im kindlichen Selbst- und Weltverständnis durch »anthropomorphe Hilfskonstrukte« gefüllt, dies umso eher, je größer die reale Not und Bedrängnis des Kindes ist.

Wie sich ein Kind nach dem Tod einer Bezugsperson weiter entwickelt, hängt einerseits von der Persönlichkeit des Kindes ab und ist andererseits von der das Kind umgebenden Gesamtsituation bestimmt. Zu berücksichtigen sind: Alter des Kindes, Entwicklungsstufe, Persönlichkeitsstruktur und Abwehrmechanismen, Entwicklung des Todesbegriffs, Informationsstand des Kindes, An- bzw. Abwesenheit des Kindes beim Tod der nahen Bezugsperson, Rolle der verlorenen Person im Leben des Kindes, Art der Beziehung zwischen Verstorbenem und Kind, Anzahl der vorangegangenen schwerwiegenden Verluste, Begleitumstände des Todes, Art des Todes, soziales Umfeld des Kindes bzw. des Verstorbenen.

Für das verwaiste Kind ist der Verlust seiner Eltern verheerend und bringt eine Vielfalt von Reaktionen mit sich: Schock, Leid, Apathie, Angst, Wut, Zorn, Scham, Vorwürfe und Erschöpfung, dazu Gefühle wie Einsamkeit, Sehnsucht und Hilflosigkeit. Es stellen sich oft ernsthafte psychische Veränderungen ein. Bowlby (1980) berichtet von Halluzinationen, Albträumen, Unwohlsein, Schlafstörungen und zwanghafter gedanklicher Beschäftigung mit der geliebten Person. Kinder suchen oft in jeder Ecke nach diesen Menschen, sie rekonstruieren zwanghaft die letzten Monate mit ihm und hängen an allem, was diesen gehört hat.

Nach Kranzler (1990) ist die Befindlichkeit und Fürsorge des hinterbliebenen Elternteils wesentlich für die kindliche Bewältigung des Elternverlustes. Stärkste Belastungen sind für diese Kinder, wenn der hinterbliebene Elternteil nach dem Tod des Partners besonders schwer beeinträchtigt ist, wenn die Kinder schon vor dem Tod eine wenig unterstützende Betreuung durch den hinterbliebenen Elternteil erlebten und wenn die Familien nach dem Tod finanzielle Einbußen hinnehmen mussten.

Trauerreaktionen – Bewältigungsmechanismen

Im Folgenden sollen häufige Trauerreaktionen und Bewältigungsmechanismen näher beschrieben und anhand von Fallbeispielen konkretisiert werden.

Punktuelle, situative Reaktionen

Kinder trauern anders als Erwachsene. Sie trauern viel punktueller und situativer. Gefühlsschwankungen scheinen weitaus intensiver zu sein und in schnellerer Abfolge aufzutreten als bei Erwachsenen. Kinder können in einem Moment tief traurig sein und weinen, im nächsten Moment laufen sie hinaus, lachen und fragen, was sie morgen zum Faschingsfest anziehen werden. Dies birgt die Gefahr in sich, dass die Erwachsenen der Meinung sind, dieses Kind trauere nicht.

Angst

Meist tritt eine vermehrte Angstbereitschaft auf. Verlassenheitsängste, Dunkelangst, Angst vor dem Einschlafen, Angstträume und Trennungsängste sind zu beobachten. Dies heißt, die Angst vor einem weiteren Verlust steht im Vordergrund. Beim Tod eines Elternteils tritt immer die Angst auf, auch der zweite könne verloren gehen, entweder durch dessen Tod oder durch Verlassenwerden. Kinder können nun nicht mehr sicher sein, dass Mama oder Papa wiederkommen, deshalb ist es besser, sie gehen erst gar nicht weg.

Durch den Egozentrismus tritt auch die Angst auf, das Kind selbst müsse sterben. Kranksein kann schnell für das Kind die Angst vor dem eigenen Tod bedeuten, wenn man dem Kind mitteilt, dass jemand krank war und gestorben ist, ohne weitere Erklärung abzugeben.

> Silvia reagierte panisch, als ihr die Mutter erklärte, sie sei krank und dürfe nicht in den Kindergarten gehen. Sie hüpfte trotz hohem Fieber im Bett herum und weinte unaufhaltsam. Schließlich rief sie voll Verzweiflung »ich will nicht sterben«. Einige Monate davor war ihre entfernt lebende Großmutter, verstorben und man hatte ihr nur beiläufig erzählt, dass die Großmutter krank war und gestorben sei.

Kinder dieses Alters nehmen viele Dinge wörtlich, wenn man ihnen den Tod mit »eingeschlafen sein« erklärt. Viele Kinder rütteln ihre Eltern wach, damit diese nicht »wegschlafen«, bzw. haben Angst, selbst nicht mehr aufzuwachen.

Allmachtsphantasien, Wut, Schuldgefühle, Interventionsphantasien

Für das Kind im präoperationalen Stadium ist nichts zufällig, daher führt sein egozentrisches Denken für gewöhnlich zur Annahme, dass die Ursache aller Ereignisse mit seinen eigenen Erfahrungen und seiner inneren Welt bewusster und unbewusster Wünsche und Phantasien zusammenhängt. Aus diesem Grund verwechselt es häufig Beweggrund und Ursache, Phantasie und Realität. So können Tod, Scheidung oder Krankheit die Erfüllung eines Wunsches bedeuten und seine egozentrische und omnipotente Sicht seiner selbst verstärken. Fühlt sich das Kind angesichts dieses Wunsches und dessen Auswirkungen verantwortlich und schuldig, so sind oft Bestrafungsphantasien die Folge. Das Kind fürchtet vorbewusst, unbewusst oder bewusst, durch seine aggressiven Impulse die Schuld am Tod des Elternteils zu tragen. Ereignisse und Erfahrungen der äußeren Realität werden i.S. der inneren Wirklichkeit interpretiert (Tyson, Tyson 2001).

> Martin litt sehr unter der lang andauernden Krebserkrankung der Mutter. Als sie aus dem Krankenhaus kam, hatte er erwartet, alles sei so wie früher. Stattdessen war die Mutter immer müde, konnte kaum etwas unternehmen mit ihm und lag häufig im Bett. Er sagte verzweifelt und wütend: »Weißt du, ich habe eine Mutter, und habe auch keine. Ich hasse sie dafür, dass sie keine Haare mehr hat. Sie soll tot sein. Ich will eine neue Mama.« Als die Mutter gestorben war, fühlte er sich sehr schuldig und hatte Angst, der Vater werde ihn dafür bestrafen. Er erzählte im Kindergarten, dass der Vater ihn immer schlage, weil er keine Mama mehr habe. In der Nacht litt er unter grässlichen Träumen, in denen er verfolgt und getötet wurde.

Schuldgefühle sind also in dieser Entwicklungsphase ein wesentlicher Bestandteil kindlicher Trauer. Schon beim natürlichen Tod machen sich die Kinder Vorwürfe, schlimm gewesen zu sein und deshalb etwa den Herzinfarkt des Vaters verursacht zu haben. Vor allem beim Tod von Geschwistern treten Schuldgefühle massiv in den Vordergrund. Die an sich natürliche Eifersucht der Geschwister kann hier zum fatalen Verhängnis werden. Kinder im magischen Alter sind extrem gefährdet, sich schuldig zu fühlen, da sie nicht selten das Geschwisterkind weggewünscht haben, wofür sie sich manchmal mit dem eigenen Tod bestrafen wollen. Fast immer sind Kinder, die ein Geschwister verloren haben, der absoluten Überzeugung, den Eltern wäre es lieber gewesen, es selbst wäre gestorben.

> Die fünfjährige Miriam erlebte den Tod des behinderten Bruders. Ursprünglich hat sie sich sehr auf ihr Geschwisterchen gefreut, war jedoch enttäuscht darüber, dass es ein Bruder war. Als ihr die Mutter nach der Geburt sagte, dass es ein Bub sei, sagte sie, sie wünsche sich ein Mädchen. Liebevoll pflegte sie danach ihre Babypuppe, meinte, dass sie zaubern könne, und dass sie der Mama bald ein Mädchen in den Bauch zaubern werde. Mit acht Monaten starb der kleine Bruder. Miriam war zunächst fest davon überzeugt, dass der Bruder gestorben sei, weil sie ihn von Anfang an nicht wollte. Sie war böse auf die Mutter, die sehr oft mit ihm im Krankenhaus war. Sie wollte sich auch andere Eltern suchen, da sie überzeugt war, sie werde nicht mehr gebraucht. Sie entwickelte große Angstträume und begann wieder einzunässen. Im Kindergarten war sie äußerst lebhaft und unruhig, wobei sie meinte, sie müsse sich bewegen, damit sie nicht auch noch sterbe.
>
> Sie versuchte, durch kleinkindhaftes Verhalten den Bruder zu ersetzen, war davon überzeugt, dass es den Eltern lieber gewesen wäre, sie selbst wäre gestorben. Plötzlich begann sie, sich einen Phantasiegefährten zu nehmen, und versuchte die Mutter zu überzeugen, dass der kleine Bruder sowieso hier sei, erzählte permanent, was er gerade mache, was er spiele usw., denn nur sie könne ihn sehen. Gleichzeitig war sie auch davon überzeugt, dass sie, wenn sie mit im Krankenhaus gewesen wäre und aufgepasst hätte, den Tod des Bruders verhindern hätte können.

Von der – wie bereits erwähnt – »vor-operationalen«, i.S. von Piaget »magischen« Denkweise sind oft die Interventionsphantasien geprägt, die Kinder entwickeln, um das Unheil aufzuhalten oder es im Nachhinein ungeschehen zu machen. Sie sollen die der Katastrophe vorausgehenden Ereignisse ändern, den traumatischen Handlungsablauf unterbrechen, den tödlichen Ausgang oder die Verletzungen ungeschehen machen.

Ein typisches Beispiel zeigt sich auch bei misshandelten Kindern, die oft verzweifelt versuchen, die Bindung an die Eltern dadurch zu retten, dass sie die Schuld bei sich selbst suchen. Dann kann die Illusion aufrechterhalten werden, dass die Eltern im Prinzip gute, verlässliche und schützende Bindungspersonen wären, wenn sie selbst nur nicht so schlecht, unruhig oder böse wären und die Eltern ärgerten.

Die Endgültigkeit des Todes zu begreifen, fällt Kindern dieser Altersstufe – wie bereits erwähnt – sehr schwer. Immer wieder äußern Kinder, dass sie nun zu Papa oder Mama auf Besuch gehen werden, dann aber ohnehin wieder auf die Erde zurückkommen. Nicht selten meinen sie auch, sie wollen auch tot sein, um dem geliebten Elternteil wieder zu begegnen.

Abwehrmechanismen

Abwehrmechanismen helfen dem Kind, sich Distanz von der Wirklichkeit zu verschaffen. Nicht selten wird der Tod verleugnet: Kinder wirken in der ersten Reaktion oft völlig verwirrt von den Ereignissen oder gänzlich ungläubig. Sie stellen immer wieder dieselben Fragen, gehen den Verstorbenen suchen, wollen wissen, wann der Verstorbene wiederkommt, bzw. die Vorstellung behalten, der Tote komme wieder.

> Ein vierjähriges Mädchen meinte, als ihr der plötzliche Tod des Großvaters mitgeteilt wurde, »das macht nichts, ich gehe in den Tiergarten, dort ist Opa sicherlich bei den Tieren«. Als man ihr erklärte, dass er nicht dort sei, weil er ja tot sei, meinte sie, er sei sicherlich nur ins Kaffeehaus gegangen. Dies wiederholte sich noch mehrmals.

Kinder, in deren Familie ein Mord passiert, sind schwer traumatisiert. Am allerschwierigsten ist es, wenn ein Elternteil den anderen tötet. Wie soll man es auf die Reihe bringen, dass der eine geliebte Elternteil den anderen tötet?

> Peter war knapp sechs Jahre, als der Vater die Mutter und die Großmutter tötete, indem er ihnen die Kehle durchschnitt. Peter, der ein paar Stunden mit den blutenden Leichen alleine war, ging am nächsten Morgen zur Nachbarin, nahm den Hund und einen kleinen Rucksack mit, in den er eine Haarbürste, Taschentücher und ein Stück Brot einpackte. Der Nachbarin sagte er, er müsse jetzt auswandern, denn all seine Leute seien gestorben. Nach diesem Satz fiel er in einen apathischen Schock und wurde an die Klinik gebracht. Für Peter war es schwierig, die Tatsache zu akzeptieren, dass der Vater der Mörder war. Er sagte während einer Therapiestunde deutlich: »Der Mörder war so groß wie mein Papa, hat so ausgesehen wie mein Papa, hat so eine Stimme gehabt wie mein Papa, aber es war nicht mein Papa!« Er entwickelte viele Phantasien, wer denn der Mörder gewesen sei. Nach einigen Wochen teilte er mir – der Therapeutin – mit, dass er sowieso wisse, dass es der Vater sei, signalisierte aber deutlich, dass er jetzt nicht darüber sprechen könne. Im repetitiven Spiel stellte er immer Gefahrenszenen dar, aus denen es kein Entrinnen gab. Nach und nach war es möglich, die dramatische Wahrheit zu integrieren, lange Zeit aber waren die Affekte deutlich abgespalten.

Teilweise kommt es zur Affektisolation, d.h. das Kind verhält sich so, als ob nichts geschehen wäre. Spiele mit der Tendenz »alles ist wie immer« können ein Beweis für die Isolierung von Schmerz und Trauer sein, z.T. auch die Grundlage für pathologisches Trauern und die Einkapselung des Schmerzes bilden (Seiffge-Krenke 2004).

Es kann aber auch zu einer Umkehr der Affekte kommen, d.h. mit gespielter Sorglosigkeit und Unbeschwertheit wird die Verzweiflung übertönt. Die Umwandlung von Passivität in Aktivität hilft dem Ich, über die erste Zeit hinweg zu kommen.

Viele Kinder reagieren auf ein Verlusterlebnis mit starker Wut. Sie sind oft aggressiv zu anderen Kindern, zeigen sich trotzig und folgen nicht. Es scheint, als wollten sie immer wieder für etwas bestraft werden, was auch i.S. der Selbstbestrafungswünsche aufgrund ihrer Schuldgefühle betrachtet werden kann. Andererseits führen Ohnmacht und Hilflosigkeit ebenso zu Wutausbrüchen. Aggressive Kinder werden in ihrer Trauer oftmals von den Erwachsenen nicht verstanden, im Gegenteil, sie werden ermahnt, sie müssten doch gerade jetzt brav sein. Manche Kinder formulieren ihre Wut deutlich:

> Alex, vier Jahre alt, hat täglich abends für seine schwer kranke Mutter gebetet. Als sie starb, war er sehr wütend auf den lieben Gott, der doch ein böser sein müsse, da er ihm den Wunsch nicht erfüllt hat. Er wartete sehnsüchtig darauf, dass es sich der liebe Gott doch noch überlegen solle. Wenn nicht, meinte er, werde er in der Nacht, als Räuber verkleidet, seine Mutter aus dem Himmel entführen.

Es finden sich oft regressive Reaktionen. Viele Kinder fallen nach einem Todeserlebnis in unselbständige Verhaltensweisen früherer Entwicklungsstufen zurück, die sie eigentlich schon überwunden hatten. Sie beginnen zu klammern, quengeln, nässen wieder ein, lutschen am Daumen oder wollen wieder ihr Fläschchen. Regressives Verhalten kann als Sicherungswunsch für Aufmerksamkeit und Fürsorge in unsicheren, angstmachenden Zeiten interpretiert werden.

Immer wieder kommt es bei Kindern des magischen Alters auch zu Verschiebungen:

> Der Tod der Großmutter löste bei der vierjährigen Susi äußerlich sichtbar kaum Betroffenheit aus, während beim Verlieren eines Balles die Abwehr nicht mehr länger aufrecht erhalten werden konnte und die Welt für das Kind zusammen brach.

Hier werden Kinder oft missverstanden. Es wird nicht bedacht, dass ein mühsam errichteter Schutzwall nun durchbrochen ist und die in den Augen der Erwachsenen als Kleinigkeit bezeichnete Situation eine massive Trauerreaktion auslösen kann. Kinder projizieren ihre Gefühle der Trauer oft auch auf andere Personen. Auch das Gefühl der Scham ist zu erwähnen. Verwaiste Kinder wirken oft über den Verlust beschämt, als ob es ihr Fehler gewesen wäre.

Orbach (1990) hebt einen weiteren Prozess beim Erleiden eines Verlustes hervor, den Ausdruck von Hilflosigkeit. Der Verlust der Eltern versetzt dem kindlichen Gefühl der Omnipotenz einen schweren Schlag. Kinder entwickeln omnipotente Gefühle als Schutzschild gegen ihre schwache Position in der Welt. Ein Verlust beraubt das Kind dieser Vorstellung von Omnipotenz. Es ist plötzlich seiner fundamentalen Hilflosigkeit ausgesetzt.

Hilfreiche Phantasien

Oftmals suchen sich Kinder Übergangsobjekte, um das Geschehen zu bewältigen oder mit dem Toten in Verbindung zu bleiben.

> Ein knapp fünfjähriges Mädchen bittet ihren Vater, der sterbenden Mutter, von der sie sich – wie sie sagte – am Tag vorher verabschiedet habe, eine Haarlocke und von jeder Hand einen Fingernagel abzuschneiden. Sie bettet Haarlocke und Fingernägel in eine kleine Schachtel, die sie liebevoll mit Wattepads ausgestattet hat und ständig bei sich trägt, und antwortet auf die Frage, wieso sie sich dies von der sterbenden Mutter gewünscht habe: »Ja das weißt du nicht, die Haarlocke ist zum Schmeicheln und mit den Fingernägeln kann ich jederzeit die Mama an einer Hand halten.«

Sehr hilfreich können auch Vorstellungen über das Weiterleben sein, allerdings sollten diese von den Kindern selbst angesprochen werden können und ihnen keine Glaubenskonzepte aufgedrängt werden.

> Anna war 4½ Jahre, als ihre Mutter plötzlich an einer akuten Hirnblutung verstarb. Sie war mit der Mutter alleine zu Hause, als diese im Badezimmer zusammenbrach. Sie lief zum Hausmeister, vier Stockwerke abwärts und erklärte ihm, dass sie die Rettung brauche. Am nächsten Tag wollte sie unbedingt die Mutter, die schon klinisch tot war, auf der Intensivstation nochmals sehen. Sie war überzeugt, wenn sie zuerst die Platzwunde, die sich die Mutter beim Sturz an der Badewannenkante zugezogen hatte, versorgt hätte, wäre die Mutter nicht gestorben.
> In intensiven Gesprächen unter Beiziehung des Intensivmediziners gelang es, ihr zu erklären, wie die Mutter gestorben sei, und dass niemand den Tod hätte verhindern können. Erleichtert darüber, begann sie sich mit dem Gedanken einer »neuen Mutter« auseinander zu setzen. Sie meinte, sie möchte lieber ein Vater werden, da Mütter sterben könnten. Dann meinte sie, sie wolle eine neue Mama, sie suche jetzt eine für den Papa, und als ihr dies nicht gelang meinte sie, der Wind bringe ihr irgendwann eine neue Mama. Später phantasierte sie sich in den Himmel und wie viele Kinder malte sie sich aus, was wohl die Mutter dort tun würde. Schließlich kam sie zu dem Entschluss, dass die Mutter im Himmel sehr viel fernsehen und schlafen könne, denn das hätte sie zu Lebzeiten immer wieder gerne gemacht, aber keine Zeit dazu gehabt.

Ausdruck im Spiel

Oft reagieren die Kinder nach außen hin scheinbar gar nicht, zeigen aber in ihren Spielen und Zeichnungen, wie sehr sie sich mit der Thematik beschäftigen. Das so genannte »traumatische Spiel« ist erkennbar durch stetes repetitives Darstellen belastender Situationen.

Markus, ein 4½-Jähriger, dessen kleiner Bruder gestorben ist, tötet im Verlauf der Therapie viele Puppen, ertränkt sie, baut Plastilin-Männchen und zerschneidet sie, möchte schließlich, dass sich die Therapeutin auf den Boden lege, die Augen schließe und ebenfalls tot sei. Als die Therapeutin dies zulassen konnte, rief das Kind mit lauter Stimme: »Der jüngste Tag, der jüngste Tag!« Von nun an zeigte sich ein deutlicher Entwicklungsschritt, da er selbst nun den Eindruck hatte, den Tod bekämpfen zu können und Herr über Leben und Tod zu sein.

Verzögerte Trauer

Zu bemerken ist weiters, dass einige Kinder erst Monate oder Jahre nach dem Todesereignis Symptome entwickeln, vermutlich weil sie das Ausmaß und die Endgültigkeit des Verlustes erst mit zeitlichem Abstand und fortschreitender Entwicklung realisieren. Vor allem Kinder, die ihre Eltern im Alter von weniger als fünf Jahren verloren haben, entwickeln erst Jahre später ein erhöhtes Risiko, psychiatrisch auffällig zu werden. Hier mögen entwicklungspsychologische Voraussetzungen für den Trauerprozess zum Tragen kommen, nämlich die Tatsache, dass die Irreversibilität und Endgültigkeit des Todes jetzt erst richtig verstanden wurde (Fristad et al. 1989).

Auswirkung von Kriegsereignissen auf Kinder

Vielschichtige, besonders schwierige multiple traumatische Situationen stellen Kriegsereignisse dar. Wenn Kinder Krieg und Verfolgung erleben, ist dies selten ein einziges begrenztes Ereignis. Die Situationsanalyse ergibt eine große Zahl von pathogenen Faktoren, die sich zur selben Zeit, jeder für sich unterschwellig, in ihrer Gesamtheit zu einer massiv-traumatischen Situation summieren können, was nach Fischer und Riedesser (1998) eine kumulativen Traumatisierung darstellt. Sie können sich aber auch in der zeitlichen Sequenz summieren oder potenzieren (sequentielle Traumatisierung).

Folgende Faktoren von kritischen und potenziell traumatischen Ereignissen sind für die Situation von Kindern mit Kriegserlebnissen bedeutsam: Persönlichkeitsentwicklung und Familiendynamik, Krieg und Verfolgung, Migrationsprozess (Flucht, Lagerleben), Lebenssituation im Aufnahmeland und drohende, erzwungene oder freiwillige Re-Imigration. Über die Kriegserlebnisse hinaus kommt es durch Verhaftung und Flucht oft zu zusätzlichen Belastungen sowie zur Entwurzelung.

Kleinen Kindern gehen oftmals bereits erlernte Fertigkeiten wieder verloren, wobei der adaptive Sinn solcher Regressionen in dem Bemühen liegt, in die sichere Situation früherer prätraumatischer Entwicklungsphasen in der Hoffnung auf einen Neuanfang zurückzukehren. Regressionen bedeuten oft einen bewussten oder unbewussten Hilferuf an die primären Pflegepersonen.

Hilfreich aus psychodynamischer Sicht ist es, dem Kind in einem strukturierten oder einem freien Spiel die Möglichkeit zu geben, seine traumatisierenden Erfahrungen in erträglichen Dosen darzustellen, die mit der traumatischen Situation verbundenen Erinnerungen und Phantasien zu inszenieren und in den Erfahrungshintergrund zu integrieren. Auffällig bei Kindern ist oft die ausgeprägte emotionale Verflachung, wenn sie ausdruckslos und mit deutlicher Distanz von furchtbaren Erlebnissen berichten, so als sprächen sie über etwas, was für sie höchst unwichtig war. Flüchtlingskinder berichten auch oft über eigene Erfahrungen in der Art, als ob sie sie nicht selbst, sondern ein Fremder sie gemacht hat. Viele sind extrem müde, haben ein erhöhtes Schlafbedürfnis, depressive Zustände und massive Schuldgefühle, selbst überlebt zu haben.

> Die fünfjährige Sabrina musste mit ansehen, wie ihr Vater getötet und ihre Mutter vergewaltigt wurde. Sie erlebte die Zerstörung ihres Dorfes durch Bomben. Die Mutter floh mit Sabrina und ihrem achtjährigen Bruder nach Österreich. Sabrina wurde wegen völlig starrem, regungslosem Verhalten an der Klinik-Ambulanz vorgestellt. Es dauerte lange, bis sie wenige Worte sprach. Sie malte Bilder mit schwarzer Ölkreide, die sie sofort wieder zerstörte. Sie spielte mit den Puppen, die alle von Bausteinen getroffen und dadurch getötet wurden. Meist klammerte sie an die Mutter und weinte immer wieder vor sich hin.
>
> Die Mutter berichtete, dass sie immer wieder zurück nach Hause möchte, um den Vater zu suchen. Sie nässte ein, was für die Mutter zusätzlich ein großes Problem bedeutete, da sie sich vor den Männern im Lager schämte. Sie schrie jede Nacht auf und berichtete von Albträumen, in denen sie immer getötet wurde. Sie litt offensichtlich an deutlichen, wiederkehrenden Erinnerungen, denn sie hielt sich immer wieder unvermittelt die Ohren zu. Sie fürchtete sich vor Männern und hatte Angst, alleine zu sein. Schließlich spielte sie immer wieder tot zu sein, legte sich steif hin und berichtete vom Erscheinen des Vaters. Sie packte wiederholt alle Sachen zusammen und wollte in ein schönes Schloss fliehen. Nach und nach erzählte sie auch, dass sie eigentlich eine Prinzessin sei und bald wieder zurück-verzaubert werde. Böse Monster hätten das alles gemacht, doch einmal werde sie ihren Stern finden, der sie erlösen werde.

Die exakte Betrachtung der Wechselwirkung innerpsychischer, psychosozialer und äußerer Lebensbedingungen bei der Bewältigung von Verfolgungserlebnissen und der Entstehung psychischer Krankheiten scheint in Anbetracht kriegerischer Ereignisse in gegenwärtigen politischen Krisengebieten, die relativ dicht vor unserer »Haustür« liegen, notwendiger denn je, um adäquate Hilfe leisten und die sozialen Folgen für eine Gesellschaft abschätzen zu können (Bunk, Eggers 1993).

Schlussbemerkungen

Generell gilt, dass es besonderer Bedingungen bedarf, um belastende Erfahrungen kreativ verarbeiten zu können und Phantasien zu fördern, die die Entwicklung voranbringen. Rettungsphantasien und imaginäre Gefährten sowie Kreativtätigkeiten, Übergangsobjekte und Übergangsräume helfen dem Kind, Traumata zu verarbeiten.

Trotz aller Gefahren für die psychische Entwicklung des Kindes, die eine traumatische Erfahrung in diesem Alter in sich trägt, sei nochmals der Einfluss einer positivehrlichen Umwelt, der als Schutzfaktor wirkt, als eine eminente Bedeutung erwähnt. Resch (1996) weist auf die mögliche »Invulnerabilität« des Kindes hin: Auch Kinder, die unter extrem ungünstigen Belastungen und stressreichen Bedingungen aufwuchsen (z.B. Verlust der Mutter), konnten sich gesund entwickeln, wenn kompensatorische Schutzfaktoren in ihrer eigenen Person und in der Umwelt vorhanden waren. Es wird deutlich, dass belastende Lebenssituationen und kritische bzw. traumatisierende Ereignisse nicht notwendigerweise und in jedem Fall zum Ausbruch schwerer psychischer oder körperlicher Erkrankung führen müssen. Es gibt nicht *die* spezifische Todesvorstellung, ebenso auch nicht *die* spezifische Trauerreaktion von Kindern. Trotz aller phasenspezifischer Annahmen und Reaktionsmöglichkeiten ist der Trauerprozess ein individuelles Geschehen.

Der Beitrag soll deutlich machen, dass die magisch-animistische Denkweise der Vorschulkinder beim Verarbeiten traumatischer Erlebnisse einerseits hilfreich, andererseits aber auch erschwerend und belastend sein kann. Wie einem Kind die Verarbeitung gelingt, kommt entscheidend auch darauf an, welches Verständnis und welche Hilfen das Kind von der Erwachsenenwelt erfährt.

Literatur

Bogyi, G., Spiel, G. (1990): Die Bedeutung der magisch-animistischen Phase für die Entwicklung des Kindes. In: Lehmkuhl, Ulrike (Hg.): Entwicklung und Individuation. Beiträge zur Individualpsychologie 14. München, Basel: Reinhardt, 42-51

Bogyi, G. (1998): Kind und Tod. In: Unsere Kinder, 53, 25-29

Bowlby, J. (1980): Trennung. Psychische Schäden als Folge der Trennung von Mutter und Kind. München: Kindler

Brocher, T. (1985): Wenn Kinder trauern. Reinbek: Rowohlt

Bunk, D., Eggers, C. (1993): Langzeitwirkung von frühkindlichen Traumen, am Beispiel der Kinder von Nazi-Verfolgten. In: Poustka, F., Lemkuhl, U. (Hg.): Gefährdung der kindlichen Entwicklung. München: Quintessenz

Bürgin, D. (1981): Das Kind, die lebensbedrohende Krankheit und der Tod. Bern

Cutting, A.L., Dunn, J. (1999): Theory of mind, emotion understanding, language and family background. In: Child Development, 70, 853-865

Diepold, B. (1998): Schwere Traumatisierungen in den ersten Lebensjahren. In: Endres, M., Biermann, G. (Hg.). Traumatisierung in Kindheit und Jugend. München: Reinhardt

Fischer, G., Riedesser, P. (1998): Lehrbuch der Psychotraumatologie. München: Reinhardt

Fraiberg, S. (1972): Die magischen Jahre in der Persönlichkeitsentwicklung des Vorschulkindes. Reinbek: Rowohlt

Fristad, M., Anthony, E., Smith, E. (1989): Children's bereavement during the first year post-parental death. In: Proceedings of the Annual Meeting of the American Academy of Child and Adolescent Psychiatry, 62-83

Furmann, E. (1977): Ein Kind verwaist. Stuttgart: Klett

Gesell, A., Ilg, F. (1954): Das Kind von fünf bis zehn. Bad Nauheim: Critian

Iskenius-Emmler, H. (1988): Psychologische Aspekte von Tod und Trauer bei Kindern und Jugendlichen. Frankfurt/M.: Lang

Khan, M.R. (1974): The privacy of the self. London: Hogarth

Kranzler, E.M. (1990): Parents death in childhood. In: Arnold, E. (Ed): Childhood stress. New York: Wiley, 405-421

Nagy, N. (1948): The child's theories concerning death. In: The Journal of Genetic Psychology 73, 3-27

Orbach, J. (1990): Kinder die nicht leben wollen. Göttingen: V &R

Piaget, J. (1988): Das Weltbild des Kindes. München: Klett-Cotta

Ramachers, G. (1994): Entwicklung und Bedingungen von Todeskonzepten beim Kind. Frankfurt/M.: Lang

Reitmeier, C., Stubenhofer, A. (1998): Bist Du jetzt für immer weg? Freiburg: Christopherus

Resch, F. (1996): Entwicklungspsychopathologie. Weinheim, Basel: Beltz

Riedesser, P., Schulte-Markwort, M., Walter, J. (2003): Entwicklungspsychologische und psychodynamische Aspekte psychischer Traumatisierung von Kindern und Jugendlichen. In: Koch-Kneidl, L., Wiesse, J. (Hg.): Entwicklung nach früher Traumatisierung. Göttingen: Vandenhoeck & Ruprecht, 9-25

Seiffge-Krenke, I. (2004): Psychotherapie und Entwicklungspsychologie. Berlin, Heidelberg: Springer

Specht-Tomann, M., Tropper, D. (2002): Wir nehmen jetzt Abschied. Kinder und Jugendliche begegnen Sterben und Tod. Düsseldorf: Patmos

Stern, E. (1957): Kind, Krankheit und Tod. München: Reinhardt

Terr, L.C. (1995): Schreckliches Vergessen, heilsames Erinnern. München: Kindler

Tyson, P., Tyson, R. (1997): Lehrbuch der psychoanalytischen Entwicklungspsychologie. Stuttgart: Kohlhammer

WHO – World Health Organisation (1994): The ICD 10 Classification of Mental and Behavioural Disorders. Geneva: WHO

Die Bildungsdiskussion in der Pädagogik der frühen Kindheit

Gerd E. Schäfer

Eine Entwicklungslinie zum heutigen Bildungsverständnis: [1] Psychoanalytische und kognitionswissenschaftliche Erkenntnisse

»Das Kind als Akteur seiner Entwicklung«

Der Begriff vom »Kindes als Akteur seiner Entwicklung« (Kautter et al. 1992) wurde Ende der siebziger Jahre in die deutsche Bildungsdiskussion eingeführt. Damit wurde ein Kinderbild formuliert, welches bereits damals einen Gegenpol gegen funktionsorientierte Tendenzen in der Frühpädagogik begründete und eine kindorientierte Perspektive in der Pädagogik der frühen Kindheit untermauerte. Seine historischen Wurzeln reichen bis zu Rousseau, Pestalozzi und Fröbel. Zu Beginn des 20. Jahrhunderts formulierte es die reformpädagogische Diskussion neu, im frühpädagogischen Bereich insbesondere Maria Montessori und die Waldorfpädagogik.

Durch die Psychoanalyse – die in besonderem Maße die grundlegende Bedeutung der frühen Kindheit für die menschliche Entwicklung hervorhob – erhielt dieses Bild in der Folge eine empirisch-wissenschaftliche Begründung. Dabei muss festgehalten werden, dass die psychoanalytische Diskussion bereits ab den Dreißigerjahren des 20. Jahrhunderts begann, das statische Bild kindlicher Entwicklung in Frage zu stellen und ein dynamisches Bild vom Kind in Beziehungen zu entwickeln. Besonders wichtig waren hier der Einfluss Melanie Kleins und – für den pädagogischen Bereich – D.W. Winnicott, der seit den siebziger Jahren verstärkt rezipiert wurde.

Der Einfluss der Psychoanalyse auf die (früh-)pädagogische Diskussion hatte in der Bildungsdiskussion der sechziger und siebziger Jahre eine Hochzeit. Die spekta-

[1] Es wird hier eine historische Linie lediglich unter dem Aspekt der Kindorientierung gezeichnet. Eine geschichtliche Linie der Bildungsdiskussion ab den sechziger Jahren müsste andere Denkansätze wie antiautoritäre Erziehung, Situationsansatz, funktionsorientierte und wissenschaftsorientierte Ansätze in der Frühpädagogik mit enthalten, ebenfalls die Entwicklung in der DDR.

kulärste Diskussion mit ihr wurde in der Kinderladenbewegung geführt (Claßen 1978, Grossmann 1974, v.a. Kap. 9). Aus der Begegnung reformpädagogischen Denkens, der Psychologie Piagets und der psychoanalytischen Pädagogik entstand dann die weiterführende Formulierung vom »Kind als Akteur seiner Entwicklung« bei Kautter et al. (1992). Dieser Begriff war Ausdruck eines pädagogischen Verständnisses, das die Tätigkeit des Kindes als wesentlichen Aspekt in das pädagogische Handeln einbezog. Er richtete sich gegen ein Pädagogikverständnis, das glaubte, nicht auf die Erfahrungsweisen und das Erleben des Kindes eingehen zu müssen und pädagogisches Denken und Handeln vorwiegend aus der Perspektive der erziehenden Erwachsenen denken zu können. Mit der kognitiven Psychologie Piagets und der Psychoanalyse standen zwei psychologische Orientierungen zur Verfügung, mit deren Hilfe man sich ein Bild von der Tätigkeit des Kindes bei seiner Erziehung und Bildung machen konnte. Sie ließen es zu, die kognitiven und die emotionalen Leistungen des Kindes in seiner Eigentätigkeit zu erfassen.

Die Verwendung des Begriffs vom »Kind als Akteur seiner Entwicklung« bedeutete eine pädagogische Akzentsetzung, die auf ein erziehungswissenschaftliches Diskussionsdefizit hinweisen wollte, nämlich das wenig entwickelte Nachdenken über die Beteiligung des Kindes an den pädagogischen Beziehungen. Während die Kognitionspsychologie Piagets die kognitiven Prozesse der inneren Verarbeitung des Kindes betonte, war es die Psychoanalyse, die auf die Beziehungsaspekte der pädagogischen Prozesse und ihre emotionalen Wirkungen aufmerksam machte. Es wäre also falsch, aus dem Begriff des Kindes als Akteur seiner Entwicklung zu schließen, es würde unterstellt, dass sich das Kind von selbst und außerhalb sozialer Beziehungen entwickeln würde.

Spielen und Gestalten

Insbesondere wurde in der Folge dann auch der kindliche Bildungsprozess als ein Beziehungsprozess beschrieben. Wenn man die von den Kindern selbst organisierten Bildungsprozesse ins Auge fasst, dominiert dabei das Spiel (Winnicott 1973, Schäfer 1986, 1989). Untersucht man nun das Spiel als eine Form der Beziehung zwischen dem Kind und seiner Welt, dann fällt zweierlei ins Auge: Zum einen sind Bezüge zur gegebenen Wirklichkeit ein wesentlicher Teil von Spiel. Kinder setzten sich spielend sehr intensiv und konzentriert mit Menschen und Dingen auseinander. Um spielen zu können, muss man kennen, womit man spielt. Zum anderen erlaubt das Spiel dem Kind, sich die Wirklichkeit so zurecht zu biegen, wie es seinen Wünschen, Gedanken und Vorstellungen entspricht. Die Wirklichkeit des Spieles ist nicht so sehr Wirklichkeit, dass Kinder sich ihrem Realitätscharakter unterwerfen müssten. Spiel stellt einen auch sozial geschützten Raum dar, in dem die Kinder ein sehr persönliches Mischungsverhältnis zwischen Realität und Fantasie herstellen können und mit keinen realen Folgen rechnen müssen, wenn sie sich von der Realität zu weit entfernen. Das

Spiel füllt also einen Zwischenraum zwischen der reinen Fantasie und der verpflichtenden Wirklichkeit. Insofern bildet es einen Möglichkeitsbereich, in dem Kinder ihr Verhältnis zur Wirklichkeit so balancieren können, dass ihre eigenen Erwartungen, Wünsche, Vorstellungen oder Wirklichkeitsentwürfe dabei nicht zu kurz kommen. Von Erwachsenen erwartet man, dass sie ihr persönliches Interesse so mit ihrer Wirklichkeit in Verbindung bringen können, dass sie dabei den Anforderungen der Wirklichkeit gerecht werden. Kinder brauchen das Spiel, um Realität und die Fantasien der subjektiven Welt miteinander in Einklang zu bringen.

Diese Balance zu finden, dafür bildet das Spiel einen wichtigen Übergangsbereich, in dem Kinder und Erwachsene diese Verbindung – losgelöst von sozial verpflichtend gemachten Wirklichkeitsansprüchen – allmählich für sich finden können. Das ist der Sinn des Spiels als eines Zwischenbereichs – intermediären Bereichs in der Terminologie Winnicotts (1973) –, in dem man mit gelockerten Bindungen an eine verpflichtende Wirklichkeit handeln kann und deshalb frei ist, seine subjektiv begründeten Interessen an der Wirklichkeit mit einzubringen. Die Folge davon ist, dass man Kinder nicht motivieren muss, dieses oder jenes zu tun oder zu lernen, sondern, dass im Spiel das Eigeninteresse der Kinder und ihre jeweiligen Fähigkeiten, mit Teilen der sachlichen und sozialen Wirklichkeit umzugehen, in einem sozial geschützten Rahmen zusammenfinden können. Selbstmotiviertes Lernen hat deshalb – auch bei Erwachsenen – immer ein Element des Spielerischen.[2]

Im Spiel verbinden sich aber auch Sicherheit und selbstgewählte Herausforderung. Es ist wie beim Bergsteigen. Kinder tummeln sich im Gelände und meistern in ihren Spielen einfache Schwierigkeitsgrade. Etwas fortgeschritten, suchen sie die Herausforderung, probieren und steigern die Grade ihrer Möglichkeiten. Könner schließlich verfügen über ihre Kräfte und Geschicklichkeiten so sicher, dass sie diese spielerisch zur routinemäßigen Schwierigkeitsbewältigung einsetzen können. Konzentration und bewusste Anstrengung erfordern nur mehr die Situationen, in denen sie an die Grenzen ihrer bisherigen Möglichkeiten gelangen. Indem sie diese – konzentriert und aufmerksam, vielleicht auch mit großer Anstrengung – meistern, vergrößern sie den Spielraum ihrer Möglichkeiten weiter.

Im Spiel werden Grenzen des Könnens erreicht, die sukzessive bis zu einem persönlichen Sättigungsgrad ausgedehnt werden. Das kann durchaus anstrengend sein. Schließlich aber entwickelt sich ein Möglichkeitsraum, in dem man so sicher und gekonnt mit einer Sache umgehen kann, dass die vertrauten Umgangsweisen gleichsam ohne bewusste Konzentration und Anstrengung gelingen. Man verfügt über einen Spielraum an Können, der es erlaubt, einer Vielfalt an unerwarteten Wendungen in der Aufgabenstellung »spielend« gerecht zu werden. Dieser Raum gekonnter Möglichkeiten gibt Sicherheit. Innerhalb seiner Grenzen wird das eigene Können mit

---

[2] Das wird vor allem in kreativen Denkprozessen deutlich und lässt sich in vielen Biografien erfolgreicher Menschen nachzeichnen. Natürlich soll damit nicht gesagt sein, dass schöpferische Arbeit sich ausschließlich spielerisch vollziehe.

Freude und Genuss erlebt. Indem man sich dieses Möglichkeitsbereiches sicher ist, kann man es genießen, nach neuen Schwierigkeiten Ausschau zu halten (Balint 1972).

Aus der Perspektive des Spiels erscheint Lernen als eine Erweiterung von Spielräumen des Handelns, Denkens und Fühlens. Dabei folgt es nicht einem »ich muss«, sondern einem »ich kann«. Fantasie und Wirklichkeit verbinden sich zu einer mit persönlicher Bedeutung aufgeladenen Wirklichkeit, indem subjektive und objektive Welt innerhalb der Spielbereichs miteinander versöhnt werden. Ebenso wird spielend das Feld gegebener Erfahrungs-, Denk- und Handlungsmöglichkeiten erprobt und erweitert.

Neben dem Bereich des Spieles sind es die Felder des Gestaltens, in denen Kinder ihre selbstmotivierten Bildungsprozesse vorantreiben (Schäfer 1989, 1995). Auch im kindlichen Gestalten verbinden sich Fantasie und Wirklichkeit zu einer bedeutungshaften Wirklichkeit. Gestalten kann man als eine Erweiterung der Spielbeziehung ansehen, die schon mehr verpflichtendes Wirklichkeitsverständnis verlangt als das Spiel. Man muss auf Materialien und Werkzeuge Rücksicht nehmen, die man für Gestaltungsprozesse benötigt. Zum Gestalten gehört ein Können, auch wenn dieses Können vielleicht einfach erscheint – wie man das z.B. Kinderzeichnungen unterstellen könnte.

Aber Gestalten ist nicht nur ein klein wenig wirklichkeitsnäher als das Spiel. Es verwirklicht auch eine Form der kindlichen Beziehung zu seiner Wirklichkeit, die in den frühen Jahren sehr wichtig ist und die Kinder ständig erproben: das sinnlich-körperliche Erfassen der Wirklichkeit und das Denken mit Bildern und Mustern der so gewonnenen Sinneserfahrungen. Gestalten beschränkt sich dabei nicht auf das bildhafte Gestalten. Jeder Sinnesbereich hat seine eigenen Gestaltungsformen: das Sehen die Bilder; das Hören die Klänge und Geräusche; das Riechen und Schmecken die Speisen; die Körperwahrnehmung die verschiedensten Muster von Bewegung vom einfachsten rhythmischen Schwingen bis zu akrobatischen Formen der Balance; die emotionalen Wahrnehmungen schließlich gestalten sich in den Rollenspielen der Kinder. Je mehr man von der Welt wahrgenommen hat, je mehr man seine Wahrnehmungen in vielfachen Gestaltungen simuliert und ausprobiert hat, je genauer man seine Welt sinnlich kennt, desto differenzierter kann man dann auch über sie nachdenken.[3] Sinnliche Erfahrung ist ein wesentlicher Teil, ja die Basis kognitiven Denkens. Erstaunlich, dass sie unter der Aufzählungen der Basiskompetenzen, die derzeit die Bildungsdiskussion beherrschen, durchweg fehlt.

---

[3] Für die emotionale Wahrnehmung hat das im psychoanalytischen Kontext vor allem Meltzer (1995) herausgearbeitet.

Kognitionsforschung

Mit dem Bereich des Gestaltens richtete sich die Aufmerksamkeit auf den Umgang mit der sinnlichen Erfahrung. Die Bildung der sinnlichen Erfahrung ist ein wichtiger Bereich, den die moderne Kognitions-, insbesondere auch die Hirnforschung genauer untersucht hat.

Die Bildung der sinnlichen Erfahrung

Dass die Möglichkeiten der sinnlichen Erfahrung bei der Geburt unterschiedlich entwickelt sind, ist eine Beobachtungstatsache. Lange hat man daraus geschlossen, dass die Neugeborenen deshalb vor Reizen der Umwelt geschützt werden müssten. Erst die Hirnforschung konnte zeigen, dass die Körpersinne als erste intrauterin entwickelt werden. Aber auch Riechen und Schmecken funktionieren bei der Geburt bereits auf einem hohen Niveau, weitgehend auch das Hören und Sehen. Die wichtigste Erkenntnis jedoch besteht darin, dass die Sinnesmöglichkeiten der kleinen Kinder nicht einfach vorhanden oder nicht vorhanden sind, sondern in einem wesentlichen Maß nach der Geburt weiter ausdifferenziert werden. Die sinnlichen Möglichkeiten sind zwar mit der Geburt vorhanden, wieweit sie jedoch verfeinert, ausdifferenziert, betont oder unterdrückt werden, hängt vom sozialen und kulturellen Umfeld ab, in dem die Kinder aufwachsen. In den ersten Lebensjahren stimmt sich die Entwicklung der sinnlichen Möglichkeiten also mit den gegebenen Bedingungen und Notwendigkeiten des tatsächlichen Umfelds des Kindes ab. Sie erlangen eine umweltabhängige Differenzierung, die durch Vererbung nicht erreichbar wäre. Vor allem könnten sie sich durch eine ausschließlich von den Genen gesteuerte Entwicklung nicht den individuellen und kulturellen Notwendigkeiten anpassen. In den ersten Lebensjahren schlägt sich diese Differenzierung in der Gehirnarchitektur nieder.

Lernen durch Einschränkung

Hier hat die Hirnforschung zu einer weiteren wichtigen Einsicht gefunden. Die Entwicklung der Gehirnarchitektur durch die realen sinnlichen Erfahrungen folgt einem erstaunlichen Prinzip. Offensichtlich werden wir mit einer Überzahl an Synapsen und Nervenverbindungen in den sinnlichen Zentren des Gehirns geboren. Die notwendigen Differenzierungen erfolgen weniger dadurch, dass neue Verbindungen angelegt werden, sondern durch Einschränkung bereits gegebener Verbindungen nach dem Motto: Verbindungen, die tatsächlich gebraucht werden, verstärken ihre Funktionsfähigkeit; Bahnen und Netze, die nicht benutzt werden, sterben ab.

Es ist wie das Vorgehen eines Bildhauers, der aus den unzähligen Möglichkeiten seines Steines genau die Muster herausarbeitet, die er haben möchte. Nur ist es nicht der Wille und die Vorstellung des Kindes, die diese Leistung vollbringt, sondern das tatsächliche sinnliche Handeln im Alltagsgeschehen. Kinder lernen ihre sinnlichen Differenzierungen am Anfang ihres Lebens durch Einschränkung von Möglichkeiten zu überschaubaren Alltagsmustern und nicht durch systematischen Aufbau aus einzelnen Wahrnehmungsdetails.[4]

Natürlich bleibt die gesamte Gehirnarchitektur ein Leben lang lernfähig. Doch dieses frühe Lernen wirkt sich stark unmittelbar auf die neuronalen Netze aus. Es gestaltet und eicht sie entlang den gegebenen Erfahrungen. Späteres Lernen modifiziert hingegen vorwiegend die Prozesse innerhalb der dann vorhandenen Netzwerkarchitekturen.

Bedeutung der emotionalen Erfahrung

Ähnlich wie die Psychoanalyse hat die Hirnforschung auf die Bedeutung der Emotionen für die menschlichen Erfahrungen hingewiesen (z.B. Damasio 1994, 2000, LeDoux 1998). Zum ersten kann sie belegen, dass es kein menschliches Verhalten gibt, an dem nicht Emotionen beteiligt wären. Zum zweiten zeigen klinische Studien, dass ohne Emotionen die Entscheidungsfähigkeit eines Menschen deutlich beeinträchtigt ist. Zum dritten wurde nachgewiesen, dass Wissensbestände ohne emotionale Verarbeitung nicht langfristig im Gedächtnis gespeichert werden können. Schließlich müssen wir davon ausgehen, dass Gefühle in den Alltagsbeziehungen »gebildet«, d.h. verfeinert, differenziert, präzisiert werden. Emotionen sind Teil unserer kognitiven Verarbeitung, haben kognitive Funktionen, Funktionen die für Wahrnehmen, Erkennen, Denken und Entscheiden notwendig sind. Ähnlich wie die Sinnesmöglichkeiten sind auch die Möglichkeiten der emotionalen Wahrnehmung von Anfang an grob gegeben, werden aber durch die alltäglichen Beziehungserfahrungen erst für den Gebrauch in einer soziokulturellen Gemeinschaft »gebildet«.

Bedeutung der frühen Erfahrungen

Hinsichtlich der Bildung der Sinneserfahrungen und der emotionalen Erfahrungsmöglichkeiten spielt es eine entscheidende Rolle, was kleine Kinder in den ersten Lebensjahren erfahren und vor allem, wie sie es erfahren. Diese Erfahrungen prägen Kinder

---

[4] Dieses Prinzip »aus Mehr mache Weniger« findet sich nachweisbar auch in der Entwicklung der Sprache: Kinder können zunächst alle Phoneme diese Welt bilden und auch unterscheiden. Aber nachdem sie ein halbes oder dreiviertel Jahr in einer bestimmten Sprachwelt gelebt haben, produzieren sie nur noch die Laute, die in ihrer Umwelt gesprochen werden und reagieren auf diese. Auch die innere Ordnung der Alltagserfahrungen erfolgt diesem Prinzip: Aus der Vielfalt der Erlebnis- und Handlungsmöglichkeiten schälen sich die Erfahrungszusammenhänge heraus, die bestimmte Muster aufweisen und damit identifizierbar sind oder werden. Diese Muster bilden den Anfang der Welterfahrung. Nelson (1996) hat sie MERs genannt: Mental-Event-Representations: z.B. das Verhaltensmuster der Mutter beim Stillen, beim Spiel mit dem Baby usw. Es deutet sich an, dass in der frühen Kindheit Lernen durch Einschränkung ein wesentliches Bildungsprinzip ist.

bis in die Gehirnarchitektur hinein und bestimmen damit das Bild von der Welt, von dem Kinder ausgehen.

Der zweite Bereich früher Erfahrungen, der ähnlich prägend zu sein scheint, ist der der sprachlichen Erfahrungen. Er entwickelt sich aus den Möglichkeiten der vorsprachlichen Kommunikation, die im Ansatz zur menschlichen Ausstattung gehört. Er bedarf reicher sensorischer Vorerfahrungen im Bereich der Lautbildung, der Lauterkennung und der Prosodik. Er stützt sich auf die basalen Erfahrungen, die Kinder mit ihren sensorischen Werkzeugen gemacht und gedacht haben. Insofern spielen sinnliche und sprachliche Erfahrung unmittelbar zusammen. Nur was irgendwann einmal wahrgenommen und auf sprachlichen Wegen gedacht wurde, kann in Sprache gefasst werden.

All diese Prozesse scheinen nicht auf direkte Instruktion angewiesen zu sein. D.h. man muss den Kindern weder das Sehen, das Hören, die Körper- oder die emotionale Wahrnehmung, das Sprechen in einem differenzierten Sprachsystem »beibringen«. Sie lernen es aufgrund ihrer Ausgangspotenziale im tatsächlichen Umgang mit ihrer sozialen und kulturellen Umwelt.

Das Gehirn als Interface

Gewöhnlich wird das Gehirn als ein Apparat betrachtet, der die Verbindung mit der Außenwelt herstellt. Es verarbeitet unsere Sinneserfahrungen, bildet Vorstellungen von der Wirklichkeit, in der wir uns befinden, und entwirft Pläne, wie wir uns, unser Verhalten oder die Welt verändern können. Es scheint, als sei das Gehirn ein einseitiges Empfangs- und Verarbeitungsgerät, das sich mit dem Input aus der Außenwelt beschäftigt.

Aber das ist nur die eine Hälfte seiner Tätigkeit. Genau genommen nimmt es nämlich eine Vermittlerposition ein. Es reguliert das Zusammenspiel zwischen unseren inneren Prozessen und unserem Verhältnis zur Außenwelt:

- Auf einer biologischen Ebene muss es die Aktivität, die wir auf die Außenwelt richten, mit den Notwendigkeiten der Regulation unserer organischen Systeme vermitteln – mit den Rhythmen des Kreislaufs, des Atems, des Schlafens und des Wachens, denen der Nahrungsaufnahme und -verarbeitung, sowie der Sexualität – um nur die wichtigsten zu nennen.
- Auf der Ebene der Sinne und der Emotionen entwickeln wir eine Erfahrungswelt. In Erinnerungen gespeichert, liefert sie die Wahrnehmungs- und Handlungsmodelle für den Umgang mit Wirklichkeit, die sich im Laufe einer Biografie bewährt haben.
- Auf der Ebene des Denkens speichert sie all die Vorstellungen, Annahmen, »Theorien«, Verarbeitungsprozesse, die wir aus unseren Kontakten mit der Welt gewonnen haben.

»Das Hirn nimmt eine Zwischenstellung zwischen der äußeren und der inneren Welt des Körpers ein. Die Sinnesorgane empfangen aus der äußeren Umwelt Informationen, die zu den posterioren Teilen der Hirnhälften geleitet werden. Sämtliche Informationen, die von den verschiedenartigen sensorischen Rezeptoren empfangen werden, werden auf jenen Teil des primären Kortex projiziert, der speziell für die jeweilige Sinnesmodalität zuständig ist; danach wird die eintreffende Information mit anderen Informationsbruchstücken verbunden. Dies geschieht vor allem in den Assoziationsfeldern der posterioren Teile der Hemisphären. Integriert mit den Erinnerungsspuren früherer Erfahrungen wird dieses Wissen über die Außenwelt an den frontalen Assoziationskortex weitergeleitet, der die motorischen Programme steuert. Diese Programme werden auch durch Informationen aus der inneren Welt des Körpers beeinflusst. Diese werden zuallererst im Hypothalamus registriert und sodann im limbischen System mit weiteren Informationen assoziiert, bevor sie zum frontalen Kortex weitergeleitet werden. Dies ist die Quelle unserer inneren Motivation, die eng mit dem persönlichen Gedächtnis, der Emotion und dem Bewusstsein zusammenhängt. All diese Prozesse sorgen dafür, dass das präfrontale System unser Verhalten zu steuern vermag, und zwar nicht lediglich auf der Basis der aktuellen äußeren und inneren Bedingungen, sondern auch auf der Grundlage früherer Erfahrung« (Solms, Turnbull 2004, 45f.).

In diesen Überlegungen treffen die moderne Hirnforschung und die Psychoanalyse wieder zusammen. Psychoanalytisches Denken als Denken einer inneren Welt, die mit dem Körper in enger Beziehung steht, verbindet sich mit der Hirnforschung, die die Wege dieses Zusammenspiels von Innen und Außen genauer untersucht.[5]

Ähnlich wie das Spiel als ein intermediären Prozess verstanden werden kann, bildet das Gehirn eine intermediäre Struktur. In beiden Fällen bedeutet dies einen nicht deterministischen Zusammenhang zwischen den sensorischen, auf die äußere Umwelt gerichteten Prozessen und den auf die innere Welt gerichteten verarbeitenden und regulativen Prozessen. Es geht es um einen komplexen und dynamischen Abgleich nach innen und nach außen gerichteter Prozesse.

Weitere Aspekte einer inneren Welt

Weil nun diese Bereiche des Stamm- und Mittelhirns nicht nur die aktuellen Verbindungen des Individuums zur Außenwelt regulieren, sondern auch im Gedächtnis festhalten, entstehen im Verlauf einer individuellen Biografie aus der biologischen inneren Welt weitere Dimensionen einer inneren Welt, welche die Erfahrungen des gelebten Lebens in inneren Strukturen festhalten. Die Regulation der Außenkontakte eines Individuums orientiert sich dann nicht mehr nur an den biologischen Notwendigkeiten, sondern ebenso an den Notwendigkeiten, die aus den Erfahrungen entstanden sind, die ein Individuum bis zum heutigen Zeitpunkt gemacht hat.

---

[5] In ähnlicher Weise treffen sich psychoanalytische und neurobiologische Theoriemodelle in der Gedächtnisforschung (vgl. insbes. Leuzinger-Bohleber et al. 1998).

Schlussfolgerungen aus der Hirnforschung für frühkindliche Bildung

Welche Schlussfolgerungen lassen sich aus diesen Ergebnissen der Hirnforschung ziehen? Es ist zumindest kurzschlüssig, aus dieser frühen Empfänglichkeit von kleinen Kindern für Lernprozesse allgemein zu schließen, Kinder müssten früher und gezielter Lernen. Das, was Kinder in diesen ersten Lebensjahren lernen, lernen sie in einer gegebenen soziokulturellen Umwelt. Allerdings sollten diese Ergebnisse darauf aufmerksam machen, dass diese Umwelt, in der Kinder leben, es den Kindern möglich macht, sich in all diesen Bereichen in selbstgesteuerten Lernprozessen zu erproben. Kinder brauchen für ihre frühen Bildungsprozesse also keinen Unterricht in Krippe oder Kindergarten, sondern eine vielfältige und differenzierte Umwelt. Vor allem aber brauchen sie Erwachsene, die ihnen den Raum und den sozialen Widerhall geben, die sie für die ersten Abenteuer ihrer Welterforschung benötigen. Dazu gehört auch ein soziales und kulturelles Umfeld, das Kindern diesen Lebensraum zur Verfügung stellt.

(1) Die *erste* Schlussfolgerung sollte also nicht sein, Kinder seien unterfordert und müssten frühzeitig gefördert werden. Sie besteht vielmehr in einer Anforderung an die soziale Umwelt, Kindern eine vielfältige und kinderfreundliche Umgebung zur Verfügung zu stellen. Demgegenüber stellen alle pädagogisch geplanten Lern- und Fördermöglichkeiten nur Einschränkungen dar, selbst wenn sie so nah wie möglich auf die Erfahrungswege der Kinder abgestimmt sein mögen. Je mehr pädagogisch geplant und zur Verfügung gestellt werden muss, desto weniger können Kinder ihren eigenen Lernwegen folgen.

(2) Zum *zweiten* sollte klar sein, dass Kinder von Natur aus als Lerner geboren werden und dafür ausgestattet sind, ihre gegebene Umwelt zu erforschen. Das erlaubt ihnen das, was sie an sinnlichen, emotionalen und sprachlichen Erfahrungen entwickeln können, auch tatsächlich zu erwerben – sofern ihnen der Spielraum dafür freigehalten wird.

(3) Zum *dritten*: Je jünger Kinder sind, desto individueller sind ihre Erfahrungen strukturiert. Sie werden in dem Maße allgemeiner, in dem sie in der sozialen und kulturellen Interaktion in Kontexte eintauchen, die von vielen Menschen dieses Kulturkreises geteilt werden. Für frühkindliche Bildungsprozesse bedeutet dies: Je früher diese ansetzen, desto mehr Spielraum müssen sie den individuellen Erfahrungswegen geben. Das bedeutet aber auch umgekehrt: Je älter Kinder sind, desto mehr kann man von ihnen erwarten, dass sie mit den sozialen, sprachlichen und kulturellen Konventionen eine soziokulturellen Gemeinschaft vertraut werden.

Frühkindliche Bildung scheint in den ersten Lebensjahren vornehmlich »ästhetische Bildung« zu sein, also Bildung des Handelns und Denkens mit Hilfe der Sinne, des Körpers, der Emotionen und der daraus entstehenden repräsentativen Welt. Das verweist auf die Bedeutung des Körpers für frühkindliche Bildungsprozesse. Als ein körperlich verankerter Prozess lässt sich Bildung nicht als ein Geschehen beschreiben, in dem sich das Subjekt Welt aneignet, sondern als ein wechselseitiger Regulationsprozess, in dem sich innere und äußere Welt situationsbezogen und vor den jeweiligen biografischen Hintergründen aufeinander beziehen und wechselseitig abstimmen.

Wenn man diese Überlegungen zugrunde legt, dann muss man einen großen Widerspruch zu einer im öffentlichen Bereich geführten Bildungsdiskussion konstatieren.

Die heute vorherrschende Bildungsdiskussion

Studien

Die derzeitige Bildungsdiskussion wird von einigen Studien beherrscht, die das Bildungssystem insgesamt in den Blick nehmen: Forum Bildung, Delfi-Studie, PISA-Studie und – regional zwar, aber mit dem Blick auf die Bundesrepublik – die von der Vereinigung der bayerischen Wirtschaft in Auftrag gegebene Studie »Bildung neu denken«. Diese vier Studien verbindet ein Bildungsdenken, das auch die öffentliche Diskussion bis in die Wortwahl hinein kennzeichnet. Ich will es in wenigen Begriffen charakterisieren.

Delfi-Studie

Über die Delfi-Studie (Bundesministerium für Bildung und Forschung 1996/1998) wurden die Begriffe des *Wissens* und der *Wissensgesellschaft* in spezifischer Weise in die Bildungsdiskussion eingebracht. Es wird argumentiert, dass das Wissen das Kapital ist, das, mehr noch als Geld und Arbeitskräfte, die zukünftige Entwicklung einer weltweit wirtschaftlich operierenden Gesellschaft bestimmt. Wissen ist ein individuelles, ein soziales und ein wirtschaftliches Kapital, welches Flexibilität und Können sicherstellt, die benötigt werden, um auf die nicht vorhersehbaren Entwicklungen des Weltmarktes zu reagieren. Vielfältige Formen des Wissens und Wandlungsfähigkeit der Gesellschaft sind wichtige Voraussetzungen dafür.

Die *pädagogische Schlussfolgerung* daraus lautet, dass das Lernen und das Lernen des Lernens einerseits sowie psychosoziale Kompetenzen andererseits, besonders wichtige Bildungsziele darstellen. Sie werden für die frühe Kindheit genauso gefordert wie für den ganzen Lebenslauf.

Anmerkung: die Delfi-Studie hat die Zukunft der Gesellschaft im Sinn, die Zukunft der Kinder nur insofern, als sie einmal gut funktionierende Teile dieser Gesellschaft sein sollen.

Forum Bildung

Das Forum Bildung (Bundesministerium für Bildung und Forschung 2001, 2003) nimmt diese Grundgedanken auf und entwickelt darüber hinaus den Begriff der Kompetenzen weiter. Kompetenzen sind ein spezifisches Wissen und Können, das auf bestimmte Aufgabenstellungen hin entwickelt wird. Diese Kompetenzen sollten aber auch in neue Situationen übertragbar sein. Fünf Kompetenzbereiche werden hervorgehoben:

- Lern- und Methodenkompetenz (Lernen des Lernens);
- intelligentes, d.h. durchdachtes und praktisch erprobtes, Wissen, das spontan zur Verfügung steht;
- anwendbares Wissen, das auf unterschiedliche Situationen übertragbar ist;
- soziale Kompetenzen;
- Wertorientierung.

Auch aus dieser Diskussion werden *pädagogische Schlussfolgerungen* gezogen: Kompetenzen werden »vermittelt«. Sie machen nach Meinung des Forums Bildung eine lehrergesteuerte aber schülerzentrierte Instruktion notwendig. Der Kompetenzerwerb muss möglichst früh, d.h. im Kindergarten einsetzen.

Anmerkung: Kompetenzen sind Aufgaben, die die Gesellschaft an die Heranwachsenden stellt. Unter Kompetenzen wird in der Regel nicht verstanden, was Kinder können, sondern das, was sie können *sollen*.

Pisa-Studie

Die PISA-Studie hat die Diskussion um die Kompetenzen weiter verschärft. Sie werden schulspezifisch definiert und spezifiziert und es werden die Defizite festgestellt, die in Bezug auf Schlüsselkompetenzen durch unser Schulsystem erzeugt wurden. Dadurch wird der Druck auf das Bildungssystem erhöht, diese Defizite auszubügeln. Für den Frühbereich jedoch hat die PISA-Studie noch eine eigene Bedeutung: Sie hat viele Interpreten zum Schluss veranlasst, dass Lernen früher beginnen müsste, dass frühzeitig Defizite der Kinder diagnostiziert werden müssen damit rechtzeitig geeignete Fördermaßnahmen ergriffen werden können.

Die *pädagogischen Schlussfolgerungen* waren also: Kompetenzen definieren, feststellen und fördern sowie früher mit systematischem Lernen beginnen.

Anmerkung: Diese Folgerungen wurden aus den Kompetenzdefiziten abgeleitet; dass Kinder ein Recht auf Bildung haben oder eine Lust an der Erforschung ihrer Umwelt spielt dabei keine Rolle.

Gutachten der Vereinigung der Bayerischen Wirtschaft

Das Gutachten der »Vereinigung der Bayerischen Wirtschaft« (2002) knüpft nun alle diese Fäden zusammen – das Wissensargument, die Kompetenzdiskussion, die »Verfrühung« des Lernens – und fügt noch Standardisierung des Wissenskanons, lückenlose Diagnose von individuellen Bildungsständen und Bildungswegen hinzu.

Pädagogische Folgerungen: Bildung neu denken heißt in dieser Studie u.a. Schulbeginn mit vier Jahren, Standardisierung des Wissens, kontinuierliche Überprüfung der erreichten Standards, diagnostische Auslese von Kindern, die diese Standards nicht erreichen.

Anmerkung: Es gibt nur mehr standardisierte und planbare Bildungswege. Individualität erscheint als Mangel. Das autonome Handeln des Kindes steht im Dienst der vorgegebenen Bildungswege.

Zusammenfassende Schlussfolgerung aus der durch die genannten Studien angefachten Bildungsdiskussion

- *Von Kindern und ihren Möglichkeiten wird nur abstrakt gesprochen.* Es werden keine Verfahren gesucht, ihre individuellen Möglichkeiten positiv zu erfassen.
- Das Bildungsverständnis orientiert sich an *Zielen, die ausschließlich im Erwachsenenalter und in gesellschaftlichen Bereichen liegen, in denen Kinder und Kindsein keine Rolle (mehr) spielt.* Sie haben eine Pflicht auf die Zukunft, aber kein Recht auf die Gegenwart.
- *Von diesen Zielen werden Kompetenzen abgeleitet.* Diese werden je nach Altersstufe in Teilkompetenzen unterteilt und schließlich für die Allerkleinsten als Basiskompetenzen definiert. Umgekehrt sollen diese Zielkompetenzen *systematisch von Anfang an aufgebaut und pädagogisch kontrolliert* werden.
- Diese Kompetenzen werden weitgehend mit *strukturierten Lehrmethoden* vermittelt. Zwar beruft man sich auf die Selbständigkeit und Eigentätigkeit der Kinder. Doch diese beschränkt sich darauf, dass Kinder das selbst tun dürfen, was ihnen als Kompetenzziele vorgegeben wird. Die Hauptfrage besteht darin: »Welches Wissen, Können und *Wollen müssen* kleine Kinder erwerben?« (Vereinigung der Bayerischen Wirtschaft 2002, 129, Hervorhebung G.E.S.).
- Die Lernwege und die Entscheidungen innerhalb des Bildungssystems werden durch ein Raster an *diagnostischen Verfahren* gelenkt.
- Es gibt *wenige Aussagen, die direkt aus der frühpädagogischen Forschung stammen.* Die meisten Argumente, die zur Beschreibung frühkindlicher Lernprozesse dienen, werden aus wissenschaftlichen Studien mit älteren, zumeist Schulkindern auf die frühe Kindheit übertragen. Es wird nicht einmal die Frage gestellt, ob Lernen mit zwei, sechs, 12 oder 18 Jahren denn jeweils das Gleiche meint.

Diese Art von pädagogischem Denken produziert – auch wenn gegenteilige Absichten unterstellt werden – Kinder, die etwas *nicht können, die lernen müssen.* Es orientiert sich – wiederum gegen die eigenen Behauptungen – am Lehren. Der Lernende wird nur als die Ergänzung des Lehrenden ins Auge gefasst. Es dominiert, bei allen Beteuerungen vom aktiven Lerner, die Instruktion: Kinder müssen dies oder jenes lernen und wir haben es so vorzubereiten, dass Kinder dies auch möglichst effektiv lernen.

Der Widerspruch dieser Diskussion zu der am Anfang dieses Beitrags geführten kognitionswissenschaftlichen Diskussion ist offensichtlich. Zwar wird auch in der öffentlichen Bildungsdiskussion gerne auf die Ergebnisse der Hirnforschung verwiesen. Sie werden aber ohne großes Nachdenken im Sinne der vertrauten Instruktionspädagogik interpretiert.

Dieser Widerspruch wird noch offensichtlicher, wenn man die Umsetzung der Bildungsdiskussion in Bildungs-, Rahmenpläne oder Bildungsvereinbarungen genauer betrachtet. Als ein Beispiel, das diesen Widerspruch besonders deutlich aufzeigt, soll die publizierte Erstfassung des Bayerischen Erziehungs- und Bildungsplans genauer untersucht werden (vgl. BEP 2003).

Der Bayerische Erziehungs- und Bildungsplan

Das Bild des Kindes im Bayerischen Erziehungs- und Bildungsplan

Dem Bildungsverständnis wird ein *postmodernes Bild vom Kind* zugrunde gelegt:

- Das Kind ist ein aktives und kompetentes Wesen, das seine eigene Entwicklung mitgestaltet und aktiv mitkonstruiert;
- Bildung ist ein sozialer, ko-konstruktiver Prozess;
- der Lernprozess wahrt die kindliche Autonomie;
- er berücksichtigt soziale und kulturelle Differenz (Fthenakis 2002a, b).

Diese thesenhaften Andeutungen mögen genügen, um deutlich zu machen, dass dieses Bild vom Kind in vielen Punkten mit dem weiter oben gezeichneten Bild vom Kind als Akteur seiner Entwicklung übereinstimmt. Leider wird dieses Kinderbild jedoch vom BEP nicht wirklich umgesetzt. Dies wird einerseits im Bildungsverständnis deutlich. Zum anderen sind es die Vorschläge zur praktischen Umsetzung, die in weiten Bereichen dazu im Widerspruch stehen.

Bildungsverständnis

Die Erziehungsziele

Sie werden vom Forum Bildung und der Delfi-Studie diskussionslos übernommen. Das, was Kinder brauchen, um heranzuwachsen – Beziehungen, Austausch, Unterstützung, sinnvolle Herausforderungen, Anerkennung, einen akzeptierten Platz in der Gesellschaft usw. –, wird unter den Zielen nicht formuliert. Es dominiert, was der Zukunft der Gesellschaft und ihren vorhergesagten Entwicklungen dient. Von Autonomie, Kompetenz und sozialer Konstruktivität der Kinder ist in diesem Zusammenhang keine Rede mehr.

Kompetenzmodell

Ebenso wird das Kompetenzmodell diskussionslos aus den vorangegangenen Studien übernommen. Die Kompetenzen der Kinder werden weitgehend als Sollensforderungen formuliert. Zwar wird an einigen Stellen erwähnt, dass Kinder Kompetenzen haben. Aber es wird weder gesagt, welcher Art diese Kompetenzen sind, noch wie man sie erfassen und in die Bildungsarbeit einbeziehen kann. Auch hier vermisst man die Umsetzung des postmodernen Kinderbildes.

Lernverständnis

Obwohl Kinder als Akteure ihres Bildungsprozesses bezeichnet werden (BEP 2003, 22), obwohl von »Akzeptanz und Respektierung des Kindes« (ebd., 21) als erster Punkt im Kapitel »Bild des Kindes« genannt wird, bleibt das Lernverständnis des Bayerischen Erziehungs- und Bildungsplanes weitgehend traditionell und auf Instruktion ausgerichtet: Offene Lernverfahren, in denen Kinder ihre Bildungsprozesse unter Respektierung ihrer Autonomie voranbringen können, werden als ineffektiv bezeichnet. Stattdessen wird das *Kompetenzmodell* kurzschlüssig mit einem *Instruktions- oder Vermittlungsmodell* verbunden:

> »Wenn die Einrichtungen der Tagesbetreuung ihre Aufgabe als Bildungseinrichtungen wahrnehmen sollen, ist es *erforderlich,* dass sie den heutigen Status eines eher informellen Lernumfeldes verlassen ... Auch im Kindergarten sind Lernziele klar zu definieren und Erfahrungsbereiche einzugrenzen, die einer Evaluation unterzogen werden können« (Gisbert 2003, 83f., Hervorhebung G.E.S.).

Die Tätigkeit der Kinder dabei ist eher eine Mittätigkeit. »Erforderlich ist eine zielorientierte Lernförderung. ErzieherInnen sollen themenbezogene, entwicklungsangemessene Lernarrangements unter Beteiligung der Kinder gestalten ...« (BEP 2003, 63).

Trotz aller rhetorischen Bemühungen um Kindgemäßheit, kindliche Selbsttätigkeit oder Autonomie entwickelt der Bayerische Erziehungs- und Bildungsplan eher einseitige Vorstellungen über Lehren als einem von Erwachsenen geleitetem Instruktionsprozess und entfaltet kein wissenschaftlich differenziertes Verständnis für die kindliche Lern- und Selbstbildungstätigkeit. Es dominiert eine Didaktik des Sollens und Müssens auf der Basis angeleiteter Belehrung/Instruktion.

Umsetzung in den Förderschwerpunkten

Zum bisherigen Lehr- und Lernverständnis des BEP passt es, wenn nicht von Bildungsbereichen, sondern von *Förderschwerpunkten* und auch nicht mehr von einem offen Bildungsplan, sondern von einem Förderprogramm gesprochen wird, sobald es um die Umsetzung der Überlegungen in konkretes pädagogisches Handeln geht.

- Förderprogramme werden in der Regel da eingesetzt, wo Kinder etwas nicht können, wo es etwas nach-, einzuholen oder aufzuholen gibt. Förderprogramme orientieren sich an *Defiziten*, die vorher genau zu diagnostizieren sind. Aus Defiziten lassen sich keine Bildungsvorstellungen ableiten, genau so wenig, wie die Notfallmedizin eine ausreichende Grundlage für die Planung eines Gesundheitssystems bildet.
- Der Fördercharakter verschleiert den Sollens- und Müssenscharakter: z.B. wird im Förderschwerpunkt Medien unterstellt, dass die Arbeit mit technischen Medien die zwischenmenschliche Kommunikation und Kooperation fördere. »So finden die Kinder am Computer gemeinsam Antworten auf Fragen, treffen in offenen Situationen gemeinsame Entscheidungen, zeigen sich gegenseitig, wie etwas funktioniert der berichten anderen über ihre Entdeckungen zu einem bestimmten Thema« (BEP 2003, 207f.). Gewiss haben sie die *Möglichkeit* zu diesen kommunikativen und kooperativen Formen. Aber ergreifen sie diese auch aus eigener Initiative, aus eigenem Verständnis oder Interesse? Sind solche Formulierungen des Bildungsplans nicht Suggestivformulierungen, welche die eigentliche pädagogische Aufgabe unterschlagen, nämlich, die Kluft zwischen der Autonomie des Kindes und dem, was sich Erwachsene von ihm wünschen, produktiv zu überbrücken.
- Im »Förderbereich« naturwissenschaftliche und technische Bildung zeigt sich, dass, wie in den meisten Förderbereichen, ein *Kanon an Themen* dominiert, der allein von fachwissenschaftlichen Gesichtspunkten bestimmt wird, welche die Kinder übernehmen sollen. Z.B. sollen sie »den Aufbau einer Versuchsanordnung kennen«, systematisch »Beobachten, Vergleichen, Beschreiben und Bewerten« (ebd., 180), eigene Hypothesen bilden, »Naturvorgänge bewusst erleben« (ebd., 181).[6] Schließlich haben sie Themen abzuarbeiten, die sich systematisch auf die Bereiche Luft und Gase, Wasser und Flüssigkeiten, heiß und kalt, Licht und Schatten, Farben, Schall, Töne, Musik und Magnetismus beziehen. »Alle Experimente sollen innerhalb einer überschaubaren Zeit abgeschlossen sein, um der Konzentrationsspanne der Kinder gerecht zu werden. Als Richtwerte kann man für ein einzelnes Experiment etwa 10 Minuten nennen« (ebd. 184). Hier wird konkret anschaulich, wie eine ausschließlich fach-

[6] »Durch systematisches Beobachten, Vergleichen, Beschreiben und Bewerten nehmen sie naturwissenschaftliche und technische Vorgänge bewusst wahr« (BEP 2003, 180). Dass man technische Vorgänge wahrnehmen kann, leuchtet ein. Aber kann man »naturwissenschaftliche Vorgänge« wahrnehmen? Man kann Naturprozesse wahrnehmen und darüber wissenschaftlich sprechen. Wissenschaft ist eine Weise der Betrachtung. Aber es kann keine naturwissenschaftlichen Vorgänge als Fakten geben. Hier werden einfach naturwissenschaftliche Sichtweisen ontologisiert und den Kindern als anthropologische Konstanten unterstellt.

wissenschaftliche Perspektive Kinder als Wesen definiert, die ausschließlich sollen und müssen.

In den Vorschlägen zu den Förderbereichen dominiert – mit einzelnen Ausnahmen – eine Vorstellung von gelenkter Instruktion. Die Kinder werden darüber belehrt, wie Medien zu betrachten, musikalische Entwicklungen zu verstehen oder Natur und Technik zu begreifen sind. Sie dürfen sich an dieser Instruktion auch aktiv und kindgemäß beteiligen: Sie dürfen das selbst tun, was man ihnen zu tun vorschlägt. Kindliche »Ko-Konstruktion« wird in einen Mechanismus der Anpassung kindlicher Tätigkeit an die Vorschläge der Erwachsenenwelt verwandelt.

Fazit

Der Bayerische Erziehungs- und Bildungsplan führt keine Diskussion um selbstgesteuertes oder angeleitetes Lernen, es wird lediglich unterstellt.[7] Er tut so, als gäbe es keine Schwierigkeiten, Selbststeuerung und angeleitete Instruktion gleichzeitig zu verwirklichen. Das führt zu Widersprüchen, die in der Praxis nicht zu lösen sind. Man kann nicht gleichzeitig das Kind als Akteur seines Bildungsprozesses unterstützen und es gelenkter, nachkontrollierbarer Unterweisung aussetzen. Der Bayerische Erziehungs- und Bildungsplan beschwört theoretisch das selbstgesteuerte Kind und produziert durch seine Handlungsvorstellungen das Kind, das etwas soll und muss. Und dieses Müssen soll es auch noch wollen. Das postmoderne Bild des Kindes – autonom und individuell, aktiv und kompetent, ko-konstruktiv und kommunikativ – bleibt Rhetorik.

---

[7] Z.B.: »Lernen im Elementarbereich erfolgt auch weiterhin spielerisch und nicht formalisiert. Bei der pädagogischen Begleitung ist darauf zu achten, ihnen möglichst viele Gelegenheiten für selbsttätiges und selbst entdeckendes Lernen zu bieten, um ihre Kompetenz zu selbst gesteuertem Lernen zu stärken« (BEP 2003, 63). Die Existenz solcher Sätze sollte nicht davon ablenken, dass es kaum konkrete Hinweise gibt, wie ein solches entdeckendes Lernen gestaltet werden könnte, vielmehr zahllose, wie zielgerichtet und überprüfbar gelernt werden kann.

Ein Bildungsverständnis in der Tradition des Kindes als Akteur seiner Entwicklung: Der Bildungsansatz in Nordrhein-Westfalen[8]

Bild des Kindes

- Das *Kind ist,* zum ersten, *Zentrum seines Handelns.* Jedes Kind handelt aus seiner eigenen biografisch bestimmten Dynamik und Motivation heraus. Das meint, es muss diese eigenständige Denk- und Handlungsdynamik mit dem abstimmen, was andere von ihm wollen.
- Das meint, zum zweiten, Bildungsprozesse verlangen ein *eigenes Tätigsein des Kindes.* In dieses eigenständige Tätigsein sind eingeschlossen: die persönliche Motivation, die eigenständige Wahrnehmung mit all den Wahrnehmungsformen, die einem Kind zur Verfügung stehen, die eigenen Erinnerungen, Vorstellungen, Erwartungen, die eigenen Fragestellungen und Selbstbildungspotenziale[9], die erlauben, wenigstens ansatzweise nach Antworten darauf zu suchen, eigene Theorien, eigene Pläne und eigenes Ausprobieren.
- Das meint zum dritten, dass Lern- und Bildungsprozesse sich nicht darauf beschränken, dass Neues von anderen übernommen und persönlich angeeignet wird. Vielmehr bestehen Aneignungsprozesse nicht nur in einer Aktivität der Übernahme, sondern ebenfalls in einer *selbstreferentiellen Auseinandersetzung des Gehirns mit sich selbst*: auf der einen Seite mit dem, was neu in sein System hinzugekommen ist, und den gesamten, relevanten Erfahrungszusammenhängen, die bereits vorhanden sind. Der Begriff der Selbstbildung nimmt seine Legitimation nicht einfach aus der Tatsache, dass die Bildungstätigkeit des Kindes immer seine eigene Tätigkeit ist (man kann auch Dinge selbst tun, die aufgezwungen wurden). Der Begriff bekommt eine weitere Bedeutungsnuance, wenn man die Ergebnisse der Kognitionsforschung ernst nimmt und den Bildungsprozess als eine Verarbeitung neuer Informationen mit dem Fundus der bereits vorhandenen ansieht, also eben diese Beschäftigung des Gehirns, das Neue mit seiner eigenen Vergangenheit in Verbindung oder Übereinstimmung zu bringen.
- Die Konsequenz aus den vorangegangen Überlegungen: Das Kind wird im Bildungsansatz NRW als *Kann-Kind* verstanden. Diese bildet den Gegensatz zu dem, was man ein *Soll-Kind* nennen könnte. Das Soll-Kind erscheint heute

---

[8] Vgl. dazu Schäfer (2005).

[9] Unter Selbstbildungspotenzialen wird hier jenes Können und Wissen verstanden, das von einem Menschen zu einem bestimmten Zeitpunkt seiner Biografie zur Bewältigung seines Alltags und seiner Aufgaben tatsächlich genutzt werden kann.

– wie man aus der vorangegangenen Diskussion entnehmen kann – als das Kind, das bestimmte Kompetenzen erwerben soll. Dabei kann dieser Prozess des Erwerbens mehr oder weniger menschenfreundlich gestaltet werden. Die andere Seite betont das Kann-Kind – nicht weil es schon alles kann oder von selbst lernt, sondern weil es als ein Mensch gesucht und herausgefordert wird, der wichtige Ressourcen mitbringt, um Probleme zu lösen. Beim Soll-Kind werden die Kontexte herausgearbeitet, die es noch nicht hat; beim Kann-Kind wird die Aufmerksamkeit auf den Kontext gerichtet, den ein Kind bereits mitbringt, um Aufgaben zu lösen, aber auch hier wieder nicht, um sich darauf zu beschränken, sondern um Neues mit diesen Kontext so zu verbinden, dass es dem Kind Sinn macht.

Bildungsverständnis

Das Bildungsverständnis entspricht dem, welches eingangs unter Hinweis auf kognitionswissenschaftliche, entwicklungspsychologische und psychoanalytische Theoriemodelle begründet wurde. Es werden hier die wesentlichen Punkte nochmals konzentriert, die spezifisch für die konkrete Umsetzung des Bildungsgedankens von Bedeutung sind.

Egalitäres Bildungsverständnis

Bildung ist all das, was ein Mensch benutzt, um die Wirklichkeit, die ihn umgibt, zu begreifen und Aufgabenstellungen zu bewältigen. Bildung benötigt also ein vertieftes Wissen und Können, das gleichsam selbstverständlich zur Verfügung steht. In diesem Sinne ist jeder Mensch auf eine persönliche Weise schon immer gebildet; denn jeder Mensch bringt Ressourcen mit, mit welchen er Wirklichkeit sinnvoll verstehen und Problemstellungen lösen kann.

Egalitär ist dieser Bildungsbegriff, weil er jedem Menschen seine Bildungsmöglichkeiten zugesteht, diese nicht von bestimmten Bildungsinhalten abhängig macht und jedem Menschen Prozesse der Weiterentwicklung in Sachen Bildung unterstellt. Er ist aber nicht beliebig, sondern kritisch, weil er jedem Menschen ein Recht auf eine Qualität von Bildungsprozessen zuerkennt, die ihm eine auch persönlich sinnvolle Lebensgestaltung gestattet, ihm erlaubt, Bildung mit biografischer Sinnfindung zu verbinden.

Auch das Denken wird gelernt

Das Kind kommt mit elementaren Formen des Könnens auf die Welt. In der Auseinandersetzung mit der sozialen und kulturellen Welt macht es sich nicht nur ein Bild von der Welt, sondern erweitert und differenziert auch die Werkzeuge, mit denen es seine Wirklichkeit erfasst. Es verbessert z.B. seine Möglichkeiten der sinnlichen Wahrnehmung; es erweitert und verfeinert seine Handlungsfähigkeiten; und es tritt in eine gewaltige Entwicklung seiner Denk- und Verarbeitungsmöglichkeiten ein. Das will sagen, die Sinnes-, Handlungs- und Denkwerkzeuge entwickeln sich dadurch, dass man sie für konkrete Aufgaben gebraucht, und entlang den Aufgaben, die sich stellen. Die Auseinandersetzung mit einer gegebenen sozialen und kulturellen Wirklichkeit ist also von Anfang an der Ausgangspunkt und der Motor für die Entwicklung der Sinne, des Handelns und des Denkens.

Lernen ist umarbeiten

Es gelangt nichts Neues direkt ins Gehirn: Lernen ist immer ein Umarbeiten vorhandener Erfahrungen, Bilder, Gedanken. Das Umarbeiten ist allein die Tätigkeit des lernenden Subjekts. Wir können ihm lediglich die Muster liefern, entlang derer die Umarbeitung erfolgen soll. Es gibt grundsätzliche zwei innere Prozesse, die dem Umarbeiten dienen: Imitation und (Re-)Konstruktion. Die Imitation versucht nachzuvollziehen, was vorgemacht und vorgedacht wurde. Die (Re-)Konstruktion versucht, Lösungen aus den vorhandenen Mitteln (Potenzialen) – gegebenenfalls unter Hinzunahme neuer Bausteine – zu entwickeln.

Die Imitation, hauptsächlich als Lernerfahrung verwendet, baut auf Vor-Machen und Nach-Machen, wenn es um Handlungen geht, auf Vor-Denken und Nach-Denken, wenn es um Gedanken geht. Der Weg der Imitation lässt den Kindern wenig Freiheit zur eigenen gedanklichen Konstruktion. Sein Vorzug ist die Sicherheit, mit der bestimmte Lernziele angesteuert werden können. Instruktion gibt dabei vor, was nachvollzogen werden soll. Der Weg der Konstruktion des eigenen Könnens und Wissens hingegen öffnet dem Handeln und Denken der Kinder individuelle Freiheitsräume für ihre Bildungsprozesse.

Es gibt natürlich auch Zwischenformen: Oftmals sind es Teile imitierten Verhaltens, die benutzt werden, um daraus etwas Neues zu konstruieren.

Handlungsorientierung

Handlungen sind komplex, integrativ und intentional. Das meint: Wahrnehmungssysteme, Vorstellungssysteme, Bewegungs- und Handlungssysteme, Emotionen und Bewertungssysteme, Gedankensysteme, ästhetische Systeme – um nur die wichtigsten zu nennen – müssen in eine Handlung integriert werden. Intentionen sind dabei integrationsleitend. Alltagsorientierung ist Handlungsorientierung in gegebenen Lebenswelten.

Alltagsorientierung

Frühkindliche Bildung ist zu allererst Bildung im und durch den Alltag. Der *Alltag ist* nicht nur die Quelle von Themen, die Kinder interessieren, sondern selbst *das wahrscheinlich einflussreichste »pädagogische Angebot«*. D.h. das, was ein Kind in und durch seinen Alltag erfährt, ist – schon rein zeitlich gesehen – vermutlich bedeutsamer als alles, was an bewussten Bildungsbemühungen geschehen kann. Deshalb ist die Gestaltung des Alltags die erste Aufgabe im Bereich frühkindlicher Bildung. Vor allem darf das, was im Alltag an Bildungsprozessen möglich ist, nicht dem widersprechen, was durch bewusste Bildungsbemühungen in Gang gesetzt werden soll.

Möglichkeitsräume öffnen

Statt zu sagen, Kinder müssen dies oder jenes können, diese oder jene Kompetenzen erwerben (Soll-Kind), ist es pädagogische Aufgabe, ihnen Möglichkeitsräume zu eröffnen.

Möglichkeitsräume ergeben sich – erstens – aus den Potenzialen und dem Können, das ein Kind einbringt, zweitens aus den Möglichkeiten, die in einer Sache liegen, drittens aus den Möglichkeiten, die andere Kinder zur Situation beitragen, und schließlich viertens aus den Möglichkeiten der Erzieherin. Diese vier Perspektiven, aufeinander abgestimmt, ergeben den Möglichkeitsraum, der in einer konkreten Situation gegeben ist.

Folgerungen

Dieses Bildungsverständnis hat Folgen für pädagogisches Handeln. Die Neugewichtung der Perspektive des Kindes im Verständigungsprozess zwischen Erwachsenen, Gesellschaft und Kind verlangt, zum einen vertiefte Aufmerksamkeit für das Kind, mit dem man pädagogisch zu tun hat. Zum anderen gilt es, ihr selbständiges Handeln und Denken weitestgehend herauszufordern, um ihre Potenziale und Ressourcen in den Bildungsprozess einzubringen. Für die pädagogische Professionalität ergibt sich daraus einerseits, Formen der Wahrnehmung und Beobachtung auszuarbeiten, durch die wir die Kinder besser kennen lernen. Andererseits wären die didaktischen Möglichkeiten auszubauen, welche den Kindern Spielräume zu eigenständigem Lernen und Forschen öffnen.

Wahrnehmendes Beobachten als professionelles Werkzeug zur Gestaltung des kindlichen Bildungswegs

- Die Verständigung mit Kindern setzt voraus, dass wir wahrnehmen, was sie tun und treiben, dass wir erkennen, was sie sich ausdenken, dass wir sensibel dafür sind, was sie fühlen und empfinden. Dieses Kennenlernen der Kinder ist der Ausgangspunkt für wahrnehmendes Beobachten.
- Dabei werden nicht einzelne Verhaltensweisen gezielt beobachtet oder nach bestimmten Bebachtungsschemata abgefragt. Vielmehr erfordert es eine breit gefächerte Aufmerksamkeit und hält sich offen für Unerwartetes und Überraschendes.

- Es bezieht die Reaktionen der Beobachterin mit ein. Da wahrnehmendes Beobachten der Ausgangspunkt für die tägliche pädagogische Arbeit mit den Kindern bildet, ist es wichtig, dass die Beobachterin sich ihrer eigenen Reaktionen und Erlebnisse bewusst wird, die zusammen mit dem auftauchen, was sie bei den Kindern wahrnimmt.
- Ziel ist also keine Beobachtung, die das Kind wie einen objektiven Gegenstand von außen betrachtet. Vielmehr ist die Beziehung zwischen dem Kind und dem Erwachsenen und das, was sie an Erfahrungen und Erlebnissen hervorruft, der Kern dieser Beobachtungsweise.

Eine Didaktik, welche die Selbständigkeit der Kinder herausfordert

- Man kann nicht von einem selbstregulierten Lernen der Kinder sprechen und ihnen gleichzeitig systematische Unterweisung anbieten. Die Didaktik muss den Kindern selbständige Wege eröffnen, wenn sie Selbst-Tun nicht auf ein Wollen-Müssen beschränken will.
- Deshalb verbindet sich der Bildungsansatz mit didaktischen Arrangements, welche die Selbständigkeit des Kindes in seinem Bildungsprozess herausfordern und unterstützen. Wichtige Bausteine sind:
  - Forschendes Lernen: Es nimmt die Fragestellungen der Kinder auf und macht Wege ausfindig, auf welchen Kinder ihr Weltbild entwickeln, differenzieren und mit kulturellen Beständen erweitern können.
  - Der (Innen- und Außen-)Raum als erster Erzieher – als ein Ort, der interessant genug ist, um darin etwas selbständig zu entdecken.
  - Funktionsräume und Werkstätten, in denen Kinder nicht einfach unterwiesen werden, sondern in denen sie handelnd und denkend ihren Fragestellungen folgen, sie erproben, sich darüber mit anderen austauschen, ihre Lösungswege ausprobieren.
  - Projekte, in denen sich Kinder über längere oder kürzere Wegstrecken der Komplexität von Problemstellungen aussetzen und ihre Wahrnehmungen so ordnen lernen, dass sie Fragen stellen und beantworten können.
- Im instruierenden Lehren lernen die Kinder nämlich nicht, dass die Wirklichkeit mit ihren Problemen nicht in einer wohlgeordneten Systematik gegeben ist, sondern dass das produktive Problemlösen damit beginnt, einen unüberschaubaren Wirklichkeitsausschnitt so zu organisieren und zu ordnen, dass man sinnvolle Fragen findet, die man beantworten kann.

Vergleich der beiden Auffassungen?

Im Folgenden werden Instruktions- und Bildungsverständnis kontrastierend einander gegenüber gestellt. Es geht darum, die jeweiligen Grundhaltungen herauszuarbeiten und die Schwerpunkte zu charakterisieren, von denen das jeweilige Denken ausgeht.[10]

Der BEP propagiert zwar ein »postmodernes Kinderbild«, welches mit dem »Kind als Akteur seiner Entwicklung« durchaus vergleichbar ist. Er wählt aber seine Zielsetzungen – entlang der Delfi-Studie und des Forum Bildung – nur aus der Perspektive der Erwachsenen und der Gesellschaft. Ein Recht des Kindes auf Bildungsprozesse in eigener Initiative und in eigenem Namen wird nicht als Gegengewicht formuliert. Daher bleiben die Aussagen über das postmoderne Kinderbild ohne praktische Folgen. Das Bildungs- und Lernverständnis des BEP leidet unter der gleichen Inkonsequenz. Man kann nicht vom Kind als eigenständigem Lerner und Forscher sprechen und es dann gezielten Instruktionen überlassen, die es – »selbsttätig« – nachvollziehen darf.

Der Bildungsansatz NRW hingegen versucht konsequent, das Bild vom »Kind als Akteur seiner Entwicklung« mit dem dazu gehörigen Bildungsverständnis (das Bildung als Eigentätigkeit des Kindes ansieht, die eines geeigneten Rahmens, der Anregung und der Herausforderung bedarf) auch in pädagogisches Handeln umzusetzen: auf der Ebene der Erzieherinnen (wahrnehmendes Beobachten), auf der Ebene der Didaktik (didaktische Formen, die die Selbständigkeit der Kinder herausfordern), auf der der Räume (Innen- und Außenräume, die neugierig machen) und auf der Ebene der individuellen und institutionellen Interaktionen (Verständigung und Partizipation).

Schluss

Kinder früher einschulen, ist das die Antwort auf die Fragen, die an unser Bildungssystem gestellt werden? Wenn Kinder immer früher immer mehr lernen müssen, dann laufen wir Gefahr, dass sie noch früher als bisher ein Lern- und Bildungsverständnis erfahren, das sie davon abhält, ihre Sinne zu gebrauchen, die Welt aus eigener Anschauung zu erfassen, sich eigene Gedanken über das zu machen, was ihnen in ihr auffällt, mit den Möglichkeiten zu spielen, die sich aus den vielfältigen Zugängen zur Wirklichkeit und zur eigenen Subjektivität ergeben, Probleme zu lösen, die andere vor ihnen noch nicht gelöst haben.

Wenn wir frühkindliche Bildung als ein Forschungsunternehmen begreifen, in dem das Kind, andere Kinder und Erwachsene zusammenspielen, sich gegenseitig zuhören, aufeinander reagieren, Vorschläge einbringen, sie gemeinsam prüfen und die

[10] Es soll weder behauptet werden, dass Instruktion Bildung, noch dass Bildung Instruktion ausschließt. Es mag Bereiche der Überlappung geben. Es sind aber unterschiedliche pädagogische Handlungsperspektiven, die sich von den jeweiligen Denkpolen her ergeben.

Ergebnisse immer wieder verändern, wenn Schulen Institutionen sind, die dieses gemeinsame Forschen herausfordern und unterstützen, wenn die Neugier Erwachsene wie Kinder treibt, Fragen zu stellen und zu beantworten, dann beginnt Bildung mit der Geburt, dann sind die Eltern die ersten Partner im kindlichen Bildungsprozess, dann können Krippen und Kindergärten Bildungsinstitutionen – meinetwegen Schulen – werden, vor denen man sie nicht schützen muss, sondern die man ihnen (neidlos oder neidvoll) gönnen sollte.

So gesehen haben Kinder ein Recht auf Bildung ab der Geburt.

Literatur

Balint, M. (1972): Angstlust und Regression. Reinbek: Rohwolt

BEP (2003) – Bayerisches Staatsministerium für Arbeit und Sozialordnung, Familie und Frauen, Staatsinstitut für Frühpädagogik: Der Bayerische Bildungs- und Erziehungsplan für Kinder in Tageseinrichtungen bis zur Einschulung. Weinheim, Berlin, Basel: Beltz

Bundesministerium für Bildung und Forschung (1996/1998): Delphi-Befragung 1996/1998: Integrierter Abschlussbericht. München, Basel, 1998. Endbericht zum Wissens-Delphi. Basel, 1998. Abschlussbericht zum Bildungs-Delphi. München, 1998

Bundesministerium für Bildung und Forschung (2001): Forum Bildung: Bildungs- und Qualifikationsziele von morgen – Vorläufige Leitsätze und Expertenbericht. Materialien des Forum Bildung 5, Empfehlungen des Forum Bildung, Bonn

Bundesministerium für Bildung und Forschung (2003): Forum Bildung: Zur Entwicklung nationaler Bildungsstandards – Eine Expertise. Berlin

Claßen, J. (1978): Antiautoritäre Kleinkinderziehung. In: Dollase, R. (Hg.): Handbuch der Früh- und Vorschulpädagogik., Bd. 2. Düsseldorf: Schwann

Damasio, A.R. (1994): Descartes' Irrtum. Fühlen, Denken und das menschliche Gehirn. München: List

Damasio, A.R. (2000): Ich fühle, also bin ich. Die Entschlüsselung des Bewusstseins. München: List

Edelman, G.M., Tononi, G. (2002): Gehirn und Geist. Wie aus Materie Bewusstsein entsteht. München: Beck

Fthenakis, W.E. (2002a): Bildung und Erziehung für Kinder unter sechs Jahren: Der bayerische Bildungs- und Erziehungsplan. In: Bildung, Erziehung, Betreuung, 7, 2002 (1), 4-6

Fthenakis, W.E. (2002b): Der Bildungsauftrag in Kindertageseinrichtungen: ein umstrittenes Terrain. In: Bildung, Erziehung, Betreuung, 7, 2002 (1), 6-10

Gisbert, K. (2003): Wie Kinder das Lernen lernen. In: Fthenakis, W.E. (Hg.): Elementarpädagogik nach PISA. Freiburg, Wien: Herder

Greenspan, S.I., Benderly, B.L. (2001): Die bedrohte Intelligenz. Die Bedeutung der Emotionen für unsere geistige Entwicklung. München: Bertelsmann
Grossmann, W. (1974): Vorschulerziehung – Historische Entwicklung und alternative Modelle. Köln
Kautter, H., Klein, G., Laupheimer, W., Wiegand, H.-S. (1992): Das Kind als Akteur seiner Entwicklung. Heidelberg: Schindele, 2. Auflage
Leuzinger-Bohleber, M., Mertens, W., Koukkou, M. (Hg.) (1998): Erinnerung von Wirklichkeiten. Psychoanalyse und Neurowissenschaften im Dialog. Bd. 1 und Bd. 2, Stuttgart: Kohlhammer
LeDoux, J. (1998): Das Netz der Gefühle. Wie Emotionen entstehen. München, Wien: Hanser
Meltzer, D. (1995): Traumleben. Eine Überprüfung der psychoanalytischen Theorie und Technik. Stuttgart: Klett-Cotta, 2. Auflage
Nelson, K. (1996): Language in Cognitive Development. Cambridge: University Press
Schäfer, G.E. (1986): Spiel, Spielraum und Verständigung. Untersuchungen zur Entwicklung von Spiel und Phantasie im Kindes- und Jugendalter. Weinheim, München, Basel: Juventa
Schäfer, G.E. (1989): Spielphantasie und Spielumwelt. Spielen, Bilden und Gestalten als Prozesse zwischen Innen und Außen. Weinheim, München, Basel: Juventa
Schäfer, G.E. (1995): Bildungsprozesse im Kindesalter. Selbstbildung, Erfahrung und Lernen in der frühen Kindheit. Weinheim, München, Basel: Juventa
Schäfer; G.E. (1999): Sinnliche Erfahrung bei Kindern. In: Lepenies, A., Nunner-Winkler, G., Schäfer, G.E., Walper, S. (Hg.): Kindliche Entwicklungspotentiale. Materialien zum 10. Kinder- und Jugendbericht. Bd. 1, München: DJI, 152-290
Schäfer, G.E. (Hg.) (2005): Bildung beginnt mit der Geburt. Weinheim, Berlin, Basel: Beltz, 2. erweiterte Auflage
Solms, M., Turnbull, O. (2004): Das Gehirn und die innere Welt. Neurowissenschaft und Psychoanalyse. Düsseldorf, Zürich: Walter
Tomasello, M. (2002): Die kulturelle Entwicklung des menschlichen Denkens. Frankfurt/M.: Suhrkamp
Vereinigung der Bayerischen Wirtschaft (Hg.) (2002): Bildung neu denken. Das Zukunftsprojekt. Opladen: Leske und Budrich
Winnicott, D.W. (1973): Vom Spiel zur Kreativität. Stuttgart: Klett-Cotta

Die Vergesellschaftung der Kleinkindheit: Kindertageseinrichtungen im Spannungsfeld kontroverser Erwartungen

Martin R. Textor

Noch nie in der Geschichte der Kindertagesbetreuung hat sich die Gesellschaft so stark für Kindertageseinrichtungen interessiert wie heute – weder während der polarisierten Diskussion kurz nach der Gründung der ersten Fröbelschen Kindergärten, die in dem unseligen, im August 1851 verhängten Verbot von Kindergärten im Königreich Preußen kulminierte, noch mehr als 100 Jahre später, als nach dem »Sputnikschock« eine »Bildungskatastrophe« in der Bundesrepublik Deutschland proklamiert, der Kindergarten als Elementarbereich des Bildungswesens definiert und von der »kompensatorischen Erziehung« ein Ausgleich ungleicher Bildungschancen erwartet wurde. Heute stellen bei weitem mehr gesellschaftliche Kräfte Forderungen an die Kindertagesbetreuung – von der Wirtschaft über die Kirchen bis hin zur Arbeitsmarkt-, Finanz-, Sozial-, Gleichstellungs-, Bevölkerungs-, Ausländer-, Gesundheits-, Umwelt- und Bildungspolitik.

Gesellschaftliche Anforderungen

Ein knapper Überblick soll die höchst unterschiedlichen und zum Teil kontroversen »Aufträge« der Gesellschaft an Kindertageseinrichtungen verdeutlichen:

(1) Der Auftrag seitens der *Arbeitsmarktpolitik* ist, die Vereinbarkeit von Familie und Beruf sicherzustellen, und zwar durch die Aufnahme von mehr Unter-Dreijährigen und Über-Sechsjährigen sowie durch Flexibilisierung und Ausweitung der Öffnungszeiten auf bis zu 10 Stunden. Kindertagesbetreuung soll eine ganztägige Beschäftigung der Mütter (Eltern) ermöglichen – auch bei unüblichen Arbeitszeiten wie bei Halbtagsstellen am Nachmittag. So erleben wir derzeit einen rasanten Abbau von Normalarbeitszeitverhältnissen. Beispielsweise hat gerade eine Befragung von rund 1.200 Müttern mit Kindern unter 14 Jahren in Nordrhein-Westfalen ergeben, dass von den über 55% Erwerbstätigen mehr als die Hälfte (auch) am späten Nachmittag (16.30 bis 19.00 Uhr), ein Drittel am Abend (19.00 bis 22.00 Uhr), ein Sechstel nachts, ein gutes Viertel am frühen Morgen (vor 7.30 Uhr), die Hälfte samstags und ein knappes Drittel sonntags arbeiten muss. Nur 75% der vollzeitbeschäftigten Mütter arbeiten an allen

fünf Wochentagen ganztags; ein gutes Drittel der Teilzeitbeschäftigten arbeitet an mindestens einem Wochentage ganztags und nur ein Drittel der geringfügig bzw. teilzeitbeschäftigten Mütter arbeitet ausschließlich vormittags (Stöbe-Blossey 2004). Auch bei Vätern dürften Normalarbeitszeitverhältnisse seltener werden; sie sind auch häufig von Überstunden betroffen. Die derzeit diskutierte Ausweitung der Arbeitszeiten auf 40 oder gar 42 Stunden pro Woche wird den Betreuungsbedarf weiter vergrößern.

(2) Eine Ausweitung der Betreuungsangebote hinsichtlich der Dauer und der abgedeckten Altersgruppen (unter Dreijährige, Schulkinder) wird auch von der *Gleichstellungspolitik* gefordert: Nur so könne die vollständige Vereinbarkeit von Familie und Beruf erreicht und dadurch die Gleichberechtigung von Mann und Frau in der Arbeitswelt ermöglicht werden.

(3) Die *Wirtschaft* erwartet von einer Ausweitung der Tagesbetreuungsangebote, dass die Unternehmen Geld sparen: Wenn (hoch-) qualifizierte Arbeitnehmer/innen nach der Geburt eines Kindes Elternzeit nehmen, entstehen den Betrieben hohe Kosten. Sie müssen eine Ersatzkraft auf dem Arbeitsmarkt finden und einarbeiten. Kehrt der/die Arbeitnehmer/in aus dem Erziehungsurlaub zurück, muss er/sie nachqualifiziert werden. All das ist nicht nur kostspielig, sondern auch die Produktivität des jeweiligen Arbeitsplatzes ist über Jahre hinweg niedriger. Hinzu kommt, dass aufgrund der in den letzten zwei, drei Jahrzehnten kontinuierlich zurückgegangenen Geburtenzahlen immer weniger junge Arbeitnehmer/innen auf den Arbeitsmarkt kommen und es somit für Arbeitgeber zunehmend schwieriger wird, ausscheidende, Elternzeit nehmende oder aus familiären Gründen auf Teilzeit gehende Arbeitskräfte zu ersetzen – eine Entwicklung, die sich in den nächsten Jahren noch verschärfen wird.

(4) Die Aufträge der *Finanz-* und der *Sozialpolitik* sind zwei Seiten derselben Münze: Die Finanzpolitik will mehr Geld einnehmen, die Sozialpolitik Geld sparen. Bleiben nämlich dank Kindertageseinrichtungen mehr (junge) Mütter (voll-) erwerbstätig, so erhöhen sie die Steuereinnahmen. Auch zahlen sie weiterhin Beiträge in die Sozialversicherungen ein. Für die Sozialpolitik werden negative Folgekosten vermieden, wenn Mütter dank guter Kinderbetreuungsangebote berufstätig bleiben – beispielsweise werden dann viele Alleinerziehende nicht sozialhilfebedürftig. Das Deutsche Institut für Wirtschaftsforschung (2002) hat sogar ausgerechnet, dass im Bereich der Einkommensteuer 6 Milliarden Euro und im Bereich der Sozialversicherungen 8,9 Milliarden Euro mehr eingenommen werden würden, wenn alle erwerbswilligen Mütter mit Kindern ohne bisherige ganztägige Betreuung infolge des Ausbaus der Kinderbetreuung erwerbstätig würden. Da hierfür zusätzliches Personal in Kindertageseinrichtungen benötigt würde und dieses Einkommensteuer und Sozialversicherungsbeiträge entrichten müsse, kämen zusätzlich noch 1,3 bzw. 4,4 Milliarden Euro dazu. Außerdem würden die Kommunen 1,5 Milliarden Euro sparen, wenn alle allein Erziehenden mit Kindern unter 13 Jahren, die Sozialhilfe beziehen, eine Berufstätigkeit aufnehmen würden.

(5) Seitens der *Bevölkerungspolitik* wird von Kindertageseinrichtungen erwartet, dass sie etwas zur Erhöhung der Geburtenfreudigkeit tun. Liebe Erzieher/innen, Sie können etwas gegen Bevölkerungsrückgang in Deutschland mit den immer deutlicher werdenden negativen Folgen für Wirtschaft und Sozialstaat tun! Sie müssen nur Ihr Betreuungsangebot ausweiten: Die Bevölkerungspolitik erwartet, dass sich mehr Frauen bzw. Paare für ein Kind oder für weitere Kinder entscheiden werden, wenn sie diese vom ersten bis zum 10. Lebensjahr gut betreut wissen.

(6) *Ein* Auftrag seitens der *Kirchen* an Kindertageseinrichtungen ist, die Zahl der Schwangerschaftsabbrüche zu senken. Wenn Fremdbetreuung von kurz nach der Geburt an sichergestellt werden kann, würden manche unerwünscht schwangere Frauen – die ansonsten abtreiben würden – ihr Kind gebären, weil sie es gleich in gute Hände abgeben könnten. Nur zur Erinnerung: Der Rechtsanspruch auf einen Kindergartenplatz wurde im Jahr 1996 eingeführt, um die Zahl der Schwangerschaftsabbrüche zu reduzieren.

(7) Ein weiterer Auftrag der *Kirchen* an Kindertageseinrichtungen ist, die eigene Institution zu retten. Da nur ein verschwindend kleiner Teil der Bevölkerung durch Gottesdienste und andere Angebote der Kirchengemeinden erreicht wird, da der Religionsunterricht an Schulen versagt – vor kurzem wurde in den Medien wieder berichtet, dass viele Jugendliche nicht wissen, weshalb Weihnachten, Ostern oder Pfingsten gefeiert werden –, sind Kindertagesstätten mit einem kirchlichen Träger der letzte Ort, wo noch viele Familien von der Kirche erreicht werden können: So sollen die Einrichtungen ein katholisches oder evangelisches Profil entwickeln, großen Wert auf religiöse Erziehung legen und möglichst auch entsprechende Angebote für Eltern machen.

(8) Der Auftrag seitens der *Behindertenpolitik* an Kindertageseinrichtungen lautet, Kinder mit Behinderungen zu integrieren und angemessen zu fördern. Letzteres beinhaltet in der Regel die Zusammenarbeit mit Frühförderstellen und anderen relevanten Diensten. Im Rahmen der integrativen Erziehung sollen auch nicht behinderte Kinder an ein vorurteilsfreies Zusammenleben mit Behinderten herangeführt werden. Vorurteile bei Eltern sind abzubauen.

(9) Natürlich sollen – der Auftrag der *Ausländerpolitik* – auch Kinder aus anderen Kulturkreisen in Kindertageseinrichtungen integriert werden. Sie sollen in unsere Gesellschaft eingeführt werden; besonderer Wert ist – spätestens seit der PISA-Studie (Max-Planck-Institut für Bildungsforschung o.J.) – auf die Sprachförderung zu legen. Durch interkulturelle Erziehung sind deutsche Kinder an andere Kulturen heranzuführen und eventuelle Vorurteile abzubauen. Im Rahmen der Elternarbeit sollen Ausländerfamilien integriert werden.

(10) In den letzten Jahren wurde aufgrund von UN-Beschlüssen intensiv über »Bildung für eine nachhaltige Entwicklung« nachgedacht. Seitens der *Umweltpolitik* wird von Kindertageseinrichtungen gefordert, dass sie z.B. Kinder an eine umweltbewusste

Haushaltsführung heranführen, Spielmaterial im Hinblick auf Umweltverträglichkeit auswählen, das Konsumverhalten reflektieren und insbesondere Kinder mit der Natur und mit Lebensvorgängen bekannt machen.

(11) Seitens der *Medizin* und *Ernährungswissenschaft* ergehen folgende Aufträge an Kindertageseinrichtungen: Sie sollen elementare Gesundheitserziehung leisten und Kinder an eine gesunde Ernährung heranführen. Da viele Kinder übergewichtig, unsportlich und motorisch unterentwickelt sind, soll großer Wert auf Bewegungserziehung gelegt werden. Auch Eltern sollen entsprechend informiert und aufgeklärt werden.

(12) Im Rahmen der *Prävention* sollen Kindertageseinrichtungen der Entwicklung von Verhaltensauffälligkeiten, psychischen Störungen, Behinderungen und suchtfördernden Einstellungen vorbeugen. Bei Auffälligkeiten – aber auch bei Erziehungsschwierigkeiten der Eltern oder Familienproblemen – sollen sie beratend tätig werden und den Familien Hilfsangebote erschließen. Dazu müssen sie sich mit Beratungsstellen, Ämtern und psychosozialen Diensten vernetzen.

(13) Seitens der *Gleichstellungspolitik* wird heute von Kindertageseinrichtungen eine geschlechtsbewusste Erziehung verlangt. Erzieher/innen sollen z.B. der Entstehung geschlechtsspezifischer Kommunikations- und Verhaltensmuster entgegenwirken, aber durch eine »Mädchen-« und »Jungenpädagogik« auch geschlechtsspezifische Bedürfnisse anerkennen. Statusbeziehungen zwischen Jungen und Mädchen sind so zu verändern, dass dies zu einer größeren Ausgewogenheit im sozialen Umgang miteinander führt.

(14) Last but not least ist auf den Auftrag seitens der *Bildungspolitik* zu verweisen: Der Wirtschaftsstandort Deutschland ist hinsichtlich seiner Konkurrenzfähigkeit auf dem Weltmarkt in extrem hohem Maße auf die Bildung, Kreativität und Leistungsfähigkeit seiner Bürger/innen angewiesen. Spätestens seit Veröffentlichung der PISA-Studie (siehe Max-Planck-Institut für Bildungsforschung, o.J.) haben Öffentlichkeit und Politik aber erkannt, dass das deutsche Bildungswesen nicht so leistungsfähig ist wie die Bildungssysteme in vielen anderen OECD-Ländern. Außerdem haben neuere Ergebnisse der Hirnforschung die Bedeutung der ersten Lebensjahre aufgezeigt und offensichtlich gemacht, wie viel durch eine gute Förderung von Kleinkindern erreicht werden kann (Textor 2003). Deshalb wird gefordert, dass Kindertagesstätten einen größeren Beitrag zur Qualifizierung von Kindern leisten: So sollen z.B. mehr Angebote in den Bereichen der mathematischen, naturwissenschaftlichen und technischen Bildung gemacht werden. Die Sprachförderung sei zu intensivieren; Kinder sollten möglichst schon eine Fremdsprache im Kindergarten lernen. Der Medienerziehung, insbesondere der Heranführung an den Computer, ist ein größerer Wert beizumessen. Da Musik und Musizieren u.U. positive Auswirkungen auf die Hirnentwicklung zeitigen, sei die musikalische Früherziehung zu verstärken. Hochbegabte Kinder sollten identi-

fiziert und entsprechend gefördert werden. Schließlich sollte seitens der Kindergärten die Vorbereitung auf die Schule und insbesondere seitens der Horte die Kooperation mit der Schule verbessert werden.

Deutlich wird, dass Kindertageseinrichtungen mehr, vielfältigere und komplexere Aufträge zu erfüllen haben als die weitaus meisten Institutionen unserer Gesellschaft – sie sind letztlich *überdeterminiert.* So ist schon an dieser Stelle zu problematisieren, ob eine einzige gesellschaftliche Institution all diesen Erwartungen entsprechen kann. Zudem verdeutlichen die erstgenannten Anforderungen, wie stark *ökonomische Aspekte* die derzeitige Diskussion bestimmen. Hier ist zu hinterfragen, inwieweit Kindertagesbetreuung heute *fremdbestimmt* ist: Spielen die kindlichen Bedürfnisse, die altersgemäße Bildung, Erziehung und Betreuung von (Klein-)Kindern die entscheidende Rolle oder die »Bedürfnisse« von Wirtschaft, Kirchen und Politik?

Kindertagesstätten – Dienstleistungsunternehmen oder Bildungseinrichtungen?

Die erstgenannten Anforderungen (seitens Wirtschaft, Arbeitsmarkt-, Bevölkerungs-, Gleichstellungs-, Finanz- und Sozialpolitik) an Kindertageseinrichtungen haben dazu geführt, dass in den letzten Jahren *Kinderbetreuung einerseits als Dienstleistung definiert wird, und die Kindertagesstätte als eine Art Dienstleistungsunternehmen*, das den ganzen Bedarf der Eltern (Gesellschaft) an Kindertagesbetreuung abdecken soll. Andererseits wird von Kindertagesstätten gefordert, dass sie verstärkt als *Bildungseinrichtungen* fungieren sollten.

Die Kindertageseinrichtung als Dienstleistungsunternehmen – keine Schule würde sich so definieren oder definieren lassen. Seitdem dieser Begriff eingeführt wurde, wird im Kita-Bereich nur noch gekürzt. Ökonomisch gesehen ist nämlich *Kunde derjenige, der für die Dienstleistung bezahlt.* Das sind weniger die Eltern, sondern Land, Kommune und Träger, die z.B. in Bayern weit über 80% der Kosten aufbringen. Und wie jeder Kunde haben sie Interesse, *viel für wenig Geld zu bekommen.* Deshalb wurden vielerorts die Öffnungszeiten verlängert, die Gruppengrößen heraufgesetzt und nur noch unqualifizierte Zweitkräfte eingestellt. Das ist schließlich billiger ...

Was heißt überhaupt »Dienstleistung«? Der Brockhaus definiert sie als »wirtschaftl. Tätigkeiten, die nicht in Erzeugung von Sachgütern, sondern in persönl. Leistungen bestehen: Handel, Banken, Versicherungen, Transport- und Nachrichtenwesen, öffentl. Verwaltung, freie Berufe (z.B. Steuerberatung)«. Für den Duden ist »Dienstleistung« eine »Arbeit in der Wirtschaft, die nicht unmittelbar der Produktion von Gütern dient«. Meyers Lexikon unterscheidet zwischen materiellen Dienstleistungen, die die Nutzung eines vorhandenen Produktes gewährleisten, und nichtmateriellen Dienstleistungen zur unmittelbaren Befriedigung von Bedürfnissen der Menschen oder der Gesellschaft. Der Duden bezeichnet das Wort »Dienstleistungsbetrieb« als einen aus der Wirtschaft kommenden Begriff für ein »Unternehmen, das Dienstleistungen erbringt«.

Sind Kindertageseinrichtungen jetzt auf einmal Teil des Wirtschaftssystems? Erbringen sie wirtschaftliche Tätigkeiten? Sind Erziehung und Bildung vergleichbar mit dem Verkauf eines Mantels, mit einem Haarschnitt oder der Installation einer Wasserleitung? Sind Erzieher/innen nun gleich gestellt mit Verkäuferinnen, Friseusen und Handwerkern? Berücksichtigen die letztgenannten Dienstleister etwa das Wohl ihrer Kunden? Nein, eher das eigene Wohl: Sie wollen ihre Dienstleistung für möglichst viel Geld an den Mann oder die Frau bringen. Für Erzieher/innen ist hingegen das *Kindeswohl und nicht der eigene Gewinn vorrangig*: Sie sollen das Recht eines jeden jungen Menschen »auf Förderung seiner Entwicklung und auf Erziehung zu einer eigenverantwortlichen und gemeinschaftsfähigen Persönlichkeit« gewährleisten (§ 1 Abs. 1 SGB VIII). Sie sollen das Kind in seiner »individuellen und sozialen Entwicklung fördern und dazu beitragen, Benachteiligungen zu vermeiden oder abzubauen«, es vor Gefahren für sein Wohl schützen und für ihn positive Lebensbedingungen schaffen (vgl. § 1 Abs. 3 SGB VIII). Hier geht es nicht um eine *genau definierbare Dienstleistung, für die man einen bestimmten Geldbetrag einfordern kann.*

Dienstleistung hat nichts zu tun mit der Schulung innerer Kräfte und der Aneignung von Kenntnissen, mit Selbstbildung und Entfaltung des Menschseins, mit dem Machen von Bildungserfahrungen und dem Erwerb von Basiskompetenzen. Bei Bildung geht es nicht um das, was ein Dienstleister dem Kunden tut, sondern was das Kind selbst tut – zumeist nicht direkt beobachtbar in seiner Psyche. Ko-Konstruktion, Interaktion und Kooperation, die Beziehung zwischen Erzieher/in und Kind, die Lebensgemeinschaft stehen im Vordergrund, nicht das einseitige Handeln eines Fachmanns an seinem Kunden oder dessen Besitz. Eine Dienstleistung ist auch nicht vergleichbar mit Erziehung als Hilfe zur Menschwerdung oder als Beeinflussung von Sozialverhalten, Einstellungen und Werten, mit Gewissensbildung und Charaktererziehung. Eine kurzzeitige wirtschaftliche Beziehung zwischen Dienstleister und Kunden ist ganz und gar andersartig als die über Jahre bestehende Beziehung zwischen Erzieher/in und Kind – Zuneigung, Liebe, pädagogischer Takt usw. lassen sich nicht kaufen ...

Aber nicht nur die Erzieher/in-Kind-Beziehung ist ganz und gar andersartig als eine Dienstleister-Kunde-Beziehung, sondern auch das Verhältnis zwischen Erzieher/innen und Eltern. Der einzige »Dienstleistungsaspekt« ist hier, dass hinsichtlich der Öffnungszeiten des Kindergartens die Bedürfnisse und Wünsche der Eltern berücksichtigt werden sollten. Ansonsten geht es um *Kooperation*: Eltern und Erzieher/innen arbeiten bei der Bildung und Erziehung von Kleinkindern zusammen, denn dies sind *gemeinsame Aufgaben*. Deshalb sollte nach einer partnerschaftlichen, dialoghaften Beziehung zwischen Erzieher/innen und Eltern gestrebt werden, die am besten als *Erziehungs- und Bildungspartnerschaft* definiert werden kann.

Bildung in Kindertageseinrichtungen

Kindertagesstätten sollten also als Bildungseinrichtungen definiert werden – dies schützt sie am ehesten vor einer Überdeterminierung und Fremdbestimmung. Allerdings wird der Begriff »Bildung« erst seit ca. fünf Jahren wieder in der Frühpädagogik diskutiert. Zunächst wurden einige Studien zur Bedeutung von Bildung rezipiert, die sich nur am Rande mit Kindertagesbetreuung befassten, beispielsweise die Delphi-Studien von 1996 und 1998 (Prognos AG/Infratest Burke Sozialforschung 1998) und der Orientierungsrahmen »Bildung für eine nachhaltige Entwicklung« (Bund-Länder-Kommission für Bildungsplanung und Forschungsförderung 1998). Dann zeigten einige Untersuchungen auf, dass

- Erzieher/innen in Deutschland im Vergleich zu Fachkräften in anderen hoch entwickelten Ländern am zweitschlechtesten qualifiziert sind (Oberhuemer, Ulich 1997);
- die globale pädagogische Prozessqualität (KES) bei 103 untersuchten Kindergartengruppen im Durchschnitt im Bereich »gehobener Mittelmäßigkeit« liegt und Entwicklungsunterschiede bei Kindern, die auf die pädagogische Qualität im Kindergarten zurückgeführt werden können, im Extremfall einem Altersunterschied von einem Jahr entsprechen (Tietze 1998);
- deutsche Schüler/innen schlechtere Leistungen erbringen als Gleichaltrige in anderen Staaten (z.B. PISA / Max-Planck-Institut für Bildungsforschung, o.J.);
- Kindertageseinrichtungen in anderen Ländern sehr gut sind (OECD 2001);
- das deutsche Schulsystem im Vergleich zu dem anderer Länder schlechter abschneidet (OECD-Veröffentlichung »Bildung auf einen Blick 2003«, zit. nach Bundesministerium für Bildung und Forschung 2003).

Zusammen mit einigen auf Kindertagesbetreuung bezogenen Empfehlungen von Organisationen wie z.B. dem Forum Bildung (Arbeitsstab Forum Bildung in der Geschäftsstelle der Bund-Länder-Kommission für Bildungsplanung und Forschungsförderung 2001) führten diese Studien zu einer intensiven Diskussion über den Bildungsauftrag von Kindertageseinrichtungen. Zentrale Aspekte des *Bildungsbegriffs* aus historischer Sicht sind nach Textor (1999):

1. Bildung umfasst sowohl die Entwicklung und Schulung ›innerer Kräfte‹ (formale Bildung) als auch die Aneignung von Kenntnissen und Erschließung der Welt (materiale Bildung).
2. Bildung beinhaltet sowohl Selbstbildung, einen Prozess der Selbstgestaltung und Eigenaktivität (der sich über das ganze Leben erstrecken kann), als auch einen Prozess der Bildung und Wissensvermittlung durch Dritte (insbesondere durch planmäßigen Unterricht; zumeist auf die ersten zwei oder drei Lebensjahrzehnte beschränkt).

3. Bildung ist sowohl die Übernahme und der Erwerb von Bildungsgütern wie Sprache, Kulturtechniken, (Natur- und Geistes-)Wissenschaft, Technik (einschließlich neuer Informationstechnologien) und Kunst als auch die kritische Auseinandersetzung mit diesen, deren Veränderung und Abwandlung aufgrund eigener Denkprozesse und Handlungen.
4. Bildung dient sowohl der Entfaltung des inneren Menschseins und der eigenen Individualität (Bildung als Selbstzweck) als auch zur gesellschaftlichen Nützlichkeit (was durchaus eine kritische Haltung zur Gesellschaft und die Handlungsbereitschaft zu deren Weiterentwicklung beinhaltet).

Bildung im Kindergarten umfasst viele dieser Aspekte: In Bildungsprozessen erlernen Kleinkinder die Sprache und entwickeln immer mehr Verständnis für deren Begriffe, Symbole, Bedeutungen und Kategorien – eine differenzierte Sprache fördert ein differenziertes Verstehen. In Bildungsprozessen werden ihre körperlichen und geistigen Anlagen geweckt, Fähigkeiten und Fertigkeiten ausgebildet. In Bildungsprozessen werden sie in Gesellschaft, Arbeitswelt und Wirtschaftsleben, Kunst und Kultur, Religion und Ethik, Sitten und Bräuche eingeführt – sie werden von den Erzieherinnen und anderen Menschen gebildet. In Bildungsprozessen setzen sie sich mit neuen Erfahrungen, Beobachtungen und Erkenntnissen auseinander, erkennen Zusammenhänge, nehmen kritisch Stellung und ziehen Folgerungen für ihr Handeln. Durch Eigenaktivität und Selbsttätigkeit, aus eigener Motivation heraus, erkunden und erschließen sie ihre Welt, nehmen Kontakt zu anderen Menschen auf und lernen von ihnen – sie bilden sich selbst. In Bildungsprozessen entwickeln sich ihre einzigartige Persönlichkeit, ihr Charakter, ihre Identität, ihre Individualität« (a.a.O., 529).

Erst im Jahr 2000 erschien ein Buch für Erzieher/innen, in dem »Bildung« Teil des Titels ist: Irmgard Maria Burtschers »Mehr Spielraum für Bildung. Kindertagesstätten als Bildungseinrichtungen der Zukunft«. Die Autorin will Erzieher/innen Argumentationshilfen liefern, damit diese »in der Öffentlichkeit mit Vehemenz ihren Bildungs-Kindergarten« (2000, 8) vertreten können. Zunächst konstatiert Burtscher, dass Bildung im Elementarbereich *nichts mit schulischer Wissensvermittlung zu tun habe.* Vielmehr soll sie einen Beitrag zur Entwicklung von Persönlichkeit, Identität und Selbstbewusstsein leisten, »Lebensführungshaltungen«, Einstellungen zum Lernen, soziale Umgangsformen, Schlüsselqualifikationen, Wissensgrundlagen, Denkgewohnheiten, Weltverständnis, Lebenssinn u.v.a.m. vermitteln. Dabei muss vom »frühkindlichen Lerncharakter« ausgegangen werden, der durch Neugier und vielfältige Interessen geprägt ist. Auch sollte die frühkindliche Wahrnehmungs- und Fantasiewelt berücksichtigt werden. Dann listet Burtscher kindgemäße Bildungsinhalte aus den Bereichen Naturwissenschaften, Arbeitsleben, Kunst und Gesellschaft auf. Ferner stellt sie dar, wie Erzieher/innen auf den Bildungserfahrungen der Kinder in ihren Familien aufbauen können. Jedoch wird der Begriff »Bildung« nicht definiert, fehlt eine Systematik der Bildungsziele und -inhalte (»Didaktik«), wird die Methodik kaum thematisiert. Auch wird davon ausgegangen, dass Kindertagesstätten bereits »Bildungs-Kindergärten« wären – was sicherlich so nicht zutreffend ist.

In ihrem weit verbreiteten Buch »Weltwissen der Siebenjährigen« hat Donata Elschenbroich (2001) einen *Bildungskanon* zusammengestellt. Das Weltwissen, das sich Siebenjährige in Familie, Kindertageseinrichtung und anderen Lebensbereichen angeeignet haben sollten, umfasst lebenspraktische, soziale, motorische, kognitive und ästhetische Elemente. Einige Beispiele:

- Gewinnen wollen und verlieren können;
- die Erfahrung machen können, dass Wasser den Körper trägt;
- einen Schneemann gebaut haben, eine Sandburg, einen Damm im Bach; ein Feuer im Freien anzünden und löschen können; Windlicht, Windrad erproben;
- Butter machen; Sahne schlagen; (elementare Küchenchemie, Küchenphysik kennen: Schimmel, schädlicher und pikanter ...);
- in einer anderen Familie übernachten; mit anderen Familienkulturen, Codes in Berührung kommen; einen Familienbrauch kennen, der nur in der eigenen Familie gilt;
- Wunderkammer Museum: die Botschaft der Dinge; ihre Aura, ihr Altern, ihr Fortbestehen nach unserem Tod; eine Burg kennen; ein Gefühl haben dafür, dass sich die Welt verändert, dass die Großmutter anders aufgewachsen ist; ein Ding aussondern zum Behalten und zum Weitergeben an die eigenen Kinder;
- eine Sammlung angelegt haben (wollen);
- eine Ahnung von Welträumigkeit, von anderen Kontinenten haben;
- den Unterschied zwischen Markt und Supermarkt kennen;
- in einem Streit vermittelt haben; einem Streit aus dem Weg gegangen sein;
- einige Blattformen kennen; wissen, was man in der Natur essen kann und was nicht (Elschenbroich 2001, 28-32).

Dieser Bildungskanon ist prinzipiell offen und unabgeschlossen. Er dient in erster Linie als Verständigungsbasis darüber, welche Bildungserfahrungen Kleinkinder machen sollten. Zu problematisieren ist, dass der Bildungskanon unsystematisch ist und letztlich willkürlich erscheint. Er kann Erzieher/innen nur begrenzt als Orientierung für ihre pädagogische Arbeit dienen.

Von 1997 bis 2000 wurde das Projekt »Zum Bildungsauftrag von Kindertageseinrichtungen« durchgeführt, das seitens des Bundes und mehrerer Länder gefördert wurde und dessen Ergebnisse vor einigen Monaten veröffentlicht wurden. Für den Projektleiter Hans-Joachim Laewen (2002) ist Bildung Sache des Subjekts und damit *Selbstbildung*. Er geht vom Kind aus, von dessen Eigenaktivität und Selbsttätigkeit, dessen Bemühen um Weltverständnis und Handlungskompetenz. Auf diese Weise rückt Laewen den Eigenanteil des Kindes an der eigenen Bildung ins Zentrum, wobei Bildung sowohl Welt-Konstruktionen – d.h. Weltaneignung durch Erforschen, Erfahren, Nachdenken usw. – als auch Selbst-Konstruktionen – d.h. Bildung des Selbst als

Kern der Persönlichkeit – umfasst. Letztlich können Kinder nicht gebildet werden, sondern müssen sich selbst bilden, wobei sie aber auf die Hilfe der Erwachsenen angewiesen sind. Bildung wird somit zu einem kooperativen Projekt zwischen Kindern und Erwachsenen, wobei letztere vor allem über die Gestaltung der Umwelt der Kinder – z.B. räumliche Umgebung, Situationen, Zeitstrukturen – und der Interaktionen mit ihnen – z.B. Förderung von dialoghafter Kommunikation, Auswahl von Themen, Eingehen auf die Themen der Kinder – erzieherisch wirken.

Auch der Gerd E. Schäfer vertritt diesen Ansatz. Er sieht das Kind als »Forscher« bzw. als »Entwerfer und Gestalter seines Weltbildes in der Auseinandersetzung mit der Kultur«. Kleinkinder erforschen ihre Um- und Mitwelt; sie lernen, indem sie ihre Umgebung zu »begreifen« versuchen, nachdenken, sich selbst und anderen Fragen stellen, Probleme lösen, konkrete Erfahrungen auf der Grundlage eigener Wahrnehmungen machen, kreativ sind usw.. »In diesem Sinne muss man sagen, dass frühkindliche Bildung in erster Linie Selbst-Bildung ist und dass diese Bildung entlang den Erfahrungen gewonnen wird, die Kinder in ihren Lebenszusammenhängen machen« (Schäfer 2002, 24). Daraus ergeben sich für Schäfer (2002) folgende Bildungsziele:

- Bildung der Sinne,
- Bildung von Imagination, Phantasie und szenischem Spiel,
- Bildung einer symbolischen Welt, insbesondere einer Sprachwelt.
- Dies alles ist eingebettet und unmittelbar verknüpft mit einer Bildung der zwischenmenschlichen Beziehungen.

Darauf bauen drei weitere Bildungsbereiche auf, die ab dem dritten Lebensjahr zunehmend an Bedeutung gewinnen:

(1) Der Bereich der ästhetischen Bildung. Er setzt die Bildung der Sinne, der Imagination, der Phantasie und des Spiels fort. Dieser Bereich darf nicht als Basteln oder Kinderkunst missverstanden werden, sondern ist als Schule des differenzierten und sensiblen Wahrnehmens zu begreifen. Er umfasst die Bereiche der Außen- und der Innen-(Körper-)Wahrnehmung sowie der emotionalen Wahrnehmung.

(2) Der Bereich von Sprache(n) und Kultur(en). Dabei geht es nicht in erster Linie um Sprachkompetenzen oder den Ausgleich von Defiziten, sondern vornehmlich darum, dass Kinder über das sprechen können, was ihnen etwas bedeutet; sodann um Gelegenheiten, mit Sprache zu spielen, um ihre Möglichkeiten und Grenzen zu erfassen. Mit der Sprache gewinnt das Kind einen Zutritt zu den kulturellen Mustern, die eine Gesellschaft zur Deutung der Wirklichkeit angesammelt hat. Der Erwerb einer zweiten Sprache setzt eine gelungene Qualität im Erwerb der Muttersprache voraus. Diese dient dazu, in einer zweiten Sprache über Bedeutungen sprechen zu lernen und Zutritt zu einer anderen (Sprach-) Kultur zu gewinnen.

(3) Die Welt der Natur, zu der man eine Beziehung aufbauen, die man kennen lernen muss, bevor man sie in physikalische, chemische, biologische oder technische Zu-

sammenhänge aufspalten kann. Das ist die Voraussetzung, dass der Bereich Natur für ein Kind subjektive Bedeutung gewinnen kann. Die Zeit vor der Schule ist wichtig für dieses Kennen lernen und für die Entwicklung erster (kindlicher) ›Weltbilder‹ (Schäfer 2002, 27f.).

Aber – so möchte ich kritisch fragen – ist das Kleinkind nicht überfordert, wenn Bildung als Selbstbildung nur in seine eigene Verantwortung fällt? Ist die Diskrepanz zur Schule mit ihrem ganz anderen Bildungsbegriff nicht zu groß? Darf man wirklich die Anforderungen von Schule, Familie und Gesellschaft ignorieren?

Bildungspläne für Kindertageseinrichtungen

Derzeit werden in allen Bundesländern Bildungspläne entwickelt. Sie sind aber nicht vergleichbar mit den Lehrplänen von Schulen. Es werden also keine Inhalte festgelegt, die Erzieher/innen innerhalb einer bestimmten Zeit zu vermitteln haben. Auch fehlen weitgehend Angaben über die einzusetzenden Methoden. Dennoch soll durch die Pläne erreicht werden, dass Erzieher/innen mehr bildend tätig sind und ihre Arbeit durch die Vorgabe bestimmter Richtlinien vergleichbar und damit überprüfbar wird.

Als ein Beispiel soll hier der »Bayerische Bildungs- und Erziehungsplan für Kinder in Tageseinrichtungen bis zur Einschulung« (Bayerisches Staatsministerium für Arbeit und Sozialordnung, Familie und Frauen/ Staatsinstitut für Frühpädagogik 2003) vorgestellt werden, der auf dem Bildungsverständnis von Wassilios E. Fthenakis beruht. Er wurde als einer der ersten Bildungspläne veröffentlicht und beeinflusst die Entwicklungen in anderen Bundesländern. Im Kindergartenjahr 2003/2004 wird er in 105 Kindertageseinrichtungen erprobt. In der Form von Thesen sollen nun einige zentrale Aussagen verdeutlicht werden:

»Kindertageseinrichtungen müssen z.B. auf die veränderten Anforderungen der Wirtschaft und der Arbeitswelt, die zunehmende kulturelle Diversität und soziale Komplexität der Gesellschaft, die unterschiedlichen Familienformen und Lebenslagen sowie die diskontinuierlich verlaufenden individuellen Biographien reagieren. Dieser Kontext stellt hohe Anforderungen an die pädagogische Arbeit.

Dem Bildungsplan liegt ein Bild vom Kind als ein aktives, kompetentes Wesen zugrunde, das seine eigene Entwicklung mitgestaltet und seine Bildung aktiv mitkonstruiert. Das Kind muss als eine vollwertige Persönlichkeit akzeptiert und respektiert werden. Seine Rechte und sein Wohl sind immer zu achten. Es ist Subjekt – und nicht Objekt pädagogischer Interventionen – und als solches an den alltäglichen Entscheidungen in Kindertageseinrichtungen angemessen zu beteiligen.

Daraus ergibt sich ein neues Verständnis von Bildung: ›Bildung wird demnach nicht – wie bislang – primär als individuumzentrierter bzw. als Selbstbildungsansatz (das Kind bildet sich selbst) definiert, sondern vielmehr als sozialer Prozess, der jeweils im Kontext stattfindet und an dem sich – neben dem Kind – auch die Fachkräfte, die Eltern und andere aktiv beteiligen. Bildung wird damit als sozialer ›ko-konstruktiver Prozess verstanden‹ (Fthenakis 2004). Kinder sind Akteure im Bildungsprozess, Erzieher/innen Dialogpartner, Begleiter, Impulse Gebende, Mitlernende.

›Die wichtigsten Prinzipien, denen sich das bayerische Erziehungs- und Bildungskonzept verpflichtet fühlt, sind: Das Prinzip der Demokratie und der kindlichen und elterlichen Partizipation zählen ebenso dazu wie die Berücksichtigung der kulturellen Diversität, des Grundsatzes der individuellen Differenzen (d.h. der Stärken und Schwächen eines jeden Kindes), der Inklusion (d.h. Reduktion der sozialen Ausgrenzung, die jüngst die PISA-Studie dem Bildungssystem in Deutschland bescheinigt hat) und der Resilienz (d.h. der Organisation von Erziehungs- und Bildungsbedingungen, die das Kind befähigen, mit Belastungen, Veränderungen und Krisen so umzugehen, dass es darin Herausforderungen erblickt und seine Kräfte mobilisiert bzw. die Ressourcen in Anspruch nimmt, die ihm eine erfolgreiche Bewältigung ermöglichen)‹ (Fthenakis 2004). Ferner haben Erziehung und Bildung das Geschlecht der Kinder angemessen zu berücksichtigen.

Nach dem Prinzip der Entwicklungsangemessenheit sind Bildungsangebote so zu gestalten, dass sie dem Entwicklungsstand und der Persönlichkeit des Kindes sowie seinem kulturellen Hintergrund entsprechen. So lernen Kleinkinder vor allem spielerisch. Spielen und Lernen werden dementsprechend als zwei unterschiedliche Seiten derselben Medaille betrachtet; das Spiel ist das entscheidende pädagogische Grundprinzip. Ferner prägen Bewegung und Sinneserfahrung das Bildungsgeschehen in der Tageseinrichtung.

Besonders betont wird die Entwicklung von lernmethodischer Kompetenz: ›Bereits im frühen Lebensalter soll damit begonnen werden zu lernen, wie man lernt, wie man Wissen erwirbt, wie man es organisiert und wie man es zur Lösung komplexer Problemstellungen angemessen einsetzt, und nicht zuletzt, wie man den Einsatz von Wissen sozial verantwortet. Dies soll unter Einbezug neuerer entwicklungs- und instruktionspsychologischer Erkenntnisse erfolgen und an unterschiedlichen Lernfeldern illustriert werden‹ (Fthenakis 2004).

Neben der lernmethodischen Kompetenz und der Resilienz sollen laut dem Bayerischen Bildungs- und Erziehungsplan weitere Basiskompetenzen bei den Kindern gefördert werden. Dazu gehören beispielsweise Selbstwertgefühl, Eigenständigkeit, Selbstwirksamkeit, Neugier, Denkfähigkeit, Gedächtnis, Problemlösefähigkeit, Kreativität, Grob- und Feinmotorik, Empathie, Kommunikationsfertigkeiten, Konfliktmanagement, Moral, Toleranz, Solidarität, Verantwortungsbereitschaft und demokratische Grundhaltungen. Bildung und Erziehung in Kindertageseinrichtungen müssen daran gemessen werden, inwieweit sie solche und ähnliche Kompetenzen fördern.

Alle Bildungsbereiche sind in Kindertageseinrichtungen zu berücksichtigen: von der ethischen und religiösen, der sprachlichen, mathematischen, naturwissenschaftlichen, technischen, ästhetischen und interkulturellen Bildung bis hin zur Umwelt-, Medien-, Musik-, Gesundheits- und Bewegungserziehung. Für alle diese Bereiche werden im Bildungsplan Leitgedanken, Bildungs- und Erziehungsziele sowie Anregungen und Beispiele zur pädagogischen Umsetzung genannt.

Ferner sind übergreifende Förderperspektiven wie die Begleitung von Kindern bei der Bewältigung von Übergängen, die Unterstützung von Kindern mit Entwicklungsrisiken und Behinderungen sowie die Förderung hochbegabter Kinder zu beachten. Wichtig sind die kontinuierliche Beobachtung eines jeden Kindes und die Dokumentation seiner Lern- und Entwicklungsprozesse.

Der Kooperation mit Eltern im Rahmen einer Bildungs- und Erziehungspartnerschaft kommt eine besondere Bedeutung zu. Diese sind in größerem Maße als bisher an wesentlichen Angelegenheiten der Kindertageseinrichtung (§ 22 Abs. 3 SGB VIII), an der Konzeptionsentwicklung und an der Planung der pädagogischen Arbeit zu beteiligen. Ferner ist großer Wert auf die Zusammenarbeit mit anderen Institutionen und auf die Gemeinwesenorientierung zu legen« (Textor 2004a).

Da in den letzten Jahren verschiedene Skalen zur Messung der Qualität in Kindergärten (z.B. Tietze, Viernickel 2003) und Kinderhorten (Strätz et al. 2003) entwickelt wurden, besteht nun auch die Möglichkeit zu messen, inwieweit Kindertageseinrichtungen den hohen Ansprüchen von Bildungsplänen genügen. Allerdings entstanden diese Verfahren schon vor der Veröffentlichung der ersten Bildungspläne, sodass sie noch aktualisiert und den neuen Vorgaben angepasst werden müssten. Nicht unproblematisch ist hier, dass die Erhebungsinstrumente für *alle* Kindertageseinrichtungen verwendbar sein sollen, die Bildungspläne aber entsprechend der deutschen »Kleinstaaterei« nur im jeweiligen Bundesland gelten.

Implikationen für die Psychoanalytische Pädagogik

An der hier skizzierten Diskussion um Kindertagesstätten als Dienstleistungs- bzw. Bildungseinrichtungen, um Bildungsbegriffe und Erziehungspläne haben sich meines Wissens Vertreter/innen der Psychoanalytischen Pädagogik noch nicht beteiligt. Wollen sie im Bereich der Frühpädagogik wieder Einfluss gewinnen, so gäbe es an dieser Stelle mehrere Ansatzpunkte:

– In der bisherigen Diskussion werden manche Bedürfnisse von Kindern eher vernachlässigt. Geht man von Maslows (1954) Bedürfnishierarchie aus, so sind dies vor allem Sicherheitsbedürfnisse (nach Geborgenheit, Beständigkeit, Verlässlichkeit, Schutz, Überschaubarkeit usw.) sowie Bedürfnisse nach Zugehörigkeit und Liebe (insbesondere nach Liebe, die nicht von besonderen Leistungen oder einem bestimmten Verhalten des Kindes abhängig gemacht wird). Die Psychoanalytische Pädagogik könnte die Aufmerksamkeit von Erzieher/innen und Politiker/innen auf diese für eine gesunde Entwicklung von Kindern so wichtigen Bedürfnisse richten. Zugleich könnte sie den Fachkräften Anregungen geben, wie sie es (Klein-) Kindern ermöglichen können, Zugehörigkeit, Geborgenheit und Liebe zu erfahren, ohne dafür einen Teil ihres Selbst aufgeben zu müssen.

– Ferner wird nur wenig über die Gefühle der Kinder gesprochen. Die Psychoanalytische Pädagogik könnte Erzieher/innen verdeutlichen, wie wichtig Emotionen für Kinder sind und dass pädagogische Maßnahmen sinnlos sind, die am Empfinden der Kinder vorbeigehen. Keinesfalls dürfe ihr Empfinden manipuliert werden.

– Wenig thematisiert wird ferner die Erzieher/in-Kind-Beziehung. Es wäre wichtig, die emotionale Grundlage dieses Verhältnisses stärker herauszuarbeiten. Erzieher/innen müssten noch lernen, genauer ihre Beziehung zu jedem einzelnen Kind zu analysieren und die sie prägenden Faktoren für sich herauszuarbeiten. Es ist ihnen noch zu wenig bewusst, wie sie diese Beziehung und die eigene Person dazu nutzen können, die kindliche Entwicklung positiv zu beeinflussen und Probleme von Kindern zu mildern. Ferner müssten sie immer wieder das Verhältnis von Nähe und Distanz prüfen und situationsgerecht verändern sowie lernen, wie sie z.B. in einen »fördernden Dialog« eintreten oder das Setting optimal strukturieren können. Gerade im Kleinkindalter setzt Bildung auch sichere Bindungen voraus.

– Seitdem Betreuung, Bildung, Bildungspläne, Qualitätskriterien usw. im Mittelpunkt der Diskussion stehen, wird kaum noch über verhaltensauffällige und psychisch belastete Kinder gesprochen – obwohl Erzieher/innen den Umgang mit ihnen als ihre größte berufliche Belastung bezeichnen (z.B. laut Gleich 1993). Die Psychoanalytische Pädagogik könnte ihnen neue Wege aufzeigen, wie sie die Ursachen von Verhaltensauffälligkeiten und psychischen Problemen erkennen und diesen entgegenwirken bzw. wie sie den betroffenen Kindern und ihren Eltern helfen können. Es gibt hierzu wohl auch Aussagen in manchen Bildungsplänen (z.B. Bayerisches Staatsministerium für Arbeit und Sozialordnung, Familie und Frauen/ Staatsinstitut für Frühpädagogik 2003, 113ff., 261ff., 291ff., 306ff.) und aktuelle Fachbücher (z.B. Textor 2004b), aber die psychoanalytische Perspektive ist Erzieher/innen weitgehend unbekannt.

– Bildung und Erziehung finden zunehmend in weit altersgemischten Gruppen (mit Kindern im Alter von ein bis sechs Jahren, oft auch mit Schulkindern) oder in offenen Gruppen statt. Bisher sind die Auswirkungen – insbesondere auf Unter-Dreijährige – kaum erforscht. Auch hier könnte die Psychoanalytische Pädagogik einen wichtigen Beitrag leisten.

Gerade in einer Zeit immer knapper werdender finanzieller Ressourcen gilt es, den Bereich der Kindertagesbetreuung vor Einsparmaßnahmen zu schützen. Kinder sind unsere Zukunft – deshalb sollten wir alle ein Interesse daran haben, dass sie beste Lebens- und Entwicklungsbedingungen vorfinden. Das kostet Geld – wahrscheinlich sogar mehr Geld als bisher –, aber dies sollten uns unsere Kinder Wert sein.

Literatur

Arbeitsstab Forum Bildung in der Geschäftsstelle der Bund-Länder-Kommission für Bildungsplanung und Forschungsförderung (Hg.) (2001): Empfehlungen des Forum Bildung. Bonn: Selbstverlag

Bayerisches Staatsministerium für Arbeit und Sozialordnung, Familie und Frauen/ Staatsinstitut für Frühpädagogik (Hg.) (2003): Der Bayerische Bildungs- und Erziehungsplan für Kinder in Tageseinrichtungen bis zur Einschulung. Entwurf für die Erprobung. Weinheim, Basel: Beltz

Bundesministerium für Bildung und Forschung (2003): OECD-Veröffentlichung »Bildung auf einen Blick 2003«. In: http://www.bmbf.de/pub/20030916_eag_langfassung.pdf

Bund-Länder-Kommission für Bildungsplanung und Forschungsförderung (1998): Bildung für eine nachhaltige Entwicklung – Orientierungsrahmen. Bonn: Selbstverlag

Burtscher, I.M. (2000): Mehr Spielraum für Bildung. Kindertagesstätten als Bildungseinrichtungen der Zukunft. München: Don Bosco

Deutsches Institut für Wirtschaftsforschung (2002): Abschätzung der (Brutto-) Einnahmeneffekte öffentlicher Haushalte und der Sozialversicherungsträger bei einem Ausbau von Kindertageseinrichtungen. Berlin: Selbstverlag

Elschenbroich, D. (2001): Weltwissen der Siebenjährigen. Wie Kinder die Welt entdecken können. München: A. Kunstmann

Fthenakis, W.E. (2004): Bildung und Erziehung für Kinder unter sechs Jahren: der bayerische Bildungs- und Erziehungsplan. In: http://www.ifp-bayern.de/cmain/a_Bildungsplan_Allgemeines/s_143

Gleich, J.M. (1993): Das Problem der Erzieherfluktuation – eine empirische Untersuchung zur Lage der Erzieherin in katholischen Kindergärten und Kindertagesstätten. Köln: Katholische Fachhochschule Nordrhein-Westfalen

Laewen, H.-J. (2002): Bildung und Erziehung in Kindertageseinrichtungen. In: Laewen, H.-J., Andres, B. (Hg.): Bildung und Erziehung in der frühen Kindheit. Bausteine zum Bildungsauftrag von Kindertageseinrichtungen. Weinheim, Basel: Beltz, 16-102

Maslow, A.H. (1954): Motivation and personality. New York: Harper

Max-Planck-Institut für Bildungsforschung (2000): Programme for International Student Assessment (PISA). In: http://www.mpib-berlin.mpg.de/pisa/

Oberhuemer, P., Ulich, M. (1997): Kinderbetreuung in Europa. Tageseinrichtungen und pädagogisches Personal. Eine Bestandsaufnahme in den Ländern der Europäischen Union. Weinheim, Basel: Beltz

OECD (2001): Starting Strong: Early Childhood Education and Care. Paris: Selbstverlag

Prognos AG, Infratest Burke Sozialforschung (1998): Delphi-Befragung 1996/1998 »Potentiale und Dimensionen der Wissensgesellschaft – Auswirkungen auf Bildungsprozesse und Bildungsstrukturen«. Integrierter Abschlußbericht. München, Basel: Selbstverlag

Schäfer, G.E. (2002): Bildung beginnt vor der Schule. In: Ministerium für Frauen, Jugend, Familie und Gesundheit des Landes Nordrhein-Westfalen/Sozialpädagogisches Institut des Landes Nordrhein-Westfalen (Hg.): Lebensort Kindertageseinrichtung. Bilden – Erziehen – Fördern. Frühkindliche Bildung im Kindergarten. Chancen und Möglichkeiten nach der PISA-Studie. Dokumentation. In: http://www.tageseinrichtungen.nrw.de/diskurs/doku_ws5.pdf, 23-30

Stöbe-Blossey, S. (2004): Arbeitszeit und Kinderbetreuung: Ergebnisse einer Repräsentativbefragung in NRW – gefördert durch die Hans-Böckler-Stiftung. IAT-Report Nr. 1

Strätz, R. Hermens, C., Fuchs, R., Kleinen, K., Nordt, G., Wiedemann, P. (2003): Qualität für Schulkinder in Tageseinrichtungen. Ein nationaler Kriterienkatalog. Weinheim: Beltz

Textor, M.R. (1999): Bildung, Erziehung, Betreuung. In: Unsere Jugend 1999, 51 (12), 527-533

Textor, M.R. (2003): Gehirnentwicklung im Kleinkindalter – Konsequenzen für die Erziehung. In: Bildung, Erziehung, Betreuung von Kindern in Bayern 2003, 8 (1/2), 11-17

Textor, M.R. (2004a): Der Bayerische Bildungs- und Erziehungsplan für Kinder in Tageseinrichtungen bis zur Einschulung – ein Überblick für Pressevertreter und andere Interessierte. In: http://www.ifp-bayern.de/cmain/a_Bildungsplan_Presse/s_175

Textor, M.R. (2004b): Verhaltensauffällige Kinder fördern. Praktische Hilfen für Kindergarten und Hort. Weinheim, Basel: Beltz

Tietze, W. (Hg.) (1998): Wie gut sind unsere Kindergärten? Eine Untersuchung zur pädagogischen Qualität in deutschen Kindergärten. Neuwied, Kriftel, Berlin: Luchterhand

Tietze, W., Viernickel, S. (Hg.) (2003): Pädagogische Qualität in Tageseinrichtungen für Kinder. Ein nationaler Kriterienkatalog. Weinheim, Basel: Beltz, 2. Aufl.

Psychoanalytische Pädagogik und Kindergarten: Die Arbeit mit der ganzen Gruppe[1]

Helmuth Figdor

Ich blicke heute auf vier Jahre Arbeit mit Kindergarten-Erzieher/innen, Studenten/innen und wissenschaftlichen Kollegen/innen zurück. So sehr ich mich zunächst über die gebotene Möglichkeit gefreut habe, von diesem Projekt zu berichten, musste ich mir bei der Vorbereitung meines Beitrags doch eingestehen, dass ich für einen umfassenden Bericht noch nicht hinreichend gerüstet bin. Nicht weil das Projekt alles andere als abgeschlossen ist – das war mir ja von Anfang an klar –, sondern weil die Zeit nicht reichte, alle bisher gewonnenen Erkenntnisse zu sichten und einigermaßen systematisch aufzuarbeiten.

Andererseits haben sich die Tagungen der *Kommission Psychoanalytische Pädagogik* immer auch als eine Art Werkstatt, als ein Ort des Austausches von Gedanken, Erfahrungen und mitunter noch unfertigen Konzepten verstanden. Betrachten Sie meinen Beitrag demnach als einen vorläufigen und höchst unvollständigen Bericht.

Einleitung

Zu Beginn des Jahres 1998 trat das *Pädagogische Institut der Stadt Wien* (dabei handelt es sich um die kommunale Fortbildungsinstitution für Erzieher/innen, Sozialpädagogen/innen und Lehrer/innen) an die *Arbeitsgemeinschaft Psychoanalytische Pädagogik (APP)*[2] mit dem Ansuchen heran, im Studienjahr 1998/99 eine zweisemestrige Fortbildung für Kindergarten-Erzieher/innen[3] anzubieten.

Im Zuge der Vorbereitung entstand der Plan, in dieser Veranstaltung nicht bloß »traditionelle Inhalte« (Entwicklung des Kindes, Konfliktdynamik, Übertragung, Gegenübertragung, szenisches Verstehen usw.) zu vermitteln, sondern sie zum Anlass zu nehmen, die Möglichkeiten, Chancen bzw. Aufgaben der Psychoanalytischen Pä-

---

[1] Überarbeitete Fassung eines Vortrages auf der Herbsttagung der DGfE-Kommission Psychoanalytische Pädagogik in Zürich (Oktober 2002).

[2] Zur »Arbeitsgemeinschaft Psychoanalytische Pädagogik« siehe Anhang.

[3] Der sprachlichen Einfachheit halber werde ich im Folgenden von »der Kindergarten-Erzieherin« bzw. »den Kindergarten-Erzieherinnen« sprechen, obwohl es vereinzelt schon männliche Erzieher in Kindergärten gibt.

dagogik im Rahmen eines öffentlichen Regelkindergartens einmal grundsätzlich neu durchzudenken. Der zweite Gedanke war, an der eventuellen Ausarbeitung von Praxiskonzepten die fortzubildenden Erzieherinnen aktiv zu beteiligen und deren praktische Kompetenzen, kreative Ideen, aber auch ihre Einwände in die theoretische Reflexion wieder ein- bzw. rückzubinden. Diese Grundüberlegungen führten zu einer Dreigliederung der Fortbildung, die dann in drei aufeinander folgenden Jahren durchgeführt wurde:

(1) *Vier Grundvorlesungen.* Diese wurden von mir selbst gehalten und sollten eine möglichst große Anzahl von Erzieherinnen erreichen. Ziel dieser Vorlesungen war, einen Anreiz zur Reflexion ihrer Praxis zu schaffen bzw. jene Erzieherinnen, die die Absicht hatten, über die Vorlesung hinaus weiterzuarbeiten, zu einer Haltung zu verhelfen, die es ihnen möglich machen würde, an einer Veränderung ihrer Praxis zu arbeiten. (An den Grundvorlesungen nahmen in den Jahren 1998-2000 insgesamt etwa 500 Wiener Kindergarten-Erzieherinnen teil.)

(2) *Die Seminare.* Den Vorlesungen folgten noch im Wintersemester Seminare, an welchen im Schnitt etwa 30% der Hörerinnen der Vorlesungen teilnahmen. In den Seminaren wurden einzelne Vorlesungsinhalte vertieft, diskutiert und Möglichkeiten der praktischen Umsetzung besprochen bzw. über entsprechende Versuche berichtet. Sie wurden in Arbeitsgruppen zu je acht bis zwölf Teilnehmerinnen organisiert und von je zwei Psychoanalytisch-pädagogischen Erziehungsberaterinnen geleitet. Der Seminarblock schloss zu Semesterende mit einer gemeinsamen »Schlussvorlesung«, in welcher Ergebnisse, aber auch Probleme der Seminararbeit zusammengefasst bzw. besprochen wurden.

(3) *Weiterführende Arbeitsgruppen.* Etwa ein Drittel der Seminarteilnehmerinnen setzten im jeweils darauf folgenden Sommersemester die Arbeit in Kleingruppen fort, die, ebenfalls unter der Leitung von Erziehungsberaterinnen, sich nun schwerpunktmäßig mit der praktischen Umsetzung der bislang erarbeiteten Konzepte befassten.

Parallel zur Arbeit mit den Kindergarten-Erzieherinnen traf sich das *Projektteam*, bestehend aus den Seminarleiterinnen und mir, in regelmäßigen Abständen, um die Erfahrungen aus den Seminaren aufzuarbeiten, theoretisch zu reflektieren und die Weiterarbeit zu planen. Schließlich flossen die hier gewonnenen Erkenntnisse jeweils in die inhaltliche Planung und Gestaltung des nächsten Studienjahres ein.[4]

Nach Ablauf des ersten Jahres kam ein weiterer Baustein des Projekts hinzu, ein *Universitätsseminar* für Studierende mit psychoanalytisch-pädagogischer Vorbildung: »Psychoanalytische Gruppenpädagogik im Kindergarten«. Das jeweils zweisemestrige

[4] Das Projektteam bestand aus Alexandra Bengesser, Helmuth Figdor, Sabine Hochreiter, Tanja Kraushofer, Barbara Lehner, Karin Messerer, Inge Pröstler, Silke Spannring und Andrea Zwettler.

Seminar wurde über drei aufeinander folgende Studienjahre (1999-2002) gehalten.[5] Wie schon in den Seminargruppen mit den Kindergarten-Erzieherinnen und im Projektteam war auch das Universitätsseminar auf ein Zusammenspiel von Theorie – Fortbildung – Entwicklung von Praxiskonzepten – Praxisreflexion ausgerichtet, zumal eine Reihe von Studierenden über praktische Berufserfahrung im Kindergarten verfügte, bzw. auch neben dem Studium in Kindergärten oder ähnlichen Einrichtungen arbeitete.

Ich werde meinen (vorläufigen) Bericht in drei Teile gliedern. Der *1. Teil* beinhaltet gewissermaßen die Vorgeschichte des Projekts: die Unzufriedenheit mit der bisherigen Art und Weise, wie sich die Psychoanalytische Pädagogik (mich eingeschlossen) bislang mit dem Kindergarten auseinandersetzte. Im *2. Teil* werde ich versuchen, einige mir besonders wichtige theoretische Überlegungen zusammenzufassen, die einesteils für das Projekt grundlegend waren, andernteils aber erst durch die Erfahrungen dieser vier Jahre in dieser Form ausgearbeitet werden konnten. Der *3. Teil* schließlich ist der Praxis i.e.S. gewidmet: den erarbeiteten Praxiskonzepten und den notwendigen Veränderungen in der Haltung der Erzieherinnen.

1. Zur Vorgeschichte des Projekts

Die in den 1980er Jahren beginnende »Renaissance« der Psychoanalytischen Pädagogik (Datler 1995) war, ungeachtet der z.T. heftigen Diskussionen über die theoretische Bestimmung des Verhältnisses von »Psychoanalyse« und »Pädagogik« bzw. dessen, was »Psychoanalytische Pädagogik« sein könne, von einem unbestrittenen Konsens getragen: Psychoanalytisch-pädagogische Praxis könne jedenfalls *nicht* heißen, das psychoanalytisch-*therapeutische* methodische Instrumentarium in die Hände von Erziehern/innen, Lehrern/innen oder Eltern zu legen. Und dies nicht nur, weil Pädagogen die entsprechende Ausbildung fehlt: Selbst wenn wir annähmen, dass Pädagogen (auch) ausgebildete Analytiker wären, ließen sich bestimmte Aspekte der psychoanalytischen Kommunikation und Beziehungsgestaltung aufgrund der ganz unterschiedlichen *Settingbedingungen* alltagspädagogischer Situationen nicht einfach übernehmen (vgl. u.a. Trescher 1985a,b), ganz abgesehen davon, dass sich wissenschaftlich begründetes pädagogisches Handeln auf grundsätzliche theoretische wie wissenschaftstheoretische Überlegungen zu beziehen hat, die über die theoretischen und normativen Implikationen der Psychoanalyse hinausgehen (vgl. z.B. Fatke 1985, Schmid 1990). Doch selbst die Beschränkung auf die Vermittlung einzelner psychoanalytischer Theoriebausteine – Fatke (1985) sprach treffend von »Krümeln«, die für die Pädagogik abfielen –, wie sie einst den »Klassikern« der Psychoanalytischen

[5] Gemeinsam mit den Tutoren/innen Katharina Gartner, Isabella Kainersdorfer und Thomas Weiss, alle ebenfalls APP-Erziehungsberater/innen.

Pädagogik vorschwebte[6] und vielerorts, mit veränderten Inhalten, auch heute noch gehandhabt wird, erscheint nicht unproblematisch zu sein: sei es, dass sie ganz unwirksam bleiben, weil sie sich an die pädagogische Situation nicht assimilieren lassen, sei es, dass sie zu kurzschlüssigen Handlungskonzepten verleiten, deren Konsequenzen u. U. höchst bedenklich sein können. (Ein, ebenfalls bereits »klassisches«, Beispiel dafür sind die Ideen der antiautoritären Erziehungsbewegung der 60er und 70er Jahre, aber auch so manche heutige Konzepte von »alternativen« Kindergruppen und »Alternativschulen«).

So verwundert es nicht, dass eine Reihe von Autoren einerseits für ein eher lockeres Verhältnis von Psychoanalyse und Pädagogik plädierten – Schmid (1990, 127) sprach von »Kooperation«, etwa in der Analyse von Bildungsverläufen, oder Winterhager-Schmid (1992) von »wählerischer Liebe« –, und andererseits die psychoanalytische Supervision als *der* mögliche, gewissermaßen sicherste Ort gesehen wurde, an dem die Begegnung von Psychoanalyse und Pädagogik durch Praxisreflexion und Förderung des (»szenischen«) Verstehens zu Konsequenzen für die pädagogische Praxis zu führen vermag. Bis heute beschränkt sich die Psychoanalyse in ihrer praktischen Auseinandersetzung mit der Kindergartenpädagogik daher auch weitgehend auf die supervisorische Arbeit mit Erzieherinnen (vgl. z.B. Leber et al. 1989).

Natürlich will ich den pädagogischen Wert von psychoanalytischer Supervision nicht in Zweifel ziehen – sie bildet einen wichtigen Teil auch meiner eigenen Praxis. Lässt sich jedoch der mögliche Beitrag der Psychoanalyse zur pädagogischen Praxisgestaltung tatsächlich auf dieses Setting reduzieren? Ja, noch mehr: Es mag sich ja argumentieren lassen, dass psychoanalytische Supervision eine Form *psychoanalytischer* Praxis darstellt, aber ist sie deshalb schon psychoanalytisch-*pädagogisch*, nur weil sie mit Pädagogen durchgeführt wird?

– Erinnern wir uns an Pazzinis (1989) Warnung, dass die psychoanalytische Supervision – sofern sie sich von der Balintgruppenmethode in Richtung diagnostische Fallarbeit und Planung von Interventionen entfernt – das der Psychoanalyse innewohnende subversive Moment zu verraten und zu einem Kontrollinstrument, sowohl im Hinblick auf die Pädagogen als auch die Kinder, zu werden droht. Umgekehrt aber macht genau die der Balintgruppenarbeit innewohnende »Freiheit« auch ihr »pädagogisches Defizit« aus: Ist es doch in keiner Weise gewährleistet, dass der nun sich und die Kinder besser, nämlich »szenisch« verstehende Pädagoge quasi natürlich Handlungen setzt, die im (Entwicklungs-)Interesse der Heranwachsenden stehen: Psychoanalytische Supervision für Pädagogen ist in erster Linie eine psychoanalytische Hilfe für Menschen, die von Beruf Pädagogen sind und mit ihren Berufsanforderungen in befriedigender Weise zurecht kommen wollen, wobei »Befriedigung« auf das Wohlbefinden *der Pädagogen* bezogen ist.

---

6 Vgl. z.B. Anna Freuds (1930) Vorträge über Psychoanalyse für Lehrer und Eltern.

– Doch selbst wenn wir Pazzinis Bedenken vorerst außer Acht lassen und uns in der Supervision, nachdem es uns gelungen ist, etwa die Beziehung zwischen einem Pädagogen und einem Kind besser zu verstehen, ausführlich mit der Frage beschäftigen, was denn nun dem Kind in seiner Entwicklung helfen könnte, muss man mit Datler (1993) die Frage stellen, ob Psychoanalytische Pädagogik überhaupt über eine Bildungstheorie verfügt bzw. über einigermaßen konkrete Vorstellungen über (pädagogisch) wünschenswerte (psychische) Entwicklungsschritte, die als Kriterien eines solchen Bemühens dienen könnten. Die »Entlastung konflikttypischer Szenen« (Trescher) ist zum einen aus den zuvor angestellten Überlegungen heraus als Kriterium nicht ausreichend, zum anderen ist die Existenz von »typischen Konflikten« nicht schon per se pädagogisch bedenklich, auch wenn diese Konflikte durch unbewusste Übertragungen und Gegenübertragungen mitdeterminiert sein sollten (welche Konflikte sind das nicht?).
Die von manchen Autoren (mich eingeschlossen) des Öfteren vorgeschlagene Formulierung der »Korrektur von Objektbeziehungen« oder »Arbeit an Objektbeziehungen« lässt die Normfrage ebenfalls offen. Daher verwundert es nicht, dass es in der Supervisionspraxis nur allzu oft um Symptombeseitigung geht. Dagegen aber ließe sich (von »pädagogischer Seite«) einwenden, Psychoanalytische Pädagogik letztlich auf Therapie bzw. therapeutische Fragen zu reduzieren – eine oftmals geäußerte Kritik; und von »psychoanalytischer Seite« ließe sich (etwa mit Pazzini, s.o.) dagegen einwenden, dass Psychoanalytische Pädagogik gerade auf diese Weise unversehens zum Kollaborateur institutioneller Interessen werden kann, indem sie mithilft, dass sich Kinder an die institutionellen Regeln besser anpassen. Dadurch aber bliebe dann das kritische und subversive Potential der Psychoanalyse auf der Strecke. (Es sei denn, man betrachtete eine solche Anpassung als wünschenswerten Entwicklungsschritt im Interesse des Kindes; aber dazu komme ich später.)

– Letzterer Einwand bekommt durch einen weiteren Umstand zusätzlich Nahrung: In der Supervision werden vorzugsweise Probleme bearbeitet, die im Zusammenhang mit auffälligen Kindern stehen, also Kindern, deren Verhalten nicht den Erwartungen des Pädagogen entspricht, während den Unauffälligen die Chance auf eine Veränderung ihrer pädagogischen Umwelt vorenthalten bleibt, obwohl sie eine solche Veränderung vielleicht ebenso (wenn nicht noch mehr) nötig hätten.

Angesichts dieser Überlegungen ließ mir der Auftrag, eine psychoanalytisch-pädagogische Fortbildung für Kindergarten-Erzieherinnen durchzuführen, nur die Wahl zwischen zwei Alternativen. Erstens, diesen Auftrag zurückzuweisen: Weder kam eine Einführung in einzelne Bausteine der Psychoanalyse in Frage noch war der Anspruch auf eine praxisrelevante Fortbildung lediglich über die eine oder andere Variante von Supervision wirklich befriedigend einlösbar. Oder aber, zweitens, etwas ganz anderes zu versuchen …

2. Teil: Theoretische Grundlagen einer psychoanalytischen Gruppenpädagogik

2.1. Annäherung an ein psychoanalytisch-pädagogisches Bildungskonzept

Der Titel dieser Arbeit deutet bereits auf einen zentralen Aspekt dieses »ganz Anderen«, das wir versuchen wollten, hin: Es geht um pädagogische Arbeit mit der ganzen Gruppe. Das bedeutet nicht mehr und nicht weniger, als dass das bislang primäre Anliegen psychoanalytischer Pädagogik – den Pädagogen zu einem besseren Verstehen des individuellen Kindes bzw. der Beziehung zum individuellen Kind zu verhelfen – hinter die *Gestaltung von kollektiven Aktivitäten und Erlebnissen* zurücktritt. Und es geht um Gruppen*pädagogik*, was im vorliegenden Zusammenhang heißt, dass für die Leitung der Gruppenprozesse keinerlei besondere (gruppen-)therapeutische Kompetenzen vorausgesetzt werden. Denn nur so hätte psychoanalytische Pädagogik die Chance, die Enklave einiger weniger, »psychoanalytisch-pädagogischer Spezialisten«, die sich aufgrund zufälliger Konstellationen mit einigen wenigen (und eben dadurch wiederum privilegierten) Kindern intensiv beschäftigen, zu verlassen und eine gewisse Breitenwirksamkeit unter gegebenen gesellschaftlichen Verhältnissen (Regelkindergarten) zu erreichen.

Unter welchen Voraussetzungen aber kann gruppenpädagogischen Konzepten noch das Attribut »psychoanalytisch« zukommen, wenn es *nicht* um die Übernahme oder Adaption gruppenanalytischer Methoden (Setting, Verstehen, Deuten ...) gehen soll? Offenbar dann, wenn es sich um Praxiskonzepte handelt, die zwar phänomenologisch oder methodisch mit der (therapeutischen) Psychoanalyse nichts zu tun haben, jedoch auf der Basis psychoanalytischer Überlegungen entworfen wurden: etwa, wie bestimmte pädagogisch wünschenswerte Entwicklungen gefördert, andere hingegen nach Möglichkeit verhindert werden könnten. Natürlich bedarf es aber einer weiteren Voraussetzung, um der, wie schon erwähnt, häufig beschworenen Gefahr, Psychoanalyse könnte in Gestalt »psychoanalytischer Pädagogik« für »beliebige pädagogische Zwecke« instrumentalisiert werden, zu begegnen: jenes »pädagogisch« Wünschenswerte muss auch »psychoanalytisch« wünschenswert sein.

Ich erlaube mir die Frage, ob Psychoanalyse denn nicht eine ganz und gar wertfreie Methode, die daher jegliche Art normativer Vorstellungen von vornherein ausschließt, als geklärt zu betrachten und auf die entsprechende Diskussion nicht weiter einzugehen.[7] Zweifellos ist jeder einzelne Akt eines Analytikers auch von Vorstellungen bzw. Entscheidungen darüber getragen, welche Einsicht, welche nächsten Entwicklungen der Analyse bzw. dem Patienten am meisten nützen würden, und endlich

[7] Vgl. zu dieser Frage v.a. Datlers (1988, 1993) systematische Abhandlungen.

erhält das ganze *Unternehmen Analyse* überhaupt erst angesichts der Voraussetzung einer Idee von psychischer Gesundheit Sinn.[8]

Was nun die Psychoanalytische Pädagogik betrifft, herrscht heute die Tendenz vor, sich von der »klassischen« Idee der Neurosenprophylaxe zu distanzieren und diese als theoretisch naiv und unhaltbar zu beurteilen. Das ändert aber nichts daran, dass »psychoanalytisch-pädagogisches Handeln« sich legitimer Weise nur als »pädagogisch« bezeichnen kann, wenn es an der langfristigen *Entwicklung* des Kindes orientiert ist, und als »psychoanalytisch« nur dann, wenn pädagogische Entwicklungsperspektiven *psychische Gesundheit* als grundsätzliche Konstante, als nicht unterschreitbare Grenzen der Autonomie des Heranwachsenden ebenso wie als Grenze der Freiheit pädagogischen Handelns beinhalten. (Andernfalls blieben der psychoanalytisch-pädagogischen Praxis tatsächlich nur das Feld der Supervision. Und angesichts der vorher gesammelten Bedenken wäre es dann vielleicht wirklich sinnvoller, auf den Begriff »Psychoanalytische Pädagogik« zu verzichten.)

Wie aber kommen wir von »grundsätzlichen normativen Orientierungen«, von einer »Idee psychischer Gesundheit«, die allgemein verbindlich weder definiert ist noch sich vielleicht überhaupt definieren lässt, zu konkreten praxisleitenden *psychoanalytisch-pädagogischen* Zielvorstellungen?

Ich habe versucht, die Antwort in meiner eigenen Praxis als Psychoanalytiker zu finden: In jeder Psychoanalyse bzw. psychoanalytischen Therapie gibt es nämlich einen Zeitpunkt, zu dem jenes vorausgesetzte Prinzip, jene »Idee« psychischer Gesundheit eine – zumindest hypothetische – *empirische Qualität* erlangt: wenn der Analytiker überlegt, ob es vom psychoanalytischen Standpunkt aus sinnvoll und verantwortbar wäre, *die Therapie zu beenden.* Sehen wir uns einmal ein paar der wichtigsten Kriterien dafür an, dem Patienten zuzutrauen, zu Arbeit, Liebe und Glück (Freud) auch ohne weitere therapeutische Hilfe fähig zu sein.

Die Therapie zu beenden, heißt zunächst einmal, die (äußere) Beziehung zum Analytiker zu beenden. Das heißt, der Patient muss in der Lage sein, *sich vom Analytiker zu trennen*, ohne in existentielle Ängste zu geraten, ohne sein narzisstisches Gleichgewicht zu verlieren und (drittens), beides, ohne den Analytiker abzuwerten bzw. zu spalten.

Das setzt voraus, dass die Übertragung zum Analytiker »reifen« konnte, von Regressionen weitgehend frei ist, der Analytiker durch Identifizierung ins Selbst aufgenommen wurde, weshalb er erstens (auch unbewusst) nicht mehr als primäres Objekt der Triebbefriedigung erlebt wird (»infantile« Übertragung), und zweitens das Selbst des Patienten seine Autonomie nicht mehr an die Negation bzw. »Zerstörung« des Analytikers geknüpft sieht (»adoleszente« Übertragung).

---

[8] Das impliziert, dass jedem pädagogischen und psychoanalytischen Handeln – ungeachtet der prinzipiellen Ausrichtung auf Selbstbestimmung – unvermeidlich immer auch ein »manipulatives« Moment innewohnt (vgl. Datler 1988, Figdor 1988).

Auf der Ebene der *Konfliktdynamik* sollte der Patient imstande sein, seine infantilen Trieb- und Objektbeziehungskonflikte als anachronistisch zu erkennen, aufgrund dessen aushalten und anders als durch die einstigen, pathogenen Abwehrmechanismen lösen zu können.

Diese Entwicklungen sollten den Patienten in die Lage versetzen, auf seine *Symptomatik zu verzichten*, da die unterschiedlichen Selbstanteile in *Besetzungen* verschiedener, den Interessen des Ich unterstellten (realen wie gedanklichen oder symbolischen) Aktivitäten und in differenzierten Beziehungen *untergebracht* werden können; die Fähigkeit, sich der eigenen Widersprüchlichkeit zu stellen, sollte die Gefahr der durch Projektion vollzogenen *Ausgrenzung anderer* verringern; schließlich müsste die Trennung vom Analytiker es dem Patienten erleichtern, *Liebesbeziehungen zu beenden* bzw. *Objektverluste zu ertragen.*

Dass sich bei der Beschreibung des Patienten bei Therapie-Ende immer wieder Formulierungen wie »Der Patient sollte *können / fähig sein / in der Lage* sein« usw. aufdrängen, illustriert sehr schön Freuds Bemerkung, wonach die Analyse auch als *Nacherziehung* aufgefasst werden könne: Hat der Patient jene Fähigkeiten erworben (»gelernt«), kann das Therapieziel als erreicht gelten. Folgerichtig lässt sich sagen, dass ein Mensch, der über jene Fähigkeiten bereits verfügt, wohl kaum einen Grund hat, sich einer Psychoanalyse zu unterziehen.

Dann aber ist es nur mehr ein kleiner Schritt zu der Frage: Gibt es Möglichkeiten, in der Erziehung und Bildung von Heranwachsenden die Ausbildung jener Fähigkeiten zu unterstützen? Konkret hieße das:[9] Lässt sich die (künftige) *Autonomie gegenüber den primären Objekten* im Rahmen des Kindergartens vorbereiten, etwa durch die Unterstützung des Aufbaus guter innerer Objekte und Ich-stärkender Identifizierungsprozesse? Lässt sich der im Rahmen der ödipalen Konflikte sich bildende *Abwehrdruck auf die sexuellen Partialtriebe, auf aggressive und sadistische Impulse* mäßigen? Lässt sich das Ausmaß der auf die sexuelle Identität und die Ich-Ausstattung bezogenen *narzisstischen Kränkungen* dieser Zeit beschränken? In diesem Zusammenhang: Lässt sich die Entwicklung einigermaßen *angst- und aggressionsfreier Vorstellungen vom eigenen und vom anderen Geschlecht* fördern? Lässt sich die Fähigkeit, relativ *desexualisierte Beziehungen zu »dritten« Objekten*, die auch als *andere* Objekte wahrnehmbar werden, unterstützen, ohne dass die größere Konfliktfreiheit dieser Beziehungen (z.B. zu Pädagogen oder Kindern) lediglich das Ergebnis der Verdrängung von (übertragenen) primären Objektbeziehungswünschen ist? Ist es möglich, an der Herausbildung eines *zwar verlässlichen, aber freundlichen Über-Ichs* mitzuwirken, das nicht bloß als Antagonist von Es-Strebungen und Ich-Interessen, sondern vom Ich in seiner Aufgabe, Es- und Umweltansprüche auszugleichen, auch

---

[9] Die folgende Aufzählung entbehrt (noch) einer einheitlichen theoretischen Systematik. Zum einen lehnt sie sich an die genannten empirischen Kriterien bei Therapie-Ende an, zum anderen folgt sie pragmatischen Gesichtspunkten, indem sie bereits mögliche praktische Konsequenzen für die Kindergartenpädagogik andeutet.

als hilfreich erlebt wird? Diese Forderung nach »intrapsychischer Toleranz« – zweifellos die wichtigste Voraussetzung für die Entwicklung »verinnerlichter« (Adorno 1973) humaner Werthaltungen – wäre aber nicht nur auf den vom Kind anzueignenden Normen- und Wertekanon zu beziehen, sondern spielt auch im Hinblick auf das sachliche Bildungsgut eine Rolle: Lässt sich »pädagogisch« beeinflussen, ob *Bildungsinhalte »besetzt« werden können* oder hingegen als trieb*feindliche* Anpassungsforderung erlebt werden? Bzw. – um andere psychoanalytische Metaphern zu verwenden – ob es gelingt, dass sich Bildungsinhalte mit den *phallischen* und *narzisstischen* Regungen der Kinder »verbünden«, also ihre emotionalen Interessen (Neues zu entdecken, zu wissen, zu können) wecken und dass ihre Aneignung das Selbstwertgefühl hebt, oder ob das Kind diesen Bildungsinhalten eher im Rahmen seines *analen Abwehrsystems* begegnet? (Je nach Kind kommt es dann zu einer Unterwerfung unter von außen gestellte Leistungsanforderungen oder zur Verweigerung dieser Anforderungen.)

2.2. Warum die Realisierung solcher psychoanalytisch-pädagogischer »Bildungsziele« im heutigen Regelkindergarten größtenteils zum Scheitern verurteilt ist

Eigentlich müsste man dem Kindergarten gute Chancen zubilligen, im Sinne dieser psychoanalytisch-pädagogischen Anliegen einen wichtigen Beitrag zur Entwicklung der Kinder leisten zu können: sollte er doch die Erfahrung von Trennung und Getrennt sein bei gleichzeitiger Sicherheit, dass Trennung nicht Objektverlust bedeutet, ermöglichen; bietet er den Kindern doch grundsätzlich die Möglichkeit, sich vom ödipal belasteten Beziehungsraum der Familie etwas zu erholen, andere Beziehungsformen auszuprobieren und sich selbst in diesem relativ konfliktfreien Raum anders erleben zu können; eröffnen doch die Anregungen, die Spiel- und Interaktionsangebote des Kindergartens ein weites Feld symbolischer Konfliktverarbeitung, das auch auf die primären Objektbeziehungen entlastend, quasi therapeutisch zurückwirken können sollte.

Leider vermag der (durchschnittliche) heutige Kindergarten für drei- bis sechsjährige Kinder diese Hoffnungen nicht zu erfüllen, im Gegenteil – wie ich noch näher ausführen werde – erschwert er den meisten Kindern noch die Bewältigung der typisch ödipalen Entwicklungsaufgaben. Es liegt nahe, diesen Umstand den institutionellen Rahmenbedingungen und hier vor allem der Gruppengröße und dem Fehlen selbstverständlicher, begleitender Supervision zuzuschreiben. M.E. sind jedoch das Hauptproblem die derzeit die pädagogische Praxis im Kindergarten beherrschenden *theoretischen Konzepte*. Damit meine ich weniger die offiziellen Theorien, die in der Aus- und Fortbildung vermittelt werden, als vor allem die impliziten, quasi verinnerlichten Vorstellungen vom Kind, von seiner Entwicklung und der pädagogischen Aufgabe, die sich im spontanen Handeln der Kindergarten-Erzieherin offenbaren.

Natürlich will ich nicht leugnen, dass keine Erzieherin wie die andere und kein Kindergarten wie der andere ist. Bei allen regionalen und individuellen Unterschieden lassen sich jedoch zwei Besonderheiten der praxisrelevanten theoretischen Orientierungen immer wieder feststellen, die es rechtfertigen, verallgemeinernd von einer »heutigen Kindergartenpädagogik« zu sprechen. Wobei ich betonen möchte, dass diese »praxisrelevante Pädagogik« keineswegs mit den expliziten, bewusst reflektierten oder verfolgten theoretischen Vorstellungen der Erzieherinnen übereinstimmen muss, ja zu diesen nicht selten in völligem Widerspruch steht (vgl. dazu auch Datler 2003). Im einzelnen handelt es sich darum, dass sich

– in der (unreflektierten, spontanen) Praxis an die Stelle differenzierter Modelle der Persönlichkeitsentwicklung (von der Erzieherin möglicherweise ganz unbemerkt) ein *simplifizierter Behaviorismus* einschleicht. Er äußert sich darin, dass die meisten Kindergarten-Erzieherinnen ihr pädagogisches Augenmerk hauptsächlich auf die *Beeinflussung von Verhalten* richten, und der Vorstellung anhängen, dass die Hinführung zu sozial oder ethisch wünschenswerten Verhaltensweisen auch die Entwicklung entsprechender Charaktereigenschaften fördert. (Etwa in dem Sinn: »Wenn ein Kind früh lernt, mit anderen zu teilen, seine Aggressionen zu beherrschen usw., wird es als Erwachsener ein sozial denkender, ein friedliebender etc. Mensch werden.)

– Die zweite Besonderheit jener »impliziten Kindergartenpädagogik« besteht darin, dass – im Zusammenhang mit jenem verinnerlichten Behaviorismus – *Entwicklung* tendenziell *als kognitives Geschehen* betrachtet wird. Ich meine damit nicht in erster Linie, dass im Kindergarten der kognitiven gegenüber der affektiven Entwicklung ein höherer Stellenwert beigemessen würde (obwohl dies – zumindest für Österreich – durchaus zutrifft), sondern dass die affektive Entwicklung in der Praxis mit Begriffen beschrieben wird, die den Affekt, die Gefühle gewissermaßen zu einem kognitiven Problem reduzieren: So wie man lernen muss, einen Bleistift richtig zu halten, Gegenstände unterschiedlicher Größenordnung zu reihen etc., muss man auch *lernen*, sich »richtig« zu verhalten. Diese Gleichsetzung führt jedoch zu einer fatalen Fehleinschätzung der affektiven Möglichkeiten des Kindes und die eingesetzten »didaktischen« Methoden (Erklärung, Verweis auf Modelle und Vorbilder, positive und negative Verstärkung) mitunter zu einer völligen Überforderung des kindlichen Ichs.

Ich möchte das an einem ganz einfachen und alltäglichen Beispiel illustrieren:

Voll Inbrunst reitet die vierjährige Andrea auf dem einzigen Schaukelpferd. Und zwar schon viel zu lange, jedenfalls für das Empfinden des ebenfalls vierjährigen Peter. Sein schon zweimal wiederholtes »Ich will auch!« wird von Andrea ignoriert, beim dritten Mal hingegen mit einem zufriedenen »Jetzt reite ich, ätsch!« quittiert. Daraufhin versetzt Peter Andrea einen Schubs, die dadurch vom Schaukelpferd fällt und zu brüllen beginnt, während sich Peter in den »Sattel« schwingt.

Die herbei gestürzte Kindergärtnerin ruft die Helferin, um Andrea zu beruhigen, zieht Peter vom Schaukelpferd, um ihm dann ins Gewissen zu reden: »Warum machst du das, Peter? Wir haben uns doch geeinigt, dass niemand dem anderen weh tut! Was würdest Du sagen, wenn das die Andrea mit dir täte?« Und als Peter schluchzte: »Aber die ist so gemein!« belehrt sie ihn: »Auch wenn du dich über die Andrea ärgerst, hast du sie nicht zu stoßen, sondern dann kommst du zu mir und sagst es mir!« Dabei schwankt Miene und Stimme der Erzieherin zwischen Ärger, großem Ernst, Enttäuschung und Bekümmerung.

Die verbale wie averbale Intervention der Kindergärtnerin verrät uns einiges über ihre impliziten normativen und entwicklungspsychologischen Vorstellungen. Erstens scheint es ihr nicht lediglich um die Verhinderung von Verletzungen oder um den Schutz von Andrea vor der Aggression Peters zu gehen (da wären etwa zwei Matten links und rechts vom Schaukelpferd bzw. die schlichte Aufstellung eines Verbotes, andere vom Pferd zu schubsen, das Nächstliegende. Man könnte auch im Rahmen eines lustvoll gestaltbaren Regelspiels festlegen, wer wann schaukeln darf). Nein, für diese Erzieherin ist offenbar bereits die Tatsache, dass Peter sein Problem gewaltsam zu lösen *versucht*, bedenklich. Zweitens verrät uns ihre Intervention die Hoffnung, dass sich Peter in Zukunft anders verhalten möge und sie sagt auch, wie sie sich diese Selbststeuerung vorstellt: durch freiwillige Bindung an den Kantschen kategorischen Imperativ. Diese Idee und die Aufforderung, zu ihr zu kommen, falls er sich über ein anderes Kind »ärgern« sollte (es handelte sich bei Peter wohl eher um Zorn als um Ärger), offenbart drittens, dass sie davon ausgeht, Vierjährige verfügten über ein hinreichend entwickeltes Ich, um ein drängendes Bedürfnis zugunsten einer moralischen Einsicht aufschieben bzw. den direkten Ausdruck von Aggression beherrschen und den Zorn verbalisieren zu können. Dagegen erschiene der Kindergärtnerin wahrscheinlich ein Kind, das sich in einer ähnlichen Situation nicht durchzusetzen wagt und sich klagend an sie wendet, »sozial besser entwickelt«.

Die Folge dieser impliziten Annahmen ist nicht nur, dass die Erzieherin darauf verzichtet, derartige – vom psychoanalytischen Standpunkt aus unvermeidlichen – Konflikte zwischen ihr und den Kindern oder der Kinder untereinander irgendwie zu entspannen (eben z.B. durch ein Regelspiel oder direktiv), sondern auch, dass sie Peter nicht bedauernd-einfühlsam-hilfreich, vielmehr vorwurfsvoll-kritisch-aggressiv begegnet. Und noch etwas bleibt auf der Strecke, nämlich der beim Kind beteiligte Affekt: Weder findet der sehnsuchtsvolle Wunsch, endlich Schaukeln zu dürfen, ein wohlwollendes Verständnis noch der Zorn auf Andrea (und in der Folge wohl auch noch die Wut auf die Erzieherin) einen Raum, um abgeführt werden zu können. So ereignet sich in dieser kleinen Szene, welche sich in so gut wie allen Kindergärten, in unterschiedlichen Variationen, täglich mehrmals wiederholt, ein beträchtliches Maß narzisstischer Kränkung des in seinen Bedürfnissen und Gefühlen nicht wahrgenommenen Kindes, und es entsteht Angst, weil sich das Kind nicht mächtig erlebt, so zu sein, dass es keine Aggression auf sich zieht, so zu sein, dass es geliebt wird. Dadurch aber wird der äußere, disziplinäre Konflikt zu einem inneren Konflikt: dem Kind erscheinen nun eigene Bedürfnisse, Gefühle, Gedanken oder Phantasien und Affekte als bedrohlich, was es vor die Wahl stellt, solche bedrohlichen Selbstanteile abzuwehren oder auf eine gute Beziehung, in welcher sich das Kind vorwiegend geliebt erleben kann, zu verzichten.

Ein weiterer, zentraler Praxisbereich des Kindergartens, in welchem sich die kognitiv-behavioristisch ausgerichtete Pädagogik für die Entwicklung der Kinder vielleicht noch fataler auswirkt, ist *der Umgang mit Trennung*. Die problemlose Trennung von den Eltern gilt als positive Norm – sowohl für die psychische Entwicklung des Kindes als auch für die pädagogische Kompetenz der Eltern –, Trennungsschwierigkeiten und -symptome gelten als auffällig; und vor allem: Verschwinden die äußeren Auffälligkeiten, kann sich das Kind also von seinen Begleitpersonen lösen, nimmt es Kontakt in der Gruppe auf, tut mit, ja zeigt an bestimmten Aktivitäten sogar Vergnügen, so wird das Trennungsproblem als überwunden betrachtet. Die inzwischen schon klassischen Erkenntnisse der Hospitalismusforschung haben in den Kingergarten noch keinen Einlass gefunden: Die Trennungswiderstände können natürlich ebenso der Ausdruck einer guten wie einer unsicheren Bindung (Bowlby 1969) an die Primärobjekte sein. Und bei einem gut gebundenen Kind wird die Trennung in den Kindergarten kaum je ohne einen mehr oder weniger traumatischen Einbruch des Vertrauens, welches das Kind in seine primären Objekte aufbauen konnte, gelingen. Die in der Trennung, die als Liebesentzug erlebt wird, entstehende Angst und Kränkung kann nur durch eine hinreichend intensive Übertragung auf die Kindergärtnerin in Schach gehalten werden. Das freilich hat zur Folge, dass der Kindergarten der (oben erwähnten) Chance verlustig geht, den Kindern einen *anderen Raum*, in dem neue, von der primären Trieb- und Objektbeziehungskonflikten entlastete Beziehungen aufgenommen und ausprobiert werden können, zur Verfügung zu stellen. Ganz im Gegenteil: der Beziehungsalltag im Kindergarten wird erst recht mit den ödipalen und Geschwisterkonflikten angereichert, und zwar sowohl auf Seiten der Kinder als auch – über die induzierte Gegenübertragung – auf Seiten der Erzieherin.

3. Teil: Das Projekt

3.1. Die Grundidee: Können psychoanalytisch-pädagogische Bildungsziele durch »strukturelle« pädagogische Vorgaben gesichert werden?

Was ist damit gemeint? Wie oben erwähnt, spielt die kognitive Förderung in unseren Kindergärten eine hervorragende Rolle, und sie kommen dieser Aufgabe auch mit großem Erfolg nach. Aber auf welche Weise? Analysiert die Kindergärtnerin den kognitiven Entwicklungsstand jedes Kindes? Trifft sie dann differentialdiagnostisch begründete Entscheidungen, etwa der Art, dass es für Andi gut wäre, Formen auszuschneiden, dass Beates Formwahrnehmung durch Zeichnen oder Bernhards Aussprache durch das Singen von Liedern zu verbessern wäre, oder Maras formale Abstraktionsfähigkeit durch das Spielen mit Behältnissen von unterschiedlicher Größe und Form etc.? Nein, natürlich nicht. Vielmehr bietet die *durchschnittliche Ausstattung* eines Kindergartens als auch die *typischen »Programme«* der Tagesgestaltung hinreichende Sicherheit, dass ein Großteil der Kinder die für ihre kognitive Entwicklung notwendige Anregung und Förderung erhält. (Spezielle Unterstützungen beschränken sich auf wenige Einzelfälle mit besonders auffallendem Entwicklungsrückstand.) Man könnte also sagen, dass die für eine gute kognitive Entwicklung notwendigen und sinnvollen Maßnahmen gewissermaßen in der »pädagogischen Struktur« des Kindergarten-Tages enthalten bzw. aufgehoben sind.

Die Grundidee des Projektes bestand nun darin, zu überlegen, ob es nicht möglich sei, dass auch solche pädagogische Maßnahmen, die die *affektive Entwicklung* des Kindes unter psychoanalytischen Gesichtspunkten unterstützen, in eben dieser Weise »strukturell« gesichert werden könnten. Gelänge dies, würde das nämlich bedeuten, dass erstens ein großer Teil der Kinder einer Gruppe in den Genuss dieser Förderung käme – und zwar ganz unabhängig von ihrer je individuellen Persönlichkeit und der je individuellen Ausprägung ihrer alterspezifischen Entwicklungsprobleme – und zweitens benötigten wir für einen solchen »psychoanalytisch-pädagogischen Kindergarten« weder Erzieherinnen mit hoher psychoanalytischer Kompetenz (die es ihnen etwa ermöglichen würde, kontinuierlich Übertragungs- und Gegenübertragungsprozesse zu analysieren) noch »pädagogische Gruppenanalytikerinnen« (die gruppendynamische Prozesse stets im Auge haben und zu gestalten in der Lage sind).

3.2. Ein Beispiel »strukturell grundgelegter« psychoanalytisch-pädagogischer Gruppenarbeit: der Umgang mit Trennung

In der Psychoanalyse mit erwachsenen Patienten erscheint *die reale Trennung* vom Analytiker als letzter Schritt der Gesundung. Bezieht man »Trennung« jedoch auf die inneren Objekte, die ihrerseits wieder durch bestimmte Objektbeziehungen definiert sind, wird klar, dass es Entwicklung ohne Trennung nicht geben kann. Dabei hängen die Trennung vom realen Objekt und die Trennung von Objektbeziehungsmodi insofern eng miteinander zusammen, als der einigermaßen angstfreie Abschied von gewohnten (inneren) Objektaspekten – und damit auch Objektbeziehungsmustern – nur dann möglich ist, wenn das Subjekt (das Kind) sich sicher sein kann, dass keine Trennung vom realen, vielleicht sollte man besser sagen: vom »ganzen« Objekt droht. In der Analyse können alternative Objektbeziehungsentwürfe und Entwicklungsschritte ja gerade deshalb riskiert werden, weil dem Patienten der Erhalt des Objekts, also des Analytikers, durch das therapeutische Bündnis und die so genannte analytische Haltung garantiert ist.

Versucht man nun die psychoanalytischen Erfahrungen mit Trennung in eine pädagogische Perspektive einfließen zu lassen, drängen sich zwei Fragen in den Vordergrund: Wie kann das Kind hinreichende Sicherheit erlangen, seine primären Objekte nicht zu verlieren? Und zweitens: Wie können neue Beziehungserfahrungen vom Kind so integriert werden, dass sie das, was gewesen ist, nicht negieren, sondern weiterführen; oder anders ausgedrückt: Erlebe ich (als Kind) eine Trennung (z.B. Kindergarten) als Desillusionierung meiner früheren Vorstellung, bedingungslos geliebt zu werden, Mamas größte Freude zu sein, zusammenzugehören etc. oder als neue und bereichernde Facette meiner Liebesbeziehung(en)?

Von Seiten der Institution gesehen ist Trennung nur ein Randproblem des Kindergartens: bestenfalls am Morgen relevant und dies zumeist nur ein paar Tage oder Wochen, bis sich die Kinder »eingewöhnt« haben. Von der Seite des Kindes her gesehen ist Trennung jedoch das, was den Kindergarten hauptsächlich ausmacht: Die Trennung von Mama bzw. Papa ist die *Bedingung, dass Kindergarten überhaupt »stattfindet«*. Für die meisten Kinder ist der Kindergarten außerdem die erste Trennung in einen *fremden Raum* (während bei den bisherigen Trennungen die Mama etwa durch die Oma ersetzt wurde), darüber hinaus eine Trennung, auf die ich als Kind keinen Einfluss habe, und die sich täglich wiederholen wird, also etwas Endgültiges an sich trägt. »Kindergarten« und »Trennung« fallen also für das Kind zusammen. Man könnte auch sagen, dass für viele Kinder der Kindergarten der *Name der Trennung* ist. Damit aber wird der Kindergarten bzw. das, was das Kind im Kindergarten erlebt, *zu einem Teil seiner primären Objektbeziehungserfahrungen.* Wenn das stimmt, haben wir es bei der eigentlich recht harmlosen klingenden Frage: »Wie hat das Kind den Eintritt in den Kindergarten verarbeitet?« mit einer der wichtigsten entwicklungspsychologischen Variablen zu tun. So verwundert es natürlich nicht, dass dem Problem Trennung sowohl in den Erzieherinnengruppen als auch in den Seminargruppen an der Uni viel Zeit gewidmet wurde.

Nachdem Erzieherinnen wie Studierende erst einmal verstanden hatten, dass es um die inneren Bilder geht, die Kinder von ihren Liebesobjekten haben bzw. entwickeln; dass zweitens »gute Verarbeitung von Trennung« nichts mit Symptomfreiheit »Gewöhnung« oder angepasstem Verhalten zu tun hat; und sie sich drittens mit den Phänomenen der »Übergangsobjekte« (Winnicott 1971) und der »Übertragung« vertraut gemacht hatten, entwickelten sie eine bemerkenswerte Kreativität, wie den jeweils von den Seminarleiter/innen fokussierten Problemen, welche die Trennung mit sich bringt, begegnet werden könnte. Zum Beispiel:

a) Wie kann dem Kindergarten das Bedrohlich-Fremde genommen werden?

Im herkömmlichen Kindergarten wird zumeist versucht, diesem Problem durch so genannte »Schnuppertage« oder die Erlaubnis, dass vertraute Personen das Kind anfänglich in die Gruppe hinein begleiten und eine zeitlang anwesend sein dürfen, zu begegnen. Dagegen ist natürlich nichts einzuwenden, aber es sind doch Maßnahmen, die sich, so man es dabei bewenden lässt, aus naiven lerntheoretischen Vorstellungen herleiten, während der *Beziehungsaspekt* völlig unberücksichtigt bleibt. Aufgefordert, sich vorzustellen, wie es ihnen – als Erwachsene – geht, wenn sie sich in eine neue Gruppe integrieren müssen, fiel es den Kindergärtnerinnen (im Fortbildungsseminar) bzw. den Studenten/innen (im Universitätsseminar) ganz leicht, Ideen darüber zu entwickeln, was in einer solchen Situation hilfreich sein könnte:

- Das (neue) Kind müsste freundlich *empfangen* und *begrüßt* werden. Die Kindergärtnerin könnte etwa am Vortag die Kinder davon informieren, dass morgen ein oder zwei neue Kinder kommen, und die Gruppe auffordern, sich zu überlegen, wie man sie überraschen könnte.
- Das Kind mit den anderen Kindern bekannt machen. Die Kindergärtnerin könnte das neue Kind »vorstellen«, d.h. nicht nur den Namen sagen, sondern auch, was es gerne tut, was es gar nicht gerne hat (»Sabine hasst rohe Tomaten und liebt Schokoladepudding und, mit ihrer Puppe Theresa zu spielen ...«); vielleicht könnte »Theresa« auch mitkommen, sodass sie die anderen Kinder auch kennen lernen kann, und diese könnten Theresa versprechen, morgen ihre Lieblingspuppen und -stofftiere mitzubringen, damit diese ihrerseits Theresa kennen lernen können ...
- Das Kind sollte in der Gruppe einen *Vertrauten* haben. Auch wir Erwachsene versuchen, unter fremden Menschen Bekannte zu finden, denen wir uns dann anschließen können. In der Vorbereitung des Empfanges des neuen Kindes könnte auch eine Art »Mentor« gesucht werden, ein Kind der Gruppe, das sich bereit erklärt, sich um das Neue besonders zu kümmern, ihm alles zu zeigen, sein/e »Freund/in« zu sein.

b) Wie ist der Gefahr zu begegnen, dass das Kind den (morgendlichen) Abschied von der Mutter (vom Vater, von der Großmutter etc.) als Verlust erlebt oder Verlustängste ausgelöst werden?

Müssen wir uns von geliebten Menschen für eine gewisse Zeit verabschieden, schützt uns vor der Angst des Verlustes erstens das Wissen um ihre – von uns unabhängige – Existenz und zweitens die Antizipation des Wiedersehens. Die emotionale Objektkonstanz (Mahler et al. 1975) von Dreijährigen ist freilich noch sehr brüchig und kann gerade durch Trennung, wie sie der Kindergarten fordert, wieder verloren gehen. Ideen dazu:

- Die Weiterexistenz der Mutter muss für das Kind vorstellbar sein. Dabei könnte es dem Kind helfen, wenn es weiß, was die Mutter in der Zeit seines Kindergarten-Aufenthaltes tut, wo sie was arbeitet, was sie wo zu Mittag essen wird usw.
- Das Kind muss die Gewissheit haben, von der Mutter nicht vergessen zu werden. Auch die Mutter könnte ein »Übergangsobjekt« bei sich tragen, welches

das Kind bei ihr vertritt, sie an es erinnert, aber auch auf sie aufpasst; zum anschaulich erklärten Tagesablauf der Mutter könnte auch gehören, dass sie etwa um 11 Uhr ganz besonders fest an ihr Kind denken wird – und die Kindergärtnerin macht das Kind darauf aufmerksam, wann es 11 Uhr ist, sodass sie beide fest aneinander denken können.

- Das Kind muss sich die Wiedervereinigung konkret vorstellen und sich darauf freuen können. Das könnte etwa dadurch bewerkstelligt werden, dass Mutter und Kind am Morgen konkrete Pläne für den Nachmittag schmieden.

Mit solchen Ratschlägen könnte der Kindergarten Eltern neuer Kinder gegenüber eine wichtige *Beratungsfunktion* erfüllen, die den Eltern hilft, mit der auch für sie oft schwierigen Trennungssituation leichter umzugehen und die Probleme ihres Kindes besser zu verstehen. Darüber hinaus kann die Kindergärtnerin solche tröstenden und ermutigenden Gespräche zwischen Kind und Begleitperson in der anfänglich schwierigen Trennungssituation natürlich auch aktiv initiieren bzw. im Lauf des Tages – in Phasen der Regression – das Kind daran erinnern. Dieser letzte Gedanke führt gleich zur nächsten Aufgabe:

c) *Wie kann die Konstanz der guten Objekte – also das Vertrauen in die Liebe, in die Existenz und das Wiederkommen der Eltern – über den ganzen Tag hinweg aufrecht erhalten werden?*

Die Antwort auf diese Frage finden wir natürlich bei Winnicott: durch *symbolische Repräsentation*. Zwei von einer Reihe von Möglichkeiten:

- Die »Mama-Ecke« (Mama-Kiste, Papa-Ecke, Papa-Kiste): Die Garderobenplätze der Kinder zieren oft Tiere, Blumen u.a., zweifellos hübsch, aber emotional recht bedeutungslos. Stattdessen könnte dieser Platz ein Ort des »emotionalen Auftankens« sein: Fotos der Familienangehörigen, Zeichnungen, eine Schachtel mit Übergangsobjekten (Tücher, Maskottchen).
- Die »Mama-Uhr«: In einer flachen Schachtel befinden sich Kartonblättchen oder Bausteine. Etwa jede Stunde entfernt das Kind ein Blättchen oder einen Baustein – darunter kommt ein Stück eines Fotos der Mama zum Vorschein. Ist das ganze Bild sichtbar, heißt das, die Mama kommt das Kind abholen.

Die Bedeutung dieser Art symbolischer Objektrepräsentation geht weit über die Funktion, das Kind in regressiven Phasen zu trösten, hinaus:

- Die Mutter (der Vater etc.) »überlebt« den Kindergarten-Tag, d.h. sie »stirbt« nicht mit ihrem Weggehen, und die Objektbeziehung muss beim Abholen nicht »neu aufgebaut« werden.
- Das wirkt sich nicht zuletzt äußerst positiv auf das Wiedersehen bzw. die Zeit danach aus, weil Kinder, welche die Mutter schmerzlich und mit Angst vermissten, zumeist regredieren, wenn sie sie endlich wieder haben. Damit jedoch

erhöht sich das *Konfliktpotential zwischen Mutter und Kind*, was leicht (und häufig) dazu führt, dass die endlich wiedergekehrte Mutter vom Kind als »böse (gewordene) Mutter« erlebt wird, wodurch sich die typische Befürchtung, die Trennung hätte ihren Grund im Verlust der mütterlichen Liebe, fatal zu bestätigen scheint.

- Die symbolisch vermittelte Präsenz der primären Objekte *verändert die Übertragungsbeziehung* zur Kindergärtnerin. Was deren mütterliche Funktion betrifft, muss sie nicht als (einziges) *Ersatzobjekt* herhalten, sondern nur mehr für die eventuell sich hin und wider doch ergebende *Differenz* zwischen dem, was das Kind an Objektzuwendung braucht und dem, was die Objektsymbole zu leisten vermögen. Diese »Übertragungsreduktion« bringt selbstverständlich eine bedeutsame Reduktion auch der Neigung mit sich, familiäre Objektbeziehungskonflikte auf die Erzieherin oder die Kinder zu übertragen – die zentrale Bedingung, dass der Kindergarten die ödipalen Konflikte nicht noch verschärft (wie weiter oben ausgeführt), sondern zu einem entlastenden Raum werden kann.
- Aber es geht noch um mehr als bloß um Entlastung (was schon wichtig genug ist!): Erst die andauernde (wenn auch nur symbolische) Präsenz der primären Objekte ermöglicht einen weiteren Schritt der *Triangulierung der Objektbeziehungen*: andere, neue Arten von Beziehungen und – innerhalb dieser Beziehungen – andere, neue Arten des Selbsterlebens zu entdecken.

3.3. Emotionen, Leidenschaften und innere Konflikte als Teil der Gruppenkultur

Diese Beispiele mögen illustriert haben, was mit der Formulierung »strukturell initiierte psychoanalytische Gruppenpädagogik« gemeint ist: die wirksamen Gruppenprozesse sind nicht durch *besondere* Verstehensakte der Erzieherin begründet, weshalb an die Stelle einer besonderen psychoanalytisch-pädagogischen Qualifikation der Erzieherin *psychoanalytisch-pädagogisch begründete Regeln* treten können, etwa: »Bei Neueintritt von Kindern findet ein pädagogisches Beratungsgespräch mit den Eltern statt«; »Der Empfang eines neuen Kindes wird von der Gruppe vorbereitet«; »Jedem neuen Kind wird ein Mentor beigestellt«. (Darauf, dass die adäquate Umsetzung solcher Regeln allerdings eine bestimmte *Haltung* seitens der Kindergärtnerin voraussetzt, komme ich in Abschnitt 3.5. zurück.)

An dieser Stelle soll besonders hingewiesen werden, dass die Auswirkungen solcher regelhaft in Aussicht genommener Gruppenaktivitäten weit über die ursprünglich formulierte Funktion – in unseren Beispielen die Trennungsbewältigung – hinausgeht und sich auch keineswegs auf einige wenige Kinder beschränken, die gerade mit dem nämlichen Problem zu kämpfen haben. Die Kinder werden nämlich nicht bloß direktiv aufgefordert, ein neues Kind zu empfangen, sondern: »Wir wollen die Sabine freundlich empfangen, weil *wir alle wissen*, wie schwer das ist, neu irgendwohin zu kommen, und sich Sabine wahrscheinlich fürchten wird!« Und: »*Ihr wisst*, wie schwer das ist, wenn man niemanden kennt, darum braucht Sabine einen besonderen Freund ...« D.h. an Sabines Problem können sich auch die anderen Kinder wieder erkennen. Einrichtungen, wie die Mama-Ecke, werden von allen Kindern genützt. In der Erprobung stellte sich heraus, dass oft zwei oder drei Kinder gemeinsam »auftanken« gehen. Und alle wissen, wozu dieser Ort gut ist: weil *wir alle* von Zeit zu Zeit von Einsamkeit oder Sehnsucht gepackt werden. Kaum je kam es vor, dass Kinder dafür von anderen ausgespottet wurden, denn diese Gruppenaktivitäten enttabuisieren Gefühlszustände, die andernfalls als Störung, als Schwäche, als »babyhaft« abgewehrt und erst dann an anderen verfolgt werden müssten.

Diese indirekte Art von Selbsterfahrung kann auch von Zeit zu Zeit in den *Mittelpunkt* der Gruppenaktivitäten gerückt werden, indem man darüber redet, zeichnet oder spielt, etwa

- wer ich bin, woher ich komme, was ich liebe, was ich hasse;
- was es heißt, sich zu freuen, zu ärgern, Sehnsucht zu haben, zu hassen, zu konkurrieren und eifersüchtig zu sein, zu trauern, Glück zu empfinden …

Eine solche Auseinandersetzung mit Neigungen und Gefühlen hat weitere bedeutsame Funktionen:

- Sie hilft Kindern, sich selbst zu verstehen, statt durch die eigenen affektiven Regungen lediglich verwirrt zu werden.
- Die Symbolisierung ist die Voraussetzung, eigene Vorlieben, Abneigungen und Gefühle bewusst wahrnehmen zu können, statt sie stets nur agieren zu müssen.
- Dadurch werden psychische Regungen kommunizierbar – für das Kind selbst und für die Erzieherin, die das Kind u.U. darauf ansprechen kann.
- Sich eigener Neigungen und Gefühle bewusst sein zu können, bedeutet aber, dass man auch den Wechsel von Stimmungen oder (innere) Konflikte zwischen entgegen gesetzten Strebungen oder Gefühlszuständen wahrzunehmen vermag. Dadurch kann Ambivalenz in ein (dennoch) konstantes Selbst-Bild aufgenommen werden.
- Daraus folgt aller Voraussicht nach eine beträchtliche Reduktion des gegen das eigene Ich gerichteten Abwehrdruckes und – wie schon erwähnt – der Neigung, Abgewehrtes auf andere zu projizieren.
- Die Fähigkeit, sich selbst und andere in verschiedenen Gefühlszuständen erkennen und verstehen zu können, macht die (nachträgliche) Bereinigung stattgehabter Auseinandersetzungen, Reibereien, Interessenskollisionen, körperlicher Angriffe etc. natürlich wesentlich leichter.
- Und noch etwas: Eine derartige Auseinandersetzung mit Neigungen und Emotionen eröffnet auch wunderbare Möglichkeiten der symbolischen Befriedi-

gung von Bedürfnissen oder der symbolischen Abfuhr von Affekten, die *real* im Kindergarten nicht befriedigt bzw. nicht abgeführt werden können, z.B. das Bedürfnis nach Nähe und Zärtlichkeit, der Beste zu sein, Macht zu haben, alle Feinde zu besiegen, reich und begehrt zu sein, ein Baby oder ein ganz Großer zu sein; Liebe Trauer, Eifersucht, Hass, sadistische und exhibitionistische Regungen usw. All diese Bedürfnisse oder Regungen können dargestellt, in Rollenspielen inszeniert werden, können in fertigen oder gemeinsam erfundenen Geschichten untergebracht werden, oder werden in lustvollen Gruppenaktivitäten (z.B. gegen den gemeinsamen Feind, der durch eine an der Wand befestigte Matte verkörpert wird) auslebbar.

Es geht also ganz wesentlich darum, dem Kind die Entdeckung des Universums seiner psychischen Realität trotz der Unvermeidlichkeit repressiver Grenzen möglich zu machen. Dagegen besteht im gegenwärtigen Kindergarten, nicht zuletzt aufgrund seiner behavioristischen Orientierung, welche keine Differenz zwischen Erleben und Verhalten kennt, die Gefahr, dass jene, notwendigerweise recht engen Grenzen das Kind schon zu einem sehr frühen Zeitpunkt zentralen Aspekten seines Selbst entfremden oder ihnen gar deren Entdeckung verwehren, also das Kind in typische Abwehrkonstellationen drängen.

3.4. Weitere Schwerpunkte des Projekts

Sowohl die Herausforderungen des Kindergarten-Alltags als auch unser initialer Anspruch, die (einleitend beschriebenen), aus psychoanalytisch-pädagogischer Sicht wünschenswerten emotionalen Entwicklungen zu fördern, stellten alle Beteiligten, also Erzieherinnen, Studenten und das Projektteam vor eine Reihe weiterer Herausforderungen:

– Die beschriebenen Aktivitäten lassen zwar eine beträchtliche Reduktion des alltäglichen Konfliktpotentials innerhalb der Gruppe bzw. zwischen den Kindern und der Erzieherin erwarten, dennoch ist mit *Konflikten, Kämpfen um Grenzen und Grenzüberschreitungen* zu rechnen. Lassen sich auch für den Umgang mit solchen Konflikten Regeln entwickeln? Und zwar Regeln, die nicht nur der Kindergärtnerin Sicherheit geben, sondern letztlich auch den Kindern zugute kommen, ja vielleicht sogar von ihnen als hilfreich erlebt werden?

– Dass Regeln nicht nur repressiv, sondern auch hilfreich erlebt werden, erscheint auch im Hinblick auf einen weiteren zentralen Baustein »psychischer Gesundheit« von großer Bedeutung zu sein: die Entwicklung eines *»freundlichen« Über-Ichs*, wohl eine der wichtigsten Voraussetzung dafür, dass humanistische Werte – im Sinne Adornos

(1973) – »verinnerlicht« werden können – im Gegensatz zum überstrengen Über-Ich des (von Adorno so beschriebenen) autoritären Charakters.[10]

Vielleicht als Nachklang der antiautoritären Pädagogik der späten 60er und 70er Jahre haben heutige Pädagogen häufig die Tendenz, sich mit Regeln und Ritualen des Zusammenlebens so weit wie möglich zurückzuziehen, die Kinder ihrer »Selbstbestimmung« zu überlassen und auf die Einhaltung von Grenzen erst »im letzten Augenblick« zu bestehen. Und selbst was diese unumstößlichen Ver- und Gebote betrifft, erwarten sich viele, sie mögen von den Kindern aus freien Stücken eingehalten werden. Da das nicht funktionieren kann,[11] läuft die praktizierte Pädagogik mitunter Gefahr, zu einer Veranstaltung der gescheiterten Selbstabschaffung zu verkümmern. Tendenziell lässt sich das auch im Kindergarten beobachten (stärker noch in den »alternativen« Kindergruppen): Wenn von »Regeln« die Rede ist, sind so gut wie immer Verbote oder Gebote gemeint, die im Dienst der Institution, der Kindergärtnerin, der Sicherheit, Gesundheit oder im Dienst triebeinschränkender moralischer Normen aufgestellt werden. Kaum je finden wir Regeln, die innerpsychische Konflikte zu entlasten vermögen, indem sie Kompromisse zwischen den Ansprüchen des Ich und der Außenwelt oder zwischen Ich, Es und Über-Ich anbieten.

Demgegenüber halten wir ein hohes Maß an Reglementierung und Ritualisierung des Gruppenalltags für wichtig, freilich geht es uns um zusätzliche Regeln und Rituale, die – im Unterschied zu (natürlich unentbehrlichen) Ver- und Geboten – *besetzt* werden können, also auch Es- und Ich-Ansprüchen entgegenkommen. (Gute Beispiele aus dem Alltag jenseits des Kindergartens liefern dafür etwa der Sport, alle Arten von Wettkämpfen / Regelspielen, aber auch die Musik und die darstellende und bildende Kunst, allesamt in hohem Maße reglementierte Tätigkeitsbereiche.) Die zahlreichen Ideen dazu reichten von einer *Gruppenverfassung*, in der Pflichten und Rechte von Kindern *und* Erzieherin definiert sind, bis hin zu regelmäßig wiederkehrenden Stunden, in denen *ohne zu sprechen* kommuniziert werden muss, in denen ein Kind die Rolle des *Königs/der Königin* spielt, dem/der alle, die Erzieherin eingeschlossen, (innerhalb definierter Grenzen) gehorchen müssen, Zeiten in denen auf alle Fragen *falsche Antworten* gegeben werden müssen.

– Das Konzept der symbolischen Repräsentation abwesender Liebesobjekte, das uns zunächst im Zusammenhang des Problems der Trennungsbewältigung geholfen hat (»Mama-Ecke«, »Mama-Uhr« etc.), spielt im Hinblick auf eine andere Form der *Abwesenheit* nochmals eine große Rolle: *die Abwesenheit des männlichen Geschlechts* im Erlebnisraum des Kindergartens. Und das in einer Entwicklungsphase, in welcher die Gewinnung einer ersten geschlechtlichen Identität zu den großen Entwicklungsaufgaben gehört. Dass sich der heutige Kindergarten für Fragen wie »Was ist ein Bub, was

[10] Nur scheinbar paradoxerweise leiden auch viele »Verwahrloste« und »Asoziale« unter einem überstrengen Über-Ich.

[11] Vgl. dazu auch meine Ausführungen zur »Verantworteten Schuld« in Kap. 3.5.

ist ein Mädchen?«, »Was heißt es, eine Frau oder ein Mann zu sein (bzw. zu werden)?«, »Warum leben Frauen und Männer zusammen (oder trennen sich)?« wenig zuständig fühlt – sind das nicht *die* welt- und lebensbewegenden Fragen? – ist ähnlich erstaunlich wie das Nichtthematisieren der so unterschiedlichen sozialen und kulturellen Herkunft der Kinder (»neue« Familienformen, Ausländerkinder). Wie mir von Kollegen versichert wurde, trifft inzwischen letzteres – die Kritik an der fehlenden Auseinandersetzung mit der kulturellen Herkunft der Kinder – auf *deutsche* Kindergärten nicht mehr zu. Dabei ist wichtig, darauf hinzuweisen, dass es sich nicht darum handelt, irgendwelche zusätzlichen »Bildungsthemen« von außen an die Kinder heranzutragen, sondern wir davon ausgehen müssen, dass Fragen der sexuellen, sozialen und kulturellen Identität Kinder diesen Alters jedenfalls in hohem Maße beschäftigen. Leider muss ich, sowohl was die weiterführenden theoretischen Überlegungen als auch die zahlreichen Ideen zu diesen Themen betrifft, auf eine spätere Gelegenheit vertrösten.

– Gewissermaßen als Nebenprodukt einer Gruppenpädagogik, die sich ausdrücklich um die Themen und Probleme kümmert, die Kinder dieses Alters emotional beschäftigen, dürfen wir einen beträchtlichen Anstieg narzisstischen Wohlbefindens erwarten. Was das *bewusste Selbstwertgefühl* betrifft, könnte aber noch einiges mehr unternommen werden. Denn nur eine vergleichsweise geringe Zahl von individuellen Besonderheiten, Stärken und Talenten führt im Kindergartenalltag gleichsam von selbst zu sozialer Anerkennung, sei es von Seiten der Erzieherin oder von Seiten der Kinder: etwa Geschicklichkeit im Basteln oder Zeichnen, Freundlichkeit und Hilfsbereitschaft, möglicherweise noch eine schöne Singstimme. Dagegen sind Lebendigkeit, die Fähigkeit sich zu ärgern oder für eigene Bedürfnisse zu kämpfen, körperliche Kraft, eine laute Stimme, rhythmisches und tänzerisches Talent, das Talent Stimmen zu imitieren, Phantasie, Schlagfertigkeit, kritische Logik, Mut und Selbstvertrauen, die Fähigkeit zum Nein-Sagen, zum Empfinden von Trauer, zur Wahrnehmung von Ungerechtigkeit, zur Selbstverteidigung (und vieles andere mehr) entwicklungspsychologisch überaus wertvolle psychische Errungenschaften, die zumeist untergehen, als selbstverständlich genommen werden oder häufig sogar auf Widerstand und Missbilligung treffen. Umgekehrt bringen es die räumlichen und sozialen (Großgruppe) Rahmenbedingungen, aber auch die erwähnten impliziten theoretischen Modelle vieler Kindergartenpädagoginnen mit sich, dass primär durch Angst determinierte, mitunter bereits als neurotische Symptome zu klassifizierende Verhaltensweisen ausdrücklich begrüßt und verstärkt werden, wie etwa ausgeprägte soziale »Rücksichtnahme«; die Bereitschaft, in Konflikten mit anderen nachzugeben, Verbote und Gebote widerspruchsfrei und bereitwillig zu befolgen; stets guter Laune zu sein; sich nicht vorzudrängen, nicht im Mittelpunkt stehen zu wollen u.a.m.
Waren sich die Projektteilnehmer/innen – Erzieherinnen wie Student/innen – dieses Problems einmal bewusst, fehlte es auch hier nicht an Ideen, wie die besonderen Eigenschaften und Stärken der Kinder in den Gruppenalltag eingebaut werden könnten, wobei es nicht nur darum gehen soll, dass sich das einzelne Kind in seiner Individuali-

tät anerkannt und bestärkt fühlt, sondern darüber hinaus *Individualität* zu einer *selbstverständlichen Kategorie der Selbst- und Fremdwahrnehmung* wird: »Michi ist groß und stark, Melanie ärgert sich leicht und ist dann schnell wieder lieb, Sabine ist eine tolle Tänzerin, Andi der Beste im Ballfangen, Manuel ist schüchtern, spricht fast nichts, aber kann schon richtig rechnen und seinen Namen schreiben, ich bin klein, aber geschickt im Klettern und Ausschneiden usw.« Übrigens bringt die sich allmählich einstellende Selbstverständlichkeit, sich und andere in ihrer Individualität wahrzunehmen, nicht nur narzisstischen Gewinn und die Verringerung der Gefahr, sich (als ganze Person) unterlegen oder minderwertig zu fühlen, mit sich, sondern verringert natürlich auch die Neigung, eigene Defizite oder abgewehrte Aspekte des Selbst aggressiv und ausgrenzend auf andere zu projizieren.

3.5. Funktion, Inhalt und Ziel der Erzieherinnenfortbildung – die Haltung der »Verantworteten Schuld«

Zur Erinnerung: Ziel des Projekts war erstens, im Kindergarten dem Großteil der Kinder Erlebnismöglichkeiten zu bieten, die nicht nur für ihre kognitive, sondern auch ihre affektive Entwicklung förderlich sind. Dabei wird ein Begriff von Entwicklung zugrunde gelegt, der den normativen Implikationen der Psychoanalyse bzw. der psychoanalytischen Pädagogik verpflichtet ist.

Zweitens sollte die Realisierung solcher Erlebnismöglichkeiten weder auf privilegierte institutionelle Rahmenbedingungen (v.a. geringe Kinderanzahl pro Gruppe bzw. Erzieherin) noch auf eine besondere psychoanalytisch-pädagogische Kompetenz der Erzieherinnen (die sie etwa in die Lage versetzt, Beziehungen und gruppendynamische Prozesse »szenisch zu verstehen«) angewiesen sein. Vielmehr waren wir von der Idee getragen, die hinreichend gute Berücksichtigung der affektiven Entwicklungsbedürfnisse gewissermaßen »strukturell« zu sichern, also in relativer Unabhängigkeit von den je besonderen Erfahrungen, die das *einzelne* Kind mit der *einzelnen* Erzieherin macht. »Strukturelle Sicherung« meint, wie ich auszuführen versuchte, dass mit der ganzen Gruppe Themen bearbeitet werden, sowie für alle Kinder (und die Erzieherin) Rituale und Regeln eingeführt werden, deren Sinn ausschließlich darin besteht, die typischen ödipalen innerpsychischen Konflikte dieses Lebensabschnittes, die durch den Kindergarten *zwangsläufig* verstärkt werden, zu entlasten und Erlebnismöglichkeiten vorzusehen, die die Chance, einen »Bildungsprozess« in Richtung »psychische Gesundheit« (wie in Abschnitt 2.1. angedeutet) zu unterstützen, erhöhen – und zwar noch über die Ressourcen, über welche diesbezüglich die Herkunftsfamilie verfügt, hinaus.

Das hört sich nun so an, als könnte der subjektive Faktor auf der Seite der Pädagoginnen ganz vernachlässigt werden. Natürlich wäre eine solche Vorstellung ein Unding. Schon die methodische Gestaltung des Projekts – das Zusammenspiel von Theorievermittlung, Praxis und Praxisreflexion – hebt hervor, dass die erhofften Veränderungen der derzeit üblichen pädagogischen Praxis im Kindergarten von einer blinden Befolgung »didaktischer« Regeln nicht erwartet werden kann. Aber es macht doch einen großen Unterschied, ob sich die erforderliche Zusatzqualifikation der Erzieherinnen nur als länger dauernde intensive Weiterbildung, in deren Zentrum psychoanalytische Selbsterfahrung und Supervision steht,[12] denken lässt oder sich als eine u.U. nur ein Semester dauernde Fortbildung, an welcher auch Großgruppen teilnehmen können, realisieren lässt, die vorrangig auf ein erweitertes theoretisches Verständnis von Beziehungen, Entwicklungsprozessen und pädagogischen Gestaltungsmöglichkeiten zielt.

Die praktischen Erfahrungen in der Arbeit mit den Erzieherinnen und den Studierenden führten uns freilich vor Augen, dass es ganz so einfach doch nicht ist, dass man den emotionalen Faktor auch bei den Pädagoginnen natürlich nicht völlig vernachlässigen kann. Das Hauptproblem bestand darin, dass einige der von uns vermittelten Aufklärungen zunächst auf mitunter beträchtliche emotionale Widerstände stießen. Freilich waren diese Widerstände bei jüngeren Erzieherinnen geringer als bei den Erfahreneren und bei Studierenden ohne Praxis geringer als bei jenen, die früher (oder noch immer) in Kindergärten tätig waren. Dieser Umstand deutet auch schon auf die Natur des Problems hin: Unseren theoretischen Überlegungen zum Regelkindergarten wohnt ein gerüttelt Maß an Kritik inne, laufen sie doch auf drei gravierende Thesen hinaus:

- dass (erstens) sich der heutige Kindergarten um die *affektive Entwicklung* der Kinder nicht wirklich kümmert (auch wenn er das »offiziell« vor hat bzw. die einzelne Erzieherin auf die affektive Entwicklung bewusst Rücksicht zu nehmen versucht);
- dass (zweitens) der Kindergarten per se im Hinblick auf die elementaren Bedürfnisse der Kinder (Zusammensein mit den primären Objekten, Liebe und Zärtlichkeit, exklusive Aufmerksamkeit und narzisstische Bestätigung, anale, exhibitionistische, phallische, sadistische und aggressive Regungen, triadische gleich- und gegengeschlechtliche Beziehungen) eine in hohem Maße *repressive Veranstaltung* ist – und zwar ganz unabhängig vom je besonderen Engagement der einzelnen Erzieherin; und
- dass (drittens) diese Vernachlässigung der affektiven Nöte, Bedürfnisse und Möglichkeiten der Kinder (zusammen mit der impliziten, also von den Erzieherinnen bewusst gar nicht wahrgenommenen behaviouristischen Ausrichtung der Kindergartenpädagogik) dazu führt, dass (i.w.S.) *pathogene Entwicklungen* eher gefördert als verhindert werden.

---

[12] Vgl. etwa den dreijährigen Fortbildungslehrgang des Frankfurter Arbeitskreises für Psychoanalytische Pädagogik.

Für viele Erzieherinnen stellen diese Thesen das gesamte berufliche Selbstbild in Frage. Dies zeigte sich dann auch in den Gesprächen mit den Kindergarten-Erzieherinnen, die in unser Projekt eingebunden waren. Darüber hinaus versperren diese Thesen, indem sie den Kindergarten selbst als einen Ort pädagogischen Versagens beschreiben, ein gar nicht so unbedeutendes Ventil für berufliche Enttäuschungen und Unzufriedenheit: die Delegation pädagogischer Unzulänglichkeit an »die heutige Familie«, »verantwortungslose Eltern«, an die Scheidung, an sozialpolitische Vorgaben usw. Unsere theoretischen Überlegungen fordern von den Erzieherinnen, von jahrelangen Überzeugungen Abschied zu nehmen, wie: »Bei mir geht es den Kindern gut«; »Vielen geht es bei mir besser als bei den Eltern«; »Wenn es ihnen im Kindergarten nicht gut geht, liegt das wohl an familiären Problemen oder auch daran, dass die Eltern ihr Kind nicht loslassen können«; »Die Kinder haben hier alles, was sie brauchen: Auffälligkeiten, soziale Anpassungsprobleme sind daher als Entwicklungsstörung oder Symptom zu klassifizieren«; oder noch deutlicher: »Kinder, die angenehm sind, sind psychisch gesund, die Unangenehmen und Auffälligen sind krank oder gestört«.

Spätestens hier werden diejenigen, die meine Arbeiten in den letzten Jahren etwas verfolgt haben, wissen, worauf diese Analyse emotionaler Widerstände bei den Erzieherinnen hinausläuft: Die wirksame Umsetzung psychoanalytisch-pädagogischer Gruppenkonzepte, wie ich sie in diesem Bericht ansatzweise vorgestellt habe, ist darauf angewiesen, dass die Kindergarten-Erzieherinnen in der Lage sind, die Haltung der *verantworteten Schuld* einzunehmen (Figdor 1995, 1998, 2000). Als »verantwortete Schuld« bezeichne ich im Allgemeinen

- eine Haltung der Pädagogen, die sich *erstens* des grundsätzlichen *Generationenkonflikts* zwischen Erwachsenen (Eltern, Erzieher, Lehrer) und Heranwachsenden bewusst ist und daher auch weder der Illusion nachhängt, dass es den Kindern bei mir stets gut gehen muss, noch dass sie von selbst das tun würden, was ich mir von ihnen erwarte.
- Infolgedessen weiß sich der Pädagoge immer wieder *schuldig*, dem Kind Wünsche und Hoffnungen nicht erfüllen *zu können*, Befriedigungen versagen, triebbesetzte Handlungen verhindern, unlustvolle Anpassungen vom Kind fordern *zu müssen* usw., wobei er jedoch – und darauf kommt es an – diese Schuld nicht mit einer *Schädigung* des Kindes verwechselt: Viele dieser das Kind frustrierenden Forderungen und Grenzen sind für die körperliche Gesundheit und Sicherheit unverzichtbar; viele sind für die Entwicklung des Kindes notwendig und sinnvoll; andere sind einem Mindestmaß an Wohlbefinden des Erwachsenen selbst geschuldet, was letzten Endes auch wieder dem Kind zugute kommen kann, weil dadurch dem Erwachsenen die Freude am (Zusammenleben mit dem) Kind erhalten bleibt; und schließlich sind da die Einschränkungen, welche durch die sozialen, ökonomischen und rechtlichen Abhängigkeiten der Erwachsenen selbst gefordert sind.

- Nur wenn diese Unterscheidung klar ist, kann der Pädagoge *seine Schuld an Enttäuschung, Einschränkung und Missbehagen des Kindes* aushalten, weil sie nämlich *verantwortet* werden kann. Hingegen wäre die Vorstellung, das eigene Kind bzw. die einem anvertrauten Kinder zu *schädigen*, unerträglich. Eine solche Schuld wäre »unverantwortbar«, weshalb die Schuldgefühle so groß würden, dass sie abgewehrt werden müssen (z.B. indem ich sage: »Ich tue ja den Kindern gar nichts an, es geht ihnen ohnedies gut ...«).

Warum aber ist die Fähigkeit, mir bewusst vor Augen halten zu können, wie oft ich meinem Kind (subjektiv erlebtes) Leid antun muss, so wichtig? Es ist deshalb so wichtig, weil sich mit diesem Bewusstsein eine *völlig andere emotionale Haltung* der Erwachsenen gegenüber den Kindern herstellt: Ich handle zwar, wie ich es für richtig oder notwendig erachte, aber das Wissen, dass ich meinem Kind (u.U. großen) Schmerz zufüge, bringt mit sich, *dass es mir leid tut*, so zu handeln bzw. so handeln zu müssen. Wenn mir das Kind aber leid tut, bleibe ich ihm natürlich *innerlich* freundlich zugewendet, habe Kontakt mit seiner Situation, bin mit ihm identifiziert und werde ihm daher *zu helfen* trachten, werde versuchen, das Leid *zu verringern* und so meine Schuld *wieder gut zu machen*: indem ich freundlich bleibe, Anreize schaffe, Kompromisse bilde, eine lustvolle Alternative in Aussicht stelle u.ä.m. Ist mir hingegen *nicht* bewusst, dass *ich* mit meinen Forderungen oder Verweigerungen daran schuld bin, dass das Kind traurig, beleidigt ist, bockt, trotzt, heult oder schreit, halte ich im Gegenteil an der Vorstellung fest, »alles getan zu haben, sodass das Kind gar keinen Grund hat so zu sein wie es ist«, finde ich auch in mir keinen Anlass, irgendetwas gutzumachen und fühle mich lediglich durch das Kind gestört.

Ja, noch mehr: Hege ich nämlich die Illusion, dass gute Eltern oder Pädagogen ihre Kinder niemals ernstlich frustrieren (dürfen), macht mir das Verhalten des Kindes angst, was entweder dazu führt, dass ich vor der Gefahr, mich als nicht hinreichend gute Mutter, guter Vater oder Pädagoge zu erleben, fliehe (indem ich nachgebe) oder diese Gefahr bekämpfe (indem ich den Widerstand bzw. die Reaktion des Kindes nicht toleriere, neue Forderungen aufstelle, zornig werde usw.). In beiden Fällen ist mir die freundliche Zuwendung zum Kind verloren gegangen, mehr noch: Das Kind ist mir in diesem Augenblick zum Feind geworden. Das macht die Situation für das Kind doppelt schwer, denn erstens enthalten wir ihm die Hilfe vor, die es ihm leichter machen könnte, sich an meine Forderungen anzupassen, und zweitens verliert es in diesem Augenblick, in welchem es uns zum Feind wird, auch seinerseits das gute Objekt: Es erlebt uns als böse und bedrohlich. Auch dem Kind bleibt nun nur die Alternative, der Gefahr zu entfliehen (indem es nachgibt – nun aber aus Angst) oder sie zu bekämpfen (was den äußeren Konflikt eskalieren lässt, der sich nun nicht mehr in erster Linie um die vorenthaltene Befriedigung dreht, sondern mitunter nur ein verzweifelter Kampf um die Wiedererringung des guten Objekts ist).

Wer auch immer in diesem Kampf siegt, das Kind oder ich, wir bleiben beide als Verlierer zurück: In der *autoritären Variante*, d.h. ich setze mich durch, erreiche ich zwar die gewünschte Anpassung, habe das augenblickliche Problem gelöst, fühle mich vielleicht auch wieder gut, weil in meiner Mächtigkeit wiederhergestellt. Aber diese Anpassung des Kindes ist erstens mit Angst erkauft und zweitens mit dem unvermeidlichen Groll des Verlierers, sodass die nächste Auseinandersetzung vorprogrammiert ist. In der *nicht-autoritären Variante*, wenn ich also nachgebe, hat sich zwar das Kind durchgesetzt und mag im Augenblick zufrieden sein. Freilich ist auch sein Sieg mit einem hohen Preis erkauft: nun mit *meiner* Angst und *meinem* Groll, was nichts anderes heißt, als dass das Kind sein gutes erwachsenes Objekt, das stark und liebevoll sein sollte, zerstört hat. Darüber hinaus ist die nächste Auseinandersetzung (die nun *ich* aus Rache oder aus dem Bedürfnis nach narzisstischer Wiederherstellung – natürlich unbewusst – provozieren werde) bereits vorprogrammiert.

Auseinandersetzungen zwischen Kindern und Erwachsenen nehmen also sowohl äußerlich als auch innerlich (auf beiden Seiten) einen völlig verschiedenen Verlauf, je nachdem *welche Grundeinstellung ich gegenüber den Gründen der Auseinandersetzung habe*: Sehe ich, dass der Generationenkonflikt mich – trotz meiner Liebe, trotz meines Bemühens – immer wieder in die Lage bringt, dem Kind Leid anzutun oder leugne ich den Generationenkonflikt, sodass die Schuld dem Kind zugeschrieben wird. Oder anders ausgedrückt: Es kommt darauf an, wer von uns beiden von mir als »Täter« und wer als »Opfer« gesehen wird.

Es versteht sich von selbst, dass es hier um mehr als um das Schicksal eines einzelnen Konfliktes geht. Solche Konflikte um divergierende Bedürfnisse und Grenzen bilden einen Gutteil des pädagogischen Alltages. Das heißt, dass die diese Konflikte auf beiden Seiten begleitenden Erlebnisse, Gefühle, bewussten wie unbewussten Phantasien zu einem prägenden Moment der Beziehung zwischen mir und dem Kind werden. Der Umstand, dass den (äußeren) Konflikten des pädagogischen Alltags ein enormes Potential an Enttäuschungen, Aggression und Angst innewohnt, welche die Erwachsenen-Kind-Beziehung allmählich zu durchdringen drohen, mag verständlich machen, warum ich der *Haltung der verantworteten Schuld* eine so große Bedeutung zumesse, ja sie als so etwas wie einen »Praxishebel« psychoanalytischer Pädagogik betrachte, als einen methodischen »Ort«, an welchem Psychoanalytische Pädagogik vom Beschreiben zum Gestalten fortzuschreiten vermag.

Auf die Kindergarten-Erzieherin bezogen hieße, die Haltung der verantworteten Schuld einzunehmen, nun aber nicht nur, sich des Frustrationspotentials jeder pädagogischen Beziehung bewusst und infolgedessen fähig zu sein, sich auch mit dem Kind gegen die eigenen Forderungen und Grenzen identifizieren zu können; darüber hinaus bedarf es, wie schon erwähnt, des Bewusstseins der besonderen Repressivität der Institution Kindergarten, denn erst jenes Bewusstsein erzeugt auch das Bedürfnis, dem Kind bei der Bewältigung der Anforderungen, die der Kindergarten an es stellt, behilflich zu sein.

Meine Erfahrungen in der in Erziehungsberatung und Fortbildung haben mir gezeigt, dass die Haltung der Verantworteten Schuld bei den meisten Pädagogen (Erzieher/innen, Lehrer/innen, Eltern) weder eine psychoanalytische Therapie noch eine ausgedehnte psychoanalytische Selbsterfahrung notwendig voraussetzt, sondern auch über *Aufklärung* errungen werden kann.[13] (In der Praxis kann man sich das so ähnlich vorstellen, wie ich es hier – schriftlich – versucht habe.) Damit ist aber auch eine Antwort auf meine allererste Frage gefunden, die sich mir stellte, als es darum ging, eine psychoanalytisch-pädagogische Fortbildung für Kindergartenerziehrinnen zu konzipieren: »Welche Inhalte kann bzw. darf eine solche Fortbildung haben?« Die Arbeit mit den Kindergärtnerinnen war im Rahmen unseres Projekts soweit erfolgreich, als es durch die Vorträge, die Seminare und Arbeitsgruppen gelang, sie zur Haltung der verantworteten Schuld zu führen, welche sie dann auch empfänglich machte, die theoretischen Überlegungen, welche die Voraussetzung für die Um- und Neugestaltungsideen bilden, aufzunehmen und in praktisches Engagement umzusetzen.

Schluss

Dieser Beitrag ist ein unfertiger Bericht über ein unfertiges Projekt. Daher möchte ich mit der Planung der nächsten Schritte schließen.

- Der erste Teil des Projekts – man könnte ihn methodisch als »Handlungsforschung« definieren – ist abgeschlossen: drei Jahre Arbeit mit Erzieherinnen, Arbeit der Projektgruppe und drei einjährige Universitätsseminare. In den nächsten Monaten muss das enorme Material, das sich in diesen vier Jahren angesammelt hat, gesichtet und systematisiert werden. Über ein paar der erarbeiteten Praxisideen und einige zentrale theoretische Überlegungen, die ihnen zugrunde liegen, habe ich hier nur einen ersten Einblick geben können. Viele Ideen, aber auch zum Teil differenziertere theoretische Überlegungen zu speziellen Fragen, mussten unberücksichtigt bleiben.
- Natürlich werden parallel zur Aufarbeitung des vorhandenen Materials in nächster Zeit einige weitere kleinere Publikationen folgen. Das nächste Ziel ist jedoch die Umsetzung der Erkenntnisse in ein umfassendes Fortbildungskonzept für Kindergarten-Erzieherinnen, das in verschiedenen Setting-Varianten diversen einschlägigen Institutionen, Trägern oder einzelnen Kindergärten angeboten werden kann. Ein solches Konzept hätte erstens ganz besonders darauf Bedacht zu nehmen, neben der inhaltlichen Vermittlung die Kindergärtnerinnen zu einer entsprechenden psychoanalytisch-pädagogischen Haltung – und hier wieder v.a. zur Haltung der verantworteten Schuld – zu führen. Zweitens

[13] Zum Begriff der »psychoanalytisch-pädagogischen Aufklärung« vgl. Figdor (1995, 1999, 2000).

müsste es eine entsprechende Qualifizierung derjenigen, die solche Fortbildungen dann zu tragen hätten, vorsehen.

- Zeitlich parallel dazu sollte die Publikation eines populär geschriebenen Handbuches über psychoanalytische Gruppenpädagogik im Regel-Kindergarten erfolgen.
- Schließlich wäre es natürlich überaus wünschenswert, die durch die bislang erarbeiteten Erkenntnisse initiierte Praxis einer empirischen Begleitforschung zu unterziehen, wobei hier ganz unterschiedliche Forschungsdesigns denkbar sind, z.B. vergleichende punktuelle diagnostische Untersuchungen über die Befindlichkeit von Kindern in psychoanalytisch-pädagogischen und herkömmlichen Kindergartengruppen; aber auch die Kontrolle der Wirksamkeit der Fortbildungen, etwa durch (ebenfalls vergleichende) Beobachtung von Gruppen über einen längeren Zeitraum.
- Und endlich Längsschnittuntersuchungen über mehrere – im Idealfall über 15 – Jahre, die eine Beurteilung erlauben würden, ob sich die Erwartung, dass eine psychoanalytische Gruppenpädagogik im Kindergartenalter sich förderlich auf die langfristige affektive Entwicklung der betroffenen Kinder auswirken müsste, bestätigen lässt.

Es versteht sich von selbst, dass für eine derartige Fortsetzung der Forschung eine ganze Reihe praktischer Probleme – etwa länger dauernde Kooperation mit Kindergärten und Eltern –, Fragen der Finanzierung und nicht zuletzt äußerst diffizile forschungsmethodische Probleme zu lösen wären.

Literatur

Adorno, T.W. (1973): Studien zum autoritären Charakter. Frankfurt: Suhrkamp

Bittner, G., Ertle, C. (Hg.) (1985): Pädagogik und Psychoanalyse. Würzburg: K&N

Bowlby, J. (1969): Bindung. Eine Analyse der Mutter-Kind-Beziehung. Frankfurt/M.: Fischer, 1986

Datler, W. (1988): Pädagogik, Dialog und Selbstbestimmung. Kritische Anmerkungen zum Problem von Selbst- und Fremdbestimmung (nebst einigen Bemerkungen zum Verhältnis der Psychoanalyse zur Pädagogik). In: Pädagogische Rundschau 42, 629-638

Datler, W. (1995): Bilden und Heilen. Auf dem Weg zu einer pädagogischen Theorie psychoanalytischer Praxis. Mainz: Grünewald

Datler, W. (1993): Zur Frage nach dem Bildungsbegriff (in) der Psychoanalytischen Pädagogik. In: Muck, M., Trescher, H.G. (Hg.): Grundlagen der Psychoanalytischen Pädagogik. Gießen: Psychosozial, ^{2}2001

Datler, W. (2003): Erleben, Beschreiben und Verstehen: Vom Nachdenken über Gefühle im Dienst der Entfaltung von pädagogischer Professionalität. In: Dörr, M., Göppel, R. (Hg.): Bildung der Gefühle. Innovation? Illusion? Intrusion? Gießen: Psychosozial, 241-264

Fatke, R. (1985): »Krümel vom Tisch der Reichen«? Über das Verhältnis von Pädagogik und Psychoanalyse aus pädagogischer Sicht. In: Bittner, G., Ertle, C. (Hg.): a.a.O.

Figdor, H. (1988): Was heißt »Fremdbestimmung«? Ergänzende Anmerkungen zu W. Datler: Vom Scheingegensatz zwischen Dialog und Fremdbestimmung. In: Iben, G (Hg.): Das Dialogische in der Heilpädagogik. Mainz: Grünewald, 148-152

Figdor, H. (1995): Psychoanalytisch-pädagogische Erziehungsberatung. Die Renaissance einer klassischen Idee. Sigmund Freud House-Bulletine. 19/2/B, Wien, 21-87. Wiederaufgelegt in: APP-Schriftenreihe Bd. 2, 1998*

Figdor, H. (1998): Scheidungskinder. Wege der Hilfe. Gießen: Psychosozial, [3]2001

Figdor, H. (1999): Aufklärung, verantwortete Schuld und die Wiederentdeckung der Freude am Kind. Grundprinzipien des Wiener Konzeptes der psychoanalytisch-pädagogischen Erziehungsberatung. In: Datler, W., Figdor, H., Gstach, J. (Hg.): Die Wiederentdeckung der Freude am Kind. Psychoanalytisch-pädagogische Erziehungsberatung heute. Gießen: Psychosozial, 76-89

Figdor, H. (2000): Psychoanalytisch-pädagogische Erziehungsberatung. Der Ausbildungslehrgang. APP-Schriftenreihe Bd. 3*. Tlw. veröffentlicht in: Finger-Trescher, U., et al. (Hg.): Professionalisierung in sozialen und pädagogischen Feldern. Gießen: Psychosozial, 2002, 70-90

Figdor, H. (2002): Lästige Kinder. In: Unsere Kinder, H.4, 90-97

Fraiberg, S. (1959): Die magischen Jahre in der Persönlichkeitsentwicklung des Vorschulkindes. Reinbek: Rowohlt, 1972

Freud, A. (1930): Vier Vorträge über Psychoanalyse für Lehrer und Eltern. Schriften der Anna Freud, Bd. I. München: Kindler, 1980

Leber, A., Trescher, H.G., Weiss-Zimmer, E. (1989): Krisen im Kindergarten. Frankfurt/M.: Fischer

Mahler, M., Pine, F., Bergmann, A. (1975): Die psychische Geburt des Menschen. Symbiose und Individuation. Frankfurt/M.: Fischer

Pazzini, K.J. (1989): Wiedervereinigung. Anmerkungen zur Differenz von Psychoanalyse und Pädagogik. (Unv. Manuskript)

Schmid, V. (1990): Einige Bemerkungen in kritischer Absicht zu H. Figdor: »Pädagogisch angewandte Psychoanalyse« oder »Psychoanalytische Pädagogik«? In: Trescher, H.G., Büttner, C. (Hg.): Jahrbuch für Psychoanalytische Pädagogik. Bd. 2, Mainz: Grünewald, 122-129

Trescher, H.G. (1985a): Theorie und Praxis der Psychoanalytischen Pädagogik.

* Hefte der APP-Schriftenreihe können über das Sekretariat der *Arbeitsgemeinschaft Psychoanalytische Pädagogik* angefordert werden: Tel.: +43/(0)1/4030160; e-mail: APP-Wien.Sekretariat@gmx.at

Mainz: Grünewald, [3]1992
Trescher, H.G. (1985b): Einige Überlegungen zur Frage: Was ist Psychoanalytische Pädagogik. In: Bittner, G., Ertle, C. (Hg.): a.a.O.
Winnicott, D.W. (1971): Vom Spiel zur Kreativität. Stuttgart: Klett-Cotta [2]1979
Winterhager-Schmid, L. (1992): »Wählerische Liebe« – Plädoyer für ein kooperatives Verhältnis von Pädagogik, Psychoanalyse und Erziehungswissenschaft. In: Trescher, H.G., Büttner, C., Datler, W. (Hg.): Jahrbuch für Psychoanalytische Pädagogik, Bd. 4, Mainz: Grünewald, 52-65
Zulliger, H. (1952): Heilende Kräfte im kindlichen Spiel. Stuttgart: Klett-Cotta, [6]1979

Anhang: Die »Arbeitsgemeinschaft Psychoanalytische Pädagogik« (APP)

Die APP wurde 1996 von der Sigmund Freud-Gesellschaft Wien, dem Wiener Arbeitskreis für Psychoanalyse (Schwesterorganisation der DPG) und dem Alfred Adler-Institut des Österreichischen Vereins für Individualpsychologie gegründet. (Vorsitzender: Univ.-Doz. Dr. H. Figdor, Vors.-Stellvertreter Ao Univ. Prof. Dr. W. Datler). Die APP arbeitet in Forschung und Theorieentwicklung eng mit der Universität Wien (Institut für Bildungswissenschaft, AG Sonder- und Heilpädagogik, Forschungseinheit Psychoanalytische Pädagogik) zusammen. Ihre Haupttätigkeit besteht aber darin, in der außeruniversitären pädagogischen Praxis psychoanalytisch-pädagogisch geleitete Impulse zur Veränderung und Fortentwicklung pädagogischer Sichtweisen, Inhalte und Methoden zu setzen: im familiären Alltag, in Kindergarten, Schule und Heimerziehung, in der Arbeit mit Behinderten, in der Elternarbeit von Erziehungs- und Familienberatungsstellen und anderen pädagogischen Institutionen, im Umgang von Jugendämtern, Jugend- und Familienrichtern mit Heranwachsenden und deren Familien u.a.m. Um dieser Aufgabe nachkommen zu können, werden in einem ca. 4 Jahre dauernden postgradualen Lehrgang Diplompädagogen/innen zu »Psychoanalytisch-pädagogischen Erziehungsberater/innen (APP)« ausgebildet (zum Lehrgang vgl. Figdor 2000; zur Methode der psychoanalytisch-pädagogischen Erziehungsberatung vgl. Datler 1999 und Figdor 1995, 1998, 1999, 2000), die in privaten Beratungspraxen, im Rahmen von Fortbildungsveranstaltungen, in Erziehungs- und Familienberatungsstellen tätig werden oder ihre Kompetenzen in anderen einschlägigen Institutionen, bis hin zur Betreuung jugendlicher Flüchtlinge, einbringen.

Was kennzeichnet qualitativ gute Vorschulbildung?

Ergebnisse von Einzelfallstudien in britischen Vorschuleinrichtungen[1]

Iram Siraj-Blatchford, Kathy Sylva, Brenda Taggart, Edward Melhuish, Pam Sammons und Karen Elliot

Einleitung

Das Projekt ›The Effective Provision of Pre-school Education – EPPE‹ (Wirksame Bildungsangebote im Vorschulbereich) ist eine groß angelegte Longitudinalstudie in England, bei der der Entwicklungsprozess von über 3.000 Kindern während der Vor- und Grundschulzeit begleitet werden. Parallel zu den weit reichenden quantitativen Analysen führte das Projektteam auch unterschiedliche Einzelfallstudien durch. Für den hier vorliegenden Beitrag (Technical Paper 10) wurden die Ergebnisse von 12 hervorragenden Vorschuleinrichtungen analysiert, die besonders gute Ergebnisse in Bezug auf die kognitive Entwicklung und/oder das Sozialverhalten der Kinder zeigten. Ziel dieser Analyse war es, die jeweilige Besonderheit einer Einrichtung – deren einzigartige ›Geschichte‹ – aufzuzeigen.

Durch das angegliederte Projekt ›Researching Effective Pedagogy in the Early Years – REPEY‹ (Siraj-Blatchford et al. 2002) wurde die Anzahl der Studien durch zwei weitere Einzelfallstudien von so genannten ›Reception Classes‹[2] auf insgesamt 14 erhöht.

---

[1] Der Beitrag erschien unter dem Titel »The Effective Provision of Pre-school Education Project (1997-2003) – Technical Paper 10: Intensive Case Studies of Practice across the Foundation Stage« als Research Brief No: RBX16-03. Er wurde von Elke Schröter (DipTrans IOL, Berlin), Kornelia Steinhardt und Ludger Pesch aus dem Englischen übersetzt.
Weitere Informationen zum Projekt EPPE sind im Internet auf der EPPE-Website www.ioe.ac.uk/projects/eppe wie auch unter www.dfes.gov.uk/research/ zu finden.

[2] ›reception classes‹ sind optionale Vorschulklassen für Vierjährige, die in der englischen Primarstufe angeboten werden (Anm. der Übers.).

Ziele

Bei der Auswertung der vertiefenden Einzelfallstudien sollte ermittelt werden, welche Praktiken (speziell pädagogische aber auch andere) in Vorschuleinrichtungen zu ›hervorragenden‹ Ergebnissen führen und sich somit von Organisationen mit ›guten‹ oder ›durchschnittlichen‹ Ergebnissen abheben. Durch zwei ergänzende Einzelfallstudien aus dem Projekt ›Researching Effective Pedagogy in the Early Years‹ (Siraj-Blatchford et al. 2002) konnte die Untersuchung erheblich erweitert werden.

Hintergrund

Die Kinder (und ihre Familien) wurden im Alter von drei Jahren in die EPPE-Studie aufgenommen, in jenem Alter, in dem die meisten zum ersten Mal eine Vorschulgruppe besuchten. Kinder, die sich bereits in einer Vorschuleinrichtung befanden, wurden erst mit dem dritten Geburtstag in die Studie aufgenommen. Der Entwicklungsprozess wurde regelmäßig beurteilt, beginnend mit dem Eintritt in die Studie bis hinein in die Schulzeit jeweils am Ende des ersten und des zweiten Schuljahres. Anhand quantitativer Analysen (Mehrebenenanalysen) wurde der Beitrag der Vorschuleinrichtung zur kognitiven und sozialen Entwicklung des Kindes unter Berücksichtigung von individuellen Faktoren (z.B. Geschlecht, Gesundheitszustand) sowie des familiären Hintergrunds (z.B. sozioökonomischer Status, Bildungsstand der Mutter) beurteilt. Ausführliche Informationen über die Vorgehensweise können im EPPE-Technical Paper 1 (Sylva et al. 1999) und im Bericht des Projektes ›Researching Effective Pedagogy in the Early Years‹ (Siraj-Blatchford et al. 2002) nachgelesen werden.

Die in die Studie einbezogenen Vorschuleinrichtungen (insgesamt 141) hatten unterschiedliche Ausrichtungen und verschiedene Träger: Playgroups (Spielgruppen), Local Authority Day Nurseries (öffentliche Kindertagesstätten, die von den Bezirken bzw. Gemeinden getragen werden), Private Day Nurseries (private Kindertagesstätten), Integrated Centres (Einrichtungen mit einem kombinierten Betreuungs- und Bildungsangebot), Maintained Nursery Schools (staatliche Vorschulen) und Maintained Nursery Classes (staatliche Eingangsklassen für 3-4-Jährige). Eine weitere Gruppe von Kindern, die keine oder nur sehr wenig institutionelle Vorschulerfahrung hatten, wurde bei Schuleintritt als Vergleichsgruppe rekrutiert.

Neben der Untersuchung der Auswirkungen von Vorschulangeboten auf die frühkindliche Entwicklung wurde bei EPPE anhand der 14 Einzelfallstudien von Einrichtungen, die ›gute‹ oder gar ›ausgezeichnete‹ Ergebnisse hatten, erforscht, was hervorragende Vorschulpraxis kennzeichnet. In anderen Publikationen wurde anhand der Darstellung der Entwicklungsfortschritte von Kindern in Vorschuleinrichtungen schon aufgezeigt, dass qualitativ hochwertige Angebote positive Auswirkungen auf deren intellektuelle und soziale Entwicklung haben (Sammons et al. 2002, 2003).

Die Auswertung der quantitativen Daten, die im Rahmen der Studie über jedes einzelne Kind erhoben worden waren, ergab, dass sich in manchen Vorschuleinrichtungen die Kinder – bei Berücksichtigung ihrer individuellen und häuslichen Umstände – erwartungsgemäß oder gar besser als erwartet entwickelten. Jene Einrichtungen, die in den Fallstudien analysiert wurden, wurden so ausgewählt, dass auf Basis der unterschiedlichen Angebotsprofile die Entwicklungsergebnisse der Kinder verglichen wurden. Damit konnten die kognitiven und sozialen Resultate der Kinder innerhalb einer Einrichtung verglichen werden, aber auch jene der verschiedenen Einrichtungen untereinander (bei Einrichtungen, die ›0‹ erhielten, war die Entwicklung der Kinder ›wie erwartet‹, ›1‹ bedeutete eine positive Entwicklung, ›2‹ eine äußerst positive Entwicklung).

Die ausgewählten Einrichtungen wiesen eine große Variationsbreite in ihren Rahmenbedingungen und Arbeitsweisen auf, aber alle von ihnen erzielten einige überdurchschnittliche Ergebnisse. Es wurden demnach Einrichtungen herangezogen, die als ›gut‹ (d. h. die Kinder entwickelten sich etwas besser als aufgrund ihrer individuellen und häuslichen Umstände zu erwarten war) bis ›hervorragend‹ (d. h. die Kinder entwickelten sich sehr viel besser als erwartet) bewertet wurden. Daher wird in diesem Beitrag auf Einrichtungen Bezug genommen, die durchgehend als ›gut‹ (leicht überdurchschnittlich) oder ›hervorragend‹ (stark überdurchschnittlich) eingestuft wurden.

Im vorliegenden Beitrag wird von ausführlichen Berichten über jeweils eine Einrichtung der unterschiedlichen Arten von Vorschuleinrichtungen ausgegangen (dies sind Local Authority Day Nursery, Private Day Nursery, Playgroup, Nursery Class, Nursery School, Integrated Centre[3] und Reception Class). Diese sollten jedoch nicht als repräsentativ für den jeweiligen Typus betrachtet werden.

Innerhalb der 14 Fallstudien variieren die Vorschuleinrichtungen in der Qualität ihrer pädagogischen Praxis. Aber sie haben alle ausgezeichnete Ergebnisse aufgewiesen, was die Entwicklung der Kinder betrifft. Allerdings waren diese in manchen Fällen eher bescheiden. So erzielten manche lediglich bei einem von acht Punkten positive Entwicklungsergebnisse, während andere erfolgreicher waren, weil sie in unterschiedlichen Bereichen punkteten, wie etwa bei der Rechen- und Lesevorbereitung oder beim sozialen, angstfreieren, ausgeglichenen Verhalten.

Die ›Wirksamkeit‹ basiert bei EPPE auf den Entwicklungserfolgen der Kinder, was eine notwendige aber nicht ausreichende Komponente ist. Ein hochqualitatives Angebot beruht außerdem auf der Qualität der Betreuung und der pädagogischen Praxis. Der vorliegende Bericht macht deutlich, dass die Praxis in den unterschiedlichen Einrichtungen sich maßgeblich unterscheidet.

---

3 In diesem Fall war es ein so genanntes Early Excellence Centre (EEC). Diese Einrichtungen sind Teil einer Initiative der Regierung, nach der jede Region mit einem kombinierten Betreuungs- und Bildungszentrum versorgt werden sollte, das für die Bedürfnisse von Kindern, Familien und dort ansässigen Fachkräften für Vorschulerziehung zuständig ist.

Methoden und Zeitraum

Bei der Durchführung der Fallstudien verbrachten geschulte WissenschaftlerInnen jeweils zwei Wochen in den Einrichtungen, die sie bereits kannten. Die Daten stammen aus unterschiedlichen Quellen, um eine Auswertung nach Quelle und Erhebungsmethode zu ermöglichen. Daten, die aus den grundlegenden Rahmenprogrammen einer Einrichtung erhoben worden waren, wurden in Interviews mit der Leitung und den Eltern überprüft, wie auch mit ausführlichen Vor-Ort-Beobachtungen der MitarbeiterInnen (über 400 Stunden) sowie mit systematischen Beobachtungen bestimmter Kinder (254 Zielkinder) verglichen.

Manche Daten für die Fallstudien wurden vor der Einführung des für 3-5-jährige Kinder zuständige ›geregelten Vorschulbereichs‹ (›Foundation Stage‹) in Großbritannien Ende 1999 und im Jahr 2000 gesammelt, weitere Daten stammen aus den Jahren 2001 und 2002, nachdem weitere Mittel für die REPEY-Studie bereitgestellt worden waren.

Die wesentlichen Erkenntnisse

Positive Ergebnisse in der Entwicklung der Kinder waren insbesondere dann zu verzeichnen, wenn die Vorschuleinrichtungen, die die Kinder besuchten, weitgehend an den folgenden Aspekten orientiert waren:

- Die kognitive und soziale Entwicklung wird als sich wechselseitig ergänzend verstanden und keiner der beiden Bereiche wird dem anderen vorgezogen.
- Die Einrichtungen verfügen über eine starke Leitung sowie über MitarbeiterInnen, die schon längere Zeit (mindestens drei Jahre) in der Einrichtung beschäftigt sind (sogar in privaten Tageseinrichtungen, die üblicher Weise hohe Fluktuation haben, war dies der Fall).
- Es gibt eine starke Bildungsorientierung und hierfür gut ausgebildete Vorschullehrkräfte, die mit weniger qualifiziertem Personal zusammenarbeiten.
- Den Kindern wird eine Mischung aus professionell angeleiteter Gruppenarbeit und Lernmöglichkeiten durch frei gewähltes Spiel angeboten.
- Die Interaktionen zwischen Erwachsenen und Kindern sind so gestaltet, dass in nachhaltig wirksamer Weise gemeinsam über einen Sachverhalt nachgedacht wird (›sustained shared thinking‹) und offene Fragen, die nicht mit ja oder nein zu beantworten sind, gestellt werden, um das Denken der Kinder anzuregen.
- Die MitarbeiterInnen kennen den Lehrplan gut und verbinden dieses Wissen mit hoher Fachkompetenz und Verständnis darüber, wie Vorschulkinder lernen.

- Mit den Eltern wird intensiv kooperiert, insbesondere was die gemeinsamen Erziehungs- und Bildungsziele betrifft.
- Die Kinder erhalten im Verlauf von Aktivitäten wohlwollendes, anregendes Feedback und die Eltern regelmäßige Information über die Entwicklung ihres Kindes; diese werden gemeinsam besprochen und diskutiert.
- Es wird ein Umgang gepflegt, dass MitarbeiterInnen die Kinder unterstützen, über ihre Konflikte zu reden und sie verstehen zu können.
- Differenzierte Lernmöglichkeiten werden anboten, die auf die individuellen Bedürfnisse einzelner Kinder oder von Gruppen abgestimmt sind (z.B. Bilingualität, behinderungsspezifische Erfordernisse, Genderaspekte).

Die Forschungsergebnisse im Einzelnen

Es wurden keine Anstrengungen gescheut, um für die einzelnen Fallstudien vergleichbare Daten zu sammeln und um Rahmenbedingungen herzustellen, die eine vergleichende Analyse der Einrichtungen erlauben. So wurden in den Fallstudien die zentralen Qualitätsmerkmale verglichen, wie etwa die pädagogische Praxis, Lehrpläne, die ethische Haltung sowie Führungsstrategien und Organisationsstrukturen.

Mit dem Begriff Pädagogik werden hier jene Techniken und Strategien bezeichnet, die Lernen ermöglichen. Pädagogik bezieht sich auf das interaktive Zusammenspiel von PädagogIn und Lernenden sowie auf Faktoren, die das Lernumfeld betreffen (z.B. bereitgestellte Materialien, organisatorische Belange, Aktivitäten in der Familie bzw. Nachbarschaft), und deren Bedeutung für Lernprozesse.

Leitung und MitarbeiterInnen

Alle Einrichtungen, die in den Fallstudien beschrieben wurden, verfügten über starke Leitung und MitarbeiterInnen mit langer Teamzugehörigkeit. Die meisten Leitungskräfte und MitarbeiterInnen waren länger als drei Jahre in der jeweiligen Institution beschäftigt. Im Technical Paper 5 (Taggart et al. 2000) wurde gezeigt, dass private Einrichtungen eine hohe Mitarbeiterfluktuation haben. Bei den in den Fallstudien dargestellten privaten Kindergruppen betrug die Mitarbeiterbindung drei bis neun Jahre, während die MitarbeiterInnen und insbesondere die Leitungskräfte in den anderen Institutionen viel länger dabei waren. 10 bis 20 Jahre in einer Einrichtung zu arbeiten war nicht ungewöhnlich.

Alle LeiterInnen waren um eine starke Führung bemüht, insbesondere in Bezug auf Lehrplan und Planung. Bei den meisten Einrichtungen drückte sich in einer starken Unternehmensphilosophie aus, die von allen MitarbeiterInnen geteilt wurde.

Bei den hervorragenden Institutionen waren die Leitungskräfte sehr bildungsorientiert, betonten den Wert der Erwachsenen-Kind-Interaktion und unterstützten die PädagogInnen dabei, bessere, wirksamere Wege in der Arbeit mit den Kindern zu entwickeln.

In diesen Zentren wurden die MitarbeiterInnen bestärkt, an Fortbildungen teilzunehmen, auch wenn die Weiterbildungsangebote stark variierten und es den Teams nicht immer möglich war, teilzunehmen. Die neueste Entwicklung, dass die örtlichen Behörden Fortbildungen anbieten, die den MitarbeiterInnen aller Vorschuleinrichtungen offen stehen, scheint ein Schritt in die richtige Richtung zu sein. Dennoch ergaben die Untersuchungen, dass die Fortbildungsangebote noch stärker auf die unterschiedlichen Bedürfnisse in den verschiedenen Einrichtungen eingehen müssen. Gespräche mit VertreterInnen der örtlichen Behörden sowie der in den Fallstudien untersuchten Einrichtungen belegen, dass der Ausbildungshintergrund stark variiert. Wenn es in einer Institution ausgebildete VorschullehrerInnen gab, stand der Bildungsaspekt stärker im Vordergrund. Sie beteiligten sich intensiv an der Umsetzung des Lehrplans und übernahmen positive pädagogische Vorbildfunktion für weniger qualifizierte MitarbeiterInnen.

Ethos und Klima in den Einrichtungen

Die vielleicht wichtigste Erkenntnis aus den Fallstudien mag sein, dass sich die einzelnen Vorschuleinrichtungen stark voneinander unterschieden. Es bot sich in Bezug auf Mitarbeiterausbildung, Gehälter, Qualität der Dienstleistungsangebote, Anzahl der Kinder pro MitarbeiterIn, Ausstattung und Räumlichkeiten kein einheitliches Bild.

Es gab große Unterschiede in den Rahmenbedingungen und den Angeboten für die Kinder und ihre Familien. Zum Beispiel variierten die Öffnungszeiten enorm, ebenso die Zeiten der Anwesenheit der Kinder, die von Halbtagbetreuung an einigen Tagen in der Woche bis hin zu ganztägiger, mit speziellen Bildungsangeboten kombinierter Betreuung im Umfang von 48 bis 50 Wochen im Jahr reichten. Ähnliche Unterschiede bestanden bei den Gehältern, die in einer (meist stundenweise angebotenen) Playgroup weniger als £ 3.000 bis 7.000 pro Jahr (ca. 4.500-10.500 €) betrugen, während im öffentlichen Sektor £ 15.000 bis 32.000 (ca. 22.400-48.000 €) und im privaten Sektor £ 11.000 bis 24.000 pro Jahr (ca. 16.500-36.000 €) gezahlt wurde.

Auch variierte die Anzahl der Kinder pro Einrichtung. Bei Playgroups und Nursery Classes waren es etwa 20 Kinder, während Nursery Schools, Local Authority Day Nurseries und Integrated Centres 100 bis 200 Kinder betreuten. Die Anzahl der MitarbeiterInnen hing von der Kinderzahl und vom Ausmaß der Angebote für Familien und Fachkräfte (z.B. für Fortbildungen) ab.

Die meisten Playgroups und Nursery Classes sind klein und haben nur zwei bis drei Mitarbeiter. Private Nurseries sind mittelgroß und beschäftigen drei bis acht, bisweilen auch noch mehr MitarbeiterInnen, Private Nursery Schools verfügen über bis zu 12 MitarbeiterInnen. Die komplexeren Integrated Centres[4] (und Early Excellence Centres) sowie Local Authority Day Nurseries beschäftigen eine hohe Zahl an MitarbeiterInnen, da sie viele Kinder betreuen, intensive Elternarbeit durchführen, auch als AusbildnerInnen tätig sind und sich in der Öffentlichkeitsarbeit engagieren. So beschäftigt eine in einer Fallstudie vorgestellte Einrichtung, die für 200 Kinder zuständig ist und den Status Early Excellence Centre (EEC) besitzt, 55 MitarbeiterInnen.

EPPE konnte unter allen Arten ›mittelmäßige‹ bis ›hervorragende‹ Einrichtungen ermitteln. Es gab jedoch unter den Playgroups und Local Authority Daycare viel weniger Einrichtungen, bei denen die Kinder mit guten Ergebnissen abschnitten. Angesichts der Unterschiede bei den Gehältern sowie in der Aus- und Weiterbildung erstaunt dies nicht. In Bezug auf ihr Ethos konnten die Einrichtungen der Fallstudien dennoch teilweise oder äußerst positiv abschneiden:

a) In allen Einrichtungen wurde mit den Kindern liebevoll und unterstützend umgegangen; es wurde ihnen ein Gefühl der Sicherheit vermittelt. Alle beschäftigten die Kinder in unterschiedlichen Gruppen, boten individuelles oder gruppenbezogenes Spiel, gruppenbezogene Aktivitäten am Tisch, unterschiedliche Interessenbereiche, gemeinsame Jausenzeiten und Geschichtenlesen an.
b) Alle Einrichtungen wirkten warm und einladend. Meist wurden die Arbeiten der Kinder ausgestellt. Die Kinder wurden im Allgemeinen mit Respekt behandelt. Die MitarbeiterInnen machten einen ruhigen Eindruck und schienen mit den Kindern gut verbundenen zu sein. Alle Einrichtungen waren relativ gut ausgestattet und hatten ausreichend Platz, wenngleich dieser oft nicht optimal war. Die Spielmöglichkeiten im Freien variierten hingegen sehr stark.

Vergleich der quantitativen Erkenntnisse mit den qualitativen Daten aus den Fallstudien

Bei den Analysen in den Fallstudien wurde intensiv nach Erklärungen geforscht, ob ein Zusammenhang zwischen bestimmten Praktiken in den Einrichtungen, die anhand der Skalen R und E zur Beurteilung des frühkindlichem Umfelds (›Early Childhood Environment Rating‹, Sylva et al. 1999) gemessen wurden, und den Entwicklungsergebnissen der Kinder (vgl. Sammons et al. 2002, 2003) besteht. Dabei wurden vier Aspekte herausgefiltert, die in weiterführenden systematischen Beobachtungen noch eingehend untersucht werden sollten:

---

4 Integrated Centres (in einigen früheren EPPE-Berichten auch Combined Centres) bezeichnen jene Einrichtungen, die Bildungs- und Betreuungsangebote für 3-5-Jährige kombinieren und dabei dasselbe Verhältnis an qualifizierten VorschullehrerInnen wie Nursery Schools aufweisen.

- Verbale Interaktionen zwischen Erwachsenen und Kindern
- Differenzierung und Leistungsbeurteilung
- Disziplin und Unterstützung durch Erwachsene in Konfliktlösungsprozessen
- Partnerschaftliche Zusammenarbeit zwischen den Einrichtungen und dem familiären Umfeld.

Interaktionen zwischen Erwachsenen und Kindern

Alle ›hervorragenden‹ Einrichtungen unterstützten ›nachhaltiges, gemeinsames Nachdenken‹ (›sustained shared thinking‹). Darunter sind Situationen zu verstehen, in denen zwei oder mehrere Personen intellektuell kooperieren, um ein Problem zu lösen, ein Konzept zu verstehen, Tätigkeiten zu beurteilen, eine Geschichte weiterzuentwickeln usw. Alle Beteiligten tragen zum Prozess des Nachdenkens bei, er wird gemeinsam vorangetrieben und ausgebaut. Die Studie ergab, dass dies nicht sehr häufig vorkommt. In ›hervorragenden‹ Einrichtungen waren solche Vorgänge zwischen PädagogInnen und Kindern jedoch erheblich öfter zu beobachten als in ›guten‹ Einrichtungen. Wenn es zu nachhaltigen, gemeinsamen Nachdenkprozessen kam, wurde das Denken der Kinder erweitert. Untersuchungen von Interaktionen zwischen Erwachsenen und Kindern ergaben, dass Phasen des nachhaltigen, gemeinsamen Nachdenkens eine wichtige Voraussetzung für hervorragende frühkindliche Bildung sind, insbesondere, wenn es auch im häuslichen Umfeld mit Unterstützung der Eltern zu solchen Prozessen kommt.

Ein weiteres Merkmal in ›hervorragenden‹ Einrichtungen war die Bereitschaft der PädagogInnen, Interaktionen, die von Kindern initiiert wurden, aufzugreifen und gemeinsam weiterzuführen. Fast die Hälfte aller von Kindern initiierten Episoden, die auch intellektuell herausfordernd waren, wurde von einer MitarbeiterIn aufgegriffen und gemeinsam mit dem Kind weitergeführt. Es wurde außerdem ermittelt, dass ein ›Modellverhalten‹[5] von Erwachsenen oft mit nachhaltigem, gemeinsamen Nachdenken zusammenhängt. Ebenso ist erwiesen, dass offen gestellte Fragen zu besseren kognitiven Ergebnissen führen. Diese Art Fragen machte allerdings nur 5,1% der gesamten Fragen in den 14 Fallstudien aus.

In den ›hervorragenden‹ Einrichtungen ist das Verhältnis zwischen Erwachsenen und Kindern fast ausgeglichen, wenn es darum geht, die Initiative zu ergreifen. Dies hängt mit der pädagogischen Haltung dieser Einrichtungen zusammen, dass sich sowohl Kinder als auch MitarbeiterInnen gleichermaßen dazu aufgefordert fühlen. Auch führen die PädagogInnen die von Kindern initiierten Aktivitäten weiter, ohne diese dabei zu dominieren. Bei den Reception Classes wurden erheblich mehr Aktivitäten von den Erwachsenen initiiert. Bei allen untersuchten Einrichtungen verbrachten die

[5] Dies meint den Prozess, bei dem PädagogInnen als ›Vorbild‹ in Bezug auf Sprache, Verhalten, Fähigkeiten und Einstellung fungieren.

Kinder die meiste Zeit in kleinen Gruppen. Beobachtungen belegen jedoch, dass nachhaltiges gemeinsames Nachdenken am häufigsten gelingt, wenn ein Kind mit nur einem Erwachsenen oder einem weiteren Kind kommunizierte. Bei frei gewählten Spielaktivitäten boten sich für Erwachsene die meisten Gelegenheiten, die Ideen der Kinder weiterzuführen. Es sollten daher geeignete Möglichkeiten geschaffen werden, bei denen sowohl Spiele, die von den Kindern initiiert werden, von Erwachsenen weiter ausgebaut als auch gemeinsame Aktivitäten von den VorschullehrerInnen angeregt werden, da sich beide Herangehensweisen als wichtig für die Förderung von Lernprozessen erwiesen haben.

Die Ergebnisse belegen, dass qualifizierte VorschullehrerInnen den Kindern mehr Bildungsangebote machen (insbesondere in den Bereichen Sprache und Mathematik) und dass sie die Kinder ermutigen, sich auf Aktivitäten mit höheren kognitiven Anforderungen einzulassen. Trotzdem die hoch qualifizierten MitarbeiterInnen verstärkt anleitende Lehrmethoden (wie Zeigen, Erklären, Fragen, Vormachen) verwendeten, waren sie in ihren Interaktionen mit den Kindern ausgezeichnet, da es am häufigsten zu Prozessen des nachhaltigen, gemeinsamen Nachdenkens kam. Darüber hinaus erwiesen sich die weniger qualifizierten MitarbeiterInnen als sehr viel bessere PädagogInnen, wenn sie mit qualifiziertem Personal zusammenarbeiteten.

Differenzierung und Leistungsbeurteilung

Bei den Beobachtungen der VorschullehrerInnen zeigte sich, dass es eine positive Verbindung von Lehrplandifferenzierung, Leistungsbeurteilung, der Auswahl von Aktivitäten, die die kognitiven Fähigkeiten optimal fördern, sowie nachhaltigem gemeinsamen Nachdenken gibt. Die Praxis, dass Erwachsene gewisse positive Haltungen, Verhaltensweisen oder den angemessenen Gebrauch von Sprache ›modellhaft vorführen‹, wird ebenfalls als wertvolle pädagogische Strategie in der frühen Kindheit erachtet.

Die herausragenden Einrichtungen führten gute Dokumentationen und besprachen wöchentlich bzw. monatlich die Fortschritte eines Kindes mit seinen Eltern. Allerdings wurde kaum gesehen, dass die Kinder während einer Aufgabenbewältigung eingehendes Feedback erhielten.

Disziplin und Unterstützung bei Konfliktbewältigung

In den ›hervorragenden‹ Einrichtungen hatte man sich auf Verhaltens- bzw. disziplinäre Regeln geeinigt, die von den MitarbeiterInnen verlangten, die Kinder darin zu unterstützen, Konfliktsituationen zu verstehen und sie durchzusprechen. Mit anderen Worten, es wurde von einer Strategie des Problemlösens ausgegangen. Bei drei Einrichtungen mit sehr guten Ergebnissen im Sozialverhalten lagen diesem Ansatz strenge Verhaltensrichtlinien zugrunde, die allen MitarbeiterInnen vertraut waren. Bei Einrichtungen ohne derartige Regelungen wurde beobachtet, dass dem Fehlverhalten oder den Konflikten der Kinder nicht weiter nachgegangen wurde, vielmehr wurden die Kinder meist einfach abgelenkt oder ihnen gesagt, sie sollten damit aufhören.

Zusammenarbeit mit den Eltern

In den Einrichtungen, die eine besondere Verbindung zu den Eltern in Bezug auf gemeinsame Bildungs- und Erziehungsziele aufgebaut hatten sowie die Eltern ihre Kinder auch zu Hause unterstützten und förderten, wurden sehr gute Lernerfolge erzielt, auch wenn in den Einrichtungen selbst nicht immer gleich bleibend gute pädagogische Arbeit geleistet werden konnte. In hervorragenden Einrichtungen tauschten sich Eltern und PädagogInnen regelmäßig über die Kinder aus und Eltern wurden oftmals in Überlegungen einbezogen, welche weiteren Lernschritte für ihre Kinder angebracht wären. Diese Kommunikationsebene war besonders häufig in privaten Tageseinrichtungen zu finden. Obwohl hiervon besonders Kinder aus überwiegend höheren sozioökonomischen Schichten profitierten, ist der potenzielle Nutzen eines solchen kombinierten Ansatzes (gute pädagogische Arbeit innerhalb einer Einrichtung und Unterstützung der häuslichen Lernumgebung) auch bei Einrichtungen in weniger gut gestellten Regionen offensichtlich.

In Gegenden mit benachteiligten Bevölkerungsgruppen mussten die MitarbeiterInnen aktiv auf die Eltern zugehen, um zu unterstützen, dass Lernprozesse von Kindern auch in der häuslichen Lernumgebung angeregt und gefördert wurden. Es zeigte sich, dass man sich in ›hervorragenden‹ Einrichtungen in benachteiligten Regionen der Bedeutung der elterlichen Kooperation für gelingende Lernprozesse bewusst war. Daher wurden aktiv Schritte gesetzt, um die Eltern einzubeziehen, indem man sich die Zeit nahm, den Lehrplan, die pädagogischen Vorgehensweisen und die Lernziele mit den Eltern eingehend zu besprechen. Die PädagogInnen berieten Eltern bei der Frage, wie sie diese Komponenten zu Hause ergänzen können und wie sich dies auf die Entwicklung ihrer Kinder auswirken kann.

Kenntnis des Lehrplans und der kindlichen Entwicklung

Die Fallstudien zeigen, wie wesentlich es ist, dass die PädagogInnen die einzelnen Bereiche des Lehrplans kennen und verstehen. Ein gutes Verständnis von angemessenem ›didaktischem Fachwissen‹ (›pedagogical content knowledge‹)[6] ist, wie in allen

[6] Um die unterschiedlichen Arten von Wissen, Fähigkeiten und Auffassungen kleinen Kindern zugänglich zu machen, sind oft unterschiedliche pädagogische Methoden notwendig. Bei der Lehrerausbildung wird das Erkennen angemessener Strategien häufig als ›pedagogical content knowledge‹ bezeichnet. Es erfordert eine Kenntnis des unterrichteten Faches sowie des Lernniveaus des Kindes.

Bildungsbereichen, auch in der Vorschulpädagogik eine wesentliche Komponente. Sogar in den ›guten‹ und ›hervorragenden‹ Einrichtungen fanden sich Beispiele, bei denen Kenntnis und Verständnis für gewisse Bereiche des Lehrplans unzureichend waren, insbesondere fand sich das bei der Vermittlung von phonologischen Fähigkeiten und in den Naturwissenschaften.

Die Studie belegt, dass Vorschulkräfte spezielle Unterstützung brauchen, um angemessenes didaktisches Fachwissen für den Bereich der Vorschulpädagogik entwickeln zu können. PädagogInnen, die über didaktisches Fachwissen verfügen, kennen und verstehen den Lehrplan sehr genau, aber ausschlaggebend ist die Tatsache, dass die ›besonders hervorragenden‹ PädagogInnen Kenntnis und Sensibilität hatten, welche Aspekte des Lehrinhalts für die Bedürfnisse der von ihnen betreuten Kinder besonders relevant waren. Auch konnten sie, gestützt auf ihre pädagogischen Kompetenzen, wirksame Handlungs- und Vermittlungsstrategien einsetzen.

Zusammenfassung

Wirksame Vorschulpädagogik beinhaltet sowohl jene Form von Interaktion, die traditionell als ›Lehren‹ bzw. ›Unterrichten‹ verstanden wird, als auch die Bereitstellung von anregenden Lernumgebungen und Übungen.

Die ›hervorragenden‹ Einrichtungen boten sowohl Gruppenarbeiten, die von den VorschullehrerInnen initiiert waren, als auch frei zu wählendes, potenziell lehrreiches Spiel an. Die kognitive Entwicklung der Kinder stand in direktem Bezug zu Quantität und Qualität der von VorschullehrerInnen bzw. von Erwachsenen geplanten und initiierten Gruppenarbeiten, die kindliche Lernprozesse unterstützten. Diese Erkenntnisse stützen den allgemeinen Ansatz der im Jahr 2000 veröffentlichten Empfehlungen für den Lehrplan im Vorschulbereich (›Curriculum Guidance for the Foundation Stage‹, CGFS). Die Einrichtungen, die die kognitive und soziale Entwicklung als sich ergänzend betrachteten, erzielten die besten Ergebnisse bei der Entwicklung der Kinder. Ausgebildete VorschullehrerInnen waren in ihren Interaktionen mit den Kindern am wirkungsvollsten, da sie am häufigsten nachhaltiges, gemeinsames Nachdenken (›sustained shared thinking‹) anwandten. Weniger qualifizierte MitarbeiterInnen arbeiteten pädagogisch besser, wenn sie von qualifizierten VorschullehrerInnen unterstützt wurden.

Literatur

Harms, T., Clifford, R.M., Cryer, D. (1998): Early Childhood Environmental Rating Scale, Revised Edition (ECERS-R). Teachers College Press

QCA/DfEE (2000): Curriculum Guidance for the Foundation Stage. London: QCA/DfEE

Sammons, P., Sylva, K., Melhuish, E., Siraj-Blatchford, I., Taggart, B., Elliot, K. (2002): The Effective Provision of Pre-School Education (EPPE) Project: Technical Paper 8a: Measuring the Impact of Pre-school on Children's Cognitive Progress. Institute of Education, University of London

Sammons, P., Sylva, K., Melhuish, E., Siraj-Blatchford, I., Taggart, B., Elliot, K. (2003): The Effective Provision of Pre-School Education (EPPE) Project: Technical Paper 8b: Measuring the Impact of Pre-school on Children's Social/behavioural Development. Institute of Education, University of London

Siraj-Blatchford, I., Sylva, K., Muttock. S., Gilden, R., Bell, D. (2002): Researching Effective Pedagogy in the Early Years. DfES Research Report 365. Queen's Printer: HMSO London.

Sylva, K., Melhuish, E., Sammons, P., Siraj-Blatchford, I., Taggart, B. (1999): The Effective Provision of Pre-School Education (EPPE) Project: Technical Paper 1: An Introduction to the EPPE Project. Institute of Education, University of London

Sylva, K., Siraj-Blatchford, I., Taggart, B. (2003): Assessing Quality in the Early Years. Early Childhood Environment Rating Scale Extension (ECERS-E): Four Curricular Subscales. Trentham Books: London.

Taggart, B., Sylva, K., Siraj-Blatchford, I., Melhuish, E., Sammons, P., Walker-Hall, J. (2000): The Effective Provision of Pre-School Education (EPPE) Project: Technical Paper 5: Characteristics of the Centres in the EPPE Study: Interviews. Institute of Education, University of London

Die pädagogische Haltung von Betreuungspersonen und Eltern im Umgang mit Vorschulkindern[1]

Cath Arnold

Einleitung

Im Pen Green Children's Center wurde in den 90er Jahren untersucht, welche pädagogischen Ansätze von Eltern und VorschulpädagogInnen wirksam werden, wenn sie die Denkprozesse der Kinder unterstützen wollen (Whalley, Arnold 1997). Nun stellt sich die Frage, welche pädagogischen Strategien für die Entwicklung emotionaler Fähigkeiten hilfreich sind. Von 2000 bis 2004 führte das Forschungsteam von Pen Green gemeinsam mit Eltern und PädagogInnen eine Studie durch, wie Kinder in ihrem emotionalen Erleben im Kindergarten und zu Hause besser unterstützt werden können. Es ist in Pen Green schon lange Tradition, dass zwischen den MitarbeiterInnen und den Familien enge Beziehungen auf der Basis von Hausbesuchen, von Familienunterstützung und vom Bezugsbetreuungssystem bestehen.

58 Familien und 33 PädagogInnen arbeiteten im Laufe der vier Jahre am Projekt mit. Die Untersuchung basierte auf Videobeobachtungen im Kindergarten, die als Ausgangspunkt für Diskussionen mit Eltern, PädagogInnen und Kindern verwendet werden. Die ForscherInnen führten Gruppen- und Einzelgespräche mit Eltern und PädagogInnen durch. Die Grundlage dieses Projekts bildeten die Arbeiten von Jordan und Henderson (1995) über die ›videogestützte Interaktionsanalyse‹, von Tobin (1990) über ›Polyvokale Ethnografie‹ und Haggertys (1996) Untersuchung von Videoaufnahmen als Instrument für Entwicklung von Professionalität.

[1] Der Beitrag wurde unter dem Titel »The Differentiated Pedagogical Approaches Adopted by Parents and Workers« bei der Jahreskonferenz der European Early Childhood Education Research Association in Malta (2004) vorgetragen. Er wurde von Kornelia Steinhardt und Barbara Reitz aus dem Englischen übersetzt.

Pädagogische Strategien von Erwachsenen

In den 90er Jahren wurde die von Pascal und Bertram (1997) entwickelte »Adult Style Schedule«, mit der die Erwachsenen-Kind-Interaktionen beobachtet wird, als Bestandteil des Projekts »Effective Early Learning« (EEL) in Pen Green diskutiert und angewendet. Sie baut auf Rogers (1983) Konzept der ›förderlichen Haltung‹ innerhalb therapeutischer Beziehungen auf. Im Rahmen des EEL-Projekts wurden drei Handlungsweisen der PädagogInnen beobachtet:

1. Wie *feinfühlig* zeigt sich der Erwachsene dem Kind gegenüber?
2. Wie viel *Autonomie* bzw. Freiheit gestattet der Erwachsene dem Kind?
3. Wie viel *Stimulation* bzw. Herausforderung bietet der Erwachsene dem Kind?

1997 wurden die Konzepte von ›Feinfühligkeit, Autonomie und Stimulation‹ erstmalig als Teil der Studie »Integration der Eltern in Lernprozesse der Kinder« vorgestellt (Whalley et al. 2001). Damals konzentrierten wir uns auf die Erforschung der Kognition von Kindern und auf die Frage, wie Eltern die Denkfähigkeit der Kinder unterstützen. Die Eltern erfuhren von uns grundlegende Konzepte der Kindesentwicklung und berichteten ihrerseits detailliert über das Leben ihrer Kinder zu Hause. Gemeinsam war es möglich, die Kinder auf Basis ihrer vorrangigen Interessen spannende Erfahrungen machen zu lassen (Athey 1990). Dabei untersuchten wir, welche Strategien die Kinder unterstützen, sich auf Lernerfahrungen einzulassen.

Im Verlauf dieser Studie wurden sieben Mütter regelmäßig gefilmt, wenn sie ihre Kinder am Morgen in die Kindergruppe brachten. Dieselben Kinder wurden untertags mit einer Pädagogin aufgenommen. Dann trafen sich die ForscherInnen, PädagogInnen und Eltern, um die Videos zu betrachten. Gemeinsam analysierten sie, welche Strategien für die Kinder besonders hilfreich waren (Whalley, Arnold 1997). Es wurden acht Strategien herausgearbeitet:

1. Subtile Intervention: der Erwachsene sieht und hört dem Kind zu, bevor er eingreift.
2. Der Erwachsene weiß von den Erlebnissen des Kindes mit seiner Familie und erstellt Querverbindungen zwischen vergangenen und gegenwärtigen Handlungen.
3. Der Erwachsene zeigt dem Kind sein Interesse durch Mimik und körperliche Zugewandtheit.
4. Der Erwachsene ermutigt das Kind, Entscheidungen zu treffen.
5. Der Erwachsene unterstützt das Kind, sich auf angemessene Risiken einzulassen.
6. Der Erwachsene ermutigt das Kind, über bereits Vertrautes hinauszugehen, und ist bereit, gemeinsam mit dem Kind Neues zu lernen.

7. Der Erwachsene ist sich bewusst, dass seine Einstellung und seine Überzeugungen die Lernprozesse des Kindes beeinflussen (können).
8. Der Erwachsene spielt und lernt gemeinsam mit dem Kind. Er engagiert sich dabei und fördert die Neugier des Kindes (Whalley, Arnold 1997).

Whalley und Chandler (2001) wiederholten diese Studie mit sechs Vätern, stießen jedoch auf einen grundlegenden Unterschied. Die Väter verwendeten sieben der Strategien, meinten aber, dass die Strategie 6 (›Ermutigung, über Vertrautes hinauszugehen‹) nicht zutraf. »Die meisten Väter gaben an, dass sie keinerlei Erfahrungen dahingehend gemacht hätten, dass ihre Kinder Fragen stellten, die sie nicht beantworten konnten« (ebd., 93). Die Väter sahen sich als ›Lehrende und Erziehende‹, nicht aber als ›Lernende‹ an der Seite ihrer Kinder.

Ausbau der pädagogischen Strategien

Die Grundlage für die aktuell durchgeführte Untersuchung über emotionales Wohlbefinden und Resilienz des Kindes (2000-2004) bildeten die Überlegungen von Stern (1985) zu ›Affektabstimmung‹ und von Trevarthen (2001) über ›Motherese‹, ›Teacherese‹ und ›Musikalität‹. Wir bemerkten mehr und mehr, dass sich sowohl Eltern als auch PädagogInnen auf die emotionalen und kognitiven Bedürfnisse des Kindes einstellten. Während dies manchen Personen sehr gut gelang, scheiterten andere gelegentlich.

2002 wiederholten wir – ebenfalls unter Verwendung der »videogestützten Interaktionsanalyse« (Jordan, Henderson 1995) – die Untersuchung über pädagogische Strategien von Erwachsenen mit den MitarbeiterInnen der Kindertagesstätten Pen Green und Samuel Lloyds, einer Einrichtung, die sich im gleichen Gebäudekomplex wie Pen Green befindet. Fünf Kinder haben Teilzeitplätze in beiden Einrichtungen. Daher wurde der Wechsel von der einen Einrichtung in die andere genau beobachtet.

Das Konzept von acht Strategien wurde nach intensiven Gesprächen mit den MitarbeiterInnen beider Einrichtungen um die folgenden vier ergänzt:

9. Der Erwachsene spiegelt die Mimik und die verbalen Intonationen des Kindes und zeigt damit, dass er sich in die Emotionslage des Kindes einfühlt.
10. Der Erwachsene ›überprüft‹ die Bedeutung der vom Kind verwendeten Begriffe.
11. Der Erwachsene begleitet und unterstützt verbal die Aktivitäten des Kindes.
12. Der Erwachsene akzeptiert die Gefühle des Kindes, indem er sie verbal benennt.

Es stand außer Frage, dass diese zusätzlichen Vorgehensweisen unmittelbarer das Gefühlsleben der Kinder unterstützten.

Forschung als gleichberechtigter, aktiver Dialog

Mit unseren Forschungen wollten wir die die Überlegungen zur »reflexiven Funktion« (Fonagy 2001) und zur »reflexiven Praxis« (Freire 1996) weiterführen. Die reflexive Funktion beschreibt die Fähigkeit des Erwachsenen, über sein eigenes Aufwachsen nachzudenken, es zu verstehen und sich weiter zu entwickeln. Fonagy (2001, 27) verweist auf den »Freudschen Gedanken (1920), dass jene, die sich nicht an ihre Vergangenheit erinnern und sich nicht damit auseinandersetzen, dazu verdammt sind, sie zu wiederholen, zumindest bei ihren Kindern«. Freire beschreibt die Rolle der Reflexion anhand des Konzepts der ›Erziehung, in der man sich Problemen stellt‹.

> Diese »Erziehung ... bestätigt, dass Frauen und Männer Lebewesen sind, die über sich selbst hinausgehen, sich vorwärts bewegen und vorausschauen, für die Stillstand bedrohlich ist, für die der Blick in die Vergangenheit einzig dafür bedeutend ist, besser zu verstehen, wer sie sind und was sie ausmacht, und dadurch die Zukunft weiser gestalten zu können« (Freire 1996, 64f.).

Freire (1996, 60) befürwortet eine ›Befreiungspädagogik‹, in der die Menschen nachdenken und handeln, um ihre Welt ›zu gestalten‹. Wir als Forscherinnen bemühten uns, den Dialog mit Eltern und PädagogInnen herzustellen, damit sie »ihre Welt besser gestalten können«. Die Untersuchung sollte ›partizipativ‹ und somit Eltern und Mitarbeiter »Studiensubjekte«, nicht »Objekte« sein (Cohen et al. 2000). Es war den ForscherInnen durchaus bewusst, dass sie von den TeilnehmerInnen der Studie als sehr einflussreich wahrgenommen wurden. So kann die Kamera, die wir ja regelmäßig benutzten, als Instrument der Macht, und derjenige, der dahinter steht, als besonders mächtig erlebt werden (Haggerty 1996). Und in gewisser Weise beeinflusst die Kamera auch das Verhalten der Gefilmten.

Mit der Kamera wird das pädagogische Tun der MitarbeiterInnen dokumentiert – sowohl in gelungenen als auch in weniger gelungenen Momenten. Daher ist es gerade für die PädagogInnen – mehr als für die Eltern – manchmal problematisch, gefilmt zu werden, weil sie dies auch als Bewertung erleben. Für einige MitarbeiterInnen war es eine neue Erfahrung, gefilmt zu werden, und sie empfanden es anfänglich als einschüchternd, das Material zusammen mit Eltern und ForscherInnen zu diskutieren. Daher war es wichtig, eine ausgewogene Balance zwischen ForscherInnen und PädagogInnen herzustellen. Zu diesem Zweck wurde der in Pen Green herrschende ethische Kodex adaptiert. »Forschung in Pen Green sollte immer

- von allen TeilnehmerInnen positiv erlebt werden,
- Daten produzieren, die allen MitarbeiterInnen zugänglich sind und von allen interpretiert werden können,
- auf Fragen von den Teilnehmenden (Eltern, Kindern und MitarbeiterInnen) ausgerichtet sein,

- auf einer wechselseitigen Vertrauensbeziehung basieren und
- Ergebnisse bringen, die die pädagogische Praxis zu Hause und im Kindergarten verbessern oder zumindest unterstützen sollen« (Whalley 2001, 13).

Wenn es MitarbeiterInnen, Eltern oder Kindern unangenehm war, gefilmt zu werden, wurden die Aufnahmen abgebrochen. Allerdings empfanden es einige MitarbeiterInnen als schwierig, diese Möglichkeit in Anspruch zu nehmen. Es wurde daher vereinbart, dass es Einzelaufnahmen mit MitarbeiterInnen geben solle und sie umgehend Feedback darüber erhalten (Whalley et al. 2001). Es gab mündliche und schriftliche Rückmeldungen in einem Tagebuch, in das die MitarbeiterInnen Einsicht nehmen konnten.

Die Beziehungen zwischen den PädagogInnen und den einzelnen Kindern wurden von allen Beteiligten eingehend beobachtet. Die Analyse der gefilmten PädagogInnen-Kind-Interaktionen war ein sensibler Prozess, weshalb die ForscherInnen bemüht waren, bei den gemeinsamen Diskussionen des Materials die Interaktionen mit den MitarbeiterInnen einfühlsam zu gestalten. In einem Bericht über »Early Excellence Centres« verglich Whalley »Erwachsenenbildung und effektive Leitung« (British Council Germany 2004): Die MitarbeiterInnen mussten sowohl bei dem, was sie taten, »ermutigt und bestärkt« werden, als auch »ermutigt werden, Risiken einzugehen und neue Ideen« einzubringen (ebd. 29).

Wendepunkte

Der *erste entscheidende Wendepunkt,* die Balance zwischen ForscherInnen und MitarbeiterInnen herzustellen, war die Entdeckung, dass manche PädagogInnen für die Kinder eher »emotional verfügbar« und andere eher »kognitiv verfügbar« waren (Dennison 2003). Die Kinder schienen intuitiv zu wissen, ob jemand eher auf der emotionalen oder auf der kognitiven Ebene erreichbar war. In einer Videovignette zog es ein Kind, das aufgrund eines einschneidenden Ereignisses in seinem Leben Trost brauchte, zu jener Pädagogin, die es tatsächlich dann auch tröstete. In unseren Diskussionen stellte eine Mitarbeiterin fest, dass ein Kind, das vermehrt intellektuelle Interessen hat, von einer Pädagogin angezogen war, die stärker wissensorientiert war und es daher vermehrt mit kognitiv anspruchsvollen Anforderungen konfrontierte.

Als die ForscherInnen aufzeigten, wie die Kinder intuitiv handelten, dachten auch die MitarbeiterInnen darüber nach, welche Art von Beziehung sie zu den einzelnen Kindern präferierten. Sie erachteten dabei ihren bevorzugten Stil nicht als Schwäche, sondern als Stärke. Damit analysierten die PädagogInnen ihre pädagogischen Ansätze unter dem Aspekt persönlicher Kompetenz, was ihnen die Möglichkeit gab, über ihr Handeln differenziert nachzudenken. Sie begannen zu überlegen, welche Kinder sich aufgrund welcher Haltungen von ihnen besonders angezogen fühlten, und inwieweit es möglich wäre, ihr Verhaltensrepertoire zu erweitern.

Bei diesen Diskussionen wurde auch darüber gesprochen, wie sich die PädagogInnen fühlten, wenn sie von einem bestimmten Kind zurückgewiesen oder ausgewählt wurden. Für solche Überlegungen waren die Forschungs- und Studiengruppen ein Container der unterschiedlichen Emotionen, da ihnen dort breiter Raum gegeben wurde, sie dort aufgefangen, verstanden und verdaut wurden (Bion 1962; Fonagy 2001).

Der *zweite Wendepunkt* war die Entwicklung des Konzepts der ›pädagogischen Teams‹. Die Diskussionen mit Eltern und PädagogInnen zeigten, dass Kinder und Eltern ein *Team* von PädagogInnen mit unterschiedlichen Stärken benötigten. Die Unterschiedlichkeit macht ein Team wirkungsvoller. Die Idee des ›pädagogischen Teams‹ hatte sowohl Auswirkungen auf die Zusammensetzung der Teams als auch auf die Auswahl neuer MitarbeiterInnen. Es wurde wichtig, MitarbeiterInnen aufzunehmen, die Stärken in beiden Bereichen hatten – sowohl kognitive als auch emotionale Kompetenz –, damit die Kinder nicht bloß einseitig Unterstützung finden.

Die Bindungstheorie geht davon aus, dass Kinder mehrere »Bindungspersonen« haben können (Bowlby 1997). Obwohl wir das Konzept der Bezugsbetreuung vertreten (Elfer et al. 2003), zeigten unsere Analysen, dass Kinder manchmal Zuwendung und Trost bei anderen MitarbeiterInnen suchten. Es war für ein Team möglich, die unterschiedlichen Beziehungswünsche der Kinder zulassen und auch unterstützen zu können, wenn ausreichend Vertrauen im Team vorhanden war.

Pädagogische Strategien als Instrument der Selbstevaluation

Im nächsten Schritt wurde überlegt, wie das Wissen um die pädagogischen Strategien als Mittel zur Selbstevaluierung verwendet werden könnte. Drei Teams von Pen Green wurden gebeten, das Konzept der zwölf pädagogischen Strategien als Grundgerüst zu verwenden, um über ihre Praxis nachzudenken. Sie sollten sich auf einer Skala von 1 bis 5 selbst bewerten, wobei 5 bedeutete, dass sie sich sehr hoch einstuften.

Team 1 wollte lieber in Zweiergruppen arbeiten, wobei der jeweilige Partner die Arbeit des anderen einschätzen sollte. Diese Vorgehensweise löste eine angeregte Diskussion aus. Die aus sieben PädagogInnen bestehende Gruppe war sich einig, welche Person innerhalb des Teams eher ›kognitiv‹ orientiert war (und damit den Kindern herausfordernde Erfahrungen und Anregungen bieten konnte) und welche mehr ›emotional verfügbar‹ war (und stärker auf Verletzlichkeit, Schmerz und Trauer der Kinder reagierte). Das Team hatte den Eindruck, dass die aufgelisteten Strategien nicht wiedergaben, wie die beiden PädagogInnen konkret handelten. Der ›kognitiv‹ orientierten Mitarbeiterin gelang es besonders gut, »einen unterstützenden Rahmen zu bieten und gemeinsam mit den Kindern zu arbeiten, was meist am Boden geschieht«.

Sie war sehr engagiert und zeigte echtes Interesse an den Aktivitäten der Kinder. Die durchwegs ›emotional verfügbare‹ Person war »ruhig«, »ihre Stimme leise«, »ihre Interaktionen zeitlich sehr gut abgestimmt«, und sie hatte »die Gabe, das Engagement der Kinder zu unterstützen«.

Insgesamt schätzte sich dieses Team bei der Strategie 3 – »Der Erwachsene zeigt dem Kind sein Interesse durch Mimik und körperliche Zugewandtheit« – am höchsten ein. Am niedrigsten lag ihre Bewertung bei Strategie 6 – »Der Erwachsene ermutigt das Kind, über das ihm Bekannte hinauszugehen, und ist bereit, gemeinsam mit dem Kind Neues zu lernen«.

Team 2 – das ebenfalls sieben MitarbeiterInnen umfasste – beschloss, dass sich zuerst jeder selbst bewerten sollte, um dann die Bewertungen mit einem Kollegen seines Vertrauens zu besprechen. Während dieser Besprechungen wurden einige Auswertungen nachgebessert.

Bei der Gesamtbewertung befand dieses Team, dass seine Stärke bei Strategie 12 – »Der Erwachsene akzeptiert die Gefühle des Kindes« – lag. Die niedrigste Bewertung gab es sich bei Strategie 2 – »Der Erwachsene weiß von den Erlebnissen des Kindes mit seiner Familie und erstellt Querverbindungen zwischen vergangenen und gegenwärtigen Handlungen«. Anhand eines Videos, das zwei Teammitglieder in der Arbeit zeigte, konnten drei weitere Strategien aufgefunden werden:

- Der Erwachsene bietet dem Kind neue Informationen.
- Der Erwachsene akzeptiert die Fähigkeiten des Kindes.
- Der Erwachsene lässt dem Kind genug Zeit zu fragen oder zu antworten.

Eine weitere Gruppe, bestehend aus sieben Aushilfskräften für Team 2, beteiligte sich ebenfalls an der Selbstevaluierung. In diesem Team, das fortan als »Aushilfsteam 2« bezeichnet wird, evaluierte sich zunächst jeder selbst und diskutierte die Ergebnisse mit einem Kollegen. Auffallender Weise bewerteten sie sich ebenso wie Team 2 bei der Strategie 12 – »Der Erwachsene akzeptiert die Gefühle des Kindes«– am höchsten und bei Strategie 2 – »Der Erwachsene weiß von den Erlebnissen des Kindes mit seiner Familie und erstellt Querverbindungen …« – am niedrigsten. Es hat den Anschein, als wären die Arbeitsweisen bei Team 2 stark auf die emotionalen Bedürfnisse des Kindes ausgerichtet. Dieses Team scheint sich auch bewusst zu sein, wie belastend es sein kann, über die familiären Erfahrungen jedes Kindes Bescheid zu wissen.

Team 3 bestand aus zwölf Personen, aufgeteilt in ein Kern- und ein Aushilfssteam. Der Koordinator, der das Team leitete, führte die Evaluation mit allen 12 MitarbeiterInnen in einer Teamsitzung durch. Das Forschungsteam war daran nicht beteiligt, erhielt jedoch die Ergebnisse mündlich und schriftlich durch den Koordinator.

Auch hier erörterten die PädagogInnen die Strategien zuerst zu zweit, dann in zwei Gruppen zu sechst, bevor sie sich selbst evaluierten. Das Kernteam 3 war der Ansicht, dass sie unterschiedliche Strategien anwandten, je nachdem ob es nur mit den Kindern oder mit Eltern und Kindern arbeitete. Daher schätzte sich das Kernteam 3 zwei Mal ein. Allerdings zeigte sich, dass die Unterschiede eher gering waren.

Insgesamt zeigten sich beim Kernteam 3 in der Interaktion mit Kindern fünf Strategien, besonders stark:

4. Der Erwachsene ermutigt das Kind, Entscheidungen zu treffen.
7. Der Erwachsene ist sich bewusst, dass seine Einstellung und seine Überzeugungen die Lernprozesse des Kindes beeinflussen (können).
8. Der Erwachsene spielt und lernt gemeinsam mit dem Kind. Er engagiert sich dabei und fördert die Neugier des Kindes.
11. Der Erwachsene begleitet und unterstützt verbal die Aktivitäten des Kindes.
12. Der Erwachsene akzeptiert die Gefühle des Kindes, indem er sie verbal benennt.

Die niedrigste Bewertung des Kernteams 3 war bei Strategie 6 – »Der Erwachsene ermutigt das Kind, über bereits Vertrautes hinauszugehen, und ist bereit, gemeinsam mit dem Kind Neues zu lernen«.

Folgende vier Strategien schätzte das Kernteam 3 in der Zusammenarbeit mit Eltern und Kindern am höchsten ein:

4. Der Erwachsene ermutigt das Kind, Entscheidungen zu treffen.
7. Der Erwachsene ist sich bewusst, dass seine Einstellung und seine Überzeugungen die Lernprozesse des Kindes beeinflussen (können).
8. Der Erwachsene spielt und lernt gemeinsam mit dem Kind. Er engagiert sich dabei und fördert die Neugier des Kindes.
11. Der Erwachsene begleitet und unterstützt verbal die Aktivitäten des Kindes.

Das Kernteam 3 sah sich in Zusammenarbeit mit Eltern und Kindern einheitlich am schwächsten bei:

1. Subtile Intervention: der Erwachsene sieht und hört dem Kind zu, bevor er eingreift.
6. Der Erwachsene ermutigt das Kind, über das ihm Bekannte hinauszugehen und ist bereit, an der Seite des Kindes neue Dinge zu lernen.

In der intensiven Diskussion war sich das gesamte Team einig, »dass die Reaktion der MitarbeiterInnen stark von den Eltern abhängt. Die Emotionen der Eltern haben großen Einfluss auf die der Kinder. Die PädagogInnen müssen Kenntnis von den Emotionen der Eltern haben und wissen, welche Unterstützung sie brauchen« (schriftliches Feedback des Koordinators).

Das Aushilfsteam 3 führte eine Gesamtbewertung durch und kam zum Ergebnis, dass die Strategie 3 – »Der Erwachsene zeigt dem Kind sein Interesse durch Mimik und körperliche Zugewandtheit« – besonders ausgeprägt, während Strategie 6 – »Der

Erwachsene ermutigt das Kind, über das ihm Bekannte hinauszugehen und ist bereit, gemeinsam mit dem Kind Neues zu lernen« am schwächsten war.

Eine Pädagogin stellte abschließend fest, dass sie »die Aufgabenstellung nicht mochte« und sie sehr belastend empfand. Andere MitarbeiterInnen hingegen sahen es als Chance, über ihre eigenen Kompetenzen sowie über jene ihrer KollegInnen nachzudenken« (schriftliches Feedback des Koordinators).

Der Koordinator führte ein Einzelgespräch mit jener Pädagogin, die der Aufgabe gegenüber so negativ eingestellt war. Dabei kam zutage, dass frühere belastende Erfahrungen während der Ausbildungszeit und in anderen Einrichtungen bei ihr das Gefühl ausgelöst hatten, sie werde nun abgeurteilt. In der Sicherheit des Gesprächs konnte sie ergründen, wie sehr ihre Emotionen in Bezug zur Evaluation damit zu tun hatten, dass sie früher in einer mehr strafenden, entwertenden Umgebung gearbeitet hatte (Freire 1996). Es wurde ihr möglich wahrzunehmen, dass ihre momentane Arbeitssituation anders war. Der Auftrag, sich selbst zu evaluieren, wurde für die Mitarbeiterin zu einem ›emotionalen Behälter‹ all ihrer negativen Gefühle, wodurch es ihr mit Hilfe der Begleitung durch den Koordinator möglich wurde, mehr über sich selbst zu erfahren, darüber nachzudenken und sich weiterzuentwickeln (Fonagy 2001).

Im Verlauf der gemeinsamen Diskussion des Teams mit dem Koordinator über »subtile Intervention« (Strategie 1) kommentierten einige PädagogInnen die übliche Praxis in Einrichtungen, in denen sie früher gearbeitet hatten: »Wenn man nicht ständig mit den Kindern geredet hat, bekam man Schwierigkeiten mit der Kindergartenleitung. Man musste immer Fragen stellen: Welche Farbe? Wie viele? Welches Geräusch? Etc.« Daher hatten sie hier »umlernen müssen, weil wir in dieser Umgebung ermutigt werden, zu beobachten und abzuwarten. Dies ist eine zentrale Aufgabe – beobachten und warten, und zu wissen, dass das Arbeit ist«.

Nutzen der Selbstevaluierung

Zwei der drei Teams hielten es für sinnvoll, regelmäßig Selbstevaluierungen durchzuführen, etwa drei Mal im Jahr. Die TeamleiterInnen sahen sie als nützliche Grundlage, um über Erwachsenen-Kind-Interaktion in Teambesprechungen und bei Einzelgesprächen zu diskutieren. Die PädagogInnen meinten, dass der regelmäßige Austausch sie anregen würde, über ihr Handeln nachzudenken und es weiterzuentwickeln; und es wäre wichtig, sich ausreichend Zeit zu nehmen, um die Arbeit zu reflektieren und besser zu verstehen, warum man gerade in dieser oder jener Art mit den Kindern umgeht.

Es wurde deutlich, dass die Selbstevaluierung nur der Anfang der »Intensivierung des Dialogs« war (Freire 1996). Die Entscheidungen, die im Laufe einer Evaluierungssitzung getroffen wurden, mussten anhand von Beispielen aus der täglichen Praxis überdacht und überprüft werden, wie häufig sie in der Praxis zur Anwendung kamen. Auch die TeamleiterInnen konnten das Konzept der Strategien als Grundlage für ihre Mitarbeitergespräche heranziehen. Die PädagogInnen empfanden die Strategien als Erleichterung, ihre pädagogischen Haltungen deutlicher formulieren zu können (was gerade außen stehenden Inspektoren gegenüber von Vorteil wäre).

Es wurde aber auch darauf verwiesen, dass eine Skala, die keine Ziffernbeurteilung beinhaltet, sondern Formulierungen wie »immer«, »häufig«, »manchmal«, »selten« und »nie«, hilfreicher wäre. Diese Art der Selbsteinschätzung wäre näher an ihrer Praxis.

Diskussion und Schlussfolgerungen

Methodik

Der Einsatz von Videoaufzeichnungen hat sich als wirkungsvolle Methode erwiesen, um konkrete Interaktionen eingehend zu reflektieren. Allerdings kann er auch zur Bedrohung werden, wenn sich PädagogInnen ungeschützt und bloß gestellt fühlen. Es würde den Rahmen dieser Arbeit sprengen, die Diskussionen über die Methode darzustellen. Es sei jedoch gesagt, dass keine Mühen gescheut wurden, um eine ausgewogene Balance zu schaffen, und dass daher die PädagogInnen mitentscheiden konnten, welches Material besprochen wurde. Die PädagogInnen mussten so einbezogen werden, dass die aufkommenden Emotionen bewältigt werden konnten, wodurch sich – als das Vertrauen der einzelnen MitarbeiterInnen größer wurde – im Laufe der Zeit das Engagement intensivierte. Deutlich zeigte sich dieses Vertrauen, als drei PädagogInnen freiwillig Videomaterial von ihrer Arbeit zur Verfügung stellten. Sie filmten einander und stellten in den abschließenden gemeinsamen Forschungsdiskussionen ihr Wissen über die einzelnen Kinder, deren Lebenszusammenhänge und familiäre Kontexte zur Verfügung.

Stärken und Schwächen

Weniger erfahrene PädagogInnen empfanden die Strategien eher als Liste von Anweisungen, die Auskunft darüber gab, was sie tun sollten. PädagogInnen mit mehr Erfahrung und Vertrauen schienen sich ihre Schwächen besser eingestehen zu können und sahen das Konzept auch als Anregung für ihre fachliche Weiterentwicklung. So gab eine Pädagogin an, dass sie die Kinder für gewöhnlich eher kognitiv motivierte, jedoch auf der emotionalen Ebene manchmal weniger erreichbar war. Sie fragte sich, warum sie so agierte und wollte sich damit mehr auseinander setzen.

Gerade die sehr erfahrenen MitarbeiterInnen mit hoher Reflexionskompetenz zeigten sich besonders ehrlich, was ihre eigenen Stärken und Schwächen betraf. Sie waren am ehesten bereit, ihr eigenes Handeln und das der KollegInnen zu hinterfragen. Dieses Ergebnis macht deutlich, wie wichtig es ist, dass die MitarbeiterInnen Unterstützung wie etwa regelmäßige Supervision erhalten. Supervision sollte für jeden emotionales Containment, fachliche Anregung aber auch Klarheit bieten, was im Umgang mit den Kindern erwartet wird.

Erkenntnisse zu einzelnen pädagogischen Strategien

Strategie 6 – »Der Erwachsene ermutigt das Kind, über das ihm Bekannte hinauszugehen und ist bereit, gemeinsam mit dem Kind Neues zu lernen« – schien für die PädagogInnen am problematischsten zu sein. Diese setzt nämlich voraus, dass Erwachsene ihre Schwächen akzeptieren und bereit sind, gemeinsam mit den Kindern zu lernen. Dies mag für unerfahrene PädagogInnen, die stark hierarchische Strukturen gewöhnt sind, eine völlig neue Haltung darstellen. Es darf nicht vergessen werden, dass die ersten acht Strategien der Kooperation mit den Familien entstammen (Whalley, Arnold 1997). Zuzugeben, dass sie gemeinsam mit den eigenen Kindern lernen, dürfte für Mütter weniger bedrohlich sein. Trevarthen (2001, 4) betont, dass »Erwachsene ohne Schulung oder spezielle Vorüberlegungen in ihren spontanen Reaktionen Kindern gegenüber eher ähnlich sind ...«. Für sechs Väter hingegen stand gar nicht erst zur Debatte, dass sie von ihren Kindern lernen könnten (Chandler 2001). Es fiel ihnen viel schwerer als manchen der PädagogInnen, Schwächen einzugestehen. Dies könnte aber auch mit dem Status und den Berufen der Väter zusammenhängen.

Strategie 6 zielt stärker auf kognitive Unterstützung. Es hat sich in der Untersuchung gezeigt, dass sich die Mehrzahl der PädagogInnen sicherer fühlt, mit den emotionalen Bedürfnissen der Kinder umzugehen als deren kognitive Anliegen wahrzunehmen und anzuregen. Eine Mitarbeiterin wies darauf hin, dass es laufend andere Erfordernisse im Kindergartenalltag gibt, die die PädagogInnen davon abhalten, die kognitiven Interessen der Kinder im Detail herauszufinden und explizit zu fördern.

Viele der unerfahrenen PädagogInnen entdeckten ihre Stärke bei Strategie 3 – »Der Erwachsene zeigt dem Kind sein Interesse durch Mimik und körperliche Zugewandtheit«. Diese Strategie ist einfacher auszuführen, weil sie auf körperliche Aktivität abzielt. Sie erscheint auch weniger bedrohlich, weil die PädagogInnen nicht näher erläutern müssen, was sie gerade tun. Diese Strategie ist wie ein roter Faden für PädagogInnen, gerade wenn sie unsicher sind, was sie tun sollen. Denn damit können sie dann förmlich in die Welt des Kindes eintauchen.

Gespenster der Vergangenheit

Eine Pädagogin reagierte sehr ablehnend auf dieses Evaluationsverfahren. Sie erkannte, dass diese negative Reaktion mit ihren eigenen Kindheitserfahrungen zusammenhing. Fraiberg, Shapiro und Adelson (1980, 166) haben beschrieben, wie die »Gespenster aus dem Kinderzimmer« wiederkehren, wenn sich »die Vergangenheit in der Gegenwart wiederholt«. Die Pädagogin konnte sich erst dann in ihrer beruflichen Arbeit weiterentwickeln, als es ihr gelang, diese »Gespenster« bzw. die schlimmen vergangenen Erfahrungen aufzudecken und zu bearbeiten.

Die Rolle von Vorgesetzten und KollegInnen

Als Vorgesetzte bedarf es umfangreichen Fachwissens und Fingerspitzengefühls, ein Arbeitsumfeld zu schaffen, in dem eine Pädagogin Zugang zu ihren »Gespenstern« aus der Vergangenheit, d.h. zu ihren unbewältigten Vorerfahrungen, bekommen kann. Die LeiterIn muss offen dafür sein, als Container zur Verfügung zu stehen, der die belastenden Emotionen der PädagogInnen verdaut, wodurch sie bewältigt und letztendlich verarbeitet werden können (Bion 1962).

Auch eine Mitarbeitergruppe kann als solcher Container fungieren. Wenn innerhalb einer kleineren Arbeitsgruppe Vertrauen aufgebaut wird und die Bereitschaft vorhanden ist, etwas auszuprobieren und zu riskieren, kann es gelingen, das eigene Verhalten und die Beziehungen anders wahrzunehmen, was das Bewusstsein und die Bereitschaft für neue Entwicklungsschritte erhöht (Mezirow 1981). Und all das wirkt sich tief greifend auf die Kinder aus.

Fragen und Implikationen für die Zukunft

- Wie kann eine Kultur entwickelt werden, in der der Erwachsene zum reflektierenden Praktiker wird? Wäre ein Schritt in diese Richtung, sich selbst und auch anderen gegenüber seine Stärken und Schwächen einzugestehen?
- Die gegenwärtige Arbeit mit Kindern wird von früheren Erfahrungen beeinflusst. Wie gelingt es, PädagogInnen zu unterstützen, über ihre »Gespenster aus dem Kinderzimmer« und deren Einfluss auf die tägliche Praxis nachzudenken?
- Die PädagogInnen hatten viel Erfahrung darin, auf das Gefühlsleben der Kinder angemessen einzugehen. Wie können sie ermutigt werden, die Kinder darin zu unterstützen, ihren kognitiven Horizont zu erweitern?

Literatur

Fraiberg, S., Adelson, E., Shapiro, V. (1980): Ghosts in the Nursery: A Psychoanalytic Approach to the Problems of Impaired Infant–Mother Relationships. In: Fraiberg, S.: Clinical Studies in Infant Mental Health. New York, London: Tavistock Publications, 164-196

Bion, W. (1962): Learning From Experience. London: Heinemann
Bowlby, J. (1997): Attachment and Loss: Volume 1. London: Pimlico
British Council Germany (2004): Early Excellence. Projektbericht. Berlin
Cohen, L., Manion, L., Morrison, K. (2000): Research Methods in Education. London: Routledge Falmer
Dennison, M. (2003): »Pedagogic Strategies. Paper presented at EECERA Conference, Strathclyde University
Elfer, P., Goldschmied, E., Selleck, D. (2003): Key Persons in the Nursery. London: Davod Fulton
Fonagy, P. (2001): Attachment Theory and Psychoanalysis. New York: Other Press
Formosinho, J.O. (2001): The Specific Professional Nature of Early Years Education and Styles of Adult/Child Interaction. In: European Early Childhood Education Research Journal, 9, (1)
Freire, P. (1996): Pedagogy of the Oppressed. London: Penguin
Haggerty, M. (1996): Using Video to Work with Te Whariki. Wellington College of Education, New Zealand
Jordan, B., Henderson, A. (1995): Interaction Analysis: Foundations and Practice. In: The Journal of the Learning Sciences, 41 (1), 39-103
Laevers, F. (1997): A Process-Oriented Child Follow – up System for Young Children. Centre for Experimental Education, Leuven
Luthar, S. (Ed) (2003): Resilience and Vulnerability. Cambridge University Press
Mezirow, J. (1981): Adult Education. In: Adult Education Association of the USA, 32 (1), 3-24
Pascal, C., Bertram, A.D. (1997): Effective Early Learning, London: Hodder and Stoughton
Rogers, C.R. (1983): Freedom to Learn for the 80's. London: Charles E. Merrill
Stern, D. (1985): The Interpersonal World of the Infant. New York: Basic Books
Tobin, J., Davidson, D. (1990): The ethics of polyvocal ethnography: empowering vs. contextualising children and teachers. In: Qualitative Studies in Education, 3 (3), 271-283
Trevarthen, C. (2001): Tuning into Children: Motherese and Teacherese, the Listening Voice. Conference Talk at Pen Green Centre, Corby, Northants March
Whalley, M., Arnold, C. (1997): Effective Pedagogic Strategies, TTA Summary of Research Findings. London: Teacher Training Agency
Whalley, M., Chandler, T. (2001): Parents and Staff as Co-educators – ›parents' means fathers too. In: Whalley, M. (Ed): Involving Parents in Their Children's Learning. London: Paul Chapman
Whalley, M. (Ed) (2001): Involving Parents in Their Children's Learning. London: Paul Chapman

Emotionales Wohlbefinden und Resilienz des Kindes: die Bedeutung von »Chuffedness«[1]

Colette Tait

Einleitung

In diesem Beitrag möchte ich einen Einblick in das Forschungsprojekt »Emotionales Wohlbefinden und Resilienz des Kindes« geben, das sich über die vergangenen drei Jahre erstreckt hat. Dann werde ich auf ein Konzept eingehen, das in unserer Forschungsgruppe regen Anklang gefunden hat: »Chuffedness – das Gefühl der stolzen Zufriedenheit«.

Unser Forschungsprojekt nahm seinen Anfang, als wir begannen, über ein bestimmtes Kind nachzudenken, das im Laufe seines bisherigen Lebens schon viele schmerzvolle und schwierige Übergänge erfahren hatte und dennoch sehr widerstandsfähig und belastbar erschien. Wir überlegten, »warum manche Kinder mit einer komplexen und problematischen Lebensgeschichte im Gegensatz zu anderen Kindern mehr Resilienz zeigen« (Rutter, 1997).

Phase I: Herbst 2000 bis Sommer 2001

Im Verlauf des Projekts führte das Forschungsteam regelmäßig Videoaufzeichnungen von Kindern im Kindergarten durch. In Phase I arbeiteten wir mit 17 Kindern und ihren Familien.

Die Kinder wurden drei Mal pro Tag gefilmt. Die erste Aufnahme wurde gemacht, als die Kinder am Morgen von ihren Eltern bzw. der Betreuungsperson in den Kindergarten gebracht wurden und sich von ihnen verabschiedeten. Die zweite erfolgte in der Mitte des Tages und die dritte bei der Wiedervereinigung der Kinder mit ihren Eltern bzw. ihren Betreuungspersonen beim Abholen. Das Forschungsteam, die Eltern dieser

[1] Der Beitrag wurde unter dem Titel »Children's Emotional Well-being and Resilience: Chuffedness« bei der Jahreskonferenz der European Early Childhood Education Research Association in Malta 2004 vorgetragen. Er wurde von Kornelia Steinhardt und Barbara Reitz aus dem Englischen übersetzt.

Kinder und die PädagogInnen trafen sich regelmäßig in Gruppen von etwa acht bis zehn Personen, um das Videomaterial anzuschauen und gemeinsam zu analysieren. Fallweise gab es Einzeltreffen mit jenen Eltern, denen es nicht möglich war, zu Gruppenmeetings zu kommen. Aus all diesen Diskussionen erwuchsen zu den anfänglichen Fragestellungen – wie sich die Kinder im Kindergarten eingelebt haben und wie sie interagieren – weitere Themen:

- Objekte des Übergangs – Übergangsobjekte
- Verabschiedungen: mit Ritualen oder ohne Rituale
- Unterstützung: wer unterstützt das Kind effizient
- Erleben von Urheberschaft (Selbstvertrauen und Durchsetzungsvermögen)
- Erkennen von kognitiven Interessen und Herausforderungen.

Eltern, PädagogInnen und ForscherInnen standen miteinander in fortlaufendem Dialog. Dieser intensive Austauschprozess hatte auch Auswirkungen auf die pädagogische Arbeit und führte im Bereich der oben genannten Themen zu wesentlichen Veränderungen. So erkannten wir, wie wichtig es ist, dass alle PädagogInnen darüber Bescheid wissen, wie jedes einzelne Kind die morgendliche Verabschiedung von den Eltern gestaltet haben möchte. Erst als alle MitarbeiterInnen davon genaue Kenntnis hatten, konnte jedes Kind bei der Trennung effizient unterstützt werden – selbst dann, wenn seine Bezugsbetreuerin nicht anwesend war. Eines der Kinder, Evan, hatte beispielsweise ein besonderes Abschiedsritual. Damit er sich in die Kindergruppe einfügen und sich auf seine Umgebung aktiv einlassen konnte, musste er sehen, wie seine Mutter das Gebäude verließ. Manchmal genügte es, wenn er sie vom Fenster aus weggehen sah und ihr winken konnte. Einige Male ging er zur geöffneten Tür und winkte ihr nach, hin und wieder ging er zum Winken bis zum Zaun des Grundstücks. Wenn Evans Bezugsbetreuerin nicht anwesend war, war es wichtig, dass die anderen PädagogInnen Bescheid über seine verschiedenen Abschiedsrituale wussten.

Phase II: Herbst 2001 bis Sommer 2002

In der Phase II arbeiteten wir mit 28 Kindern und ihren Familien. Wiederum machten wir kurze Videoaufnahmen von den Trennungs- und Wiedervereinigungsszenen beim Ankommen am Morgen und beim Abholen am Nachmittag. Da sich die gelegentlichen Einzelbesprechungen in Phase I sehr bewährt hatten, entschieden wir, uns mit allen Eltern einzeln zu treffen. Denn die Eltern hatten berichtet, es falle ihnen leichter, im Einzelsetting über das emotionale Erleben ihrer Kinder zu reden als in einer Gruppe, weshalb die kurzen Einzeltreffen als intensiver und reichhaltiger empfunden wurden.

In dieser Phase des Projekts wurde sowohl von den PädagogInnen als auch von den Eltern thematisiert, welche persönlichen Überzeugungen und Haltungen es in Bezug auf Grenzen sowie auf implizite und explizite Regeln im Kindergarten und zu

Hause gab. Es tauchten Überlegungen zu den alltagspraktischen Gepflogenheiten bei den PädagogInnen auf:

- Wissen alle MitarbeiterInnen über die individuellen Vorlieben jedes einzelnen Kindes beim Ankommen in den Kindergarten Bescheid?
- Wer unterstützt das Kind, wenn die BezugsbetreuerIn nicht anwesend ist?
- Mehrfachbelastungen der MitarbeiterInnen treten zu bestimmten Zeiten auf, wenn etwa mehrere Kinder gleichzeitig in den Kindergarten kommen, die Kinder zu begrüßen sind, mit den Eltern gesprochen und die restliche Kindergruppe beaufsichtigt werden soll.
- Es kommt immer wieder zum Aufeinanderprallen der Wertvorstellungen der Familie und des Kindergartenteams, wenn es um Formen intrinsischer und extrinsischer Belohnung geht.
- Welche Strategien haben die MitarbeiterInnen, um das Kind beim Einleben in den Kindergarten zu unterstützen; in welchem Ausmaß gelingt es den MitarbeiterInnen, sich an die kognitiven und emotionalen Bedürfnisse des Kindes anzupassen (Stern 1985)?[2]

Phase III: Herbst 2002 bis Sommer 2003

Diese Phase setzte sich aus zwei parallel laufenden Untersuchungen zusammen. Bei der einen wurden sechs Kinder beim Eintritt in die Grundschule begleitet. Sechs Wochen lang beobachteten die LehrerInnen und ForscherInnen die Kinder und tauschten sich über das Ausmaß des emotionalen Wohlbefindens der Kinder und ihres Engagements in der Klasse aus (Laevers, 1997).

Die zweite Untersuchung war die Fortführung der Beobachtungen im Kindergarten von Pen Green, in die 14 Familien einbezogen waren. Allerdings verlagerte sich nun der Beobachtungsfokus. Statt Trennung und Wiedervereinigung filmten wir sechs jeweils halbstündige Freispielphasen (Bruce, 1991). Wir wurden von der Überlegung geleitet, dass »die Emotion der Motor der Kognition« ist, wie Colwyn Trevarthen[3] meinte, mit dem wir 2002 in Pen Green einen Forschungsdialog durchführten. Wenn dem so ist – wovon wir ausgehen –, können wir in diesen Phasen beobachten, ob und inwieweit sich die Kinder auf das Spiel und auf explorierendes Handeln einlassen. Dies wiederum bietet uns einen Anhaltspunkt, wie stark das emotionale Wohlbefinden einzelner Kinder ist. Wird das emotionale Leben der Kinder angemessen unterstützt,

---

2 Vgl. dazu auch den Beitrag von Cath Arnold in diesem Band.

3 C. Trevarthen ist Universitätsprofessor für Entwicklungspsychologie an der Universität von Edinburgh.

sollte es ihnen leichter möglich sein, sich auf die Aktivitäten im Kindergarten einzulassen.

Phase IV: Herbst 2003 bis Sommer 2004

Im Laufe des letzten Jahres des Projekts führten wir die Videobeobachtungen weiter. Jedoch entschlossen wir uns, mit einer noch kleineren Gruppe von Kindern und ihren Familien zu arbeiten. Daher beschränkten wir uns auf 10 Kinder, wodurch es möglich wurde, mit jeder Familie intensiver zusammenzuarbeiten und das Erleben jedes Kindes besser zu verstehen. Wir waren daran interessiert, die Verknüpfung herzustellen zwischen dem Gefühlsleben der Kinder, ihren kognitiven Interessen und den pädagogischen Interventionen, die darauf ausgerichtet waren, kindliche Emotion und Kognition zu unterstützen. Parallel dazu führten einige der beteiligten Eltern Tagebücher, in denen sie die familiären Ereignisse während der Forschungsperiode notierten.

Wir wollten untersuchen, wie die Kinder im Kindergarten ihre Emotionen ausdrücken, und setzten dies in Verbindung zu ihrem Leben zu Hause, so wie es von ihren Eltern berichtet wurde. Bei den eingehenden Analysen der Videoaufzeichnungen von den einzelnen Kindern tauchten wiederkehrend bestimmte Motive und Verhaltensmuster auf:

- Urheberschaft: das Kind beharrt auf etwas, setzt sich durch, demonstriert mit seinem Lächeln oder seiner Einstellung »ich kann das«, entwickelt Ideen;
- Fürsprache: das Kind unterstützt ein anderes oder wird von einem anderen Kind bzw. von einem Erwachsenen unterstützt;
- Verwendung von Übergangsobjekten: das Kind kann sich während der Abwesenheit der Bezugsperson mit Hilfe eines Gegenstands beruhigen oder es erfährt Sicherheit, indem es einen Gegenstand herumträgt;
- nonverbale und verbale Kommunikation;
- Humor, Scherze, Wortspiele, Grimassen schneiden, Unfug treiben, gegen die Regeln verstoßen;
- ungehorsam sein, »nein« sagen, anhaltendes Verhandeln, Ärger zeigen, ignorieren, wegschauen;
- schreien, schlagen, treten, brüllen, weinen, Feindseligkeit, Gereiztheit und Frustration zeigen;
- Trost bei anderen suchen und getröstet werden;
- Chuffedness[4] – das Gefühl der stolzen Zufriedenheit – zeigen.

---

[4] Anm. der Übersetzerinnen: »chuffed« ist ein Ausdruck der britischen Umgangssprache und bedeutet »erfreut«, »stolzgeschwellt«. Da es im Deutschen für Chuffedness keine passende Übersetzung gibt, wird meistens der englische Ausdruck verwendet.

»Chuffedness«

Es fiel uns auf, dass viele Kinder Verhaltensweisen an den Tag legten, in denen sie Selbstzufriedenheit an den Tag legten, die intrinsisch motiviert und vorrangig für sie selbst bedeutsam schien. Zusammen mit Trevarthen bezeichneten wir diese als »Chuffedness« (Gefühl der stolzen Zufriedenheit). Die Kinder zeigten auf sehr unterschiedliche Art ihr Gefühl von Chuffedness, ließen aber keinen Zweifel daran, dass sie gänzlich davon erfüllt waren. Folgende Ausdrucksformen von Chuffedness konnten wir sehen:

- vor Freude singen oder »jauchzen«,
- tiefes Seufzen (wie bei höchster Befriedigung),
- lächeln,
- mit Gestikulieren andere darauf aufmerksam machen, was sie geleistet haben
- Heben der Arme als wollten sie sagen, »seht her«,
- herumstolzieren,
- Zunge in den Mundwinkel oder die Wange schieben, als wollten sie ihre Zufriedenheit mit sich selbst gar nicht zeigen, können sie aber nicht verbergen.

Als wir Kinder bei dieser glücklich-stolzen Zufriedenheit beobachteten, gewannen wir den Eindruck, dass dies für sie wichtige Momente im Kindergartenalltag waren. Wir fragten uns, ob die Fähigkeit von Kindern, Chuffedness auszudrücken, ein Anzeichen oder gar ein Indikator für emotionales Wohlbefinden und Resilienz war (Laevers 1997, Rutter 1997). Daher wollten wir in Erfahrung bringen, was es den Kindern ermöglichte, Chuffedness zu zeigen und was es charakterisiert. Dieses Wissen könnte uns leiten, ein Klima schaffen, in dem das Erleben von dieser speziellen Form der Zufriedenheit begünstigt wird.

Wir dachten zuerst darüber nach, wann jeder von selbst Momente von glücklich-stolzer Zufriedenheit erlebt hatte. Im Team des Zentrums fielen uns viele Beispiele ein. Eine Mitarbeiterin war zufrieden und stolz, als sie ihrem Hund das Frisbeespielen beigebracht hatte, eine andere; als sie es geschafft hatte, eine Computerdatenbank zu erstellen, eine dritte erwähnte den Moment, als ihr Sohn alleine Fahrrad fahren konnte. Ausgehend von solchen Erfahrungen im Erwachsenenalter begannen wir, die einzelnen Komponenten des Gefühls von Chuffedness herauszuarbeiten.

Voraussetzungen für Chuffedness

Wir befragten zehn MitarbeiterInnen (Verwaltungsangestellte, ForscherInnen und PädagogInnen) im Pen Green Centre, was ihrer Meinung nach die Voraussetzungen sind, dass Chuffedness entstehen kann. Die erste Komponente, die von den Befragten erwähnt wurde, war die Freiwilligkeit: etwas auf freiwilliger Basis und aus eigenem Antrieb heraus zu tun (Laevers 1997). In Pen Green wird die intrinsische Motivation des Kindes gefördert, da wir der Ansicht sind, dass »Aktivitäten, die aus dem Interesse des Kindes resultieren und somit intrinsische Motivation fördern, vermutlich zu einem effektiven Lernverhalten führen« (David 1999, 5). Die so genannte »Involvement Scale«, die von Laevers (1997) zur Beurteilung des Lernverhaltens von Kindern entwickelt wurde, zeigt ebenfalls auf, dass ein Kind »intrinsisch motiviert wird, weiterzumachen«, wenn es sich auf einem hohen Niveau der Beteiligung befindet. In all unseren bisherigen Videobeobachtungen haben Kinder ausschließlich dann Chuffedness gezeigt, wenn sie aus eigenem Antrieb gehandelt haben.

Als Zweites gaben die Befragten Begriffe wie »Kampf«, »Aufwand«, »Herausforderung« und »Problemlösung« an – etwas, das nicht einfach zu bewältigen war und deshalb auch der Ausdauer bedurfte. Ausdauer ist nach Laevers (1997) ein Indikator für Engagement. Er stellt fest, dass »Kinder für Entwicklungsprozesse ein hohes Maß an Wohlbefinden … und hohes Engagement brauchen«. Vielleicht verstehen Erwachsene und Kinder, die Ausdauer zeigen, »dass Könnerschaft ein kontinuierlicher Prozess von Versuchen, Fehlschlägen und Anpassungen ist« (Pascal, Bertram 2000).

Aufwand und Einsatz waren für die Befragten Voraussetzung, um nach dem Gelingen einer Sache »absolute Zufriedenheit«, »Erfolg«, »Erfüllung« und »Euphorie« zu erleben. Genau in solchen Momenten konnten wir auch bei Kindern Chuffedness wahrnehmen.

Wenn es möglich ist, Momente von Chuffedness zu erkennen, sollte es gelingen, darauf pädagogisch angemessen zu reagieren. Damit wird das Kind in seinen Handlungen bestärkt und die Pädagogin kann sich mit ihm gemeinsam freuen. Auch Barnardo (2002) merkt in seinem Bericht über effektive Strategien in Kinderbetreuungseinrichtungen an, dass in Vorschuleinrichtungen die Stärken jedes Kindes wahrgenommen, seine Kompetenzen unterstützt sowie unabhängiges Denken und Handeln gefördert werden sollten, um seine Resilienz zu kräftigen. Wenn es gelingt, Momente, in denen Kinder Chuffedness zum Ausdruck bringen, zu erkennen und mit ihnen zu teilen, wird das Selbstwertgefühl der Kinder bestärkt, ohne dabei in ihre Handlungsprozesse massiv eingreifen zu müssen. Chris Athey (1990, 76), ein Mitglied unseres Forscherteams, formulierte kurz und bündig: »Kompetenz erzeugt Vertrauen«.

Videosequenzen als Beispiele für Chuffedness

Jordan

Die Szene, die nun beschrieben wird, spielt zu Hause um neun Uhr am Abend. Der 14 Monate alte Jordan sitzt am Boden, vor sich hat er ein Brett und einige zylinderförmige Rollen aus Karton liegen. Jordan bemüht sich, die Rollen auf dem Brett aufzustellen. Als es ihm gelingt, alle fünf Rollen aufzustellen, lehnt er sich zurück und singt triumphierend vor sich hin, ohne sich darum zu kümmern, ob ihm jemand zuhört – er hat ein Gefühl von Chuffedness.

Daraufhin wirft er die Rollen wieder um und wiederholt das Ganze. Als er es wieder geschafft hat, alle Rollen aufzustellen, seufzt er vor Anstrengung. Dies könnte mit Bruce (1997) als verbissene Entschlossenheit beschrieben werden. Einmal legt Jordan drei Rollen der Länge nach auf das Brett, nimmt dann zwei weitere in seine Hände, schaut sie an und sagt: »So!« Eine nach der anderen legt er der Länge nach auf. Und wieder jauchzt er – nur auf sich selbst konzentriert – auf, bevor er die Rollen wieder umstößt.

Jordan hatte aus sich heraus das Interesse, die Rollen aufzustellen (Laevers 1997). Es kostete ihn viel Mühe, sie genau so aufzustellen, wie er es wollte (Bruce 1991). Aber er war letztendlich erfolgreich und darüber sehr zufrieden. Mit seiner kurzen Bemerkung »so« zeigte er seine Anpassungsleistung (Piaget 2000, Athey 1990). Und er realisierte, dass die Rollen stabiler stehen konnten, wenn er sie aufstellte und nicht der Länge nach hinlegte.

Liam

Der dreijährige Liam steht im Kindergarten auf großen Holzblöcken, schaut unsicher herum und hält sich an einem daneben befestigten Bord fest. Er schickt sich an, hinunter zu springen. Stellt man das Video auf Zeitlupe, kann man sehen, dass er sein Bäuchlein reibt und seine Hände darüber kreisen, als wolle er sich selbst Mut zusprechen, um für die große Herausforderung fit zu werden. Liams Mutter meint, dass sie dieses Verhalten schon öfter wahrgenommen hat, und zwar immer dann, wenn er etwas in Angriff nimmt, das ihm schwierig erscheint. Von den Blöcken zu springen, ist für Liam keine einfache Sache. Es mag sein, dass er schon mehrere Male darauf geklettert ist, ohne den Mut zu haben, herunter zu springen. Als er es nun wagt und am Boden landet, schaut er stolz und zufrieden (chuffed) über seine hervorragende Leistung. Er hat die Zunge in die Wange geschoben und schwingt seine Arme, als er mit Entschlossenheit von den Blöcken weggeht.

Megan

Am Beginn der Szene sieht man Megan, wie sie die Beine ihrer Jeans aufrollt. Sie scheint bemüht zu sein, die aufgerollten Hosenbeine genau gleich lang zu machen, indem sie jedes Bein immer um die gleiche Länge hinaufstülpt. Dann steht sie auf, nimmt ihren Pullover und spaziert im Kindergarten herum. Anschließend versucht sie einige Zeit lang den Pullover zu entwirren, dreht ihn auf die richtige Seite und zieht die verdrehten Ärmel heraus, sodass sie ihn anziehen kann. Als sie den Pullover über den Kopf zieht und in den einen Ärmel schlüpft, sagt sie zur Person, die sie gerade filmt: »Robert, meine Mami zieht mir mein Gewand an.« Dann schlüpft sie in den zweiten Ärmel und ist angezogen. Gerade in dem Moment, als sie den Pullover hinunter zieht, wirkt Megan enorm stolz und zufrieden – chuffed. Man hat den Eindruck, dass sie nicht davon abhängig ist, ob jemand ihre Befriedigung teilt.

Danach wendet sie sich wieder an den Mitarbeiter hinter der Kamera: »Magst du mich jetzt? Ich bin ganz angezogen.« Megan wirkt sehr zufrieden mit sich selbst. Im Unterschied zu den anderen Beispielen von Chuffedness, die wir gesehen haben, fragt Megan nach Bestätigung durch die andere Person.

Ellis

Ellis ist drei Jahre und fünf Monate alt. Er müht sich schon längere Zeit mit zwei Matten ab. Offensichtlich versucht er, die beiden Matten in einer Linie hintereinander aufzulegen. Aber die Matten sind ziemlich schwer und daher nicht leicht von der Stelle zu bewegen. Nach langem Plagen gelingt es ihm endlich, die Matten leicht überlappend in eine Linie zu bringen. Er hüpft darauf herum, dreht sich um und geht weg. Dabei hebt er die Arme hoch und senkt sie mit einem zufriedenen Seufzer. Auch hier ist der charakteristische Ablauf zu sehen: das Kind beginnt mit einer intrinsisch motivierten Aktivität, die viel Anstrengung erfordert, letztlich erfolgreich gemeistert wird und mit dem Ausdruck von Chuffedness beendet wird.

Harry

In dieser Szene sieht man Harry (drei Jahre, sechs Monate) zu Hause bei seiner Großmutter eine Schnur um einen Schrank binden. Doch das gestaltet sich als schwierig, da er die Schnur zuerst um den einen Griff wickeln muss, bevor er sie um den zweiten Griff fixieren kann. Harry bleibt über eine Stunde konzentriert dabei. Als er endlich mit dem Ergebnis zufrieden ist, tritt er einen Schritt zurück, schaut es sich nochmals an, seufzt tief auf und ruft seine Mutter: »Mami, schau her!« Ähnlich wie Ellis wirft er die Arme in die Luft und senkt sie mit einem großen Seufzer, während er dabei ständig auf sein Werk schaut.

Es ist bekannt, dass Harry von Linien und Verbindungen fasziniert ist (Athey 1990, Arnold 2003). Hier war nun zu sehen, wie sehr er mit sich selbst und seiner Leistung zufrieden war. Aus eigenem Antrieb begann er seine Aktivität, war unterstützt in seinen Explorationen und sah sich darin bestätigt (Coopersmith 1967), als er zufrieden (chuffed) war. Erst als Harry in die Schule kam, wo »die Anforderungen eher über Aufgabenerfüllung als über Erkundung zu erbringen waren«, verlor er »das Vertrauen in sein eigenes Können« (Arnold 2003). Wir gehen davon aus, dass es wichtig ist, die Kinder zu ermutigen, zuversichtlich, mutig, ausdauernd und – wenn es angemessen ist – auch dominant zu sein. Dieser Ansatz macht erforderlich, dass die

PädagogInnen den Kindern einen schützenden Raum für ihre Spiele bereitstellen und deren Recht wahren, Handlungen, die für sie von Bedeutung sind, in deren eigenen Tempo zu Ende zu führen.

Fragen und Überlegungen für die Zukunft

- Um Chuffedness bei Kindern zu erkennen und dabei unterstützend einzuwirken, sind die Kinder eingehend zu beobachten (Athey, 2003). Die PädagogInnen sollten angeregt werden, über ihre Praxis nachzudenken, um zu garantieren, dass sie mit den Kindern sensibel interagieren, sie behutsam in ihren Aktivitäten unterstützen, ohne sie zu unterbrechen oder abzulenken (Whalley, Arnold 1997).
- Die emotionalen Bedürfnisse der Kinder sind zu respektieren und zu unterstützen, wenn sie sich aus eigenem Antrieb in etwas vertiefen. Denn es ist unwahrscheinlich, dass sich Kinder mit einem geringen Ausmaß an Wohlbefinden in ein Spiel vertiefen können (Laevers 1997).
- Auch die kognitiven Interessen der Kinder sollten berücksichtigt werden (Athey 1991). Jedes Kind sollte individuell kognitiv gefordert und unterstützt werden, damit sich ihm Gelegenheiten zum Explorieren, Erforschen und auch des intensiven Abmühens eröffnen, die zum Erfolg und somit zum Erleben von Chuffedness führen können.
- Es ist zu überlegen, ob Chuffedness geschlechtsspezifisch ausgedrückt wird. Bei dem hier vorliegenden kleinen Sample von Videovignetten war es lediglich ein Mal der Fall, dass ein Mädchen Chuffedness zeigte. Äußert sich Chuffedness bei Mädchen auf andere, vielleicht subtilere Weise? Werden Mädchen dazu ermutigt, ihren Gefühlen in gleicher Art Ausdruck zu verleihen? Werden sie ermuntert, Probleme anzugehen, zu lösen und nach ihren eigenen Vorstellungen zu handeln? Ist ihr Engagement gleich groß, sind sie ebenso beharrlich, haben genau so viel Erfolg und fühlen sich ebenso ›chuffed‹ wie Jungen? Oder müssen sie in ihrem Erfolg und bei Chuffedness auf andere Weise bestätigt werden?

Literatur

Arnold, C. (2003): Observing Harry. Madenhead: Open University Press

Athey, C. (1990): Extending Thought in Young Children: A Parent – Teacher Partnership. London: Paul Chapman Publishing

Barnardo (2002): Promoting Resilience: A Review of Effective Strategies for Child Care Services – Summary. University of Exeter
Bruce, T. (1991): Time to Play in Early Childhood Education. London: Hodder & Stoughton
Bruce, T. (1997): Early Childhood Education. London: Paul Chapman Publishing
Coopersmith, S. (1967): The Antecedents of Self-Esteem. San Francisco: Freeman & Company
David, T. (Ed.) (1999): Changing Minds: Young Children Learning in Young Children Learning. London: Paul Chapman Publishing
Laevers, F. (1997): A Process Oriented Child Follow Up System for Young Children. Leuven: Centre for Experimental Education
Pascal, C., Bertram, T. (2000): The ACE Project. Accounting for Early Life Long Learning. Worcester: University College
Piaget, J. (2000): The Psychology of Intelligence. London: Penguin
Rutter, M. (1997): Psychosocial Adversity: Risk, Resilience and Recovery. Paper presented at EECERA Conference, Munich
Stern, D. (1985): The Interpersonal World of the Infant. New York: Basic Books
Whalley, M., Arnold, C. (1997): Effective Pedagogic Strategies, TTA Summary of Research Findings. London: Teacher Training Agency

Kindertageseinrichtungen der Zukunft: Aufgaben und Chancen

Ein Essay aus der Perspektive von Fort- und Weiterbildung

Daniela Kobelt Neuhaus

Vergangenheit, Gegenwart und Zukunft

Wenn wir über Zukunft sprechen, haben wir zwangsläufig nicht nur diese im Blick, sondern gleichzeitig Gegenwart und Vergangenheit. In einer Zeit der Postmoderne über die zukünftigen Aufgaben und Chancen von Kindertageseinrichtungen zu spekulieren, ist insofern noch vielschichtiger, wird doch als zentrales Kennzeichen der Postmoderne »der Wandel« ausgemacht. Er betrifft alle gesellschaftlichen Zusammenhänge: ökologische, soziale, technologische und Beziehungen, die permanenter Veränderung im Fließgleichgewicht unterworfen sind und die geradlinige Schlussfolgerungen eigentlich verbieten. Denn die Postmoderne beschreibt mehr als nur den Übergang von der Industriegesellschaft zur Informations- und Wissensgesellschaft. Sie beinhaltet eine grundlegende Neubewertung der Art und Weise, wie Menschen die Welt und sich selbst in ihr sehen und verstehen (Fthenakis 2003, 24). Nichts ist mehr von kontinuierlichem und linearem Fortschritt, von Gewissheit und nachweisbaren Zusammenhängen zu spüren, vielmehr prägen ganz andere Prämissen postmodernes Denken und Handeln: Ungewissheit, Komplexität und Multiperspektivität. Es gibt keine gültigen Werte, Stilrichtungen oder Regeln mehr – viele sind gleichzeitig gültig – auch wenn sie sich gegenseitig ausschließen (Resch 2002, 35).

Damit befinden wir uns in einem Dilemma: Die Erkenntnisse über die Bedeutung von Kindheitserfahrungen werden aus Kindheitserinnerungen heute erwachsener Personen geschlossen. Vorausgesetzt werden Wiederholungen, ähnliche Ursache-Wirkungs-Folgen und grundlegende Ähnlichkeiten in der Verarbeitung von Problemlagen. Antizipierte Zukunft basiert auf erinnerter Vergangenheit. Die Frage des Realitätsgehalts spielt dabei eine untergeordnete Rolle, passt es doch gerade ins Schema, dass vor allem verdrängte und verzerrte Inhalte sowie Rekonstruktionen Aufschluss über die Verarbeitungsmechanismen neurotisierter Kindheiten geben. Solche Deutungszusammenhänge sind unbestritten nützlich, allerdings nur sinnvoll, wenn wir uns der Einengung des Blickwinkels bewusst sind. Über die Erinnerung hinaus gilt es, das

»reale« Kind mit seinen reichhaltigen individuellen Erfahrungen und grundsätzlichen Kompetenzen, mit seinen Bedürfnissen und Fragen an die Welt wahrzunehmen. Wir sind den Kindern gegenüber verpflichtet, an ihnen nicht in zwangsläufiger intergenerationeller Transmission von Problemlagen schuldig zu werden, sondern unsere eigene »wirkmächtige Kindheit« zu reflektieren und als Vergangenheit zu begreifen. Das können wir umso besser, je mehr es uns selber gelingt, in der Gegenwart zu leben und den Dialog für die Zukunft zu führen.

Unklar bleibt beim Nachdenken über Zukunft in der Elementarpädagogik, was wir Kindern wünschen, gönnen, ermöglichen und was wir von ihnen fordern wollen. Alle Gedanken dazu sind von unserer persönlichen und gesellschaftlichen Geschichte geprägt. Entweder sollen es Kinder besser haben oder es besser machen als wir. Aber wie kann das gehen, wenn wir als Vorbilder die Orientierung anbieten? Gibt es so etwas wie objektivierte Wünsche an Kinder? Verheißt die Erfüllung der von Berry Brazelton und Stanley Greenspan formulierten sieben Grundbedürfnisse Kindern ein gesundes und erfolgreiches Aufwachsen? Oder legen wir hier heutigen Kindern in den Mund, was wir auch gerne gehabt hätten?

Die Entwicklung von Kindern ist untrennbar zu sehen von Entwicklungs- und Bildungstheorien, die wiederum ein Spiegel für individuelle Verarbeitung der Vergangenheit, gesellschaftliche Zustände und politische Strömungen sind, verquickt mit Wertvorstellungen und ethischen Vorstellungen über das Zusammenleben in der aktuellen Zeit, in der Welt der Postmoderne (Resch 2002). Personifizierte Vergangenheitsbewältigung begegnet Kindern in Elternhäusern und in Kindertageseinrichtungen, die für Kinder oft erste öffentliche soziale Orte darstellen. Ihr Auftrag ist, Kinder familienergänzend und -begleitend zu bilden, zu erziehen und zu betreuen. Der Auftrag, der zunächst gegenwartsbezogen daherkommt, stellt oft die Weichen für eine Zukunft, die wir nicht im Blick haben und die möglicherweise noch vielfältiger ist, als wir es uns derzeit vorstellen können.

Schon die heute in Kitas anzutreffende Vielfalt an kulturellen und sozialen Anforderungen ist eine Realität, für die sich Eltern und Erzieherinnen nicht vorbereitet sehen. Kinder wachsen in binationalen oder bilingualen Familien auf, erleben wechselnde Partnerschaften von Eltern und das Abreißen örtlicher und sozialer Verankerungen. Selbst wenn Kinder nur mittelbar von der Globalisierung betroffen sind, wenn die Anforderungen an Mobilität und Flexibilität zunächst ihre Beziehungspersonen treffen, sind sie eben doch Betroffene. Sie sind es im doppelten Sinne, stehen sie doch Erzieherpersonen gegenüber, die nur bedingt ihrem Auftrag, Orientierung zu geben, nachkommen können. ErzieherInnen und Eltern sehen sich überrollt von der Globalisierungswelle, reagieren verschreckt, abwehrend und suchen nach Harmonie und Universalität für alle Kinder.

Nicht selten unterschätzen Erwachsene die Folgen familiärer und gesellschaftlicher Brüche. Es mag sein, dass sie selber wenig damit konfrontiert wurden. Einige haben aus Scham und Schuldgefühl Diskontinuitäten des eigenen Lebens verdrängt. Andere erinnern sich zwar noch an Sätze der Kindheit wie »ich bin nicht mehr deine

Freundin«, verbinden damit aber eher vorübergehende Beschämung und Reparationsmöglichkeiten durch Bestechung, Belohnung usw.. Viele der heute aufwachsenden Kinder haben im Alter von fünf Jahren schon so viele Brüche in Beziehungen erlebt, dass ein solcher Satz sie bis ins Innerste trifft. Kein Wunder, dass viele Kinder sich – nicht zuletzt durch Fettpanzer – zu schützen versuchen. In Bewegung bleiben, die Aufmerksamkeit schweifen lassen, Verstummen oder Erstarren sind nur einige der Mechanismen, die Kinder benutzen, um sich in einer Welt von unvorbereiteten und überforderten Erwachsenen zu schützen.

Am Anfang stehen

Im adäquaten Umgang mit kindlichem Erleben können sich Erwachsene weniger denn je auf die früheren eigenen Erfahrungen mit Realitäten verlassen oder im Rückblick auf die eigene Kindheit den professionellen Handlungsbedarf einschätzen.

Aber in einer Welt, die durch kulturelle Verschiedenheit, soziale Vielschichtigkeit und emotionale Unberechenbarkeit gekennzeichnet ist, kann die Orientierung in Lern- und Erziehungssituationen auch nicht mehr durch von außen definierte allgemein gültige Normen und Werte gegeben werden. Jede Situation hat ihre eigene Wahrheit. Jede Begegnung bedarf einer eigenen Analyse aller Beteiligten. Dazu gehören sowohl Selbstwahrnehmung als auch die Entschlüsselung der Fremdwahrnehmung, die weit über die direkte objektive Situation hinausgeht.

Wo Macht und Festlegung keinen Platz haben, müssen Interpretation und Orientierung von den Individuen selber geleistet werden, die am Prozess beteiligt sind. Die Postmoderne wirft Menschen auf sich selber und die eigenen Kompetenzen zurück.

Das kann durchaus auch positiv formuliert werden: In der Postmoderne nehmen Menschen mehr denn je Einfluss auf ihre Lebensgestaltung, auf ihre Bildungsvorhaben und -prozesse und auf die Ausgestaltung von Beziehungen. Ihre aktive Rolle in all den sozialen und familialen Diversitäten und Diskontinuitäten setzt aber voraus, dass sie mit der Analyse ihrer eigenen Gefühle und mit Gegensätzlichkeiten umgehen können, Widersprüche einordnen und sich nicht verunsichern lassen. Dies wiederum sind Fähigkeiten und Kompetenzen, die ein hohes Maß an Selbstsicherheit und Selbststeuerung voraussetzen. Beides steht Menschen bei der Geburt als Disposition zur Verfügung, entwickelt sich aber nur im Dialog mit der Umwelt.

Inzwischen ist es von keinem der in Pädagogik und Psychologie bekannten Ansätzen mehr umstritten, dass frühe Erfahrungen von Kindern etwas mit ihrem Erwachsen werden und mit ihrem relativen Erfolg im Leben, ihrer Lebensbewältigung zu tun haben. Die Säuglings- und Bindungsforschung stellt immer differenziertere Erkenntnisse über die Bedeutsamkeit von frühen Erfahrungen des Säuglings für die Entwicklung von Selbstvertrauen und Selbststeuerungsvermögen zur Verfügung. Die Erkenntnisse der Bildungsforschung, besonders in der Folge von PISA, und der Entwicklungspsychologie bestätigen, was wir eigentlich immer schon wussten: Mutter und Vater (oder auch andere Beziehungspersonen) sind wesentlich am Gelingen kindlicher Karrieren beteiligt. Sie sind es nicht in erster Linie als Vorbilder und Modelle für Kinder, sondern als interagierende und den Dialog aufnehmende Gegenüber. Eigenaktive, neugierige und sich selbst bildende Säuglinge benötigen genügend Anregungen und vor allem Antworten auf ihre Verhaltensvorschläge, wenn der Faden des Bildungsdialogs nicht abreißen soll. Milani Comparetti (1986) spricht von Vorschlag und Gegenvorschlag - einem Dialog, der sich im Sinne einer erratischen Spirale entwickelt und mehr ist als ein Reiz-Reaktions-System. Richtungsänderungen der Spirale sind vorprogrammiert - nichts geht logisch und geradlinig. Ob Kontinuität gelingt, entscheiden die Erwachsenen, die sich mehr oder weniger feinfühlig auf die Vorschläge der Kinder einlassen können.

Um sich feinfühlig auf die Kinder einzulassen, muss die Bezugsperson des Kindes die kindlichen »Vorschläge« wahrnehmen, sie adäquat interpretieren und prompt und angemessen beantworten. Angemessen ist die Antwort, wenn sie auf die kindlichen Bedürfnisse reagiert (Grossmann 2000, 40). Im Idealfall geschieht dieser dialogische Prozess nicht nach einem Schema F, sondern individuell auf dieses Kind in diesem bestimmten Kontext bezogen. Voraussetzung ist die frei schwebende Aufmerksamkeit der Bezugsperson des Kindes.

Säuglinge artikulieren ihre Vorschläge zum Dialog mit der Bezugsperson oft nicht sehr differenziert: Sie weinen, wenn sie Hunger haben, sie weinen, wenn sie Schmerzen haben und möglicherweise auch, wenn sie sich allein gelassen fühlen oder die Socke erfolgreich vom Fuß gestrampelt wurde. Das richtige Verstehen des Weinens und die korrekte Antwort auf den Appell des Kindes erschließt sich der Bezugsperson aus dem erfolgreichen Beenden des Weinens. Vermutlich wird das geschulte Ohr bald unterschiedliche Weinformen differenzieren und die Antworten, die das Weinen beenden, werden gezielter, je nachdem stärker oder schwächer und schneller gegeben (affect-attunement, vgl. Stern 1985). Eine feinfühlige Bindungsperson wird dem Kind zunehmend eigenaktive Lösungsmöglichkeiten anbieten, die Socke in die Hand geben, anstatt gleich wieder über den Fuß zu streifen etc. Je adäquater die Antworten, desto häufiger und variabler werden die Dialoge und desto vielfältiger werden Lösungsmöglichkeiten für ähnliche »Probleme«.

Die Eltern haben in der feinfühligen Begleitung ihrer Kinder durchaus unterschiedliche Rollen: Väter unterstützen Kinder mehr in ihrer Explorationsfähigkeit, Mütter hingegen sind eher für die Bindungsentwicklung des Kindes zuständig (Grossmann 2000, 43). Kinder brauchen beides.

Je zuverlässiger die Antworten die »richtigen« sind und je verlässlicher sie prompt kommen, desto sicherer fühlt sich das Kind. Diese sichere Basis »es gibt etwas Verlässliches in meinem Leben, auf das ich zurückgreifen kann«, macht das Aushalten von uneindeutigen Situationen leichter. Und denen begegnen Kinder immer häufiger, je älter sie werden. Je sicherer und aufgehobener Kinder sich fühlen, desto leichter fällt es ihnen, sich vertrauensvoll und neugierig mit ihrer Umwelt auseinander zu setzten.

Faktum ist, dass bereits heute viele Kinder in Kindertageseinrichtungen kommen, die unsicher vermeidend oder ambivalent gebunden sind. Sie sind damit beschäftigt, für sich einen Platz in der Gruppe zu finden oder sie sorgen sich in stetiger Unruhe um die eigene Stabilität und das eigene Gleichgewicht. Diese Kinder suchen im Kindergarten zunächst nach ihrer sicheren Bildungsausgangslage. Dabei treffen sie auf Kinder, denen es ebenso geht und vielleicht auch auf solche, die bereits mit Vielfalt umgehen können, die Kommunikation untereinander und mit Erzieherinnen unkompliziert und vertrauensvoll aufnehmen, Differenzen als Normalität ansehen und sich Hilfe holen, wenn es nötig ist.

Lernen am sicheren Ort

Nicht nur Kinder, auch ihre Eltern sind in ihrem Bindungsverhalten verschieden. Zur Zeit entsteht ein fast unübersehbares Angebot an Kursen für Eltern, die ihre Orientierung finden wollen. Viele Eltern von heute haben selber wenig Stabilität und Sicherheit erlebt und wissen selber nicht, wie sie diese an ihre Kinder vermitteln sollen. Sie sind damit beschäftigt, sich selber vor Ausbeutung schützen und für sich selber ein Lebensordnungssystem zu errichten, das ihnen viel Freiheit lässt. Einige der heutigen jungen Eltern beklagen sich, dass sie die Vorbilder ihrer eigenen Kindheit nicht für ihr aktuelles Leben gebrauchen können. Einer ganzen Generation scheinen Vorbilder für »verlässliche Eltern« zu fehlen. Sie erleben Bindung eher als bedrohlich und träumen von Freiheit in Form von Bindungslosigkeit. Gleichzeitig erleben sie Bindungslosigkeit als Verlust. Solchen Eltern gelingt es nicht durchgängig, ihre Kinder mit der notwendigen sicheren Basis für das Leben zu versorgen.

Kinder, die unsicher sind, ob ihre eigenen Bedürfnisse überhaupt zählen, und die sich um die Affekte der Erwachsenen ihnen gegenüber kümmern müssen, beschäftigen sich weniger mit neuen Lerninhalten als sicher gebundene Kinder. Eindrücklich hat Christiane Hofmann bereits im Jahre 1993 in einem Vortrag die Erzählung einer Erzieherin aufgegriffen:

> »Der Junge ... sei in den Kindergarten gekommen und habe sie als erstes in der Gruppe gefragt: Wer ist denn hier der Boss? Darauf habe sie gesagt, hier können alle mitbestimmen, hier gibt es keinen Boss! Mit dieser Information war dieser Junge offensichtlich nicht zufrieden und hat das Problem auf seine Weise gelöst, indem er ihr und der Gruppe nachhaltig zeigte, wer der Boss war« (Hoffmann 1993).

In der Elementarerziehung der vergangenen Jahre wurde dem sozialen Lernen ein absoluter Vorrang eingeräumt. Im Vordergrund stand die Identitätsbildung der Kinder, die sich im Prozess wechselseitiger Anerkennung und in engen sozialen Bindungen vollziehen sollte. Von Inhalten war kaum die Rede (Laewen 1998, 6). Solche Inhaltsabstinenz wird aktuell heftig kritisiert (vgl. etwa Elschenbroich 2001; Kretschmann 2004).

Künftige Kindertageseinrichtungen haben die Aufgabe, sich um klare Strukturen und Inhalte zu bemühen. All zu oft erleben Kinder Elternhäuser, in denen die soziale Struktur im Zentrum der Familiendiskussion steht, weil sie wechselnd und unklar ist. Es geht darum, ein System aufrecht zu erhalten, die familiäre Hackordnung zu klären oder angesichts veränderter wirtschaftlicher und familiäre Zusammenhänge neu zu regeln, was gilt und was nicht gilt. Brüche mit der eigenen ethischen Tradition und anerzogenen moralischen Vorstellungen führen zu einer Verunsicherung über die eigenen und die Grenzen anderer. Ausbeutung von Ressourcen, von Arbeitskraft, Finanzen, emotionaler Stabilität usw. stehen der völligen Apathie und Null-Bock-Stimmung gegenüber. Viele Eltern sehen sich angesichts der nahezu unbeschränkten Möglichkeiten in Konsum und Lebensstilen nicht in der Lage, sich selber oder ihren Kindern Grenzen zu setzen. Wo früher das Portemonnaie klare Grenzen diktierte, bieten Billigangebote und Grundsätze der Wegwerfgesellschaft keine stichhaltigen Argumente mehr gegenüber fordernden Kindern, ihnen diese oder jene Bedürfnisse zu entsagen. Einige Eltern haben das Gefühl, ihre Kinder entschädigen zu müssen für den Druck, den sie aufgrund der Anforderungen an sich selber zu immer mehr Flexibilität, Mobilität und höchster Einsatzbereitschaft in beruflichen und gesellschaftlichen Zusammenhängen verspüren. Manche Eltern wollen ihre Kinder vor den sichtbaren Unterschieden der Kultur- oder Schichtzugehörigkeit schützen. Oder sie entschuldigen sich durch die Befriedigung oberflächlicher Wünsche der Kinder für Entscheidungen, die ihre Partnerschaft betreffen: etwa dafür, dass sie allein erziehen, in gleichgeschlechtlichen Lebensgemeinschaften leben oder die gut bürgerliche Traditionsfamilien aufrechterhalten. Kindern, die in Patchworkfamilien leben, gelingt es häufig, Eltern, Stief- oder Ersatzeltern gegeneinander auszuspielen. Je mehr es ihnen gelingt, desto verunsicherter werden sie und desto beschäftigter sind sie, das zerstrittene System zu erhalten, das besser ist als gar kein System zu haben.

Kindertageseinrichtungen tun gut daran, zu Orten der Sicherheit zu werden, die klare Regelen und Normen zusammen mit den Beteiligten entwickeln und deren Einhaltung einfordern. Kinder können in den Kitas stellvertretend für die Elternhäuser erfahren, wie wohltuend es ist, sich nicht täglich, ja stündlich, über Verhaltensmodalitäten auseinandersetzen zu müssen. Sie gewinnen wertvolle Bildungs-Zeit, wenn sie sich unbeschwert mehr und vielfältigen Bildungsinhalten zuwenden können.

Wenn Kinder zur Betreuung, Erziehung und Bildung das Elternhaus verlassen, sind viele Eltern wie die Kinder selber in einer Phase der Neuorientierung. Oft ist dies der Zeitpunkt, zu dem der Partner, der die Erziehungszeit in Anspruch genommen hat, wieder ins Berufsleben einsteigt. Dort ist der Entwicklungsprozess zwischenzeitlich ebenfalls fortgeschritten, so dass die Eltern sich sowohl um die eigene Anpassungsleistung als auch um die neue Situation des Kindes kümmern müssen. Zur Bewältigung der neuen Situation fehlen bekannte Strukturen und Antworten. Die Kita von Heute fordert eher, als sie unterstützt. Das Kind soll etwa in der Eingewöhnungsphase nur kurz da bleiben, möglichst von der Beziehungsperson begleitet werden. Dabei ist die elterlich Bezugsperson möglicherweise genauso bedürftig wie das Kind, muss sich eingewöhnen, sich zurechtfinden, fühlt sich unwohl usw.

Die Kita der Zukunft

Die uneinheitlichen Bedürfnisse von Kindern und Eltern verlangen eine größere Vielfalt und Flexibilität an Angeboten der Kinderbetreuung. Wo beide Eltern berufstätig sind, brauchen sie Entlastung. Die Frage der Entlastung ist nicht nur eine zeitliche Frage, sondern auch eine qualitative. Gute Personalschlüssel in den Kitas und hohe pädagogische Qualität unterstützen Kinder in ihrer positiven Entwicklung. Noch sind die Kitas und auch die Schule in Deutschland darauf ausgerichtet, dass Eltern als Ansprechpartner und Begleitpersonen immer zur Verfügung stehen und Zeit haben. Noch immer gehen Konzepte in Kindertageseinrichtungen davon aus, dass in den Elternhäusern so etwas wie eine »Grund-Bildung« geschieht, dass in Kindern dort Interesse und Motivation geweckt werden. Dabei wird außer Acht gelassen, dass eine ganze Reihe von Eltern es nicht schaffen, nach dem Feierabend noch mit den Kindern zusammen etwas zu unternehmen, sich auf die Kinder einzulassen oder Kinder an eigenen Interessen zu beteiligen. Viele Kinder, deren Eltern beide intensiv im Arbeitsprozess eingebunden sind, leiden vielleicht nicht an materieller Unterstützung. Die angemessene feinfühlige Begleitung und den kontinuierlichen aufmerksamen Dialog werden sie hingegen vermissen, was zu verringerten Bildungschancen führt. Welche Ergänzungsleistungen Kitas zur familiären Erziehung hinzufügen, wird bisher nicht an der individuellen Familie festgemacht, sondern im Gießkannenprinzip über alle Familien hinweg.

Wenn ein Elternteil oder beide arbeitslos sind, brauchen sie zeitweilig intensive Ansprache und aktivierende Angebote. Sie können die Arbeit in den Kitas sehr unterstützen, wenn sie partnerschaftlich mit eingebunden werden und bei der Beobachtung des eigenen Kindes angeleitet und begleitet werden, wie es beispielsweise in den early excellence centers in England geschieht. Hier findet eine neue und wegweisende bedarfsbezogene Erziehungspartnerschaft ihren Anfang (British Councel 2004, Hebenstreit-Müller, Kühnel 2004, Erler 2004, 248).

Es gilt in Zukunft, verstärktes Augenmerk auf die Diversitäten und Diskontinuitäten zu haben, denen Kinder und ihre Familien ausgesetzt sind. Stabile Bindungen und Beziehungen erfordern eine differenzierte Analyse des Lebensumfeldes der Kinder, wie es auch der Situationsansatz fordert. Dabei müssen auch emotionale Inhalte der institutionellen Beziehung in den Blick kommen. Das kann weder eine herkömmlich ausgebildete Erzieherin auf 25 Kinder noch ein einheitliches Angebot von Kindertageseinrichtungen leisten.

Kitas von morgen haben keine völlig neuen Aufgaben zu bewältigen. Eine neue Gewichtung der Hauptaufgaben in Richtung »Stabilisierung« bei gleichzeitiger Flexibilisierung und Differenzierung wird nicht nur mit dem Blick auf Einzelne notwendig. Künftig werden Kitas als erste Ansprechpartner von Eltern unterschiedlichster Herkunft und unterschiedlichster Bedürftigkeit eher eine Funktion von Clearingstellen zu übernehmen haben. Sie sind niederschwellige, weil rechtlich abgesicherte, Angebote für alle. Oft ist die Kita der erste Ansprechpartner für Eltern, die mit Problemen kommen. Sie ist eine Institution, die einen Vertrauensvorschuss genießt. ErzieherInnen werden sowohl von Eltern deutscher als auch anderer Herkunft als leicht zu ereichende BeraterInnen wahrgenommen, die unter Tür und Angel und ohne Verpflichtung Auskunft geben können bzw. denen man zutraut, dass sie es können. Da ErzieherInnen weder von ihrer Ausbildung noch von ihrem Auftrag her in der Lage sind, diagnostisch und beratend tätig zu werden, ist es umso wichtiger, dass sie andere Ansprechpartner vermitteln können, die sich der Probleme und Bedürfnisse annehmen. Sie müssen die Netze im Stadtteil und im Gemeinwesen genau kennen, die Familien und Kinder tragen. Erzieherinnen sitzen wie Spinnen im Netz und spannen neue Fäden zwischen Eltern, Kindern, Institutionen und Behörden. Kindertageseinrichtungen als Weichensteller und Clearingstelle sind sozusagen die zukünftige gesellschaftliche Antwort auf missgestimmte Kinder und sichtlich unbefriedigende Beziehungen zwischen Kindern und Bezugspersonen.

Neuer Wein in neuen Schläuchen

Das soziale und das emotionale Klima, die Bedürfnisse von Familien und ihren Kindern und die Stellung der Kinder und ihrer Familien in der Gesellschaft haben sich in der Rückschau verändert. Mehr denn je sind Kindertageseinrichtungen konfrontiert mit Aufgaben, die früher in den Elternhäusern übernommen wurden oder durch gesellschaftliche Stabilität gesichert waren. Am Auffälligsten sind

- die zunehmende Vielfalt in Herkunft und Zusammensetzung von Familien: im Vordergrund stehen Familien mit Migrationshintergrund, Patchworkfamilien

und Einelterfamilien, die jeweils sehr unterschiedliche Bedürfnisse formulieren;
- im pädagogischen Sinne die Grenzenlosigkeit und der Strukturmangel innen und außen, der Familien und Kinder in ihrer Bindungsstabilität verunsichert und orientierungslos macht;
- uneinheitliche Werte und vielfältige ethische Normen, die aufeinander stoßen und die einer Klärung für jede neue Gruppenzusammensetzung bedürfen: die Beteiligung aller vom Erziehungsprozess tangierten Personen bedarf neuer Konzepte der Partizipation, die zum Teil mit langwierigen Findungs- und Aushandlungsprozessen verbunden sind;
- die Häufung von exponierten Lebensgeschichten: in Kindertageseinrichtungen hat man es zu tun mit Überfliegern, Entwicklungsverzögerten, Abweichlern von der Norm, mit Andersein und Andersdenken, mit Rollenverschiebungen im Geschlechterverhältnis, mit versteckter und offener Armut und auch mit extremem Reichtum und Verwöhnung.

Angesichts der Vielfalt kann es in der Kita der Zukunft nicht mehr darum gehen, Kindern etwas beizubringen, sondern Kindern Wege zu öffnen, auf denen diese und ihre Familien ihre Entwicklungspotentiale ausschöpfen und erweitern können. Dazu ist es wichtig, dass ErzieherInnen ein hohes Maß an Bildung und Kompetenzen besitzen, die viel mehr sind als Wissen und angewandte Methoden der Pädagogik. Sie brauchen vor allem:

- verstehende und sichernde Blicke auf die eigenaktive Entwicklung von Identitäten,
- empathische Dialoge mit Menschen und ihren vielfältigen Entwicklungspotentialen in diversen sozialen Prozessen,
- eine kritisch-nachdenkliche Haltung gegenüber Festlegungsversuchen in der Pädagogik und
- einen pädagogischen Ansatz, der Einzelnen Sensibilität vermittelt für Verschiedenheit in Herkunft, Kultur, Geschlecht und sozialem Status sowie für individuelle Fähigkeiten und Fertigkeiten.

Dies sind mindestens zum Teil neue Kompetenzen für pädagogische Fachkräfte, die bisher eher zu den Anforderungen eines gruppenpädagogischen Alltags gerechnet wurden und nicht durchgängig an Fachschulen gelernt werden können, sondern viel mit Erfahrung und permanenter Selbst- und Gruppenreflexion zu tun haben. Mehr denn je wird es an Bedeutung gewinnen, dass ErzieherInnen ähnlich wie Therapeuten in permanenter Supervisionsbegleitung arbeiten können und durch Fallbesprechungen an Sicherheit im Umgang mit einzelnen Kindern und Gruppen und mit dem Lebensumfeld der Kinder gewinnen.

Die Aus-, Fort- und Weiterbildung wird sich im Spannungsfeld der Arbeit mit Gruppen und Einzelnen verorten müssen. Es ist wünschenswert, dass ErzieherInnen sich nicht aus Personen mit schlechten Realschulabschlüssen rekrutieren, sondern dass mittelfristig pädagogische Fachkräfte die Fachhochschulreife mitbringen und auf der Fachhochschulebene ausgebildet werden. Es ist nicht zu vertreten, dass ausgerechnet die frühen und bedeutungsvollen Jahre für kindliche Entwicklung und Bildung durch wenig allgemein gebildete Fachkräfte begleitet werden und die Selbstbildungsprozesse der Kinder dadurch eher zufällig ein breites Spektrum abdecken können, nämlich nur da, wo ErzieherInnen besondere Begeisterung oder besondere Interessen mitbringen. Viele Dinge der heutigen Welt sind nicht begreifbar. Versuchen Sie mal mit der Rock-Sängerin im Fernsehen zu flirten, sie aus dem Konzept zu bringen, ihre eigenen Bedürfnisse auf den Screen zu projizieren! Aufgabe der Erwachsenen ist, solche virtuellen Welten für Kinder begreifbar und damit versteh- und lernbar zu machen. Wir müssen zum einen diese Welt selber verstehen und gleichzeitig erfinderisch werden, um Kindern die Welt nahe zu bringen bzw. der Welt die Kinder nahe zu bringen.

In den letzten 100 Jahren haben wir mindestens vier total voneinander abweichende Erziehungsideale erlebt, von der preußischen Tugend über die Bildungseuphorie zum Laisser-faire, vom genetisch determinierten Kind über das durch die Umwelt bestimmte Kind zum Kind als Akteur seiner eigenen Entwicklung. Woran soll man sich halten? Es gibt wenig Orientierung für heutige ErzieherInnen und Eltern: Sie sind selber oft als Einzelkinder groß geworden, haben häufig nur die Mutter, keine ältere Schwester oder Cousine, die bereits Kinder erzieht. Viele junge Mütter sind nicht nur von allen guten und hilfsbereiten Geistern verlassen, sondern auch von einem männlichen Gegenüber, was sich besonders in der Jungenerziehung bemerkbar macht. Würde die Ausbildung auf höherem Niveau stattfinden und besser bezahlt werden, könnten in der Kita der Zukunft auch Männer arbeiten.

Inhaltlich gewinnt in der Ausbildung und sicher in der Fort- und Weiterbildung die permanente Situationsanalyse an Bedeutung. Dabei geht es nicht alleine um die Erfassung besonderer Entwicklungsbereiche, wie etwa Sprachentwicklung von Kindern. Vielmehr geht es um ein ganzheitliches Erfassen der Kinder. Auch innere Zustände müssen wahrgenommen, erkannt und beantwortet werden. Diese Individual- und Lebensfeldanalyse bedarf einer systematischen Beobachtung mit einem neutralen, aber parteilich auf die Kinder gerichteten Blick. Aus der Analyse und der Interpretation der Beobachtung geäußerten Verhaltens eines Kindes, seiner Interaktion in Gruppen und seiner Beziehungen zu Kindern und Erwachsenen, aus einer Analyse der Gruppenbeziehungen und aufgrund der Selbsteinschätzung der ErzieherInnen können erste Arbeitshypothesen für den Umgang mit Kindern und ihren Familien entwickelt werden, die immer wieder auf den Prüfstand gestellt werden müssen. Das Arbeiten mit Arbeitshypothesen und deren Verifizierung oder Falsifizierung macht möglich, den raschen Veränderungen in den Familien und in der Gruppenzusammensetzung von Kindertageseinrichtungen, die Bedürfnisvielfalt und die Heterogenität des Eingebrachten durch die kontinuierliche Anpassung des Angebots zu begegnen.

Diese Form des Arbeitens wird ErzieherInnen an den Rand ihrer Möglichkeiten bringen, wenn sie unter den aktuellen Rahmenbedingungen geschehen soll. Daher ist mit einer inhaltlichen Veränderung auch eine Strukturanpassung von Nöten, soll die Qualität der Pädagogik aufrechterhalten werden. Kleinere Gruppen, verbesserte Personalschlüssel und kluge ErzieherInnen werden eine gute und stabile Lernbasis für alle Kinder ermöglichen.

Literatur

Brazelton, T.B., Greenspan, S.I. (2002): Die sieben Grundbedürfnisse von Kindern. Was jedes Kind braucht, um gesund aufzuwachsen, gut zu lernen und glücklich zu sein. Weinheim, Basel: Beltz

British Council (2004): early excellence. Eine internationale Studie zur Integration frühkindlicher Bildung, Erziehung und Elternarbeit mit Vorschlägen für internationale Standards. Berlin: British Council

Elschenbroich, D. (2001): Weltwissen der Siebenjährigen. Wie Kinder die Welt entdecken können. München: Kunstmann

Erler, G. (2004): Familie und Arbeitswelt: Neue Serviceangebote und Qualitätssicherung im postindustriellen Kinderbetreuungspuzzle. In: Wehrmann, I (Hg.): Kindergärten und ihre Zukunft. Weinheim, Basel, Berlin: Beltz, 245-258

Fooken, I. (2001): Aktualisierung von »Kindheit« in biographischen Umbruchsituationen. In: Behnken, I., Zinnecker, J. (Hg.): Kinder. Kindheit. Lebensgeschichte. Ein Handbuch. Seelze-Velber: Kallmeyer, 253-266

Fthenakis, W. (Hg.) (2003): Elementarpädagogik nach PISA. Wie aus Kindertagesstätten Bildungseinrichtungen werden können. Freiburg: Herder

Grossmann, K.E. (2000): Die Entwicklung von Bindungsqualität und Bindungsrepräsentation. Auf der Suche nach der Überwindung psychischer Unsicherheit. In: Endres, M., Hauser, S. (Hg.): Bindungstheorie in der Psychotherapie. München: Reinhardt, 38-53

Hebenstreit-Müller, S., Kühnel, B. (2004): Kinderbeobachtung in Kitas. Berlin: Dohrmann

Hoffmann, C. (1993): Über Aggressivität bei Kindern. Unveröffentlichtes Vortragsmanuskript zur Fachtagung »Gewalt von Kindern im Grundschulalter« im afw – Arbeitszentrum Fort- und Weiterbildung Darmstadt vom 4./5.11.1993

Klein, J. (2003): Bindung, Selbstregulation, ADS und andere »Störungen«. In: Klein, M., Klein J. (Hg.): Bindung, Selbstregulation und ADS. Eltern und Kinder in Krisen mit Zutrauen begleiten. Dortmund: verlag modernes lernen, 9-22

Kretschmann, R. (2004): Lesen, Schreiben, Rechnen - schon im Kindergarten?. In: Wehrmann, I. (Hg.): Kindergärten und ihre Zukunft. Weinheim, Basel: Beltz, 220-234

Laewen, H.-J. (1998): Zum Bildungsauftrag von Kindern in Kindertageseinrichtungen. Vortrag gehalten auf der Fachtagung »Auf dem Weg zu einem Bildungsauftrag von Kindertageseinrichtungen«, In: MBJS 1999, 39-49

Milani Comparetti, A. (1986): Von der »Medizin der Krankheit« zu einer »Medizin der Gesundheit«. In: Janssen, E.; Lüpke, H. von (Hg.) (1996): Von der Behandlung der Krankheit zur Sorge um Gesundheit. 2. erw. Auflage. Frankfurt/M.: Paritätisches Bildungswerk, 16-27

Resch, F. (2003): Was Kindern zusteht: Bedingungen einer kindgerechten Welt. In: Frühe Kindheit, Heft 1, http://www.liga-kind.de/pages/103resch.htm

Stern, D.N. (1985): Die Lebenserfahrung des Säuglings. Stuttgart: Klett-Cotta, 1992

Kritische Glosse

Ich-AG Dreikäsehoch

Über das Versagen der Psychoanalytischen Pädagogik in Zeiten der Globalisierung

Hans Füchtner

»Globalisierung nutzt nichts, wenn
es zu Hause nicht funktioniert.«
(Helmut Schmidt, Bundeskanzler a.D.)

Im Folgenden werde ich darlegen, dass die Psychoanalytische Pädagogik den gesellschaftlichen Anforderungen in keiner Weise gerecht wird, die an sie in Zeiten der Globalisierung gestellt werden. Demnach ist eine radikale Neuorientierung unerlässlich. Um die ganze Dramatik des Versagens der Psychoanalytischen Pädagogik angemessen darstellen zu können, ist es notwendig, zunächst zu belegen, wie nachdrücklich schon seit Jahren die neuen gesellschaftlichen Anforderungen an unser Erziehungs- und Bildungssystem geltend gemacht werden. Zum Teil werden sie auch schon in die Praxis umgesetzt. Ich beginne bei meiner Darstellung mit den akademisch gebildeten jungen Erwachsenen, den Endresultaten unseres Bildungssystems. Daran anschließend gehe ich in derselben Perspektive auf Kinder im Schul- und Vorschulalter ein. Vor diesem Hintergrund erörtere ich schließlich die Frage, inwieweit Psychoanalyse und besonders Psychoanalytische Pädagogik überhaupt geeignet erscheinen, einen Beitrag zur Bewältigung der neuen gesellschaftlichen Erfordernisse zu leisten.

Es ist offensichtlich, dass in Zeiten einer galoppierenden Globalisierung der Wirtschaftsstandort Deutschland nur konkurrenzfähig sein kann, wenn unser ganzes Bildungs- und Erziehungssystem konsequent auf die Erfordernisse der Wirtschaft ausgerichtet wird. Die Hochschulen müssen »Unternehmerschmieden« werden.[1] »Eine gezielte Förderung von selbständigem Handeln im Sinne eines Beitrages zu einer

[1] Aus den »Empfehlungen« der Hochschulrektorenkonferenz und der Bundesvereinigung der Deutschen Arbeitgeberverbände »Hochschule als Unternehmerschmiede« (Frankfurter Rundschau 22.10.1985)

Kultur des Entrepreneurship ist möglich und eine vornehme Aufgabe der Hochschulen. (...) Der Unternehmensgeist an den Hochschulen sollte alle Fachbereiche erreichen. (...) Unternehmerpersönlichkeiten sollten sich in den Kernprozessen der Hochschule entfalten können. Flexibilität, Führungskraft, Teamgeist, das Gespür für Situationen sind wichtige Fähigkeiten zum Erschließen von Wissensquellen und können in Studium, Lehre und Forschung vermittelt werden.«[2] Dabei muss man sich am »Leitbild Effizienz« orientieren. Auch Leistungskriterien, Qualitätssicherung, Nachfrageorientierung, und – weil alles wirtschaftlich Gute Geld kostet – Studiengebühren sind weitere Stichwörter, die in diesem Zusammenhang genannt werden müssen.[3]

Dass all dies nicht leicht zu erreichen ist, wissen die Hochschulrektoren auch: »Die vielleicht schwierigste Aufgabe stellt die Persönlichkeitsentwicklung von Studierenden hin zu Unternehmern dar.«[4] Ob sie leichter zu erfüllen ist, wenn man den Hochschulen mehr Freiraum gewährt? Die Hochschulrektoren argumentieren in diesem Sinne: »Den Hochschulen muss seitens des Staates die Möglichkeit eröffnet werden, Angebote zur Persönlichkeitsentwicklung anzubieten, die nicht im Korsett der Kapazitätsverordnung und der Curricularnormwerte verankert sind. Ohne Freiräume für die Hochschulen lässt sich die Förderung von Persönlichkeiten, die im Wettbewerb des Marktes erfolgreich sein können, nicht verwirklichen. Entscheidend ist die Schaffung einer gründungsförderlichen Atmosphäre an den Hochschulen. Wer eigenverantwortliche Unternehmerpersönlichkeiten im Bildungssystem fördern will, muss das Bildungssystem in die Freiheit entlassen.«[5] Diese Argumentation lässt sich jedoch leicht als geradezu schlitzohrig durchschauen. Sie wird in Wirtschaftskreisen keine Zustimmung finden.[6] Denn was ist, wenn das in die Freiheit entlassene Bildungssystem nicht den gewünschten Output an dynamischen Unternehmerpersönlichkeiten liefert?

---

[2] Aus den »Zehn Berliner Gründerthesen« 1999, entwickelt auf einer Veranstaltung des Existenzgründer-Instituts Berlin (Frankfurter Rundschau 10.06.99).

[3] So die 32 Thesen über »Eine neue Politik für die Hochschulen«, die eine Gruppe prominenter Professoren dem damaligen Bundespräsidenten Herzog übergeben hat. Was die Frankfurter Rundschau als Beweis dafür interpretiert, dass der von Herzog geforderte »Ruck«, der durch die deutsche Gesellschaft gehen müsse, die Universitäten erreicht hat (FR, 12.12.1998).

[4] wie Fußnote 1

[5] daselbst

[6] Ebenso wenig in Ministerien. Die »Hochschulreform«, die Wissenschaftsminister Klaus von Trotha in Baden Württemberg mit dem Ziel betreibt, »den akademischen Betrieb ... mit seinen Produkten – Forschungsergebnisse und Absolventen – noch stärker an die ökonomisch geprägten Bedürfnisse und Denkweisen seiner Abnehmer« anzupassen, sind mit erheblichen Eingriffen in die Selbstverwaltung der Hochschulen verbunden. Nach Ansicht des Rektors der Heidelberger Universität, den größten in ihrer 600-jährigen Geschichte. Peter Henkel: »Klaus von Trotha zündet seine dritte Stufe« (FR, 20.05.1999).

Eventuell ließe sich dem Beispiel des evangelischen Theologieprofessors Wilfried Härle folgen,[7] der an der Heidelberger Universität Theologen, wenn schon nicht zu Unternehmern, so doch zu Konfliktmanagern für Wirtschaftsunternehmen umschulen will. Er hat erfahren, dass in den USA in großen Automobilkonzernen schon Tausende Theologen als »change agents« beschäftigt sind. Und er hat erkannt, dass gerade Theologen für die kompetente Begleitung von Innovationsprozessen in Unternehmen, von Blockaden im betrieblichen Miteinander und für Konfliktberatung allgemein »bestens qualifiziert« sind. Sie haben gelernt, sorgfältig an und mit (biblischen) Texten zu arbeiten, zwischen den Zeilen zu lesen und genau hinzuhören. Sie besitzen auch seelsorgerische Kompetenz und ein »tieferes Problembewusstsein und eine entsprechend tiefer greifende Kompetenz zur Lösung von Problemen als Leute, die die religiöse Dimension ausblenden«. Und, so könnte man zustimmend hinzufügen, Gottvertrauen können Unternehmer in Zeiten der Globalisierung besonders gut brauchen.

Immerhin, es handelt sich offensichtlich um moderne Theologie. Von Gesundbeten ist nicht die Rede. Einige Unternehmen sollen schon Interesse bekundet haben. Es ist allerdings anzunehmen, dass es sehr begrenzt bleiben wird. Kluge Interessenvertreter der Wirtschaft dürften da ein Härle in der Suppe finden. Sie haben längst erkannt, dass das Schmieden von Unternehmerpersönlichkeiten an den Hochschulen schon deshalb schwierig ist, weil Persönlichkeitsentwicklung früher beginnt. Es ist notorisch schlecht bestellt um all die Qualifikationen, die die Wirtschaft schon von den Abiturienten erwartet. Darunter so unerlässliche wie »das Verständnis für die Funktion und Notwendigkeit des Gewinns«.[8] Die Misere beginnt schon in unseren »innovationsunfähigen« und »verantwortungsarmen« Schulen.[9] Ein Mitorganisator und Geschäftsführer der Bundesvereinigung der deutschen Arbeitgeberverbände (BDA) hat das Problem auf den Punkt gebracht: »Wir dürfen die Chancen des Standorts nicht schon im Klassenzimmer verlieren.« Und ein Kollege vom BDA sekundierte: »Die Schule denkt zu wenig an ihre Abnehmer in der Wirtschaft, da müsste ein partnerschaftliches Feld entstehen«. Und nach dem, was ein Vorstandsmitglied der Daimler-Benz Tochter »Debis« in der Hauptrede des Kongresses ausführte, »war jedem klar, dass nicht nur die Wirtschaft in der Wirtschaft stattfindet, sondern dass man ihr eigentlich auch gleich die Schule überlassen könnte«.

---

7 Zum Folgenden siehe den Artikel von Hartmut Meesmann: »Die sorgfältige Arbeit mit Bibeltexten als Qualifikation« (FR, 12.08.99).

8 Der Berufsbildungsausschuss der Vereinigung hessischer Arbeitgeber- und Wirtschaftsverbände (VHAW) hat schon vor fast 25 Jahren einen entsprechenden Forderungskatalog aufgestellt (FR, 03.10.1979).

9 Hierzu und zum Folgenden siehe den Bericht über eine Konferenz zum Thema Bildung in Berlin von Ullrich Fichtner: »Ohne aufzumucken, nahmen die Studienräte die Schelte entgegen« (FR, 23.05.1998).

Eben diese Einschätzung findet sich bei einem so herausragenden Pädagogen wie Hartmut von Hentig auch. Nur eben in einer Abwehrhaltung, die er selbst als »aufsässig« charakterisiert. Er schlägt vor: »Die Wirtschaft, das meint den gesamten lebenspraktischen Bereich der Gesellschaft, übernimmt langfristig auch den lebenspraktischen Teil der Schularbeit. Sie ist nicht nur für die benötigten und verkäuflichen Erzeugnisse und Dienstleistungen verantwortlich, sondern auch dafür, dass es stets den benötigten und bestmöglichen Nachwuchs gibt.« Aber einer Schule, deren Hauptzweck sein soll, »einerseits den Fortbestand, ja das Wachstum der Wirtschaft zu sichern, andererseits auf die wirtschaftende Welt, auf Beruf und Karriere vorzubereiten«, würde er, von Hentig, da er »sie nicht abschaffen kann, auf der Stelle den Rücken kehren«.[10]

Es ist zu befürchten, dass eine solche Abwehrhaltung für die Pädagogen in unserer Gesellschaft typisch ist. Die meisten von ihnen neigen wohl dazu, an einem Bildungsbegriff festzuhalten, wie ihn von Hentig formuliert: »Unter Bildung verstehe ich den notwendigen und wünschenswerten Vorgang, im Laufe dessen wir erstens unsere Anlagen, also unsere Person, entfalten, zweitens taugliche Bürger werden und drittens an unserer historischen Lebensform, also unserer Kultur, teilhaben als deren erfreute Nutznießer und erfreuliche Fortzeuger und Kritiker.«

Solche Pädagogen wollen einfach nicht einsehen, dass man, wie ein BDA-Repräsentant es ausdrückte, von der »löblichen Auffassung«, dass Bildung ein Wert an sich sei, abkommen muss.[11] Sie sollten sich ein Beispiel an den hessischen Schulpsychologen nehmen.[12] Die empfehlen wenigstens, die Schule selbst nach dem Vorbild von Wirtschaftsunternehmen zu organisieren. Nach Ansicht des »Berufsverbandes Hessischer Schulpsychologen« müssen sich die Schulleiter und Kollegien darauf einrichten, »wie Unternehmer zu denken und zu handeln«. Da Eltern und Schüler, Politik und Gesellschaft mehr Leistungsorientierung und bessere Unterrichtsqualität in den Schulen einfordern, sollten Lehrer die Rolle von »kreativen Managern« einnehmen. Und ganz selbstlos bieten diese Psychologen für die Bewältigung der dabei entstehenden Schwierigkeiten, ihre Hilfe an. So vor allem »Coaching«-Methoden, wie sie »in der Beratung von Führungskräften in der Wirtschaft und bei Spitzensportlern bereits üblich sind«.

Ungeachtet der Widerstände von Pädagogen, die an einem überholten Bildungsbegriff festhalten, hat die Zukunft doch schon begonnen. In zahlreichen Projekten werden zwischen Wirtschaft und Schule Brücken gebaut. So hat das Institut der deutschen Wirtschaft in Köln vor zehn Jahren eine Aktion ins Leben gerufen, bei der Schüler eigenen Firmen gründen, ein Jahr am Leben erhalten und managen. So lernen sie die Regeln der Wirtschaft kennen und entwickeln die Kompetenzen, die in der

[10] Hartmut von Hentig: »Die überschätzte Schule« (FR, 11.05.2004)

[11] Und das schon vor mehr als einem Vierteljahrhundert. Siehe Jutta Roitsch: »Firmen vermissen bei Jungakademikern Anpassungsfähigkeit« (FR 07.11.1977)

[12] Zum Folgenden FR, 05.03.1999

Wirtschaft gebraucht werden. So lässt sich »wirtschaftliches Denken in die Schulen bringen« und vor allem Interesse an Unternehmungsgründungen wecken. Viele Schulen beziehen das »Gründungs-Spiel« unmittelbar in den Unterricht ein, in einigen gibt es sogar Noten dafür.[13] Vertreter des Instituts der deutschen Wirtschaft sowie aus hessischen Ministerien, Unternehmen und Verbänden bilden die Jury. In fünf Minuten – Zeit ist Geld – durften die in die Endrunde gelangten Unternehmen vorgestellt werden.

Etwas weniger praxisbetont, aber mit den gleichen Zielen, ist das Projekt business@school der Boston Consulting Group (BCG) konzipiert.[14] Berater der BCG übernehmen eine Schulpatenschaft und lehren die Schüler, einen Geschäftsbericht zu lesen, Umsatz- und Gewerbesteuern zu berechnen oder eine Kalkulationsübersicht zu erstellen. Höhepunkt ist dann die Entwicklung einer Geschäftsidee. Die Ergebnisse werden bei schulinternen, regionalen und bundesweiten Veranstaltungen vorgestellt und von einer Jury aus Vorstandsmitgliedern und Geschäftsführern deutscher Unternehmer bewertet. Beim Wettbewerb 2003/2004 bewarben sich bundesweit 60 Schulen. Die Jury war von den innovativen Einfällen der Jugendlichen begeistert.

Es steht also gar nicht so schlecht um die Verwirklichung des neuen »Hauptzwecks« (von Hentig) der Schule. Bei einer kritischen Einschätzung der Entwicklung wird man allerdings nicht umhinkönnen, zu fragen, ob die Persönlichkeitsentwicklung hin zum Unternehmer nicht wesentlich auch außerschulisch und vorschulisch gefördert werden müsste. Noch immer gilt doch: Was Hänschen nicht lernt, lernt Hans nimmermehr.

Und tatsächlich startet eine Unternehmer-Karriere manchmal schon im Kinderzimmer.[15] Es gibt leuchtende Vorbilder. Sven Schulz gehört dazu, »weil er schon den Aufbau der eigenen Firma organisierte, als sich seine Klassenkameraden noch vorwiegend mit ihren Pickeln im Gesicht beschäftigten«. Um seine Ausgaben niedrig zu halten, »führte er in der Anfangszeit die Geschäftsgespräche vom Kinderzimmer aus mit dem Telefon der Eltern«. Warum er seine Schullaufbahn abgebrochen hat, wird in dem Artikel leider nicht erwähnt. Wahrscheinlich weil in seiner Schule noch nicht von Wirtschaft die Rede war.

Das jedenfalls war ein wesentlicher Grund, warum der mit achtzehn Jahren jüngste deutsche Konzernchef Lars Windhorst, mit sechzehn Jahren die Schule verlassen hat.[16] Er hat sich schon als kleines Kind immer für Wirtschaftsdinge interessiert: »Der Kindergarten war echt langweilig, das war schlimm. Da konnte man lediglich mit Klötzchen bauen und mit Autos rumfahren. In der Schule hatte ich mehr Möglichkeiten, mich selbst zu unterhalten. Da habe ich mir das Handelsblatt mitgenommen und

[13] Ralf Pasch: »Schüler managen erfolgreich eigene Firma« (FR, 19-20.05.2004)

[14] Tatjana Roeder: »Pennäler mit Geschäftsideen« (FR, 19-20.05.2004)

[15] Zum Folgenden siehe Markus Sievers: »Unternehmer-Karriere startet manchmal schon im Kinderzimmer« (FR, 04.07.1998)

[16] Zum Folgenden siehe das Gespräch mit Windhorst (DER SPIEGEL, 32/1995).

heimlich unter der Schulbank gelesen.« Dieses »Ein-Mann-Wirtschaftswunder« (Eastern Express) ist zum international agierenden Chef seiner eigenen »Windhorst-Gruppe« geworden. Deren Umsatz lag 1994 bei 80 Millionen Mark und wurde für 1995 auf 150 Millionen Mark prognostiziert. Angesichts solcher Zahlen sollte man es nicht negativ bewerten, dass er für eine feste Freundin eigentlich nie Zeit hat. Auch dieses Problem sieht er, nach einer ersten gescheiterten Beziehung, geschäftsmäßig. Er wird sich jemand suchen, »der auch im Business tätig ist und einen engen Terminkalender hat, so dass eine Grundakzeptanz besteht«. So wird es keine Konflikte geben. Beide haben keine Zeit für den anderen. Für die nächsten drei Monate sah der Jungunternehmer in seinem Terminplan ohnehin keine Zeit für einen Flirt. Einfach vorbildlich!

Was derzeit schon dafür getan wird, dass Schüler das Handelsblatt nicht mehr unter der Schulbank verstecken müssen, habe ich bereits dargelegt. Aber auch das langweilige Klötzchenspielen im Kindergarten muss nicht mehr sein. Das hat eine Kindertagesstätte im brandenburgischen Bauerndorf Crussow bereits bewiesen.[17] Dort hat die Kita-Leiterin den Kindern davon erzählte, wie teuer die Regenwürmer sind, die ihr Sohn für sein Angelhobby kaufen muss. »Regenwürmer züchten und verkaufen – das können wir auch, war die Reaktion der kleinen Zuhörer. Eine unternehmerische Idee war geboren.« Und sie war erfolgreich. Ökonomisch und pädagogisch. Man kann ja so viel lernen beim Züchten und Verkaufen von Regenwürmern. Denn »unternehmerisches Handeln im Kindergarten kann durchaus mit verantwortlichem Denken verbunden sein. Ökonomie bedeutet, dass ich eine unternehmerische Idee entwickle, dass ich an dieser Idee feile, dass ich sie umsetze und mit dieser Idee in den Markt gehe. Und genau das tun inzwischen eine Reihe von Kindern in diesen Einrichtungen. Ich glaube, dass der Kindergarten hier eine sehr gute Vorreiterfunktion hat für die vielen Schulen, in denen dieses unternehmerische Lernen nicht stattfindet, weil die Schule als bürokratische Anstalt sozusagen gar nicht die Brutstätte dafür ist, dass wir aber diese Qualifikation dringend nötig haben«.[18]

Dieses Beispiel von Unternehmenspädagogik für kleine Kinder eröffnet bestechende Perspektiven. So erscheint z.B. die leidige Frage, ab wann die Kinder Taschengeld bekommen sollen und wie viel, als obsolet. Die Antwort kann nur heißen: gar kein Taschengeld. Vielleicht mal einen Kredit, der zurückzuzahlen ist. Ansonsten soll sich der Nachwuchs eben unternehmerisch bewähren. Unternehmungslustige Kinder sind unbezahlbar. Auch der Begriff der Kinderarmut bekommt dann einen neuen, zum Neoliberalismus passenden Sinn: Sie ist selbstverschuldete Folge eines Mangels an Unternehmungsgeist. Im Übrigen sollte man schleunigst die bürokratischen Hindernisse abbauen, die derzeit noch nicht erlauben, auch Kindern im Vor-

[17] Siehe dazu den Bericht von Hannegret Biesenbaum: »Im Angebot: Regenwürmer. Wie ein Kindergarten im Land Brandenburg unternehmerische Fähigkeiten weckt« (FR, 29.04.1999)

[18] So der Kommentar des Berliner Erziehungswissenschaftlers Jürgen Zimmer.

schulalter einen Existenzgründerzuschuss zu gewähren. Dies ließe sich eventuell unter Einbeziehung der Eltern organisieren. Es wird ohnehin oft nicht beachtet, dass in den Vorschlägen der Hartz-Kommission nicht nur von Ich-AG, sondern auch von Familien-AG die Rede ist.

Der Bericht über den vorbildlichen Kindergarten wirft allerdings einige Fragen auf. Er enthält einige Lücken und Widersprüche. So bleibt zum Beispiel offen, wer die Buchhaltung erledigt und was mit den Gewinnen geschieht. Widersprüchlich erscheint mir unter anderem, dass beim Erwerb von unternehmerischen Fähigkeiten den Kindern zugleich geholfen werden können soll, »in Situationen ihres gegenwärtigen und zukünftigen Lebens möglichst selbstbestimmt, solidarisch und sachkompetent denken und handeln können«. Ob »solidarisch« dann wohl meint »solidarisch mit anderen Unternehmern«? Und wenn es gelingt, die unternehmerischen Fähigkeiten »auszubrüten«, wer wird dann später noch abhängig, total flexibel und gar nicht selbstbestimmt Lohnarbeit verrichten? Und wie soll man sich verhalten, wenn man z.B. beobachten kann, dass da Kinder so nebenbei Murmeln tauschen? Womöglich um zwei Murmeln für nur eine zu bekommen, die als die schönere gilt. Und selbst wenn man erreichen kann, dass materielle Gesichtspunkte den Ausschlag geben (z.B. zwei Murmeln gegen eine ganz große), kann in solchem Handeln nicht eventuell eine gefährliche Tendenz zu alternativen ökonomischen Beziehungen stecken? Muss nicht von vorneherein darauf geachtet werden, dass immer schon Geld ins Spiel kommt? Und wie sollen sich Eltern verhalten, wenn ihnen ihr »Kurzer« stolz berichtet, er habe »Tiger«, die von allen geliebte Hauskatze, günstig verkaufen können? Sollen sie ihn loben, weil sein Geschäftssinn Oberhand über sentimentale Regungen gewonnen hat? Und wie soll man z.B. bewerten, dass Kinder in brasilianischen Elendsvierteln im Rahmen einer Aktion gegen eine Rattenplage anfingen Ratten zu züchten, weil sie für jede abgelieferte tote Ratte Geld bekommen konnten? Können sie Vorbilder für die vielen deutschen Kinder sein, die noch nicht einmal Regenwürmer züchten dürfen? Fragen über Fragen. Aber die meisten stellt doch wohl nur, wer sich nicht von seinen Vorbehalten gegen die pädagogische Durchsetzung der heutigen ökonomischen Notwendigkeiten befreien kann.

Spätestens hier muss nun unvermeidlich auch die für den psychoanalytisch orientierten Wissenschaftler zentrale Frage gestellt werden: Können Psychoanalyse und speziell Psychoanalytische Pädagogik dazu beitragen, dass der in Zeiten der Globalisierung wichtigste Zweck der Erziehung in Elternhaus und Schule, der pädagogische Beitrag zur Sicherung des Wirtschaftsstandortes Deutschland, erfüllt wird?

Tatsächlich sieht die Situation auf den ersten Blick nicht günstig aus. Die Psychoanalyse befindet sich weltweit in der Krise und die Spatzen pfeifen es von den Dächern, dass sie unwissenschaftlich ist, ineffektiv, zu teuer und veraltet. Was kann man da von Psychoanalytischer Pädagogik erwarten? Wenn man neueren Publikationen Glauben schenkt, denen zufolge so ziemlich alle menschlichen Eigenschaften genetisch bedingt sind, wird man sich aufs Züchten von Nachwuchsunternehmern verlegen müssen. Und wenn, anderen Publikationen zufolge, das ganze menschliche Verhalten chemisch beeinflussbar sein sollte, wird es wohl in ein paar Jahren Psychopharmaka geben, die unternehmerisches Handeln bewirken. Vielleicht z.B. eine Tablette mit dem Namen »Profitin«. Wer weiß? Da dies aber alles noch Zukunftsmusik ist, lohnt es sich auf die zentrale Frage zurückzukommen.

Leider sieht es damit auch auf den zweiten Blick nicht günstig aus. Zwischen Wirtschaft und Psychoanalyse gibt es eigentlich gar kein Verhältnis. Von ganz wenigen Ausnahmen wie Schumpeter, Keynes und Schmölders abgesehen, haben sich die Ökonomen nicht für Freuds Psychoanalyse interessiert (Gourge 2001, 106ff.). Das ist insofern nicht ganz unverständlich, als ihnen die psychoanalytische Gleichsetzung von Geld und Kot wohl ziemlich gestunken hat. Umgekehrt sieht es allerdings auch nicht besser aus. Bei Freud ist zwar viel vom ökonomischen Gesichtspunkt die Rede, aber bei ihm geht es um psychische Ökonomie, um Triebökonomie. Darauf bezogen spricht er von Gewinn, Kosten, Ertrag, Aufwand usw. (vgl. vor allem Harsch 1995). Er war sich zwar auch des »zwingenden Einflusses« bewusst, »den die ökonomischen Verhältnisse der Menschen auf ihre intellektuellen, ethischen und künstlerischen Einstellungen haben« (Freud 1932, 193), aber mit »genuin ökonomischen Fragen« hat er sich nie systematisch beschäftigt (Gourge 2001, 112). Und ein Interesse der Ökonomen an der Psychoanalyse, hat er offensichtlich nicht angenommen. In seiner Aufzählung der »nicht psychologischen Wissenschaften«, die an der Psychoanalyse Interesse haben müssten, kommt die Ökonomie nicht vor (Freud 1913).

Auch unter Freuds Nachfolgern gibt es nur ganz wenige, die sich mit der Bedeutung der Psychoanalyse für die Ökonomie beschäftigt haben. Schilder (1940) ist einer der wenigen. Seine Überlegungen zu einer »Psychoanalyse der Volkswirtschaft« sind aber ziemlich allgemein und zu knapp. Selbst für Erich Fromm gilt, dass er trotz seiner kritischen Auseinandersetzung mit der ökonomischen Praxis so gut wie keine Bezugspunkte zur ökonomischen Theorie bietet. »Ein ernsthafter Dialog mit der ›bürgerlichen‹ Mainstream-Ökonomie jedenfalls ging trotz ihrer Popularität auch aus Fromms psychoanalytischen Arbeiten nicht hervor« (Gourge 2001, 118). Aber nur um die Mainstream-Ökonomie kann es gehen, wenn man konsequent die Sicherung des Wirtschaftsstandortes und dementsprechend die Erziehung der Kinder zu Unternehmern anstrebt.

Könnte aber Freud nicht ungeachtet seines Desinteresses an Ökonomie doch für eine Indienstnahme der Psychoanalyse für den »Hauptzweck« heutiger Erziehung von Interesse sein? Eigentlich nicht. Freud sah, dass jede Erziehung parteiisch gerichtet ist und war der Meinung, es sei »nicht die Sache des Analytikers zwischen den Parteien zu entscheiden«. Seiner Meinung nach hat psychoanalytische Erziehung »das ihrige getan, wenn sie ihn (den Zögling, H.F.) möglichst gesund und leistungsfähig entläßt« (Freud 1932, 162). Freud hatte eben noch keine Ahnung von den Zwängen der Wirtschaftsstandortsicherung. Und was kann man schon von einem Mann erwarten, der wahrhaft gebildet war, aber eben im herkömmlichen Sinne. Bekanntlich hat er viel Goethe gelesen und war »ehrlich erfreut« darüber, dass die einzige bedeutende Auszeichnung, die er je bekommen hat, »den Namen seines geliebten Goethe trug« (Gay

1987, 642). Womöglich kannte er das folgende Goethezitat, das diesen geradezu als Vorläufer der Antipädagogik erscheinen lässt:

> »Das Kind, an und für sich betrachtet, mit seinesgleichen und in Beziehungen, die seinen Kräften angemessen sind, scheint so verständig, so vernünftig, dass nichts drüber geht, und zugleich so bequem, heiter und gewandt, dass man keine weitre Bildung für dasselbe wünschen möchte. Wüchsen die Kinder in der Art fort, wie sie sich andeuten, so hätten wir lauter Genies« (Dichtung und Wahrheit, Goethe-HA Bd. 9, S. 72).[19]

Vielleicht sollte man hier doch vorsichtshalber anmerken, dass Goethe eben höherer Verwaltungsbeamter war und die haben von Ökonomie meist keine Ahnung. Sonst wären sie ja in die Wirtschaft gegangen, wären Unternehmer geworden und würden mehr verdienen.

Hier wird einmal mehr deutlich, dass es seinen guten Sinn hat, wenn Unternehmer fragen, warum der Deutschunterricht nicht stärker an das Fach Wirtschaft gekoppelt wird.[20] Und in diesem Zusammenhang drängt sich auch die Frage auf, ob die Bedeutung der PISA-Studie nicht erheblich überschätzt wird, angesichts der Tatsache, dass in ihr der »Lesekompetenz« große Bedeutung zugemessen wird. Sonst hätten die Finnen bestimmt nicht so gut abgeschnitten. Die kleinen Finnen kommen erst im Alter von sieben Jahren in die Gesamtschule, in der sie den ganzen Tag verbringen, »das kostenlose Mittagessen ebenso inklusive wie Sport und (– horribile dictu – H.F.) Musikunterricht oder, falls nötig, Nachhilfestunden vom Lehrer.«[21] Vollends verdächtig erscheint, dass der Leistungsdruck erst in den höheren Klassen beginnt und die Lehrer hohes Ansehen genießen. Wenn erst mal in Deutschland der neue »pädagogische Hauptzweck« konsequent verfolgt wird, Vorbilder wie Schulze und Windhorst zum Normalfall geworden sind und schon die Grundschüler eifrig Börsenkurse studieren, werden sich die Finnen bestimmt noch sehr wundern, wer ökonomisch das Rennen macht.

Es bleibt noch die Frage unbeantwortet, ob sich nicht vielleicht unter den psychoanalytischen Pädagogen jemand für die Frage nach dem Verhältnis von Wirtschaft und Pädagogik interessiert hat. Tatsächlich finden sich dazu vereinzelt Beobachtungen, wie z.B. bei Oskar Pfister (1923) und Wilhelm Reich (1933) und einigen anderen. Otto Fenichel beschäftigte sich sogar mit der Frage der späten wirtschaftlichen Selbständigkeit junger Erwachsener in unserer Gesellschaft. Er stellte die, für die hier

---

[19] Ich kann hier nicht auf die Frage eingehen, ob »lauter Genies« als allgemeines Erziehungsresultat nicht eventuell verheerende Folgen für den Fortbestand unserer heutigen Wirtschaftsordnung und damit unserer Gesellschaft hätten. Sie impliziert wesentlich auch die Frage nach dem Verhältnis von Genie und Moral. Davon abgesehen konnte man bisher den Eindruck haben, dass sich Genies selten für Ökonomie interessieren.

[20] Siehe Fußnote 9

[21] Siehe Fußnote 9

[21] Zitiert nach DER SPIEGEL 50/ 2001, 70

diskutierte Notwendigkeit der Verbreitung von Kinder-Ich-AGs beunruhigende – Vermutung an, dass Kinder, die zu früh ökonomisch selbständig sind, nicht mehr so leicht erzogen werden können (Fenichel 1998, Rundbrief vom 29.6.1937).

Auch bei Siegfried Bernfeld finden sich einige Überlegungen zur Frage, wie man durch die Gestaltung der ökonomisch-materiellen Situation von Jugendlichen diese am besten dazu bringt, sich mit dem kapitalistischen Wirtschaftssystem zu identifizieren. Als Marxist sieht er allerdings die Gesellschaft als Klassengesellschaft und dementsprechend geht er davon aus, dass proletarische und bürgerliche Jugendliche verschieden erzogen werden müssen. Was letztere anbelangt, findet man bei Bernfeld die These, die er einem Repräsentanten des Bürgertums in den Mund legt, wenn man die bestehende Wirtschaftsordnung erhalten wolle, sei es empfehlenswert, die bürgerlichen Jugendlichen nicht zu früh mit der wirtschaftlichen Realität zu konfrontieren. Pubertierende Jugendliche neigten zur Querköpfigkeit und könnten womöglich »die Gesellschaft auf Gerechtigkeit und Recht ... prüfen« wollen (Bernfeld 1925, 100). Auch diese Vermutung kann etwas beunruhigend erscheinen im Hinblick auf das Ziel, Kinder schon früh zu Unternehmern zu erziehen. Glücklicherweise braucht man solche Überlegungen, wie sie Fenichel und Bernfeld anstellen, nicht in jeder Hinsicht wirklich ernst zu nehmen. Beide standen dem Kapitalismus und seinen pädagogischen Erfordernissen prinzipiell ablehnend gegenüber. Sie orientierten sich nicht an der damaligen Mainstream-Ökonomie, sondern an marxistischer politischer Ökonomie.

Sogar in seiner »Psychologie des Säuglings« geht Bernfeld (1925) gelegentlich auf den Zusammenhang ein zwischen dem, was dem Säugling an Sozialisationspraktiken zugemutet wird, und dem Nutzen für die bestehende Gesellschaftsordnung. So stellt er z.B. fest, dass die »europäisch-amerikanischen Kulturvölker« im Vergleich zu allen anderen sehr früh entwöhnen. Und er fährt fort: »Keines von ihnen hat eine so harte Realität, hat eine so streng vom Ich geschiedene Außenwelt wie diese in der kapitalistischen Ordnung stehenden Nationen«. Er vermutet, dass »der frühe Entwöhnungstermin und die plötzliche Entwöhnungsweise der Ausgangspunkt, der erste Anstoß zu einer Entwicklung«, zu einem Weltbild sind, das abzielt auf »Rationalisierung, Eliminierung magisch-animistischer Denk- und Verhaltensweisen« (ebd., 258f.). Als Marxist war Bernfeld natürlich nicht in der Lage, solche Einsichten in einem positiven Sinne weiter zu verfolgen.

Grundlegende Überlegungen dieser Art finden sich in der späteren psychoanalytisch orientierten Pädagogik leider nicht mehr. Ungeachtet der politischen Tendenz der genannten Autoren, muss aber heutzutage an solchen Erkenntnissen angeknüpft werden. Wenn auch mit einer anderen Orientierung. In Zeiten der Wirtschaftsstandortsicherung kann sich auch heutige Psychoanalytische Pädagogik keine Unparteilichkeit mehr leisten.[22] Wenn man erreichen will, dass schon Kindergartenkinder zu Un-

---

[22] Eine andere Variante möglicher Parteilichkeit der Psychoanalytiker bestünde darin, sich mit der Mentalität derjenigen kritisch auseinanderzusetzen, die so vehement die Funktio-

ternehmern werden, wird man Bernfelds Überlegungen kritisch gewendet aufgreifen müssen. Dabei sollten sich die psychoanalytisch orientierten Pädagogen nicht scheuen, sich an Einsichten von Ökonomen zu orientieren, die, mangels geeigneter psychoanalytischer Untersuchungen, selbst Ansätze zu einer ökonomischen Sicht der Psychologie des Säuglings entwickelt haben. Ich beschränke mich hier auf ein Beispiel:

> »Als Säugling sucht der Mensch instinktiv die Nähe der Mutter, um an ihrer Brust Nahrung aufzunehmen oder am Körper Nähe und Geborgenheit zu fühlen. Um diesen Zustand des Wohlbefindens zu erreichen, muß er gelegentlich laut und anhaltend schreien – eine Handlung, die nicht nur anstrengend und unangenehm ist, sondern auch den Zustand des Unwohlseins reflektiert und den Wunsch nach Bedürfnisbefriedigung signalisiert. Später werden diese instinktiven Handlungen dann bewußt gestaltet, wenn beispielsweise Einkommen mühsam erarbeitet wird, um sich Annehmlichkeiten leisten zu können (S.1). Auch instinktiv handelnde Säuglinge schreien nur einen gewissen Zeitraum, um ihre Konsumwünsche durchzusetzen (S.2). Da der Konsum stets mit einer Handlung verbunden ist, ... die eine Bedürfnisbefriedigung darstellt, können umgekehrt alle angenehmen Tätigkeiten auch als Konsumakte angesehen werden. Konsum entspricht somit einer angenehmen Handlung und angenehme Handlungen einem Konsum (S. 7). Der Säugling an der Mutterbrust kann – auch wenn er ohne Schreien dazu kommt – seinen Genuß der Nahrungsaufnahme nur durch kräftezehrendes Saugen erreichen. Zudem muß er während dieser Zeit auf die Befriedigung seines Schlafbedürfnisses verzichten (S.11). Aufgrund der Annahme ... abnehmenden Grenznutzens ... geht der unterproportional ansteigende Gesamtnutzen des reinen Konsums mit einem überproportionalen Gesamtschaden einher. Je länger der Säugling an der Mutterbrust saugt, um so weniger Genuß bringt ihm die zusätzlich aufgenommene Milch und umso anstrengender wird die Saugbewegung (S. 12)« (Ramb 1993, zit. nach Gourge 2001, 69).

Solch profunde Einsichten müssten psychoanalytisch weiterverfolgt werden. Die Frage, ob die neuere von empirischen Untersuchungen beeinflusste Psychoanalyse des Säuglings dafür geeignet ist, lässt sich allerdings nicht eindeutig beantworten. Immerhin haben manche Autoren in unserer Zeit der Globalisierung den »kompetenten Säugling« entdeckt (Dornes 1993). Um ihn konsequent als solchen sehen zu können, muss man zwar die völlige Hilflosigkeit und Abhängigkeit des Säuglings von Ernährung, Pflege und Zuwendung ausblenden,[23] aber schließlich sieht man bei der Propagierung der Ich-AG ja auch davon ab, dass der durchschnittliche Lohnabhängige kaum eine Chance hat, sich als Unternehmer selbständig zu machen. Warum sollte

---

nalisierung aller Erziehung für die Ökonomie fordern. Ich kann darauf hier aus naheliegenden Gründen leider nicht eingehen.

[23] Siehe dazu z.B. die Kritik von Metzger (2000).

also – ideologisch gesehen – was dem Lohnabhängigen recht ist, nicht dem Säugling billig sein?

Wie die ökonomische Sicht des Säuglings belegt, müsste aber doch die Mutterbrust wieder mehr beachtet werden, wenn man dem Hauptzweck der Pädagogik gerecht werden will. Es gehört zu den Erkenntnissen der Psychoanalytischen Pädagogik, dass die Mutterbrust »das erste Curriculum« ist (Ekstein 1973). Von daher wird die Gefahr erkennbar, dass schon an den Mutterbrüsten die Chancen unseres Wirtschaftsstandortes verloren gehen.

Psychoanalytische Psychologie des Säuglings und Psychoanalytische Pädagogik müssen endlich ihren Beitrag dazu leisten, dass diese Gefahr abgewendet wird. Dazu gehört wesentlich auch, dass geklärt wird welches Humankapital schon beim Säugling gebildet werden kann, der später als Dreikäsehoch seine Ich-AG gründen soll. Eine pädagogische Überforderung der Kinder ist dabei aus ökonomischer Sicht nicht zu befürchten, weil der »ökonomische Ansatz keine grundsätzliche Trennung zwischen pathologischen und ›normalen‹ Verhaltensweisen vornimmt« (Gourge 2001, 74). Und so ähnlich sieht das ja die Psychoanalyse auch. Somit ist klar: sowohl Psychoanalytische Pädagogik als auch psychoanalytische Therapie müssen eine radikale Neuorientierung leisten, die ernst macht mit der Devise »Wo Kind war, soll Unternehmer werden«.

Literatur

Bernfeld, S. (1925): Psychologie des Säuglings. Wien: Julius Springer

Bernfeld, S. (1925): Sisyphos oder die Grenzen der Erziehung. Frankfurt/M.: Suhrkamp, 1970

Dornes, M. (1993): Der kompetente Säugling. Frankfurt/M: Fischer

Ekstein, R. (1973): Über den Einfluß der Psychoanalyse auf Erziehung und Unterricht. In: Ammon, G. (Hg.): Psychoanalytische Pädagogik. Hamburg: Hoffmann und Campe

Fenichel, O. (1998): 119 Rundbriefe (1934-1945). Frankfurt/M., Basel: Stroemfeld

Freud, S. (1913): Das Interesse an der Psychoanalyse. GW Bd. VIII

Freud, S. (1932): Neue Folge der Vorlesungen zur Einführung in die Psychoanalyse. G.W. Bd. XV

Gay, P. (1987): Freud. Eine Biographie für unsere Zeit. Frankfurt/M.: Fischer, 1989

Gourge, K. (2001): Ökonomie und Psychoanalyse. Perspektiven einer Psychoanalytischen Ökonomie. Frankfurt/M.: Campus

Harsch, W. (1995): Die psychoanalytische Geldtheorie. Frankfurt/M.: Fischer

Metzger, H.-G. (2000): Zwischen Dyade und Triade. Tübingen: edition discord

Pfister, O. (1923): Der seelische Aufbau des klassischen Kapitalismus und Geldgeistes. Bern: Huber

Reich, W. (1933²): Massenpsychologie des Faschismus. Frankfurt/M. (Raubdruck)
Schilder, P. (1940): Psychoanalyse der Volkswirtschaft. In: Bornemann, E. (Hg.): Psychoanalyse des Geldes. Frankfurt/M.: Suhrkamp, 1977, 403-420

Literaturumschau

Aktuelle Publikationen zu speziellen Praxisbereichen und Fragestellungen der Psychoanalytischen Pädagogik

Kathrin Fleischmann & Elisabeth Vock

Der vorliegende Artikel ermöglicht LeserInnen einen Einblick in aktuelle Veröffentlichungen, die sich mit Fragestellungen psychoanalytisch-pädagogischer Theoriebildung und Praxis beschäftigen. Da es keine umfassende Bibliographie von Veröffentlichungen der Psychoanalytischen Pädagogik gibt, erscheinen im Jahrbuch für Psychoanalytische Pädagogik regelmäßig Literaturumschauartikel, die diese Leerstelle füllen sollen.[1]

Die hier vorgestellten Publikationen, die sowohl Kern- als auch Randgebieten der Psychoanalytischen Pädagogik zuzurechnen sind, wurden zur übersichtlichen Gliederung nach thematischen Gesichtspunkten geordnet, woraus sich folgende Kapitelgliederung ergibt:

1. Publikationen zu grundlegenden und historischen Fragestellungen Psychoanalytischer Pädagogik
2. Literatur zu verschiedenen Praxisbereichen Psychoanalytischer Pädagogik
3. Beiträge zu entwicklungspsychologischen und sozialisationstheoretischen Fragestellungen
4. Veröffentlichungen zu weiteren Themenstellungen mit psychoanalytisch-pädagogischer Relevanz.

---

[1] Damit das Vorhaben, die vielfältigen, zahlreichen Publikationen zur Psychoanalytischen Pädagogik vorzustellen, auch weiterhin möglichst umfassend realisiert werden kann, bittet die Redaktion auch weiterhin alle Autorinnen und Autoren, Zeitschriftenredaktionen und Verlage entsprechende Rezensionsexemplare, Sonderdrucke oder zumindest Literaturhinweise zu übermitteln an:
Ao Univ. Prof. Dr. Wilfried Datler, Universität Wien, Institut für Bildungswissenschaft, Universitätsstr. 7, A-1010 Wien.

1. Publikationen zu grundlegenden und historischen Fragestellungen Psychoanalytischer Pädagogik

1.1 Zum Selbstverständnis Psychoanalytischer Pädagogik

Kraft (2003) geht in seinem Artikel »Möglichkeiten und Grenzen der Psychoanalyse für eine qualitative Wissenschaftsforschung der Pädagogik« von der empirisch abgesicherten These aus, dass die Erziehungswissenschaft im Vergleich zu anderen Disziplinen eine sehr geringe Selbstreproduktionsrate bezüglich Theoriebildung aufweist, was auf eine Fremdbestimmung der Erziehungswissenschaft durch andere Disziplinen und Importierung fremder Theoriekomplexe in die Erziehungswissenschaft hindeutet. Möglicherweise – so Kraft – hängt diese Krise der Theorie mit einer Krise der Theoretiker zusammen; oder anders ausgedrückt: Vielleicht ist das Identitätsproblem der Pädagogik eng mit einem Identitätsproblem der pädagogischen Forscher verbunden. Um diesen möglichen Zusammenhang zu erhellen, schlägt Kraft vor, das hermeneutische Aufklärungspotential der Psychoanalyse zu nutzen. In diesem Zusammenhang stellt der Autor vier Ansätze der Anwendung der Psychoanalyse für eine qualitative Wissenschaftsforschung der Pädagogik vor (biografisch-systematisch, historisch-systematisch, professionstheoretisch, erkenntnistheoretisch). »Die Theorieprobleme der Pädagogik lassen sich durch psychoanalytische Reflexion nicht lösen. Es wachsen allerdings die Chancen, das Potential erziehungswissenschaftlicher Rationalität zu erweitern« (Kraft 2003, 280).

Walter (2003) geht in seinem Beitrag »Psychoanalytische Erziehungswissenschaft« dem Verhältnis zwischen Wissenschaft und Psychoanalyse nach und stellt zunächst Freuds unterschiedliche Standpunkte zu dieser Thematik dar. Es folgen die Ansätze von Lorenzer und Laplanche, die es ermöglichen, psychoanalytisches Gedankengut in die Erziehungswissenschaft zu integrieren. Abschließend charakterisiert Walter den Schwerpunkt »Psychoanalytische Pädagogik« im Studienplan des Instituts für psychoanalytische Erziehungswissenschaft an der Universität Innsbruck, in dessen Zentrum das Thema »Subjektgenese« steht. Weitere leitende Themen des Studienplans sind »Enactment«, »Handlungsdialog« und »Inszenierung«. Diese werden in Walters Artikel vorgestellt und zu Lorenzers Theorie der Interaktionsformen und dem Konzept des szenischen Verstehens in Beziehung gesetzt.

Fatke (2002) geht in seinem Artikel »Psychoanalytische Pädagogik und Reformpädagogik. Geschwister, die sich nichts zu sagen haben?« den Spuren der psychoanalytischen Pädagogik in der Reformpädagogik und umgekehrt nach und sucht nach Gründen, weshalb in beiden Strömungen so wenig Gedankengut von der jeweils anderen zu finden ist. Fatke sieht die Gründe für die kaum stattgefundene gegenseitige Ergänzung der beiden Strömungen in unterschiedlichen institutionellen, gesellschaftlichen und wissenschaftstheoretischen Grundlagen. Er formuliert diese Unterschiede in acht Thesen. Die Ausführungen werden folgendermaßen zusammengefasst: »Trotz mancher Berührungspunkte zwischen psychoanalytischer Pädagogik und Reformpädagogik hat es keine wechselseitige Rezeption des jeweiligen Gedankenguts gegeben. Dies hängt mit der grundsätzlich unterschiedlichen Auffassung vom Wesen des Kindes und vom Wesen der Erziehung zusammen, die die beiden Strömungen kennzeichnen, sowie – noch grundsätzlicher – mit den unterschiedlichen theoretischen Grundlagen von psychoanalytischer Pädagogik und Reformpädagogik« (Fatke 2002, 156).

1.2 Beiträge zur Geschichte der Psychoanalytischen Pädagogik

Der von *Stadler* (1988a,b/2004) herausgegebene Reprint der seit vielen Jahren vergriffenen Ausgabe »Vertriebene Vernunft. Emigration und Exil österreichischer Wissenschaft 1930-1940« umfasst zwei Bände. Der erste Band entspringt zwei Vorlesungsreihen des Wiener Instituts für Wissenschaft und Kunst. Der zweite Band dokumentiert das 1987 stattgefundene Symposium »Vertriebene Vernunft«. Beide Bände beinhalten Beiträge, die unter anderem die Situation damaliger psychoanalytisch orientierter Pädagogen dokumentieren.

Band I beinhaltet unter anderem *Reichmayrs* (1988a/2004) Überlegungen zu »›Anschluss‹ und Ausschluss. Die Vertreibung der Psychoanalyse aus Wien«. In seiner Skizze der Wiener psychoanalytischen Bewegung in den letzten Jahren vor der Vertreibung arbeitet er unter anderem heraus, dass seit den 1930er Jahren auch unter Pädagogen ein reges Interesse an der psychoanalytischen Ausbildung bestand. Als Pioniere der psychoanalytischen Pädagogik nennt Reichmayr August Aichhorn, Siegfried Bernfeld und Anna Freud. In weiterer Folge setzt sich Reichmayr mit Fragen des Wissenschaftstransfers und dessen Auswirkung auf die psychoanalytische Theoriebildung sowie mit der Frage nach den Problemen der emigrierten Psychoanalytiker und psychoanalytischen Pädagogen in bezug auf soziale und kulturelle Integration im Exilland auseinander. *Ekstein* (1988/2004), als ein früher Vertreter der psychoanalytischen Pädagogik, vermittelt in seinem persönlichen Erfahrungsbericht »Die Vertreibung der Vernunft und ihre Rückkehr« Einblick in den Alltag der Emigranten.

In Band II ist ein Kapitel der Psychoanalyse und der Darstellung der Lebensschicksale von Psychoanalytikern in den Jahren 1938–1945 gewidmet, wobei in diesem Zusammenhang immer wieder auf Vertreter der psychoanalytischen Pädagogik Bezug genommen wird: *Reichmayr* (1988b/2004) skizziert die Situation der Wiener Psychoanalytischen Vereinigung kurz vor und nach dem Anschluss. *Bettelheim* (1988/2004) geht in seinem Beitrag auf den durch die Emigration vieler Psychoanalytiker und psychoanalytischer Pädagogen erfolgten Kulturtransfer von Österreich in die USA ein. *Pappenheim* (1988/2004) schildert als Zeitzeugin die Ereignisse dieser Zeit. Das Kapitel schließt mit zwei Beiträgen, die Bernfelds bzw. Sigmund und Anna Freuds Weg in das Exil darstellen (*Ekstein, Fallend, Reichmayr* 1988/2004; *Federn* 1988/2004).

Kaufhold (2003a) stellt in seinem Artikel den Lebensweg wichtiger Vertreter der Psychoanalytischen Pädagogik zusammenfassend dar, die in den 1920er und 1930er Jahren der Wiener psychoanalytischen Bewegung angehörten und in die USA emigrieren mussten. Kaufhold greift deswegen jene Vertreter der psychoanalytischen Pädagogik heraus, die in die USA emigrierten, da es seiner Auffassung nach vor allem in den USA aufgrund des dort vorherrschenden Medicozentrismus schwierig war, als Pädagoge Fuß zu fassen und psychoanalytisch-pädagogisch tätig zu sein. Unter anderem zeichnet Kaufhold kurz und prägnant den Lebensweg von Siegfried Bernfeld, Edith Buxbaum, Erik Erikson und Bruno Bettelheim nach.

Ein weiterer Beitrag von *Kaufhold* (2003b) »Bruno Bettelheim. Frühe biografische Wurzeln in Wien für sein psychoanalytisch-pädagogisches Werk« teilt sich in zwei Abschnitte. Im ersten Teil stehen die Kindheit und Jugend Bruno Bettelheims im Zentrum. Es wird in diesem Zusammenhang versucht, Verbindungen zwischen Bettelheims Kindheitserinnerungen und Motiven seiner späteren Werke in Ansätzen herauszuarbeiten. Außerdem werden Bettelheims erste Kontakte mit dem Kreis der psychoanalytischen Pädagogen in seiner Jugendzeit dargestellt. Der zweite Teil des Artikels umfasst eine Werkübersicht über 16 von Bettelheim verfasste Werke, wie »Gespräche mit Müttern«, »Die Geburt des Selbst« oder »Kinder brauchen Märchen«.

Göllner (2003) stellt in ihrem Artikel »Psychoanalytisch-pädagogische Praxis ohne Ideologie vom ›Schädling‹« die Institutionalisierung der von August Aichhorn konzipierten Erziehungsberatungsstellen sowie die mit diesem Prozess verbundenen Konflikte dar. August Aichhorn, der vom Jugendamt beauftragt wurde, in Wien Erziehungsberatungsstellen einzurichten, wurde 1932 gedrängt, diese Aufgabe zurückzulegen. Grund dafür waren Spannungen zwischen dem Jugendamt und August Aichhorn, der entgegen dem Ansinnen des Jugendamts in den Beratungsstellen Theorie und Praxis verknüpfen und sowohl Ausbildung als auch Beratung anbieten wollte. August Aichhorn erhielt dann die Möglichkeit, im Rahmen der Wiener Psychoanalytischen Vereinigung Erziehungsberatungsstellen seinen Vorstellungen gemäß aufzubauen. Göllner nimmt an, dass August Aichhorn dieses Netz an Erziehungsberatungsstellen nie in so breiten Rahmen hätte aufbauen können, wenn er nicht auf die Erfahrungen aus seiner Zeit im Jugendamt hätte zurückgreifen können.

Lück und *Volkmann-Raue* (2002) haben das Buch »Bedeutende Psychologinnen« herausgegeben, um den Beitrag von Psychologinnen für die psychologische Theoriebildung des 20. Jahrhunderts hervorzuheben. Das Buch umfasst 18 Beiträge, die das Leben und Werk von Psychologinnen darstellen, die der Psychoanalyse, der Kinder- und Sozialpsychologie sowie der Gesellschaftspsychologie zuzuordnen sind. Die einzelnen Beiträge umfassen die Darstellung der Biografie, die Rezension und Bewertung einer Schrift sowie eine ausgewählte Bibliografie der jeweiligen Psychologin. Im Kontext der psychoanalytischen Pädagogik sind die Aufsätze »Melanie Klein. Die Psychoanalyse des Kindes« (*Gast* 2002) sowie »Anna Freud. Gel(i)ebte Psychoanalyse« (*Mühlleitner* 2002) hervorzuheben.

2. Literatur zu verschiedenen Praxisbereichen Psychoanalytischer Pädagogik

2.1 Sonder- und Heilpädagogik

Gerber und die Mitglieder der Arbeitsgruppe Sonder- und Heilpädagogik an der Universität Wien (2004) sind die Herausgeber des Buches »Leben mit Behinderung. Ein Bilder- und Lesebuch aus Wissenschaft und Praxis«. Einige der AutorInnen beschäftigen sich in ihrem jeweiligen Arbeitsfeld mit dem Bereich der Psychoanalytischen Pädagogik. Das Buch zeichnet sich durch eine Vielzahl von kurzen, essayistischen Beiträgen aus. Zu Wort kommen auch Menschen, die von Behinderung direkt oder indirekt betroffen sind, sowie Vertreter aus den Bereichen der Heilpädagogik, Medizin und Psychologie. Ergänzt wird dieses Buch durch Bilder, Zeichnungen, Fotografien und mit weiterführenden Hinweisen auf Kontaktadressen und Literatur.

Haupt thematisiert in »Schatten in der Förderung und Therapie behinderter Kinder« eine Sackgasse, in die Pädagoginnen geraten können, wenn es in der Begegnung mit einem Kind eigentlich nur noch um seine Behinderung, um Förderung und Therapie geht. Sie stellt die Frage: »Was geschieht mit dem betroffenen Kind, was geschieht mit uns, wenn wir vor allem gegen die Behinderung, gegen Abweichungen arbeiten und für Normen und Ziele?« (Haupt 2003, 134). Haupt beschreibt in diesem Zusammenhang den Macht-Schatten, den Normalitäts-Schatten, den Schatten des wundervollen Helfers, den Angst-Schatten und den Schatten, der direkt aus der Lebensgeschichte einiger Fachkräfte zu kommen scheint, als Gründe dafür, warum das Kind so einseitig gesehen wird. Sie fordert eine Neuorientierung, eine Auseinandersetzung mit den eigenen Schatten, damit es nicht zu einer »Verschattung des Kindes« kommt (ebd.).

»Psychoanalytische Reflexionen in der pädagogischen Praxis« lautet der Titel eines bemerkenswerten Buches von *Niedecken, Lauschmann, Pötzl* (2003), das durch einen speziellen Aufbau hervorsticht. In Folge der Zusammenarbeit der drei Frauen ist ein Buch in Dialogform entstanden. Abwechselnd finden sich hier Beschreibungen integrationspädagogischer Arbeit von Lauschmann und Pötzl und direkt dort ansetzende theoretische Überlegungen von Niedecken. Somit ist der Text »also einerseits praxis- und erfahrungsnah, zu anderen Teilen theoretisch elaboriert und anspruchsvoll« (ebd., 9). Auf diese Art und Weise wird die Bedeutung des *ganz normalen Alltags* in der Arbeit mit Menschen mit geistiger Behinderung dargestellt und reflektiert. Niedecken bemerkt in diesem Zusammenhang: »Während das psychotherapeutische Setting einen Rahmen hat, innerhalb dessen die Arbeit sich auf die individuelle Problematik konzentrieren kann, muss die pädagogische Arbeit sich immer im Kontext eines zu bewältigenden Alltags abspielen und sich dort bewähren« (ebd., 41f.). Durch verschiedene Falldarstellungen werden zentrale Aspekte der pädagogischen Alltagsgestaltung, wie es die Herstellung eines dyadischen Feldes ist, verdeutlicht.

Niedecken bezieht sich in dem eben beschriebenen Werk mit ihren Überlegungen immer wieder auf ihr Buch »Namenlos«, das 2003 etwa zeitgleich mit dem vorher beschriebenen in überarbeiteter und erweiterter Form erschienen ist. Im Vorwort meint sie, dass diese Neuauflage mit »einer zunehmenden Akzeptanz der radikalen Gedanken« (Niedecken 2003, 11) einher ging, die in »Namenlos« zum Ausdruck gebracht werden. In dem Buch wird unter anderem thematisiert, wie Angst und Abwehr, institutionelle Gegenübertragung und Tötungsfantasien die Begegnung mit Menschen mit geistiger Behinderung beeinflussen.

»Heilpädagogische Interventionen zur Förderung der Selbständigkeit bei jungen Erwachsenen mit geistiger Behinderung« stellt *Weber* vor. Breiten Raum widmet die Autorin hier zunächst der Frage nach der Genese des Selbst beim Menschen. Sie meint, »dass der Prozess der Subjektgenese für alle Menschen nach den gleichen allgemeingültigen Kriterien verläuft. Allerdings müssen bei Menschen mit einer geistigen Behinderung ganz spezifische Sozialisationsbedingungen und -verläufe anerkannt werden, die hauptsächlich mit ›besonderen‹ elterlichen Phantasmen über das Kind und seine Schädigung verknüpft sind« (Weber 2003, 238). In welcher Weise diese Anerkennung gelingen kann, und im Besonderen welche Möglichkeiten das Szenische Verstehen dazu bietet, beschreibt Weber in ihrem Artikel.

Ist es möglich mit einem Menschen mit schwerer geistiger Behinderung oder stark autistischem Verhalten, mit einer Person in Demenz oder im Wachkoma zu kommunizieren? *Mall* (2004) geht im Beitrag »Muss man Kommunikation erst lernen? – Kommunikation ohne Voraussetzung« davon aus, dass basale Kommunikation selbstverständlich möglich ist. Jeder Mensch steht im Austausch mit seiner Umwelt. Dass wir manche Menschen als unfähig zu Kommunikation erleben, mag »als Projektion unserer eigenen Wahrnehmungsbeeinträchtigung in Bezug zu unserem ... Partner« zu verstehen sein. Stets vorhandene Basis der Begegnung ist für Mall der Rhythmus, den sein Partner mit seinem Atem ins Spiel bringt (ebd., 9). Die Aufgabe, den ersten Schritt im Kreislauf der Kommunikation zu machen, sieht Mall in der Person des Heilpädagogen. Seine genaue Beobachtung ermöglicht es, etwas im Verhalten des Anderen zu finden, auf das er sich beziehen kann und das er aufgreifen kann. Der Andere erlebt dadurch eine Antwort auf sein Tun und zeigt ein Verhalten, das nun wieder als Äußerung des Anderen wahrgenommen werden kann.

Vielleicht ist es so, meint *Janert* (2003, 201) in ihrem Buch »Autistischen Kindern Brücken bauen«: Nimmt man einem autistischen Kind jenen Gegenstand weg, an den es sich seit zu langer Zeit klammert, dann fühlt es sich für das Kind so an, als reiße man ein Loch in sein Körper-Selbst, durch das es selbst herausfällt, so wie Zucker aus einem Riss in einer Tüte rinnt. Dieses und andere Bilder verwendet Janert um zu beschreiben, wie sich ein autistisches Kind fühlen mag. Intensive Beobachtungen autistischer Kinder in den ersten Lebensjahren, die als vielfältige Praxisbeispiele im Buch Eingang finden, führen sie zu diesen Überlegungen. Der Vergleich mit der »normalen« emotionalen und kognitiven Entwicklung eines Babys bereichert ihre Beschreibungen. Das Buch ermutigt zu einem gefühlvollen Umgang mit autistischen

Kindern. Ziel ist es, dem Kind Spaß zu ermöglichen durch die zwischenmenschliche Begegnung. Es geht Janert nicht um die Entwicklung einer umfassenden Methode, sondern – im Sinne eines Elternratgebers – um eine Sammlung vielfältiger Ideen und Aktivitäten, die im Alltag funktionieren. Die innerpsychische Befindlichkeit des Kindes bleibt dabei stets im Blickpunkt aller Überlegungen.

Mosaiksteine für ein Verständnis von Hyperaktivität bietet *Passolt* (2004) als Herausgeber und Mitautor des Buches »Hyperaktivität zwischen Psychoanalyse, Neurobiologie und Systemtheorie«. Die Beiträge ermöglichen Pädagogen einen Blick hinter die Fassade jener Kinder zu werfen, die uns »stören in einer Art und Weise, die uns fordert, überfordert, uns verstört, der wir immer weniger gewachsen sind« (ebd., 8). Drei psychoanalytisch orientierte Kapitel sind hier enthalten:

Stork, Hüttl und *Thaler* (2004) wenden sich in ihrem Beitrag gegen die verbreitete Praxis, die Ursache des hyperkinetischen Syndroms allein als hirnorganische Störung zu betrachten, die medikamentös, verhaltenstherapeutisch oder ergotherapeutisch zu behandeln wäre. Sie sehen auch einen »psychoanalytisch orientierten diagnostischen Ansatz, der nicht von symptomatischen Außenphänomenen ausgeht, sondern von der inneren Konflikt- und Erlebniswelt des Kindes und seiner Eltern und ihrer Beziehung zueinander« (ebd., 84). Anhand von Fallmaterial erschließen die Autoren die Problematik weiter und geben Einblick in den psychotherapeutischen Prozess. Sie zeigen einen Weg, der aus der hyperkinetischen Symptomatik führen kann.

Auch *Günter* (2004) ermöglicht mit seinem Beitrag einen Blick in psychotherapeutische Arbeit. Er erläutert, warum die Arbeit mit dem Körperbild des Kindes wichtig ist und welchen Sinn es macht, Bilder und Zeichnungen mit scheinbar völlig anderen Inhalten – wie es Zeichnungen von Raketen, Bomben und Flugzeugen sein mögen – auf ihren Zusammenhang mit dem Erleben des eigenen Körpers zu untersuchen.

Gerspach (2004) thematisiert in seinem Beitrag, welche innerpsychischen Empfindungen im Pädagogen es so schwer machen mögen, hyperaktives Verhalten des Kindes auszuhalten und darauf mit Empathie zu reagieren. Er zeigt in seinem Beitrag aber vor allem auf, dass es die inneren Repräsentanzen des Kindes sind, die sein Verhalten bestimmen. Nur die sichtbare Ebene beobachtbaren Verhaltens zu beachten, greift zu kurz. Er vertritt die Meinung, dass hyperaktives Verhalten als »Ausdruck misslungener affektiver Einigungsversuche mit den primären Bezugspersonen« zu verstehen sei (Gerspach 2004, 50). Fehlt die affektive Übereinstimmung, die in den ersten Lebensmonaten für das Kind so nötig ist, kann Hypermotorik im Sinne eines Selbstheilungsversuches des Kindes verstanden werden.

Subellok und *Bahrfeck* beschäftigen sich mit dem Phänomen des Widerstandes von Kindern im sprachtherapeutischen Kontext. Sie verstehen »Widerstand als Abwehrmechanismus gegen ein ›schlechtes‹ Selbst« (Subellok, Bahrfeck 2003, 46). Nach einem einleitenden Exkurs zur Entwicklung des Selbst verdeutlichen sie, »dass Verhaltensweisen, die zunächst als ›trotzige Verweigerung‹ erscheinen, für die kindliche Entwicklung von elementarer Bedeutung und vielfach subjektiv sinnvoll sind« (ebd., 51). Dort, wo sich zunächst die Sprachtherapeutin als hilflos und ohnmächtig erleben mag, gilt es, sich auch auf das Erleben des Kindes – im Sinne von Übertragung und Gegenübertragung – einzulassen, um zu verstehen, dass Widerstand als »lebenserhaltende Fähigkeit des Kindes« betrachtet werden kann (ebd., 45). Das Fantasiespiel wird als therapeutische Möglichkeit aufgezeigt, dem Widerstand des Kindes zu begegnen. Anhand eines Fallbeispieles wird die sprachtherapeutische Vorgehensweise konkretisiert.

Hackenberg (2003, 3) stellt in ihrem Artikel »Beziehung in der Frühförderung – Konsequenzen für die Ausbildung« einleitend fest: »Die Arbeit an der Beziehung, die Arbeit mit der Beziehung spielt eine zunehmend zentrale Rolle in der Frühförderung«. Sie führt spezifische Beziehungskompetenzen für die Frühförderung an und beschreibt drei Ansätze, die Grundlagen hierfür bieten, den bindungstheoretischen Ansatz, den tiefenpsychologischen Ansatz und den systemisch-ökologischen Ansatz. Schließlich stellt sie die Frage, wie im Rahmen der Ausbildung zur Frühförderin entsprechende Beziehungskompetenzen vermittelt bzw. gestärkt werden können. Als Möglichkeiten nennt sie zunächst die gemeinsame Reflexion und die Selbsterfahrung und geht dann ausführlich auf die teilnehmende Säuglingsbeobachtung nach Bick ein.

Im Beitrag »Vom Auftrag der heilpädagogischen Früherzieherin oder: Grundsätzliche Denk- und Handlungsansätze in der Frühförderung« stellt *Tietze-Fritz* (2003) den anspruchsvollen Arbeitsauftrag an die Früherzieherin dar. Bei dem Teilbereich Beziehungen und Bindungen bezieht sie sich unter anderem auf den vorher genannten Artikel von Hackenberg.

Olbrich stellt in »Psychomotorische Kommunikationsförderung im Spiegel der Säuglingsforschung« die Frage, wo denn bei jenen Kindern, die ihr später mit sprachlich-kommunikativem Förderbedarf in unterschiedlichem Kontext begegnen, die »Lebendigkeit, Lernbereitschaft, forschende Neugierde, Experimentier- und Spielfreude des Säuglings oder Kleinkinds geblieben ist« (Olbrich 2004, 16). Die Autorin stellt verschiedene Aspekte der Säuglingsforschung vor und untersucht deren Bedeutung für die psychomotorische Kommunikationsförderung. Als psychomotorische Herangehensweise bezeichnet sie »eine besondere Berücksichtigung der gesamten Leiblichkeit und ihres Ausdrucks in Bewegung, mit deren sichtbaren und unsichtbaren, unbewussten, vorbewussten sowie den dem Bewusstsein zugänglichen Anteilen« (ebd.,, 17).

Turinsky (2003) geht in seinem Artikel »Das abscheuliche Genießen. Lacanianische Reflexionen über den Umgang mit Behinderung, Liebe und Sexualität« auf folgende Fragestellung ein: »Wie lässt sich der fast unüberwindliche Widerstand begreifen, dem behinderte Menschen in ihren sexuellen und liebevollen Annäherungen an Andere immer wieder begegnen?« Begriffe, die von Lacan geprägt wurden, wie »symbolische Ordnung«, »das Reale« und das »Spiegelstadium« nimmt er als Ausgangspunkt, um zu zeigen, dass kulturelle Ideale von Attraktivität, Körperbewegung und dem Genießen an sich eine Grundlage von Ausgrenzung bilden. Als Ziel sieht Turinsky die Notwendigkeit, die symbolische Ordnung zu verändern, was in Institutionen wie Schule und Universität möglich ist. Ein Beispiel für diese Veränderung ist, unsere Ideale von Männlichkeit, Weiblichkeit und Erotik zu modifizieren. Abschließend zeigt der Autor im Zusammenhang mit den geforderten Veränderungen die Nähe zwischen Liebe und linker Politik.

2.2 Sozialpädagogik

Provokant entfaltet *Niemeyer* in »Praktikerklagen und Theoretikerhoffnungen im Spiegel von Bruno Bettelheims Heimerziehungskonzept« seine Überlegungen zur sozialpädagogischen Praxis. Er geht davon aus, dass die Forderung mancher Theoretiker, Heime abzuschaffen zu kurz greift, ebenso wie die Klage mancher Praktiker, dass Theoretiker »mit großen Hoffnungen schwanger gehen, ohne etwas Rechtes von der Praxis und deren Nöten und Zwängen zu verstehen« (Niemeyer 2004, 3). Begründet auf Bettelheims Arbeitsansatz in der Orthogenetic School fordert der Autor die Herstellung eines therapeutischen Milieus. Das Therapieziel bezogen auf Kinder und Jugendliche ist die Herstellung einer »gerechtfertigten Selbstachtung« (Bettelheim 1974, 27 zit. n. Niemeyer 2004, 7). Diese brauchen auch die Praktiker, wenn »sie nicht länger bereit sind, sich abzufinden mit der gläubigen Zurkenntnisnahme der Befundberichte, die eine Etage höher erstellt werden in Ignoranz gegenüber denjenigen, die den jeweiligen Fall, über den zu berichten ist, doch letztlich weit genauer kennen« (ebd., 8). Niemeyer stellt aber auch fest, dass die sozialpädagogische Praxis hinter dem zurück bleibt, was sozialpädagogische Theorie für richtig hält. »Die schul- sowie die sozialpädagogische Praxis ist, so will es scheinen, weitgehend resistent gegenüber dem Hinweis, dass in ihr nicht nur geplant, gehandelt, diskutiert, erzogen, bestraft, weggeschlossen und beschlossen werden muss, sondern dass es vorab gilt, die Probleme zu verstehen, die ein vermeintlich böses Kind hat, die Probleme aber auch, die ein Professioneller hat beim Verstehen« (ebd., 10).

Stemmer-Lück geht es mit ihrem Buch »um die differenzierte Anwendung psychoanalytischen Denkens und Handelns in der Sozialen Arbeit« (2004, XII). Als Kern aller psychoanalytischen Theorien und als ein Essential in der Sozialen Arbeit bezeichnet sie die Arbeit mit und in Beziehungen. Grundsätzliche Fragestellungen zum Verhältnis von Psychoanalyse und Sozialer Arbeit werden bearbeitet. Lehrbuchartig werden psychoanalytische Theorien vorgestellt, wie Konflikttheorie und Objektbeziehungstheorie. Fallbeispiele führen das Verstehen und Handeln in der Praxis vor Augen. Weiters werden psychoanalytische Theorien und ihre Anwendung in Gruppen bzw. Organisationen thematisiert und außerdem Konsequenzen für die Aus- und Fortbildung genannt.

Vetter (2003) gibt im Buch »Der kleine Gauner« einen umfassenden Einblick in die pädagogische Arbeit mit einem dissozialen Jungen, der in einer lebensorientierten Tagesgruppe betreut wird. Ihre ausführliche Falldarstellung und Fallanalyse ermöglichen es, Fehlentwicklungen und mühsam errungene Entwicklungsfortschritte im Detail nachzuvollziehen. Die theoretische Auseinandersetzung mit psychoanalytischen Konzepten, wie der Ich-Psychologie und der Objektbeziehungstheorie, sowie psychoanalytisch-pädagogische Überlegungen, wie dem Konzept der verantworteten Schuld, eröffnen der Autorin einen vertiefenden Verstehenszugang zu dem betroffenen Kind und seinen Eltern. Wie Verstehen und Handeln in der psychoanalytischen Pädagogik ineinander greifen, wird hier eindrucksvoll dargestellt.

Weiß (2004, 12) geht davon aus, dass in allen Heimen Mädchen und Jungen leben, die »einen langen und prägenden Zeitraum ihres Lebens unter traumatischen Lebensumständen« verbrachten. Sie postuliert, dass PädagogInnen dreierlei bedürfen, um traumatisierten Kindern und Jugendlichen in hilfreicher Weise begegnen zu können: Sie brauchen Sachkompetenz, Selbstreflexion und Selbstfürsorge. Mit ihrem Buch »Philipp sucht sein Ich. Zum pädagogischen Umgang mit Traumata in den Erziehungshilfen« möchte sie dazu beitragen. Im ersten Teil des Buches geht es um die Existenz psychotraumatischer Erfahrungen. Es werden verschiedene Traumata, Mittlerfaktoren und protektive Faktoren formuliert, sowie die geschichtliche Entwicklung im Umgang mit dem Trauma dargestellt. Im zweiten Teil geht es um die Aufgaben der Pädagogik bei der Verarbeitung der traumatischen Lebensumwelt. Als wesentlich werden hier unter anderem die Gestaltung kontinuierlicher Beziehungen, die Unterstützung zur Selbstfindung, sowie die Notwendigkeit einer geschlechtsreflektierenden Pädagogik und Sexualpädagogik genannt. Auf mögliche Belastungen für PädagogInnen und den professionellen Umgang mit Traumata geht Weiß im dritten Teil ihres Buches ein.

Cohen (2004), der Autor des Buches »Das misshandelte Kind«, leitet seit Jahrzehnten das B'nai B'rith Kinderheim für traumatisierte und misshandelte Kinder und Jugendliche in Jerusalem. Das dem Betreuungsansatz dieses Kinderheims zugrundeliegende Konzept sieht Cohen in der Tradition von Aichhorn, Bettelheim und Winnicott verankert. Im Zentrum der im B'nai B'rith Kinderheim angebotenen 5-jährigen Behandlung steht die direkte Beziehung zwischen Betreuer und Kind sowie das Verstehen und Bewältigen der dieser Beziehung immanenten Übertragungs- und Projektionsprozesse. Das Buch gewährt Einblick in das psychoanalytische Konzept zur integrierten Behandlung von Kindern und Jugendlichen, das der Arbeit im B'nai B'rith Kinderheim zugrunde liegt. Zudem illustrieren zahlreiche Fallbeispiele die Arbeit in diesem Kinderheim.

2.3 Kindergarten- und Schulpädagogik

In ihrem Buch »Kindergarten. Eine Einführung in seine Entwicklung und Pädagogik«, das 2002 als völlig überarbeitete und erweiterte Neuauflage erschienen ist, widmet *Aden-Grossmann* (2002) ein Kapitel dem Einfluss der Psychoanalyse auf die Kindergartenpädagogik. Kurz berichtet sie von Vera Schmidts Kinderheim-Laboratorium, das 1921 in Moskau entstand. Anschließend stellt sie ausführlich die Arbeit von Nelly Wolffheim dar, die 1922 in Berlin begann, psychoanalytische Erkenntnisse in die pädagogische Arbeit einfließen zu lassen. Wolffheims Anliegen war es, die aus dem

Unbewussten stammende Konflikte im Kindergarten zu berücksichtigen. In diesem Zusammenhang beschäftigt sie sich mit der Beziehung zwischen Kind und Erzieherin, sowie mit den Beziehungen der Kinder untereinander. Wolffheim geht u.a. auf die Bedeutung des Spiels ein, auf verhaltensgestörte Kinder und auf Äußerungsformen der infantilen Sexualität ein. Sie betont in verschiedenen Bereichen die Notwendigkeit der Zusammenarbeit mit den Eltern und schlägt darüber hinaus gegebenenfalls auch eine Beratung der Eltern vor. Aden-Grossmann (2002, 82) stellt fest: »Es war Nelly Wolffheims Verdienst, dass sie durch direkte Kinderbeobachtungen die Erkenntnisse Freuds über die Entwicklung des Menschen bestätigte.«

Schön (2003) nimmt in ihrem Beitrag zu Programmen eine Gewaltprävention kritisch Stellung. Sie geht in ihren Ausführungen vor dem Hintergrund der »Affektlogik« von Luc Ciompi der Frage nach, wie realistisch und wie angemessen die Hoffnungen solcher curricularisierten Lektionen im Unterricht im Hinblick auf die Förderung emotionaler Kompetenzen sind.

»Die Beziehung des Systems Grundschule zu seinen gewalttätigen Teilen« lautet der Titel des Artikels von *Biran* (2003). Die Autorin berichtet von einem Workshop, den sie im Auftrag des israelischen Bildungsministeriums leitete. In diesem Workshop sollte die Gewalt an Schulen untersucht werden, neue Formen des Umgangs mit Gewalt galt es zu finden. In diesem Zusammenhang werden hier im Speziellen die Träume der Teilnehmer in den Blick genommen. Es wird aufgezeigt, dass diese »Licht auf die Geschehnisse im System und auf die Erfahrungen der Teilnehmer in ihrer Rolle werfen können« (ebd., 375). Es werden außerdem verschiedene – ineffiziente – Abwehrmechanismen gegen Gewalt an verschiedenen Schulen thematisiert, wie Einkapselung und Dramatisierung.

Gebauer (2003) skizziert in »Die Bedeutung des Emotionalen in Bildungsprozessen« sein pädagogisches Konzept einer Grundschule, dessen Kern die »Dreispurpädagogik« darstellt – neben der fachorientierten Lernspur findet die Beziehungsspur und die Selbstentwicklungsspur des Kindes Beachtung. Anhand von Fallbeispielen illustriert Gebauer die gleichrangige Wichtigkeit von Methoden-, Handlungs- und emotionaler Kompetenz für schulpädagogische Professionalität.

2.4 Beiträge zur Eltern-Kleinkind-Beratung und Eltern-Kleinkind-Therapie

In zwei Heften der Zeitschrift »Analytische Kinder- und Jugendlichentherapie« (4/2003, 2/2004) werden eine Reihe grundlegender Konzepte und Arbeiten zur psychoanalytischen Psychotherapie und Beratung der frühen Eltern-Kind-Beziehung vorgestellt.

Von *Fraiberg, Adelson* und *Shapiro* (2003) ist der Artikel »Gespenster im Kinderzimmer« enthalten, der in englischer Sprache im Jahr 1980 erschien. Anhand von zwei Fallberichten – jenen von Jane und ihrer Familie und dem von Greg und seinen Eltern

– geben die Autorinnen Einblick in ihre »Wohnküchen-Psychotherapie« (Fraiberg u.a. 2003, 499). In ihrem Artikel thematisieren sie, dass sich in die Beziehung von Eltern und Säuglingen »Schatten der Vergangenheit, d.h. massive unbewusste Übertragungen der Eltern auf ihren Säugling«, drängen können (ebd., 465). An diesen Übertragungen arbeitet die Therapeutin mit den Eltern im Beisein des Säuglings. Schwerwiegende Fehlentwicklungen des Kindes können so vermieden werden. Dies ist sogar bei »schwer traumatisierten Primärobjekten« möglich (ebd.).

Enthalten ist weiters ein Beitrag aus dem Jahr 1993, der ebenfalls aus dem Englischen übersetzt wurde. *Watillon* (2003, 505) untersucht in ihrem Artikel psychodynamische Faktoren, »durch die Konflikte in Interaktionen zwischen Eltern und sehr jungen Kindern in Therapien gelöst werden können«. Die Anwesenheit des Kindes während der Therapie ermöglicht ihm eine Inszenierung des Konflikts in Form einer dramatischen Vorstellung. »Indem es seine Anwesenheit in einem ganz bestimmten bedeutungsvollen Augenblick fühlen lässt, während die Eltern die Situation schildern, lässt das Kind den interaktionellen Konflikt manifest werden und ermöglicht es dem Therapeuten, die Botschaft zu entschlüsseln, die auf ihn projizierten Emotionen herauszuarbeiten und die unbewussten Motive der einzelnen Rollenspieler ins diesem ›Stück‹ zu deuten« (ebd.).

Auf diesen Artikel von Watillon beziehen sich *Köhler-Weisker* und *Wegeler-Schardt* (2004) in ihrem Beitrag. In Form eines Werkstattberichts stellen sie die Arbeit in der Babyambulanz des Frankfurter Instituts für Analytische Kinder- und Jugendlichen-Psychotherapie vor und betonen, dass sie sich an die Arbeitsweise von Watillon in ihrer Arbeit mit Babys und deren Eltern annähren. Durch Kurzinterventionen wollen sie in jenen Fällen helfen, in denen die Beziehungsaufnahme zwischen Kind und Eltern in irgendeiner Form belastet ist. Anhand zweier Fallberichte wird diese Arbeit anschaulich dargestellt.

Israel (2004) beschreibt als Ziel ihrer therapeutischen Arbeit, die Verständigung innerhalb der Eltern-Kinder-Einheit zu verbessern. Ausgehend von einer Falldarstellung beschreibt sie ihren methodischen Ansatz. Dazu gehören die Kommunikationsbeobachtung des präsymbolisch-präverbalen Verhaltens des Kindes, die nachfolgende Analyse und Übersetzung in unmittelbare Symbolik und die Beschreibung der kindlichen Zustände. Als ein wichtiges Arbeitsinstrument nennt sie die Analyse der Gegenübertragungsgefühle des Therapeuten.

Pedrina beschäftigt sich mit der direkten Beziehung der Therapeuten mit dem Baby. »Neuere Erkenntnisse bezüglich der averbalen Kommunikation, der vorsprachlichen Erinnerungsfähigkeit und der Beziehung zwischen verbaler und averbaler Repräsentation« (2004, 221) finden Berücksichtigung, wenn es um die psychodynamischen Vorgänge in der Beziehung zwischen dem Erwachsenen und dem noch nicht sprechenden Kind geht.

Der Beitrag von *Norman* (2004) erschien in englischer Sprache im Jahr 2001. Er beschreibt, welche Bedeutung eine Beziehungsaufnahme vom Therapeut zum Säugling hat, auch wenn eine *Redekur* im engeren Sinn nicht möglich ist. Anhand mehrerer Fallbeispiele führt er aus, welche Chancen in dieser Beziehungsaufnahme liegen.

2.5 Kompetenzvermittlung, Praxisreflexion und Supervision

Die »Individualpsychologische Beraterausbildung nach Th. Schoenaker« im Adler-Dreikurs-Institut in Züntersbach beschreibt *Schottky*. Es ist wesentliches Merkmal, dass das Milieu der Ausbildung als tragende Matrix verstanden wird. Wenn die Teilnehmer innerhalb der Ausbildung Begleitung, Förderung, Unterstützung, Respekt, Wärme und Offenheit etc. erfahren haben, können sie das dann selbst wohl auch weitergeben. »Das verinnerlichte Milieu bildet später dann die Matrix für das eigene beratende Handeln« (Schottky 2004, 56). »Eine bestimmte Art des mitmenschlichen Umgangs, der Haltung, des Austauschs in der Gruppe« wird geübt und gelebt (ebd., 55).

Datler (2003) geht in seinem Artikel »Vom Nachdenken über Gefühle im Dienst der Entfaltung von pädagogischer Professionalität« am Beispiel einer Arbeitssituation einer Pädagogikstudentin der Frage nach, welche Bedeutung Gefühle für das Erleben und in Folge für das konkrete Zustandekommen von pädagogischen Beziehungsprozessen haben können. Im Zuge der Darstellung einer speziellen Form der Praxisbeschreibung und -reflexion kommt Datler zu dem Schluss, dass die Berücksichtigung der Dimensionen »Erleben, Beschreiben und Verstehen« in Reflexionsprozessen eine Zunahme an pädagogischer Professionalität ermöglicht.

Beiträge aus fünf Jahren der Zeitschrift »Freie Assoziation« bietet das Buch »Das Unbewusste in Organisationen«, herausgegeben von *Sievers, Ohlmeier, Oberhoff* und *Beumer* (2003). Drei Beiträge aus diesem umfassenden Werk, die im Zusammenhang mit der Vermittlung von Kompetenzen, mit Praxisreflexion und Supervision stehen, sollen hier vorgestellt werden:

»Psychoanalyse jenseits von Therapien« nennt *Ohlmeier* seinen Artikel. Er betont, dass psychoanalytische Erfahrung Grundvoraussetzung für psychoanalytisches Arbeiten ist, denn »psychoanalytische Selbsterfahrung ergibt außer der Gewinnung psychoanalytischer Erkenntnis, psychoanalytischen Wissens eine besondere Sensibilität, eine besondere Empfindlichkeit, ja Empfindsamkeit« (2003, 41). Ohlmeier stellt fest, wie wichtig es wäre, dass Lehrer, Sozialarbeiter und Erzieher mit ihrer eigenen psychischen Wirklichkeit vertraut sind, damit sie Zugang zu der psychischen Wirklichkeit der ihnen anvertrauten Kinder und Jugendlichen erhalten. Besondere Berücksichtigung findet in diesem Artikel die psychoanalytisch orientierte Supervision. Ohlmeier klärt, was Supervision für ihn ist bzw. nicht ist und verbindet dann seine Sichtweise mit dem Vorgehen von Sokrates.

Long befasst sich mit dem Thema »Kooperation und Konflikt. Zwei Seiten ein und derselben Medaille«. Die Autorin stellt dar, inwiefern »Konflikte am Arbeitsplatz contained, gemanagt und durchgearbeitet werden können« (Long 2003, 117). Sie weist darauf hin, dass manche Konflikte eine Problemstellung verschleiern können, ein Problem unterdrücken und verdrängen. Dieses zeigt sich dann an anderer Stelle im Arbeitssystem. Ausgehend von dem Bereich Konfliktverlagerung stellt Long in ihrem Artikel die Theorie sozialer Abwehr vor und geht schließlich auf Folgerungen für die Arbeit mit Konflikten am Arbeitsplatz ein.

»In Krankenhäusern, psychiatrischen Einrichtungen, Heimen und Hospizen sind wir konfrontiert mit körperlichen Schmerzen und seelischem Leiden, mit Angst, Verzweiflung, Wut und Verrücktheit – in den Patienten, die wir behandeln, aber oft auch in uns selbst« (Skogstad 2003, 307). Mit dieser Feststellung beginnt *Skogstad* seinen Artikel »Kein Platz für Angst und Schmerz«. Er stellt die psychoanalytische Beobachtung von Institutionen vor. Diese Methode stammt von Hinshelwood und entstand in Anlehnung an die von Bick entwickelte Methode der Säuglingsbeobachtung. Skogstad beschreibt diese Methode als wichtiges Lerninstrument für die Arbeit in psychiatrischen und medizinischen Einrichtungen. Er bereichert seine Ausführungen durch konkrete Beobachtungen in Institutionen.

West-Leuer und *Sies* benennen in ihrem Buch »Coaching – Ein Kursbuch für die Psychodynamische Beratung« Aspekte der Veränderung in Arbeitswelt und Berufsleben. »Auslagern, vereinfachen, streichen, frühpensionieren, kündigen« (West-Leuer, Sies 2003, 11) heißt es da. In einer Zeit zwischen Wandel und Kontinuität von Werten wird der subjektiven Seite der Arbeit und damit den seelischen Vorgängen vermehrt Aufmerksamkeit geschenkt. Die Psychodynamische Beratung ermöglicht laut West-Leuer und Sies dem entstehenden Dilemma der Führungskräfte zu begegnen. In den Blick kommt so unter anderem die Beziehungsdynamik zwischen Mitarbeitern und auch jene zwischen Mitarbeitern und Organisation. Im ersten Teil ihres Kursbuches gehen die Autorinnen auf Grundprinzipien dieser Beratungsform ein. Der zweite Teil wird als Einführung in die Praxis verstanden. Im dritten Teil ermöglichen Berichte von Ausbildungskandidaten über erste Anwendungsversuche der Leserin ein eigenes »Übertragungs- und Gegenübertragungserlebnis mit wechselnden Identifikationen und Projektionen auf die Gecoachten und die Coachenden« (ebd., 20).

Einen Blick über die Grenzen des eigenen – psychoanalytischen bzw. systemischen – Schulenbezuges in der Supervision provozieren die Beiträge in der Zeitschrift Supervision 1/2004. Das Heft widmet sich der Begegnung zwischen den beiden Zugängen. *Musfeld* und *Jabs* (2004a, 4) stellen dazu fest: »Während ... in der Praxis zunächst das zählt, was Erkenntnis bringt und Veränderung ermöglicht, lässt sich innerhalb der theoretisch diskutierten Institution Supervision eine, man möchte fast sagen, starre Grenze feststellen, die zwischen den systemischen und psychoanalytischen Ansätzen der Supervision unterscheidet«. Sie weisen auch darauf hin, dass das Thema der Grenzen supervisionsimmanent sei. »Supervisorinnen und Supervisoren bewegen sich in ihrer Arbeit selbst permanent an Grenzen entlang – an den Grenzen der Systeme, mit denen sie arbeiten, aber auch an den Grenzen der eigenen Erfahrung« (Musfeld, Jabs 2004a, 3). Das Übersteigen von Grenzen mag unter anderem gerade deshalb eine besondere Herausforderung sein. Fünf Beiträge sind in dem Heft enthalten:

Musfeld und *Jabs* (2004b) zeigen durch ein Interview, dass es bei der Begegnung zwischen den beiden Supervisionsrichtungen einerseits um den »Wunsch nach Identitätsbewahrung« geht und andererseits um die »Suche nach neuen Perspektiven und Anregungen«. *Wedekind* (2004) eröffnet eine Verbindung der beiden Schulen in der psychoanalytisch-systemischen Supervision. *Riedl* und *Wieland* (2004) beschäftigen sich in ihrem Beitrag mit Spiegelungen und Trancephänomenen sowie damit einhergehender Musterübertragungen als Arbeitsinstrumente für systemische Supervision. *Kopyczinski* (2004) stellt das Szenische Verstehen vor und vertritt in seinem Beitrag die These, dass sämtliche Richtungen von Supervision dieses Konzept implizit verwenden. *Buchinger* (2004) schließlich rückt den Gegenstand von Supervision, nicht die Methoden, ins Zentrum, nämlich die von Menschen in Organisationen verrichtete Arbeit. Das Resultat seiner Überlegungen ist, dass ein Schulenbezug nicht ausreichen kann, vielmehr sieht er die Supervisorinnen als Spezialistinnen für Schnittstellen- und Grenzmanagement.

3. Beiträge zu entwicklungspsychologischen und sozialisationstheoretischen Fragestellungen

3.1 Beiträge zur Kindheit

Der von *Nyssen* und *Janus* (2002) herausgegebene Band »Psychogenetische Geschichte der Kindheit« umfasst 12 Beiträge zur Psychohistorie der Eltern-Kind-Beziehung. Im Rahmen der Beiträge werden folgende vier Themenschwerpunkte behandelt: (1) Urgeschichte der Kindheit, (2) Kindheit in außereuropäischen Kulturen, (3) allgemein theoretische Diskussion der psychogenetischen Theorie des Kindes im Kontext verwandter Ansätze und (4) Darstellung empirischer Untersuchungen zur Geschichte der Kindheit. Im Rahmen der thematisch unterschiedlichen Beiträge wird auf deMause' Theorie zur psychogenetischen Geschichte der Kindheit Bezug genommen, die er im Zuge seiner psychoanalytisch orientierten Auseinandersetzung mit historischen Quellen entwickelte. Zudem wird der Frage nachgegangen, was die Thesen und Begriffe der psychogenetischen Theorie von deMause leisten, wenn sie auf die oben genannten Themenbereiche angewandt werden. Nyssen (2001, 8) geht davon aus, »dass die Analyse der Eltern-Kind-Beziehung unerlässlich ist, wenn wir die Kette der Pathologien, als die sich die Geschichte auch darstellt, verstehen wollen«.

Das von *Frenken* (2003) verfasste Buch »Da fing ich an zu erinnern ...« stellt das Ergebnis einer Analyse von deutschsprachigen Autobiografien vom 12. zum 17. Jahrhundert dar. Ausgehend von autobiografischen Texten, in denen die Autobiografen ihre Kindheit, ihre Beziehung zu den Eltern und ihr Hoffnungen, Wünsche und Ängste darstellen, erarbeitet Frenken psychohistorisch-psychoanalytische Rekonstruktionen von historischen Kindheiten und den zugehörigen Eltern-Kind-Beziehungen. Im Zuge dessen werden Motive, wiederkehrende Themen aber auch Unklarheiten im autobiografischen Text herausgearbeitet. Das Buch schließt mit einem Vergleich der Ergebnisse der psychohistorisch-psychoanalytischen Rekonstruktionen der Einzelfälle. Dabei wird deutlich: »Im Laufe des untersuchten Zeitraums nähern sich Eltern ihren Kindern psychisch an. Die Geschichte der Kindheit ist eine Geschichte des Wandels der Objektbeziehungen. Dieser Wandel bringt ständig historisch neue Persönlichkeiten hervor, die historisch neue Beziehungsformen, neue Traumata und neue psychische Verarbeitungsmechanismen entwickeln. Im Laufe des untersuchten Zeitabschnitts entstanden neue Formen des Umgangs mit dem Kind und vor allem eine zunehmende Fähigkeit der Eltern zur Empathie« (Nyssen 2001, 13).

Böhme-Bloems (2003) Artikel »Die Entstehung der Psyche« gliedert sich in drei Teile. Zuerst führt sie einige Bemerkungen zur 100-jährigen psychoanalytischen Entwicklungspsychologie an. Danach skizziert sie Ansätze der neueren psychoanalytischen Entwicklungstheorie sowie markante Punkte der Entstehung der Psyche. Abschließend wird anhand eines Fallbeispiels die Denkweise der psychoanalytischen Entwicklungspsychologie illustriert. Zentral in Böhme-Bloems Ausführungen ist, die Bedeutung von Beziehungserfahrungen, die ein Individuum von Geburt an sammelt und deren Charakter sich durch neu hinzutretende Beziehungserfahrungen ständig verändert. Diese Beziehungserfahrungen bilden nämlich die Leitmotive für das gesamte bewusste und unbewusste Denken, Fühlen und Handeln.

Schäfer (2003) arbeitet in seinem Beitrag die Bedeutung emotionaler und kognitiver Dimensionen bei frühkindlichen Bildungsprozessen heraus. Er geht einem in der Pädagogik vernachlässigtem Ansatz – dem der Kognitionsforschung – nach und macht in diesem Zusammenhang deutlich, inwiefern die Bildung von Gefühlen als Bildung der emotionalen Wahrnehmung zu lesen ist.

Diem-Wille (2003) stellt zu Beginn des Buches »Das Kleinkind und seine Eltern« drei vierjährige Kinder – Kelly, Max und Patrick – anhand von sieben Dimensionen der Persönlichkeitsentwicklung vor. Im Anschluss daran geht Diem-Wille der Frage nach, welche Beziehungserfahrungen diese drei Kinder vor allem mit den Eltern in den ersten Lebensjahren sammelten, sodass sie mit vier Jahren so unterschiedliche Persönlichkeitsstrukturen aufweisen. Dieser Entwicklungsprozess wird anhand von Beobachtungsprotokollen nachgezeichnet, die die Interaktion dieser drei Kinder mit ihren Eltern über drei Jahre dokumentieren. Neben der Vorstellung und Bearbeitung dieser Beobachtungsprotokolle werden in diesem Buch einleitend wesentliche psychoanalytische Theorien (Klein, Bion, Freud, Mahler) sowie weitere entwicklungspsychologischen Ansätze (empirische Säuglingsforschung, Bindungstheorie) vorgestellt und kritisch beleuchtet.

3.2 Beiträge zum Themenbereich Adoleszenz

Helbing-Tietze (2004) kritisiert in ihrem Artikel »Veränderungen des Selbst in der Adoleszenz aus akademisch psychologischer Sicht – eine Ergänzung der psychoanalytischen Entwicklungspsychologie?«, dass sich die Psychoanalyse kaum mit der Adoleszenz beschäftigt. Die Adoleszenz wird – so Helbing-Tietze – aus psychoanalytischer Perspektive lediglich als eine Phase der Verlängerung oder Wiederholung der Kindheit angesehen, in der der Jugendliche nochmals mit Gefühlen und Konflikten aus der Kindheit konfrontiert wird. Helbing-Tietze hält diesem Ansatz Überlegungen der akademischen Psychologie zur Adoleszenz entgegen, wonach der Jugendliche zwar mit infantilen Gefühlen und Konflikten konfrontiert wird. Er kann diesen Gefühlen und Konflikten aber viel beständiger, vielseitiger und aktiver gestaltend begegnen als in der Kindheit, da kognitive Fähigkeiten – wie logisches Denken, Antizipation oder Intentionalität – stärker ausgebildet sind. Die Autorin stellt neuere akademisch-psychologische Ansätze zur Erklärung der Selbstveränderung des Adoleszenten vor und geht der Frage nach, inwieweit Veränderungen in der Adoleszenz differenziert fassbar sind, wenn sie anhand von Veränderungen der kognitiven Fähigkeiten der Jugendlichen erklärt werden.

Adoleszenz wird in dem von *Streeck-Fischer* (2004) herausgegebenen Buch »Adoleszenz – Bindung – Destruktivität« als Lebensphase des Umbruchs verstanden, in der die Loslösung von den Eltern, die Integration sexueller Bedürfnisse sowie die Entwicklung einer neuen sozialen Identität im Vordergrund stehen. Die in diesem Buch vereinten Beiträge, die von Wissenschaftlern wie Fonagy, Seiffge-Krenke, Bohleber oder Bürgin verfasst wurden, beleuchten das Phänomen Destruktivität in der Adoleszenz aus psychodynamischer Sicht, wobei neue Erkenntnisse aus der Affekt- und Bindungsforschung besondere Berücksichtigung finden. Thematisch sind die Beiträge nach vier Gruppen geordnet: (1) Frühe Entwicklungsbedingungen von Bindung, (2) Entwicklungsverläufe der Adoleszenz zwischen Normalität und Pathologie, (3) Psychoanalytische Theorie und Therapie von destruktivem Verhalten, (4) Spezielle Aspekte von Destruktivität.

Bohleber (2003) weist in »Nationalismus, Fremdenfeindlichkeit und Gewalt. Ausdruck von Krisen in der Entwicklung Jugendlicher« darauf hin, dass während des Prozesses der seelischen Integration und Bildung einer erwachsenen Identität Jugendliche zahlreichen Risken ausgesetzt sind, die in »Sackgassen« enden oder zu einem Zusammenbruch der Entwicklung führen können. Folgen eines solchen Zusammenbruchs – so Bohleber – können unter anderem fremddestruktive Handlungen sein. Aus psychodynamischer Sicht liegen diesen fremddestruktiven Handlungen eigene unerträgliche Ängste der Jugendlichen zugrunde, die auf andere Objekte projiziert werden, um sie dort gewaltsam zu bekämpfen. Dargestellt wird dieser Zusammenhang am Beispiel des »Fremden«, des Phantasmas »Nation« und an der Ideologie des Nationalismus.

Klingenburg-Vogel (2003) führt in ihrem Artikel »Psychoanalytische Überlegungen zur Entwicklung der weiblichen Identität« Benjamins Theorie der Intersubjektivität als feministische Kritik an der Freudschen Theorie aus. Sie (2003, 97) hebt in ihren Ausführungen Benjamins Fähigkeit hervor, »die berechtigte feministische Kritik mit einer ihr Gegenüber, Freud, wahrnehmenden Anerkennung zu verbinden«.

Ausgehend von der intersubjektiven Perspektive stellt *Flaake* (2003) in »Körperlichkeit und Sexualität in der Adoleszenz junger Frauen: Dynamiken in der Vater-Tochter-Beziehung« Ergebnisse einer empirischen Studie vor, bei der 13- bis 19-jährige Mädchen und deren Eltern interviewt wurden. Im Zentrum der Untersuchung standen die körperbezogenen, sexuellen Phantasien, die durch die Veränderungen in der Adoleszenz ausgelöst werden und die nicht nur bei den Mädchen und jungen Frauen mit Erschütterungen bisheriger psychischer Balancen einhergehen, sondern auch bei den Erwachsenen beträchtliche Verwirrungen hervorrufen. Flaake schließt aus der Auswertung der Interviews, dass die adoleszenten Wandlungsprozesse eine Herausforderung für das gesamte familiale Gefüge darstellen. Neben der Diskussion der Ergebnisse der empirischen Studie gibt Flaake in diesem Artikel auch einen Überblick über psychoanalytische Studien, die sich mit der Vater-Tochter Beziehung sowie Körperlichkeit und Sexualität in der Adoleszenz auseinandersetzen.

3.3 Beiträge zu Bindungstheorie und Psychoanalyse

Das von *Holmes* (2002) im englischen Original 1998 erschienene Buch »John Bowlby und die Bindungstheorie« liegt nun auch in der deutschen Fassung vor. Das Buch erklärt einzelne Elemente der Bindungstheorie sowie deren Weiterentwicklung in der gegenwärtigen Bindungsforschung anschaulich. Zudem wird ein Überblick über Bowlbys Biographie gegeben und Auswirkungen der Bindungstheorie auf die psychotherapeutische Theorie und Praxis dargestellt.

Grossmann und *Grossmann* (2003) haben in »Bindung und menschliche Entwicklung. John Bowlby, Mary Ainsworth und die Grundlagen der Bindungstheorie« die wichtigsten Originaltexte von Bowlby und Ainsworth, die großteils bisher nur in englischer Sprache vorlagen, in deutscher Sprache zusammengestellt und durch einleitende Kommentare in den aktuellen bindungstheoretischen Zusammenhang gestellt. Grossmann und Grossmann verfolgen mit diesem Buch einerseits das Ziel, auch deutschsprachigen Lesern Urtexte der Bindungstheorie zugänglich zu machen, und andererseits wollen sie dadurch »der zunehmenden Unschärfe und der unverbindlichen Allgegenwart des Bindungskonzepts entgegentreten« (Grossmann, Grossmann 2003, 8).

3.4 Primäre Väterlichkeit

Walter (2002) vereint in dem von ihm herausgegebenen Buch »Männer als Väter. Sozialwissenschaftliche Theorie und Empirie« 23 Beiträge, die einen umfassenden und repräsentativen Überblick über die deutschsprachige Vaterforschung geben und einen Brückenschlag zur internationalen, einschlägigen Forschungsszene ermöglichen sollen. Im Kontext der Psychoanalytischen Pädagogik sind folgende Beiträge hervorzuheben:

Schon (2002) gibt einen Überblick über die Entwicklung der Vater-Sohn Beziehung aus psychoanalytischer Perspektive. Dabei ist der Fokus der Darstellung auf die in der einschlägigen Literatur vernachlässigten ersten Jahre der Vater-Sohn Beziehung gerichtet. Themen, die in diesem Artikel unter anderem behandelt werden, sind der Wunsch des erwachsenen Mannes nach einem Sohn, die Charakterisierung der Vater-Sohn Beziehung vor dem Hintergrund des psychoanalytischen Konzepts der frühen Triangulierung und die Funktion des Vaters für die Entwicklung des Selbst beim Sohn.

Klitzing (2002) führt in seinem Beitrag aus, inwiefern die elterliche Fähigkeit, triadische Beziehungen zu gestalten, von transgenerational übertragenen Beziehungsskripten beeinflusst wird. Zudem wird der Zusammenhang zwischen pränatal erfassten triadischen Fähigkeiten der Eltern und der im Vorschulalter erfassten psychoemotionalen Entwicklung des Kindes angesprochen.

Gossmann (2002) behandelt in seinem Aufsatz die Frage, welche spezifischen Erfahrungen das Kind mit dem Vater machen können muss, damit es bestimmte seelische Entwicklungsschritte machen kann. Die Ausführungen zu dieser Thematik sind an Kohuts psychoanalytischer Selbstpsychologie orientiert und werden durch die Beschreibung eines Therapieverlaufs veranschaulicht.

Schorn (2003) interviewte zu drei Zeitpunkten 10 Männer, die sich im Übergang zur Vaterschaft befanden. In ihrem Buch »Männer im Übergang zur Vaterschaft« stellt sie Ausschnitte aus diesen Interviews sowie die Ergebnisse der tiefenhermeneutischen Bearbeitung dieser Interviews vor. Übergeordnete Frage der Interviews ist »Was bedeutet es für mich Vater zu werden bzw. zu sein?« Im Rahmen des Buchs werden die Interviews von zwei Vätern und deren Bearbeitung ausführlich dargestellt, um die Entwicklungsverläufe dieser Männer im Hinblick auf ihre Rolle und ihr Erleben als Vater nachzuzeichnen. Außerdem werden die Ergebnisse der Auswertung ausgesuchter Themenbereiche – z.B. der Wunsch, Vater zu werden, Wünsche und Ängste werdender Väter, das pränatale Beziehungsdreieck, das väterliche Selbstverständnis oder der postnatale Trialog – vorgestellt.

4. Veröffentlichungen zu weiteren Themenstellungen mit psychoanalytisch-pädagogischer Relevanz

In verschiedenen pädagogischen Feldern lässt sich der Trend beobachten, die Bearbeitung gefühlsmäßiger Erlebens- und Reaktionsweisen von Kindern, Jugendlichen und Erwachsenen gezielt zum Gegenstand erzieherischer Bemühungen zu machen. Daher setzte sich die Kommission Psychoanalytische Pädagogik der deutschen Gesellschaft für Erziehung im Rahmen eines Symposiums mit dem Titel »Bildung der Gefühle – Innovation? – Illusion? – Intrusion?« mit dieser Thematik auseinander. In dem von *Dörr* und *Göppel* (2003) herausgegebenen Buch sind die Beiträge dieses Symposiums nachzulesen (siehe auch die Rezension in diesem Band).

Das Jahrbuch für Psychoanalytische Pädagogik 14 (*Datler, Müller, Finger-Trescher* 2004) widmet sich der Frage nach der Bedeutung von Falldarstellungen in der Psychoanalytischen Pädagogik. Zu Beginn ihres Beitrages erklärt Boothe (2004, 76), was sie unter Psychoanalytischen Fallgeschichten versteht: »Psychoanalytische Fallgeschichten lesen sich wie Novellen: Es sind Erzählungen unerhörter Begebenheiten und Schilderungen von dramatischen Verläufen, Gratwanderungen und Irrfahrten, die in einem erzählerischen Spannungsbogen gehalten werden. Sie gestalten unergründliche Themen der menschlichen Existenz: Liebe und Hass, Wut und Zerstörung, Trennung und Trauer, Scham und Einsamkeit, Schule und Verrat, Gewalt und Missbrauch. (...) Dabei wird weniger das äußere als vielmehr ein inneres Leben zur Sprache gebracht. Die novellistische Form verleiht diesem Leben ein Unergründliches und weckt beim Leser Neugier. Er genießt die Vorstellung, privilegierten Zutritt zu persönlichen und wesentlichen Bereichen eines Lebens zu haben.« Sieben Beiträge zu dem Schwerpunktthema sind in diesem Band enthalten.

Im Zentrum des Beitrags von *Boothe* (2004) steht die therapeutische Arbeit mit einer jungen Frau. Im Rahmen von einigen Beratungsgesprächen und vor allem in der Auseinandersetzung mit einem Traum gelingt es ihr, in einer schwierigen Situation Klarheit über sich zu bekommen. *Datler* (2004) zeigt in dem Artikel »Wie Novellen zu lesen ...: Historisches und Methodologisches zur Bedeutung von Falldarstellungen in der Psychoanalytischen Pädagogik«, dass die Veröffentlichung von Fallstudien lange Tradition hat und dem Gegenstand von Psychoanalytischer Pädagogik entspricht. *Bittner* (2004) widmet sich der Geschichte des pädagogischen Biographieninteresses und plädiert schließlich für einen nicht-subsumptiven, hermeneutischen Umgang mit Geschichten. Anhand von Freuds Fall Dora verdeutlicht *King* (2004) die Bedeutung von Kasuistiken im Theoriebildungs- und Erkenntnisprozess. Sie geht in ihrem Artikel unter anderem auch darauf ein, inwiefern die Auseinandersetzung mit dieser Falldarstellung Relevanz haben für die Arbeit mit (weiblichen) Adoleszenten kann. *Schubert* (2004) stellt ihre Arbeit mit einer »Offenen Klassenrunde« vor, die im Rahmen einer Modellschule als analytische Gruppe für Schüler und Schülerinnen geführt wird. Im Anschluss daran diskutieren *Finger-Trescher* und *Datler* (2004) diesen Beitrag. Das Buch schließt mit einem Beitrag von *Körner* und *Müller* (2004), die eine Typologie psychoanalytisch-pädagogischer Arbeit entwerfen. Sie unterschieden vier pädagogische Handlungsfelder und die sich daraus ergebenden unterschiedlichen Möglichkeiten der »Virtualisierung«.

Reinfried (2003), der in der Schweiz als Psychoanalytiker in der Jugendgerichtspflege tätig ist, gewährt in dem Buch »Schlingel, Bengel oder Kriminelle? Jugendprobleme aus psychologischer Sicht« anhand von 26 Fallberichten Einblick in seine Arbeit. Der Autor arbeitet heraus, dass sowohl psychologische als auch pädagogische Gesichtspunkte im Schweizer Jugendstrafrecht Berücksichtigung finden. Außerdem stellt er Maßnahmen vor, die den straffällig gewordenen Jugendlichen angeboten werden, um sie aus den Schwierigkeiten herauszuführen. Dazu zählen psychologische Kurzinterventionen, ambulante oder stationäre pädagogische Maßnahmen sowie psychotherapeutische Betreuung.

Ausgehend von Sterns Theorie der Entwicklung des Selbst und Hurrelmanns Sozialisationstheorie stellt *Schreiber* (2004) in seinem Artikel »Gebildete Bildungsverweigerer« aus subjekttheoretischer Perspektive den typischen Belastungskomplex »belasteter Klientel« sowie die für diese Gruppe charakteristische Widerstandsstruktur dar, die deren Persönlichkeit bestimmt. Außerdem wird in diesem Artikel der Frage nachgegangen, welche Diagnose- und Interventionsmöglichkeiten für diese Klientel bestehen. In diesem Zusammenhang spricht sich Schreiber für die Anwendung von »begleitenden und nachnährenden Interaktionsmodellen« aus.

Peters und Kipp (2002) sind die Herausgeber des Buches: »Zwischen Abschied und Neubeginn. Entwicklungskrisen im Alter.« Hier werden verschiedene Aspekte zur Entwicklung und Entwicklungsförderung im Alter aus psychoanalytischer Sicht beleuchtet und in einem interdisziplinären Kontext reflektiert. Da die Herausgeber Psychoanalytiker ermuntern wollen, sich auf ein sich entwickelndes Arbeitsfeld – die psychotherapeutische Arbeit mit älteren Menschen – einzulassen, beschäftigt sich ein Kapitel des Buches mit dem Themenbereich: »Psychoanalyse als Entwicklungsförderung«.

Literatur

Aden-Grossmann, W. (2002): Kindergarten. Eine Einführung in seine Entwicklung und Pädagogik. Beltz: Weinheim, Basel, Neuauflage

Bettelheim, B. (1988/2004): Kulturtransfer von Österreich nach Amerika illustriert am Beispiel der Psychoanalyse. In: Stadler, F. (Hg.): Vertriebene Vernunft I. a.a.O., 216-220

Biran, H. (2003): Die Beziehung des Systems Grundschule zu seinen gewalttätigen Teilen. In: Sievers, B. u.a. (Hg.): a.a.O., 375-388

Bittner, G. (2004): Was kann man aus »Geschichten lernen«? In: Datler, W., Müller,

B., Finger-Trescher, U. (Hg.): a.a.O., 42-53

Bohleber, W. (2003): Nationalismus, Fremdenfeindlichkeit und Gewalt. Ausdruck von Krisen in der Entwicklung Jugendlicher. In: Psychotherapie Forum 11, Heft 4, 182-190

Böhme-Bloem, C. (2003): Die Entstehung der Psyche. Psychoanalyse ist Entwicklungspsychologie. In: Speidel, H. (Hg.): Aus der Werkstatt der Psychoanalytiker. Westdeutscher Verlag: Wiesbaden, 25-34

Boothe, B. (2004): Die Fallgeschichte als Traumnovelle: Eine weibliche Erzählung vom Erziehen. In: Datler, W., Müller, B., Finger-Trescher, U. (Hg.): a.a.O., 76-98

Buchinger, K. (2004): Psychoanalyse oder Systemtheorie – eine unangemessene Frage. In: Supervision. Mensch Arbeit Organisation, Heft 1, 40-48

Cohen, Y. (2004): Das misshandelte Kind. Ein psychoanalytisches Konzept zur integrierten Behandlung von Kindern und Jugendlichen. Brandes & Apsel: Frankfurt/M.

Datler, W. (2003): Erleben, Beschreiben und Verstehen. Vom Nachdenken über Gefühle im Dienst der Entfaltung von pädagogischer Professionalität. In: Dörr, M., Göppel, R. (Hg.): a.a.O., 214-264

Datler, W. (2004): Wie Novellen zu lesen ...: Historisches und Methodologisches zur Bedeutung von Falldarstellungen in der psychoanalytischen Pädagogik. In: Datler, W., Müller, B., Finger-Trescher, U. (Hg.): a.a.O., 9-41

Datler, W., Müller, B., Finger-Trescher, U. (Hg.) (2004): Sie sind wie Novellen zu lesen ... Zur Bedeutung von Falldarstellungen in der Psychoanalytischen Pädagogik. Jahrbuch für psychoanalytische Pädagogik 14. Psychosozial: Gießen

Diem-Wille, G. (2003): Das Kleinkind und seine Eltern. Perspektiven psychoanalytischer Babybeobachtung. Kohlhammer: Stuttgart

Dörr, M., Göppel, R. (Hg.) (2003): Bildung der Gefühle. Innovation?, Illusion?, Intrusion?. Psychosozial: Gießen

Ekstein, R. (1988/2004): Die Vertreibung der Vernunft und ihre Rückkehr. In: Stadler, F. (Hg.): Vertriebene Vernunft I. a.a.O., 472–477

Ekstein, R. Fallend, K., Reichmayr, J. (1988/2004): »Too late to start life afresh«. Siegfried Bernfeld auf dem Weg ins Exil. In: Stadler, F. (Hg.): Vertriebene Vernunft II. a.a.O., 230-241

Fatke, R. (2002): Psychoanalytische Pädagogik und Reformpädagogik. Geschwister, die sich nichts zu sagen haben? In: Adressen, S., Tröhler, D. (Hg.): Gesellschaftlicher Wandel und Pädagogik. Studien zur historischen Sozialpädagogik. Pestalozzianum: Zürich, 156-169

Federn, E. (1988/2004): Die Emigration von Anna und Sigmund Freud. Eine Fallstudie. In: Stadler, F. (Hg.): Vertriebene Vernunft II. a.a.O., 247-251,

Finger-Trescher, U., Datler, W. (2004): Gruppenanalyse in der Schule? Einige Anmerkungen zum Beitrag von Inge Schubert. In: Datler, W., Müller, B., Finger-Trescher, U. (Hg.): a.a.O., 121- 131

Flaake, K. (2003): Körperlichkeit und Sexualität in der Adoleszenz junger Frauen:

Dynamiken in der Vater-Tochter Beziehung. In: Psyche. Zeitschrift für Psychoanalyse und ihre Anwendungen 57, 403-425

Fraiberg, S., Adelson, E., Shapiro, V. (2003): Gespenster im Kinderzimmer. Probleme gestörter Mutter-Säugling Beziehungen aus psychoanalytischer Sicht. In: Analytische Kinder- und Jugendlichen-Psychotherapie 34 (120), 465-504

Frenken, R. (2003): »Da fing ich an zu erinnern ...«. Die Psychohistorie der Eltern-Kind Beziehung in den frühesten deutschen Autobiografien (1200-1700). Psychosozial: Gießen

Gast, L. (2002): Melanie Klein. Die Psychoanalyse des Kindes. In: Lück, H., Volkmann-Raue, S. (Hg.): a.a.O. 31-44

Gebauer, K. (2003): Die Bedeutung des Emotionalen in Bildungsprozessen. In: Dörr, M., Göppel, R. (Hg.): a.a.O., 213-240

Gerber, G. (Hg.) (2004): Leben mit Behinderung. Ein Bilder- und Lesebuch aus Wissenschaft und Praxis. Empirie Verlag: Wien

Gerspach, M. (2004): Hyperaktivität aus der Sicht der psychoanalytischen Pädagogik. In: Passolt, M. (Hg.): a.a.O., 45-71

Goßmann, M. (2002): Der Vater im Erleben des Kindes als Teil des Entwicklungsprozesses. Eine selbstpsychologische Annäherung. In: Walter, H. (Hg.): a.a.O., 811-850

Göllner, R. (2003): Psychoanalytisch-pädagogische Praxis ohne Ideologie vom »Schädling«. August Aichhorns Erziehungsberatung zwischen Jugendamt und psychoanalytischer Vereinigung. In: Luzifer und Amor. Zeitschrift zur Geschichte der Psychoanalyse 16 (31), 8-36

Grossmann, K.E., Grossmann, K. (2003): Bindung und menschliche Entwicklung. John Bowlby, Mary Ainsworth und die Grundlagen der Bindungstheorie. Klett-Cotta: Stuttgart

Günter, M. (2004): Körperbild, Identität und Objektbeziehungen – Das Bild des eigenen Körpers als Beziehungsangebot. In: Passolt, M. (Hg.): a.a.O., 72-82

Hackenberg, W. (2003): Beziehung in der Frühförderung – Konsequenzen für die Ausbildung. In: Frühförderung interdisziplinär 22 (1), 3-11

Haupt, U. (2003): Schatten in der Förderung und Therapie behinderter Kinder – Eine kritische Reflexion zur gegenwärtigen Situation. In: Sonderpädagogische Förderung. Integration und pädagogische Rehabilitation 48 (2), 133-143

Helbing-Tietze, B. (2004): Veränderungen des Selbst in der Adoleszenz aus akademisch psychologischer Sicht – eine Ergänzung der psychoanalytischen Entwicklungspsychologie? In: Psyche. Zeitschrift für Psychoanalyse und ihre Anwendungen 58, 195-225

Holmes, J. (2002): John Bowlby und die Bindungstheorie. Reinhardt: München, Basel

Israel, A. (2004): Das Besondere in der psychoanalytischen Säuglings-Kleinkind-Eltern-Psychotherapie. In: Analytische Kinder- und Jugendlichen-Psychotherapie 35 (122), 167-185

Janert, S. (2003): Autistischen Kindern Brücken bauen. Ein Elternratgeber. Reinhardt:

München
Kaufhold, R. (2003a): Spurensuche zur Geschichte der in die USA emigrierten Wiener psychoanalytischen Pädagogen. In: Luzifer und Amor. Zeitschrift zur Geschichte der Psychoanalyse 16 (31), 36-69
Kaufhold, R. (2003b): Bruno Bettelheim. Frühe biografische Wurzeln in Wien für sein psychoanalytisch-pädagogisches Werk. In: Kinderanalyse 11, 218-253
King, V. (2004): Generationen- und Geschlechterbeziehung in Freuds ›Fall Dora‹. Ein Lehrstück für die Arbeit mit Adoleszenten. In: Datler, W., Müller, B., Finger-Trescher, U. (Hg.): a.a.O., 54-75
Klingenburg-Vogel, M. (2003): Psychoanalytische Überlegungen zur Entwicklung der weiblichen Identität. In: Speidel, H. (Hg.): Aus der Werkstatt der Psychoanalytiker. Westdeutscher Verlag: Wiesbaden, 91-112
Klitzing, K. von (2002): Vater-Mutter-Säugling. Von der Dreierbeziehung in den elterlichen Vorstellungen zur realen Eltern-Kind-Beziehung. In: Walter, H. (Hg.): a.a.O., 783-810
Köhler-Weisker, A., Wegeler-Schardt, C. (2004): Psychoanalytische Arbeit mit Säugling und Eltern. In: Analytische Kinder- und Jugendlichen-Psychotherapie 35 (122), 276-296
Kopyczinski, W. (2004): Das szenische Verstehen in der Supervision. Über die Relevanz eines psychoanalytischen Konzepts auch für die systemische Arbeit. In: Supervision. Mensch Arbeit Organisation, (1), 32-39
Körner, J., Müller, B. (2004): Chancen der Virtualisierung – Entwurf einer Typologie psychoanalytisch-pädagogischer Arbeit. In: Datler, W., Müller, B., Finger-Trescher, U. (Hg.): a.a.O., 132-151
Kraft, V. (2003): Möglichkeiten und Grenzen der Psychoanalyse für eine qualitative Wissenschaftsforschung der Pädagogik. In: Speidel, H. (Hg.): Aus der Werkstatt der Psychoanalytiker. Westdeutscher Verlag: Wiesbaden, 269-281
Long, S. (2003): Kooperation und Konflikte. Zwei Seiten ein und derselben Medaille. In: Sievers, B. u.a. (Hg.): a.a.O., 117-143
Lück, H., Volkmann-Raue, S. (Hg.) (2002): Bedeutende Psychologinnen. Biographien und Schriften. Beltz Verlag: Weinheim, Basel
Mall, W. (2004): Muss man Kommunikation erst lernen? – Kommunikation ohne Voraussetzungen. In: Vierteljahresschrift für Heilpädagogik und ihre Nachbargebiete 73 (1), 3-11
Musfeld, T., Jabs, K. (2004a): Faszination oder Abwehr – psychoanalytische und systemische Konzepte in der Supervision. In: Supervision. Mensch Arbeit Organisation, (1), 3-5
Musfeld, T., Jabs, K. (2004b): Richtig reinzugehen in die Gefühle ... das kann eine hohe Tiefe erzeugen. In: Supervision. Mensch Arbeit Organisation, (1), 6-14
Mühlleitner, E. (2002): Anna Freud. Gel(i)ebte Psychoanalyse. In: Lück, H., Volkmann-Raue, S. (Hg.): Bedeutende Psychologinnen. Biographien und Schriften. Beltz: Weinheim, Basel, 97–114

Niedecken, D. (2003): Namenlos. Geistig Behinderte verstehen. Beltz: Weinheim, Basel, Berlin

Niedecken, D., Lauschmann, I., Pötzl, M. (2003): Psychoanalytische Reflexionen in der pädagogischen Praxis. Innere und äußere Integration von Menschen mit Behinderung. Beltz: Weinheim, Basel, Berlin

Niemeyer, Ch. (2004): Praktikerklagen und Theoretikerhoffnungen im Spiegel von Bruno Bettelheims Heimerziehungskonzeption. In: Zeitschrift für Sozialpädagogik 2, Heft 1, 2-13

Norman, J. (2004): Der Psychoanalytiker und der Säugling. Eine neue Sicht der Arbeit mit Babys. In: Analytische Kinder- und Jugendlichen-Psychotherapie 35, Heft 122, 245-275

Nyssen, F., Janus, L. (Hg.) (2002): Psychogenetische Geschichte der Kindheit. Beiträge zur Psychohistorie der Eltern-Kind-Beziehung. Psychosozial: Gießen

Olbrich, I. (2004): Psychomotorische Kommunikationsförderung im Spiegel der Säuglingsforschung. In: Zeitschrift für Motopädagogik und Mototherapie 27, Heft 1, 16-23

Ohlmeier, D. (2003): Psychoanalyse jenseits der Therapie. In: Sievers, B., Ohlmeier, D., Oberhoff, B. u. a. (Hg.): a.a.O., 37-52

Pappenheim, E. (1988/2004): Zeitzeugin. In: Stadler, F. (Hg.): Vertriebene Vernunft II. a.a.O., 221-229.

Passolt, M. (Hg.) (2004): Hyperaktivität zwischen Psychoanalyse, Neurobiologie und Systemtheorie. Reinhardt: München

Pedrina, F. (2004): Baby und Kleinkind als Subjekte in therapeutischen Settings. Anmerkungen zur Beziehung der Therapeutin/des Therapeuten zu Kindern vor dem Spracherwerb. In: Analytische Kinder- und Jugendlichen-Psychotherapie 35 (122), 221-243

Peters, M., Kipp, J. (Hg.) (2002): Zwischen Abschied und Neubeginn. Entwicklungskrisen im Alter. Psychosozial: Gießen

Reichmayr, J. (1988a/2004): »Anschluss« und Ausschluss. Die Vertreibung der Psychoanalytiker aus Wien. In: Stadler, F. (Hg.): Vertriebene Vernunft I. a.a.O., 123-181,

Reichmayr, J. (1988b/2004): Einleitung zur Psychoanalyse. In: Stadler, F. (Hg.): Vertriebene Vernunft II. a.a.O., 212-215,

Reinfried, H. (2003): Schlingel, Bengel oder Kriminelle? Jugendprobleme aus psychologischer Sicht. Frommann-Holzboog: Stuttgart

Riedel, R., Wieland, J. (2004): »Auf dem Zaun zwischen zwei Welten«. Erfahrungen mit Spiegel- und Trancephänomenen in der Supervision. In: Supervision. Mensch Arbeit Organisation, (1), 23-31

Schäfer, G. (2003): Die Bedeutung emotionaler und kognitiver Dimensionen bei frühkindlichen Bildungsprozessen. In: Dörr, M., Göppel, R. (Hg.): a.a.O., 77-90

Schottky, A. (2004): Individualpsychologische Beraterausbildung nach Th. Schoenaker. In: Zeitschrift für Individualpsychologie 29 (1), 53-60

Schon, L. (2002): Vater und Sohn. Entwicklungspsychologische Betrachtungen der ersten Jahre einer bedeutsamen Beziehung. In: Walter, H. (Hg.): a.a.O., 477-517

Schorn, A. (2003): Männer im Übergang zur Vaterschaft. Das Entstehen der Beziehung zum Kind. Psychosozial: Gießen

Schön, B. (2003): Bildung der Gefühle durch Programme der Gewaltprävention. Einige Anmerkungen. In: Dörr, M., Göppel, R. (Hg.): a.a.O., 163-182

Schreiber, W. (2004): Gebildete Bildungsverweigerer. Devianz einer Bildungsfigur. In: Zeitschrift für Sozialpädagogik 2 (1), 14-31

Schubert, I. (2004): die *Offene Klassenrunde* – ein gruppendynamisches Setting in der Schule. »Meine Mutter sagt, ich bin genau wie meine Mutter.« In: Datler, W., Müller, B., Finger-Trescher, U. (Hg.): a.a.O., 99-120

Sievers, B., Ohlmeier, D., Oberhoff, B., Beumer, U. (Hg.) (2003): Das Unbewusste in Organisationen. Freie Assoziationen zur psychosozialen Dynamik von Organisationen. Psychosozial: Gießen

Skogstad, W. (2003): Kein Platz für Angst und Schmerz. Psychoanalytische Beobachtungen von psychiatrischen und medizinischen Einrichtungen. In: Sievers, B. u.a. (Hg.): a.a.O., 307-321

Stadler, F. (Hg.) (1988a/2004): Vertriebene Vernunft I. Emigration und Exil österreichischer Wissenschaft 1930-1940. LitVerlag: Münster, 2004, 2. Aufl.

Stadler, F. (Hg.) (1988b/2004): Vertriebene Vernunft II. Emigration und Exil österreichischer Wissenschaft 1930-1940. LitVerlag: Münster, 2004, 2. Aufl.

Stemmer-Lück, M. (2004): Beziehungsräume in der Sozialen Arbeit. Psychoanalytische Theorien und ihre Anwendung in der Praxis. Kohlhammer: Stuttgart

Streeck-Fischer, A. (Hg.) (2004): Adoleszenz – Bindung – Destruktivität. Klett-Cotta: Stuttgart

Stork, J., Hüttl, W., Thaler, A-L. (2004): Hyperaktivität und Aufmerksamkeitsstörung – Syndrom oder Symptom? In: Passolt, M. (Hg.): a.a.O., 83-98

Subellok, K., Bahrfeck, K. (2003): »Ich wäre mal Prinzessin Pippi, und du wärst mein Diener ...« Wie kindlichen Widerständen in der (Sprach-)Therapie durch den Einsatz von Fantasiespiel begegnet werden kann. In: Die Sprachheilarbeit. Fachzeitschrift für Sprachbehindertenpädagogik 48 (2), 44-52

Tietze-Fritz, P. (2003): Vom Auftrag der heilpädagogischen Früherzieherin oder: Grundsätzliche Denk- und Handlungsansätze in der Frühförderung. In: Schweizerische Zeitschrift für Heilpädagogik, (3), 6-13

Turinsky, M. (2003): Das abscheuliche Genießen. Lacanianische Reflexionen über den Umgang mit Behinderung, Liebe und Sexualität. In: Behinderte in Familie, Schule und Gesellschaft 26 (2), 14-28

Vetter. C. (2003): Der kleine Gauner. Pädagogischer Lebensweltbezug und psychoanalytisch fundiertes Verstehen eines dissozialen Jungen. Juventa: Weinheim, München

Walter, H. (Hg.) (2002): Männer als Väter. Sozialwissenschaftliche Theorie und Empirie. Psychosozial: Gießen

Walter, H.J. (2003): Psychoanalytische Erziehungswissenschaft. In: Rathmayr, R., Ralser, M. (Hg.): Zukunft Erziehungswissenschaft. Auffassungen und Neufassungen einer Disziplin im Umbruch. Studia Universitätsverlag: Innsbruck, 145-160

Watillon, A. (2003): Die Dynamik psychoanalytischer Therapien der frühen Eltern-Kind-Beziehung. In: Analytische Kinder- und Jugendlichen-Psychotherapie 34 (120), 505-526

Weber, S. (2003): Heilpädagogische Interventionen zur Förderung der Selbständigkeit bei jungen Erwachsenen mit geistiger Behinderung. In: Behindertenpädagogik 42 (3), 228-253

Wedekind, E., (2004): Psychoanalytisch-systemische Supervision: eine Rahmenskizze. In: Supervision. Mensch Arbeit Organisation (1), 15-22

Weiß, W. (2004): Philipp sucht sein Ich. Zum pädagogischen Umgang mit Traumata in den Erziehungshilfen. Juventa: Weinheim und München

West-Leuer, B.; Sies, C. (2003): Coaching – Ein Kursbuch für die Psychodynamische Beratung. Pfeiffer bei Klett-Cotta: Stuttgart

Rezensionen

Roland Kaufhold: Bettelheim, Ekstein, Federn: Impulse für die psychoanalytisch-pädagogische Bewegung. Psychosozial, Gießen 2001, 313 Seiten; Roland Kaufhold & Michael Löffelholz (Hg.): »So können sie nicht leben« – Bruno Bettelheim (1903-1990). Zeitschrift für Politische Psychologie (11) 1-3, 2003

Im Jahr 2003 wäre Bruno Bettelheim 100 Jahre alt geworden. In diesem Zusammenhang gilt es, auf zwei Veröffentlichungen hinzuweisen, die seine Bedeutung innerhalb der Geschichte der psychoanalytischen Pädagogik bzw. sein vielgestaltiges Werk als Impulsgeber für aktuelle pädagogisch-psychoanalytische Fragestellungen herausstellen wollen.

Mit seinem Buch »Bettelheim, Ekstein, Federn: Impulse für die psychoanalytisch-pädagogische Bewegung« – der gekürzten Fassung seiner an der Universität Hamburg eingereichten Dissertation – schreibt Kaufhold eines seiner zentralen Anliegen fort, nämlich die aktuelle »offizielle« psychoanalytische Pädagogik (ohne dass bei ihm jedoch deutlich wird, wer damit eigentlich gemeint ist), der er »eine befremdliche Distanz ... zu ihren eigenen Wurzeln« unterstellt, stärker an ihre gesellschafts- und kulturkritischen Wurzeln zu erinnern. In seinen biographischen Skizzen und seinen Werkanalysen der drei genannten Protagonisten, in denen die Darstellung und Auseinandersetzung mit Bettelheim – allein vom Seitenumfang – deutlich dominiert, zeichnet Kaufhold ein Bild, das neben ihrer Begegnung mit der Psychoanalyse vor allem ihr soziales und politisches Engagement im Umfeld sozialistisch orientierter Organisationen herausstellt. Durch diese politischen Aktivitäten und die Tatsache, dass sie Juden waren, wurden sie sehr früh mit der Erfahrung von Repression und Verfolgung konfrontiert, die bei Bettelheim und Federn so weit führte, dass sie von den Nationalsozialisten in den Konzentrationslagern Dachau und Buchenwald inhaftiert und misshandelt wurden. Kaufhold will aufweisen, wie die von ihnen entwickelten pädagogisch-therapeutischen Konzepte und Praxis, durch die sie später bekannt wurden, ganz entscheidend durch ihre traumatische Lebenserfahrungen als politisch bzw. rassistisch Verfolgte bestimmt wurden. Es scheint nachvollziehbar, dass solche biographischen Analysen keine distanzierte auf reine biographische Objektivität abzielende Darstellungen hervorbringen kann, sondern sich eher einer »empathische Geschichtsschreibung« (Löffelholz, Rödler, 12) verpflichtet sieht. So sehr die Wahl dieser Methode, das grundlegende Anliegen und die zentralen Thesen von Kaufhold in Bezug auf Federn, Ekstein und Bettelheim angebracht und angemessen erscheinen, wird man doch nicht ganz den Eindruck los, dass hier – gewollt oder ungewollt (?) – teilweise ein idealisierendes Bild dieser Protagonisten gezeichnet wird, das es dem Autor letztlich erschwert, sich auch kritisch mit ihrer Theorie und pädagogisch-therapeutischen Praxis auseinander zu setzen. Dies wird gerade im Umgang mit Bettelheim besonders deutlich. Mit keinem Satz geht Kaufhold etwa auf die posthum gegen Bettelheim erhobenen Vorwürfe ein, er sei mit den von ihm betreuten Kindern und Jugendlichen und seinen Mitarbeitern häufig äußerst autoritär und aggressiv umgegangen, dabei hätte Kaufholds Deutung, mit der er sich Bettelheims Freitod verständlich zu machen versuchte, nämlich als »Bewältigungsversuche eines Überwältigten«, der sich aufgrund seiner biographischen Extremerfahrung in besonderem Maße immer wieder starken inneren Konflikten, in welchen Eros und Thanatos – Liebe und Hass um die psychische Vorherrschaft rangen, ausgesetzt sah, auch Ansatzpunkte geboten sich mit dieser »dunklen Seite« von Bettelheim auseinander zu setzen.

Demgegenüber lässt das von Kaufhold und Löffelholz herausgegebene Themenheft der Zeitschrift für Politische Psychologie zu Bettelheim eine offenere Auseinandersetzung mit ihm zu. Hier finden sich insgesamt 15 Beiträge zu Bettelheim versammelt (nebst des vermutlich letzten, von Bettelheim selbst verfassten Textes), die, wie es Löffelholz in seinem einleitenden Artikel beschreibt, versuchen, an Leben und Werk Bettelheims, in denen sich »grundlegende Fragen menschlicher Existenz in der fortgeschrittenen Moderne« spiegeln, anzuknüpfen, neue Fragen zu stellen, sie über Bettelheim hinaus weiter zu treiben und nach neuen Lösungen Perspektiven zu suchen – auch »mit Bettelheim gegen Bettelheim«. Die Beiträge sind thematisch unter die Kapitel »historisch-biographische Kontexte«, »von der Psychoanalyse zur Pädagogik und wieder zurück«, »Gestaltung des anderen Ortes« und »Begegnungen und Wirkungen« gestellt. Einige Beiträge zu diesen Kapiteln sollen im Folgenden kurz fokussiert werden.

Zu den historisch-biographischen Kontexten findet sich zunächst ein Beitrag von Kaufhold, der komprimiert Biographie und Werk ebenfalls unter dem im obigen Buch bereits angelegten Blickwinkel würdigt.

Im Anschluss daran versucht T. Aichhorn die »Wiener Tradition«, auf die sich Bettelheim in seiner Arbeit an der Orthogenic School im amerikanischen Exil beruft, anhand bisher wenig bekannten Quellen genauer zu charakterisieren und stellt dabei nochmals die intensive Einbindung von Pädagoginnen und Pädagogen (bzw. von Nicht-Medizinern) in das Wirken der Wiener Psychoanalytischen Vereinigung und deren zentralen Anteil am politischen und kulturkritischen Geist, der diese Gruppierung durchwehte, heraus.

H.-J. Wirth und T. Haland-Wirth nehmen in ihrem anschließenden Beitrag die Auswirkung der Emigration der in die USA geflohenen Psychoanalytiker in den Blick. Sie beschreiben grundlegende Bewältigungsstrategien der Betroffenen, um mit dem Emigrationstrauma fertig zu werden: Zum einen habe sie darin bestanden, sich mit einem ausgeprägten Behauptungswillen in der neuen Umgebung durchzusetzen und sich möglichst schnell und reibungslos zu assimilieren (als Beispiel dafür gehen die Autoren ausführlich auf H. Hartmann und seine letztlich gesellschaftsaffirmative und »konfliktfreie« Ich-Psychologie ein), auf der anderen Seite stehe eine Bewältigungsstrategie, die sich an die vertrauten Lebens- und Denkgewohnheiten klammert und diese gegen jede Infragestellung durch die neuen kulturellen Erfahrungen verteidigt (als Beispiel hierfür führen die Autoren O. Fenichel an). Beide Strategien, so folgern die Autoren, trugen letztlich mit zu einer Amerikanisierung der Psychoanalyse und zur Verdrängung ihres kritischen Potentials bei. In den von den Autoren durchgeführten Gesprächen und Interviews mit emigrierten Analytikern und analytischen Psychotherapeuten zeigte sich eine weitere Strategie, die sie als »ein sich unabhängig machen« beschreiben und als »Individualismus« charakterisieren, der sich letztlich nicht nur als ein in freier Entscheidung gewählter Lebensweg zeige, sondern als eine »vom Emigrantenschicksal aufgenötigte psychosoziale Haltung zum Leben«. Schade nur, dass die Autoren im Zusammenhang ihrer Fragestellung auf Bettelheim und seinen Weg der Emigrationsbewältigung nur sehr peripher eingehen.

Aus dem Themenkomplex »Von der Psychoanalyse und wieder zurück« soll auf zwei Beträge hingewiesen werden: M. Winkler versucht in seinem Beitrag »Bruno Bettelheim Einsichten in die Pädagogik der Moderne« die geistigen, kulturellen und gesellschaftlichen Rahmenbedingungen unter denen Bettelheim aufwuchs – unter ganz bewusster Absehung von seinen konkreten biographischen Erfahrungen – als Ermöglichungsgrund seiner später an der Orthogenic School konzeptualisierten und praktizierten Pädagogik zu charakterisieren. Winkler bezeichnet Bettelheims Ansatz als paradigmatisch für eine Pädagogik der Moderne, die Individualität ermöglichen will, in einer Gesellschaft, die diese Individualität stets in Frage stelle. Eine solche Erfahrung von Ambivalenz erscheint unter den kulturellen und gesellschaftlichen Gegebenheiten der österreichischen Donaumonarchie, die sich zum einen durch »erstaunliche Liberalität und rationaler Verwaltung ausgezeichnet habe, aber andererseits in seiner Machtbalance potentiell instabil war, geradezu als typisches Erfahrungsmuster, welches Individualität geradezu herausfordere, herauszubilden«. Winkler folgert daraus: Bettelheims »Denkeinsatz erfolgt von der sozialen und kulturellen Konstellation der Zeit aus, eher theoretisch und philosophisch, vielleicht sogar inspiriert durch die Auseinandersetzung mit ästhetischen Fragen ...«. Es ist sicherlich kontrovers diskutierbar, wie weit die von Winkler angelegte Perspektive, die bewusst von der Biographie Bettelheims absehen will, für das Verständnis seiner Pädagogik tragen kann., scheinen sich doch die Person Bettelheims und sein Wirken in besonderem Maße dazu anzubieten, die Verschränkung von individuellem biographischem Erleben und zeitgeschichtlicher Erfahrung im Sinne einer Fragestellung, »was hat er aus seinem Leben, und was hat das Leben aus ihm gemacht, herauszuarbeiten.

In ihrem Beitrag »Über den Glauben an Fiktionen bei Bruno Bettelheim und Janusz Korczak arbeitet Claudia Jost einen bedeutsamen Zug der Erziehungspraxis und (impliziten) Erziehungstheorie dieser beiden Protagonisten heraus, den man als Einsicht in die »Notwendigkeit von Fiktionen« für das Leben und Erleben von Kindern bezeichnen kann, der sich etwa in Bettelheims Arbeit über »Kinder brauchen Märchen« oder in Korczaks Theaterpädagogik mit den Kindern im Warschauer Ghetto widerspiegele. Jost zeigt auf, wie sich diese Idee bei beiden als Überlebens- bzw.

Lebensstrategie aus den biographischen Extremerfahrung als KZ-Häftling bzw. als Internierter des Warschauer Ghettos herausgebildet hat. Aus Bettelheims Überlebensstrategie, sich den permanenten Dehumanisierungsversuchen des KZ-Personals nicht innerlich zu unterwerfen, entwickelte er seine ›philosophische Grundüberzeugung, dass wir nach Fiktionen leben müssen, um nicht nur im Leben Sinn zu entdecken, sondern um es auch erträglich zu machen‹ (Bettelheim nach Jost, 177); Korczak ermöglichte seinen Kindern angesichts der ausweglosen Situation und in der Gewissheit ihres und seines bevorstehenden Endes in einem drei Wochen vor der Deportation aufgeführten Theaterstück die Möglichkeit, sich als wünschende lebendige Subjekte zu erleben und zu inszenieren. Durch den Blickwinkel, den Jost in ihrer Arbeit anlegt, kann sich in der Tat beeindruckend die existentielle Dimension der uns heute so unreflektiert selbstverständlich gewordenen Rede von der Notwendigkeit von Geschichten, Märchen, Phantasien und Selbstinszenierungsmöglichkeiten – nicht nur für Kinder – neu erschließen.

Aus dem Themenkomplex: »Gestaltungen des anderen Ortes« soll der Beitrag von M. Maas herausgestellt werden: Auf der Grundlage langjähriger Erfahrungen in einem Heim für autistisch-psychotische Kinder und Jugendliche und der Auseinandersetzung mit Bettelheims Konzeption des »therapeutischen Milieus« arbeitet Maas Möglichkeiten und Grenzen dieses Ansatzes heraus. Der Notwendigkeit eines ›anderen Ortes‹ für diese Kinder und Jugendlichen, welcher Regression zulässt und Halt geben muss, stellt er die Notwendigkeit der Öffnung nach außen, bzw. im Sinne Mannonis der »Sprengung« eines solchen Ortes gegenüber. Das Problem der Orthogenic School wird darin gesehen, dass sie eine massive Beschränkung des sozialen Austausches vornahm und dadurch letztlich Züge einer »totalen Institution« (Goffman) trug. Vor dem Hintergrund einer solchen institutionellen Begrenzung können die gegen Bettelheim posthum vorgebrachten Vorwürfe, er sei seinen Mitarbeitern und den Betreuten unbeherrscht und unberechenbar gegenüber getreten einen neuen Deutungshorizont gewinnen: »die institutionellen Rahmenbedingungen [mussten] geradezu Ohnmachtszustände, Hilflosigkeit und Willkür provozieren«. Das Aufbrechen einer solcher institutioneller Begrenzung etwa durch externe Supervision, wie sie auch in der Einrichtung, von der Maas berichtet, selbstverständlich ist, sah die Konzeption der Orthogenic School nicht vor. Bettelheim war hier unantastbare institutionelle Autorität, für den es außer Frage stand, dass er die Supervision und Praxisreflexion mit seinen Mitarbeitern zu leiten hatte und damit letztlich »blinde Flecken« in Kauf nahm.

Unter dem Themenbereich »Begegnungen und Wirkungen« findet sich ein Beitrag von R. Edelist, der sich mit den Folgen und Wirkungen von Bettelheims psychoanalytische Kritik an der Kibbuzerziehung, die er nach einer mehrwöchigen Hospitation in einem israelischen Kibbuz in seinem Buch »Children of the dream« (dt.: Kinder der Zukunft) niedergelegt hatte. Nicht zuletzt Bettelheims These, dass die Gruppenerziehung in den Kibbuzim die Ausbildung von individueller Unabhängigkeit und Autonomie beeinträchtige, führte dazu dass seine Arbeit in Israel zurückgewiesen bzw. weitgehend ignoriert wurde (sie wurde nicht einmal ins neuhebräische übersetzt). Die von dem Autor durchgeführten Gespräche und Interviews mit ehemaligen Mitgliedern, des von Bettelheim besuchten Kibbuz lassen jedoch eine weitaus differenziertere Auseinandersetzung mit Bettelheims Aussagen deutlich werden. Nicht zuletzt weil die von Bettelheim prognostizierte »Agonie der Kibbuzbewegung« im gegenwärtigen Israel sich zu bewahrheiten scheint, könnte die Auseinandersetzung mit seiner Kritik Anlass für eine Neubelebung der Diskussion über die Möglichkeiten und Grenzen der Kibbuzerziehung unter den gegenwärtigen gesellschaftlichen und individuellen Erfordernissen sein.

Insgesamt machen die in diesem Sammelband aufgegriffenen Fragestellungen deutlich, dass das vielfältige Werk Bettelheims, seine provokanten Thesen und nicht zuletzt seine Person selbst, in der Tat fast unerschöpflich Inspirationen für die Bearbeitung aktueller Themen und Problemstellungen nicht nur einer psychoanalytischen Pädagogik zu liefern vermögen und es immer noch lohnt, sich jenseits von Aburteilung und Idealisierung mit diesem Klassiker auseinander zu setzen.

Volker Fröhlich

Margret Dörr & Rolf Göppel (Hg.): Bildung der Gefühle. Innovation? Illusion? Intrusion? Reihe »Psychoanalytische Pädagogik« Band 17. Psychosozial-Verlag: Gießen, 2003, 266 Seiten

Im März 2002 fand unter dem Leitthema »Innovation durch Bildung« an der Ludwig-Maximilians-Universität in München der 18. Kongress der Deutschen Gesellschaft für Erziehungswissenschaft (DGfE) statt. Im Zentrum der Veranstaltung stand die Frage nach dem Spannungsverhältnis von Wissen und Bildung. Mit der Absicht, diesen Fokus um die Frage nach dem Spannungsverhältnis von Gefühl und Bildung zu erweitern, lud die Kommission Psychoanalytische Pädagogik im Rahmen des Kongresses zu einem Symposium mit dem Titel »Bildung der Gefühle. Innovation? – Illusion? – Intrusion?«.

Der von Margret Dörr und Rolf Göppel herausgegebene gleichnamige Band enthält die überarbeiteten Fassungen von zehn Symposiumsbeiträgen. Die zwei Autorinnen und neun Autoren sind Wissenschaftler/innen und forschende Praktiker aus den Bereichen Pädagogik, Psychologie, Philosophie, Medizin, Schule, Lehrer/innenbildung, Sozialarbeit und Psychotherapie. Sie verbindet ihr Naheverhältnis zur Psychoanalyse. In den Beiträgen wird mit unterschiedlichen Ansätzen und Zugangsweisen untersucht, welche Bedeutung Gefühlen in Bildungsprozessen zukommt. Die Stichworte im Untertitel des Bandes umreißen das gemeinsame Erkenntnisinteresse. *Innovation*: Ist die Förderung »emotionaler Intelligenz« eine neue Aufgabe, die professionell pädagogisch Handelnde wahrzunehmen haben? Oder war die Gefühls-Bildung auch schon Gegenstand früherer pädagogischer und bildungstheoretischer Reflexionen? Welche Erträge sind von der neueren, neurowissenschaftlich inspirierten

Emotionsforschung für den aktuellen Bildungsdiskurs zu erwarten? *Illusion*: Ist »richtig zu fühlen« planmäßig vermittelbar? Oder sollte man aufgrund mangelnder Erfolgsaussichten lieber die Finger davon lassen? *Intrusion*: Ist es legitim, in das innere Erleben anderer pädagogisch intervenieren zu wollen? Oder bedeutet ein solcher Eingriff die Verletzung der Integrität der davon Betroffenen? Wem nützen erzieherische Maßnahmen, die verändernd auf das Gefühlsleben wirken sollen?

Der Beitrag von Rolf Göppel führt in die Themenstellung ein, indem er kontroverse Positionen der neueren Diskussion des Verhältnisses von Gefühl und Bildung nachzeichnet und einen Überblick über aktuelle Konzepte zur gezielten Förderung emotionaler Fähigkeiten gibt. Anhand von drei Beispielen – Milde (1811), Homburger Erikson (1930) und Aichhorn (1925) – zeigt Göppel, dass aus einer systematischen Auswertung historischer Beiträge wertvolle Anregungen für die Entwicklung eines zeitgemäßen Bildungskonzepts zu gewinnen sind. Vor der kontrastierenden Folie von Mitscherlichs Bildungskonzept macht Göppel plausibel, dass die viel beworbenen neuen Trainingsprogramme zur Förderung emotionaler Intelligenz eher dem Erwerb von Selbstdisziplinierungstechniken dienen und mit Bildung, verstanden als umfassender, aktiv-aneignender Subjektwerdungsprozess, recht wenig zu tun haben.

Vier Beiträge liefern theoretische Grundlagen über die psychische Funktion von Emotionen für das menschliche Wahrnehmen, Denken und Handeln. Gunzelin Schmid Noerr beschäftigt sich mit Gefühlen, die in moralischen Entscheidungssituationen handlungsleitend wirken. Gerd E. Schäfer behandelt das Zusammenwirken von Emotionen und Kognitionen in der frühkindlichen Entwicklung und stützt sich dabei auf Erkenntnisse der neurobiologischen Kognitionsforschung und der psychoanalytisch orientierten Säuglingsforschung. Margret Dörr führt aus, wie es dazu kommt, dass wir Gefühle bewusst spüren können. Sie geht mit Cassirer von der Symbolvermitteltheit menschlicher Lebenspraxis aus und verfolgt unter Bezugnahme auf Zepfs psychoanalytisches Affektkonzept die Frage nach der strukturellen Beschaffenheit von Gefühlen. Klaus Grossmann schließlich arbeitet auf der Grundlage von Ergebnissen aus der Bindungsforschung in der Tradition Bowlbys heraus, welche Bedeutung frühen Bindungserfahrungen für die Herausbildung eines »internalen Arbeitsmodells« zur Organisation der Gefühle zukommt.

Aus der Lektüre der vier Beiträge ist insbesondere die Einsicht zu gewinnen, dass Emotionen nicht getrennt vom Handeln anzusehen sind, sondern ihnen vielmehr erkenntnis- und orientierungsleitende bzw. handlungsermöglichende Funktion zukommt. Die gängige Dichotomisierung zwischen Gefühl und Verstand, wonach Gefühle als störendes Moment erscheinen, das man zu Gunsten geordneten, rationalen Denkens und Handelns möglichst ausschalten oder doch zumindest per Selbstdisziplin in den Griff kriegen sollte, wird damit in Frage gestellt. Mit der so gefassten kategorialen Bestimmung der Gefühle liegt ein brauchbares Instrument vor, das auch bei der Einschätzung von didaktischen Konzepten zur Vermittlung emotionaler Fähigkeiten wertvolle Dienste zu leisten vermag.

Andreas Schlick und Manfred Cierpka stellen in ihrem Beitrag ein solches Konzept vor: Sie beschreiben das Curriculum »Faustlos«, das zur Förderung sozialer und emotionaler Kompetenzen in der Grundschule entwickelt wurde, und berichten über durchwegs positive Ergebnisse einer durchgeführten Evaluationsstudie. Die am Ende des Beitrags abgedruckten Rückmeldungen von Schüler/innen, die an Faustlos-Lektionen teilgenommen haben, geben allerdings zu denken, wenn man sie mit einem durch die Lektüre der ersten fünf Beiträge des Bandes geschärften Problembewusstsein liest. Man kann dann den kritischen Anmerkungen von Bärbel Schön gut folgen, die auf der Grundlage theoretischer Überlegungen und den Ergebnissen einer wissenschaftlichen Begleitstudie zu Faustlos ihre eher pessimistische Einschätzung der Erfolgsaussichten derartiger Programme plausibel macht.

Der Beitrag von Heiner Hirblinger stellt die situative Auseinandersetzung mit emotional bedeutsamen Konflikten im Unterricht als inhärenten Bestandteil von Bildungsprozessen dar. Anhand eines Beispiels aus seinem eigenen Deutschunterricht zeigt Hirblinger, auf welche Weise emotionale Prozesse den Lehr-/Lernprozess begleiten können. Um gelingende Bildungsprozesse auf Seiten der Schüler/innen zu ermöglichen bzw. zu unterstützen, müssen Lehrer/innen über hermeneutische Fähigkeiten verfügen, die sie in die Lage versetzen, die affektiven, gruppendynamischen und sachlichen Prozessaspekte der Unterrichtssituation verstehend zu rekonstruieren.

Karl Gebauer beschreibt den mehrjährigen Prozess und das Ergebnis der Entwicklung eines Konzepts für die professionelle pädagogische Arbeit der Lehrer/innen an der von ihm geleiteten Grundschule. Die »Dreispurpädagogik«, wie Gebauer und seine Kolleg/innen das pädagogische Modell nennen, berücksichtigt neben der fachorientierten Lernspur die Beziehungsspur und die Selbst-Entwicklungsspur eines Kindes. Gebauers authentischer Bericht führt in mehrerlei Hinsicht vor, wie eine Professionalisierung pädagogischen Handelns gelingen kann. Dann etwa, wenn sich Problemwahrnehmungen mit dem Wunsch nach Veränderung verbinden und so zu Lernanlässen werden; wenn wissenschaftliche Erklärungsansätze als »Werkzeuge« benützt werden, um die eigene berufliche Wirklichkeit theoretisch aufzuschließen; wenn das methodische Wissen und Können weiterentwickelt wird, um Neues in die Praxis umsetzen zu können; und schließlich, wenn das Nachdenken, Verstehen und Artikulieren des inneren Erlebens ermöglicht, sich vor den eigenen Gefühlen und jenen der anderen nicht mehr zu fürchten.

Dass die Fähigkeit, Emotionen und deren Bedeutung bei sich selbst und anderen ausmachen, kontrollieren und zum Gegenstand professionellen Nachdenkens machen zu können, einen wesentlichen Bestandteil pädagogischer Professionalität darstellt, macht auch Wilfried Datler in seinem Beitrag deutlich. Bezug nehmend auf die aktuell geführte erziehungswissenschaftliche Professionalisierungsdebatte plädiert er dafür, im Rahmen der Ausbildung von Beginn an den Erwerb dieser Fähigkeit durch Praxisreflexion sicherzustellen. Mit dem Konzept der work discussion beschreibt Datler eine Möglichkeit, wie die Bearbeitung von praxisleitenden Momenten des Erlebens seminaristisch erfolgen kann.

Die zehn Beiträge des Sammelbands beleuchten eine Vielzahl an Aspekten, die im Zusammenhang mit dem Verhältnis von Gefühl und Bildung untersucht und diskutiert werden können. An ein paar Stellen im Buch ist man geneigt zu denken, dass eine einfühlsam-kritisch-bestimmte redaktionelle Autorenbetreuung die inhaltliche Qualität des einen oder anderen Beitrags noch hätte verbessern können. Insgesamt jedoch erweist sich die Lektüre als informativ und anregend. Sie ist nicht nur Personen zu empfehlen, deren besonderes Interesse der psychoanalytischen Pädagogik gilt, sondern darüber hinaus allen, die an einer in der Sache substantiellen Auseinandersetzung mit Bildungsfragen interessiert sind. In einer Phase gesellschaftlicher Entwicklung, die wesentlich geprägt ist vom neoliberalen Credo, demzufolge Bildung nur mehr als verwertbare Humanressource und die Aneignung von so genannten »soft skills« als Notwendigkeit zur Steigerung des eigenen Marktwerts in den Reflexionshorizont kommen, stellen Beiträge wie sie mehrheitlich in diesem Buch versammelt sind, fast schon ein politisches Statement dar.

Helene Babel

Ahrbeck, B.: Kinder brauchen Erziehung. Die vergessene pädagogische Verantwortung. Kohlhammer: Stuttgart, 2004, 171 Seiten.

Im Zentrum des vorliegenden Buches steht die Diagnose, dass sowohl in professionellen, als auch in nicht-professionellen Zusammenhängen auf die Wahrnehmung von Erziehungsaufgaben zusehends verzichtet wird. Ahrbeck begreift diesen Umstand als einen Rückzug von der Verantwortung, welche die Generation der Erwachsenen den Kindern und Jugendlichen gegenüber wahrzunehmen hat. Im Detail geht der Autor nur an wenigen Stellen explizit der Frage nach, was unter Erziehung zu verstehen ist und welchen Kriterien erzieherische Praxis zu entsprechen hat. Denn im Zentrum seiner Bemühungen steht der Versuch, an ausgewählten Projekten und Entwicklungstendenzen aufzuzeigen, dass unter der Proklamation von modischen Begriffen wie Situationsorientiertheit , konstruktivistischer Perspektivität oder Kundenorientierung letztlich Positionen bezogen werden, die sich bei näherem Hinsehen gar nicht mehr als Positionen begreifen lassen, von denen aus Kindern und Jugendlichen Unlustvolles abverlangt oder zugemutet wird. Vielmehr drohen Eltern, aber auch professionell Tätige der Stabilisierung von problematischen Entwicklungsverläufen vom Heranwachsenden Tür und Tor zu öffnen, ohne zu erkennen, welchen unbewussten Verstrickungen sie dabei aufzusitzen drohen.

Im ersten Kapitel des Buches blickt Ahrbeck auf Erziehungskonzepte zurück, die während des Nationalsozialismus – etwa in Gestalt des Buches »Die deutsche Mutter und ihr erstes Kind« von Johanna Haarer – weite Verbreitung gefunden haben. Er entwickelt den Grundgedanken, dass die Abkehr von nationalsozialistischem Gedankengut, das auf die Befindlichkeit des einzelnen Kindes kaum Bedacht nahm, zu einer

Art Gegenreaktion geführt hat, die von der Angst getragen ist, Kindern könnte nur allzu schnell irreversibler Schaden zugefügt werden, wenn tatsächlich gegebenen oder auch bloß zugeschriebenen kindlichen Wünschen und Bedürfnissen nicht nachgekommen wird.

Wer sich an dieser Stelle des Buches erwartet, dass sich der Autor in weiterer Folge in einer platten Kritik an der 68er Bewegung und ihren Folgen ergeht, wird im Zuge der Lektüre der weiteren sechs Kapitel allerdings eines Besseren belehrt. Denn Ahrbeck zeichnet in subtiler und kundiger Weise verschiedene Positionen nach, die er in einschlägigen Veröffentlichungen publiziert, aber auch in Praxisprojekten realisiert findet und unterzieht sie scharfen Analysen.

Besonders aufschlussreich werden manche Leserinnen und Leser das dritte Kapitel finden, das unter dem Titel »Erziehungsvermeidung am Beispiel der Kinder- und Jugendkriminalität« nicht nur Einblicke in die statistisch erfassbare Entwicklung von Jugendkriminalität, sondern auch in das Hamburger Projekt KIDS (»Kinder in der Szene«) gibt, mit dem es sich auf Grund seiner Mitarbeit in einer Enquete-Kommission zur »Jugendkriminalität und ihren gesellschaftlichen Ursachen« besonders intensiv befasst hat. Unter Beiziehung von kasuistischem Material gelingt es ihm, die Problematik von Prinzipien wie dem der Parteilichkeit oder von Konzepten wie dem des Verzichts auf »verbindliche Unterbringung« aufzuzeigen, die es den Betroffenen zu sehr ermöglichen, an ihren psychischen Strukturen mit all ihren Abwehrateilen festzuhalten, die letztlich mit daran beteiligt sind, dass es den beteiligten kaum gelingen kann, sich aus ihren misslichen Lebenssituationen zu befreien.

Während sich die anschließenden Kapitel den Themenkreisen der Systemtheorie, der Kundenorientierung und der Globalisierung widmen, findet man im zweiten und abschließenden siebten Kapitel kritische Auseinandersetzungen mit gegenwärtigen Entwicklungen im Bereich der Säuglings- und Kindheitsforschung. Ahrbeck zeigt hier besonders prägnant auf, in welcher Weise herkömmliche psychoanalytische Ansätze ihrer Differenziertheit beraubt zu werden drohen, wenn die Rede vom kompetenten Säugling oder selbständigen Kind dazu führt, dass der Blick auf innere Konflikte und Ambivalenzen, auf Abhängigkeiten und Schwächen, auf die Komplexität von Entwicklungs- und Abwehrprozessen verloren geht. Das Erkennen, Verstehen und Berücksichtigen jener Seiten von Kindern und Jugendlichen, die sich dem Alltagsverständnis entziehen und mit dem Zeitgeistigen so schwer vereinbar sind, wird damit als eine Aufgabe ausgewiesen, deren Erfüllung nur gelingen kann, wenn diejenigen, die sich für das Heranwachsen der nächsten Generation verantwortlich fühlen, nicht davor zurückscheuen, sich jenen Komplexitäten zu stellen, von denen die Psychoanalyse schon immer gehandelt hat.

Wilfried Datler

Volker Fröhlich & Ursula Stenger (Hg.): Das Unsichtbare sichtbar machen. Bildungsprozesse und Subjektgenese durch Bilder und Geschichten. Weinheim, München: Juventa, 2003. 279 Seiten.

In der von Hans-Walter Leonhard, Eckart Liebau und Michael Winkler herausgegebenen Reihe »Beiträge zur pädagogischen Grundlagenforschung« erscheint im Juventa-Verlag mit dem vorliegenden Band das Ergebnis einer sensiblen Beobachtung bildungstheoretischer Leitthemen einerseits, sowie eine fruchtbare Verknüpfung zweier zunächst unterschiedlicher Zugangsweisen zum Problemfeld andererseits.

Zum einen: Während, wie Stenger und Fröhlich in ihren einführenden Bemerkungen hervorheben, in der »Zeitschrift für Pädagogik« erst 1983 ein Bild erstmals »nicht nur als Illustration diente, sondern selbst Gegenstand der Interpretation war« (8), verstärkt sich die Tendenz zur Wiederentdeckung der Bilder zusehends und gipfelt in den 90er Jahren des 20. Jahrhunderts in der Rede von einem »iconic turn« (Gottfried Boehm), welcher den in den 60er Jahren vollzogenen Paradigmenwechsel des »linguistic turn« ablösen soll. Das bedeutet, »dass alles Wissen, Handeln und Gestalten durch Bilder bedingt ist, noch bevor dies in Sprache gefasst ist. Unser Leben wird begleitet, gestaltet, beeinflusst durch die Bilder, die in uns und um uns sind« (13f.). Und zuletzt wird zustimmend Belting zitiert: »Der Mensch ist der Ort der Bilder« (14). Das hätte man zwar durchaus problematisierender darstellen können, als Diagnose eines bildungstheoretischen Leitthemas taugt es allemal.

Zum anderen stellt der vorliegende Band den Versuch dar, psychoanalytische und anthropologische Annäherungen an die Problematik zusammenzuführen. Im Zuge dessen wird eine Initiative der Kommissionen Psychoanalytische Pädagogik sowie Pädagogische Anthropologie der DGfE aufgegriffen, die im Jahr 2000 zu einer gemeinsamen Tagung in Würzburg führte. Der Titel dieser Tagung wurde dabei zwar als Buchtitel übernommen, dennoch beschränkt sich der Band nicht auf die dort präsentierten Vorträge, sondern fügt auch neue hinzu.

Kritisch wird dabei der kleinste gemeinsame Nenner der didaktischen Nützlichkeit (»Aus Bildern lernen«) vermieden. Die zahlreich angeführten Fragen im pädagogischen Zusammenhang stellen sich allerdings an dieser Stelle noch wie eine unstrukturierte Auflistung dar. Allgemein grundsätzliche Fragen wie »Was ist eigentlich ein Bild?« und »In welcher Beziehung stehen ›innere‹ Bilder zu den äußeren? « stehen unvermittelt neben spezifischen Detailfragen, in die schon ganz bestimmte theoretische Vorannahmen einfließen: »Ist es nicht eine Aufgabe von Erziehung, jene Entwicklung einer Matrix zu begleite, die die Wahrnehmung und das Sich-Bewegen in Bildräumen erst ermöglicht« (15)?

Zum Versuch einer systematischen Ordnung des Themas wird die Gliederung des Bandes in vier Bereiche, wobei der Leser/die Leserin zunächst mit der Vorentscheidung konfrontiert wird, dass sich »die Frage nach den Bildern … uns primär als eine nach den Prozessen (stellt), in denen das Selbst des Menschen sich konstituiert« (17).

Wer diese Ansicht teilt, kann sich auf vier Teilbereiche einlassen, die mit den Themen »Bild-Theorien«, »Selbstthematisierung und Selbstkonstitution durch Bilder und Geschichten«, »Kindliche Subjektgenese über Bilder und Geschichten« und »Zur kulturell-historischen Dimension von (Selbst-)Bildern« überschrieben sind.

Gleich im ersten Teil »Bild-Theorien« übernehmen Johannes Bilstein und Brigitte Boothe die Sisyphusarbeit einer Problematisierung der Grundbegriffe aus bildungstheoretisch-anthropologischer sowie aus psychoanalytischer Sicht. Dies allerdings nicht in der (ohnedies nicht einlösbaren) Intention einer strikten Trennung der Zugänge, sondern im Aufzeigen der Überschneidungsbereiche der Diskurse mit unterschiedlichen Schwerpunktsetzungen.

Besonders gelungen erscheint dabei die von Bilstein vorgeschlagene Rekonstruktion psychoanalytischer Theorien von Bildlichkeit, die für die Darstellung des Bildbegriffs bei Lacan den Umgang seiner imaginierten Putzfrau mit einem Werk Gustave Courbets heranzieht und dies zu guter Letzt als Zitat der lachenden Thrakerin erscheinen lässt. Aber auch Boothe bemüht die griechische Mythologie, wenn sie einem dem Bild korrespondierenden Sehen eine »Dramaturgie des Nicht-Sehens« mit den Phänomenen von Blindsein und Blendung gegenüberstellt.

Im zweiten Themenbereich »Selbstthematisierung durch Bilder und Geschichten« konstatiert zunächst Günther Bittner, dass die Psychoanalyse »die unmögliche Wissenschaft von etwas (ist), das man schlechterdings nicht wissen, sondern allenfalls isomorph abbilden kann ... Nur in den metaphorischen Spuren, die es hinterlässt, ist es vorhanden« (100). Diesem vorsichtigen Beschreiben von »Metaphern des Ich« steht ein Versuch von Theodor Schulze gegenüber, den Zusammenhang von Bild und Biographie am »sehr ergiebig(en) Sonderfall« (119) Marc Chagall zu verstehen, wobei sich der biographische Prozess als »komplexer Problemlösungsvorgang« (119) darstellt. Dorle Klika sucht angesichts der »Unmöglichkeit den diskursiven und den figurativen Diskurs zu überführen« (134) »Übergänge« zwischen autobiographischen Szenen und Selbstbildern von Käthe Kollwitz. Und Helga Peskoller zeigt am Beispiel des Extremkletterns »Elemente eines lebendigen Bildungsprozesses auf der Grundlage der Selbstverschwendung« (142).

Neben dem künstlerischen gerät in einem dritten Teil der kindliche Zugang in den Fokus des Interesses. »Welche Arten von Bildungsprozessen werden über ihre Bilder sichtbar? Wie können sie zugänglich gemacht werden? Was können wir auf diesem Wege über die kindliche Subjektgenese erfahren« (18)?

In einer Weiterführung von Anna Freuds Theorie der kindlichen Phantasie will Reinhard Fatke aufzeigen, wie bislang unsichtbare seelische Konflikte von Kindern durch Phantasiegeschichten sichtbar werden können, und Volker Fröhlich untersucht Kinderzeichnungen daraufhin, ob sie analog zu sprachlichen Äußerungen zu lesen sind. Wie Weltwahrnehmung bei Leonardo zu ästhetischer Erfahrung wird, zeigt Gerd E. Schäfer, der Versuch einer Verbindung mit »(früh-) kindlicher Bildung« (219f.) erfolgt jedoch bloß kursorisch. Die »Bild-Erfahrungen« der Herausgeberin Ursula

Stenger bestehen nicht bloß im Referieren empirischer Erfahrungen mit Kinderzeichnungen, sondern sind in phänomenologische Umsicht eingebettet.

Der abschließende vierte Teil versammelt drei letztlich inhomogene Beiträge, welche die kulturell-historische Dimension von (Selbst)Bildern ausleuchten wollen. Neben einen Projektbericht von Eckart Liebau »Mutter-Kind-Vater in Bildern aus Kunst und Wissenschaft« als Initiative des Siemens Kulturprogramms wird ein Beitrag von Gisela Miller-Kipp gestellt, der sich sozialkritisch um das bürgerliche Frauenbild als Vorbild und Tugendbild bemüht, wobei dieses mit »Bildern und Metaphern« zu konfrontieren sei, die aber nur noch als Instrumente für »wirkungsvolle Gegenpropaganda« fungieren (248).

Am Ende des Bandes findet sich mit dem Beitrag von Michael Parmentier »Diskurstheorie avant la lettre« eine originelle Interpretation des Bildprogramms der Fresken des Raffael in der Stanza delle Segnatura im Vatikanpalast, insbesondere der Fresken »Disputa« und »Schule von Athen«, indem er in zweiterem die versteckte Botschaft vom herrschaftsfreien Diskurs entdeckt.

Der vorliegende Sammelband eröffnet ein vielfältiges und facettenreiches Spektrum von Fragestellungen und perspektivischen Zugängen, wer aber eine systematische Ortung des Problembereichs sucht, wird sich auf den ersten Teil beschränken müssen. Dass die aufgegriffene Thematik hochaktuell ist, beweist ein erst vor wenigen Monaten im Kölner DuMont-Verlag erschienener Sammelband von Christa Maar und Hubert Burda mit dem Titel: »Iconic Turn. Die neue Macht der Bilder«. Er enthält einen Beitrag von Wolfgang Heckl mit eben demselben Titel »Das Unsichtbare sichtbar machen« und behandelt darunter in naturwissenschaftlicher Sichtweise Transferprozesse von Bildern durch das Rastertunnelmikroskop. Diese Perspektive bleibt im vorliegenden Band ohne Schaden ausgespart.

Gerhard Schaufler

Bärbel Bimschas & Achim Schröder: Beziehungen in der Jugendarbeit. Untersuchung zum reflektierten Handeln in Profession und Ehrenamt. Opladen: Leske und Budrich, 2003, 192 Seiten

Unterstützt durch die Stiftung Deutsche Jugendmarke haben *Achim Schröder* und *Bärbel Bimschas* eine zweijährige Untersuchung über das theoretisch eher stiefmütterlich behandelte Thema Beziehungsarbeit in der Jugendarbeit durchgeführt, deren Ergebnisse im vorliegenden Buch nachzulesen sind. In der Zusammenarbeit von JugendarbeitsforscherInnen und PsychoanalytikerInnen wurden empirische Befunde reflektiert, die im Kontext von Supervisionen mit JugendarbeiterInnen sowie Gruppeninterviews von Jugendlichen gewonnen worden waren.

Die Ergebnisse der Studie müssten das Interesse jener wecken, die in diesem Handlungsfeld sozialer Arbeit tätig sind, sei es haupt- oder ehrenamtlich, denn sie belegen die Notwendigkeit der (Selbst-)Reflexion und Supervision, um mit den typischen Entwertungen und Ungereimtheiten, die einen erwarten, so umgehen zu lernen, dass die eigenen Verstrickungen nicht tatsächlich das potentiell immer drohende Scheitern heraufbeschwören. Vor allem die eingesprengten Versatzstücke aus den Supervisionssitzungen machen diese Gefahr sehr deutlich, zeigen aber auch auf, wie diesen Beziehungsfallen entgangen werden kann. Am Rande sei vermerkt, dass ein kleiner Hinweis darauf zu finden ist, warum gerade in der Jugendarbeit der innere Widerstand gegen diese Art des professionellen Herangehens so groß ist: Die Zwittergestalt des Feldes vermischt Arbeit, Freizeit und eigene Lebensentwürfe und verhindert eine klare Abgrenzung von der Klientel.

Das Buch beginnt mit einer theoretischen Einführung in das Konzept der Beziehungsarbeit, wobei zunächst insbesondere das Aushandeln und Aufrechterhalten eines Arbeitsbündnisses im Blickpunkt steht. Das damit thematisierte Verhältnis von Nähe und Distanz verweist augenblicklich auf bestimmte intersubjektive Erfahrungen und die darin gelebte Anerkennung des Anderen. Da erscheint es nachgerade zwingend, sich auf die Psychoanalyse als theoretischen Referenzrahmen einzulassen, und zwar vor allem in ihrer objektbeziehungstheoretischen Spielart nach Winnicott. Seine Konzepte des intermediären Raums und des Haltens sind ebenso hilfreich wie jenes des Containments bei Bion, denn sie ermöglichen einen erträglichen Umgang mit den oftmals sehr heftig auftauchenden Ambivalenzen.

Abgerundet wird dieses Kapitel mit einem Exkurs von Thomas Pollak zur Handhabung von Übertragungsprozessen. Vor dem Hintergrund eher diffuser Beziehungsanteile – durch das Fehlen eines klaren *Sachauftrages* in der Jugendarbeit sind spezifische Beziehungsanteile eher nachgeordnet – wird die Gefahr für die JugendarbeiterInnen sichtbar, sich allzu leicht in Form von Gegenübertragungen in dieser Diffusität zu verlieren. Große Bedeutung kommt einer Fußnote zu: Dem normativen Wunschbild der humanistischen Psychologie nach einer sich optimal verhaltenden Person wird stark relativierend und also entlastend ein psychoanalytisch geleitetes Menschenbild entgegengesetzt, das Differenz und Konflikt als Grundmuster menschlicher Kommunikation anerkennt; es genügt, sich nicht einfach überrollen zu lassen.

Das nächste Kapitel beleuchtet die methodischen Grundlagen der Studie. Vor allem die begleitenden Supervisionen lieferten das empirische Material für die Erkenntnisgewinnung, unterstützt von leitfadengestützten Gruppendiskussionen mit den Jugendlichen. Die Forschungsgruppe selbst bestand aus drei JugendforscherInnen mit engem Bezug zur Jugendarbeit und drei PsychoanalytikerInnen. Der zentrale Auftrag lautete, das Gesprächsmaterial zu interpretieren und auf die Forschungsfragen zu beziehen.

Den größten Teil des Buches nimmt das sich anschließende Kapitel »Fallbezogene Analysen« ein. Theoretische Erörterungen über die Phase der Adoleszenz – Beziehungen in der Jugendarbeit werden als stellvertretende Ablösebeziehungen gekennzeichnet – werden ergänzt und belegt durch zahlreiche Fallvignetten, um die unterschiedlichen Problemlagen – u.a. soziale Unverantwortlichkeit in der Jugendphase, die

Beziehungsrolle der JugendarbeiterInnen, das Thema Geschlecht und Körperlichkeit, das Spannungsfeld von Offenheit und Halt – zu skizzieren und Wege des reflektierten Ungangs aufzuzeigen.

Im abschließenden Teil werden praxisbezogene Schlussfolgerungen gezogen. Eine zentrale Erkenntnis lautet: Jugendarbeit ist ein Oszillieren zwischen spontaner Beziehungsgestaltung und reflektiertem Heraustreten. Insofern kann Supervision helfen, dieses Verhältnis in der Balance zu halten. Mir Verweis auf Burkard Müller wenden sich die AutorInnen dezidiert gegen den alten Vorwurf, die Berücksichtigung der Emotionalität in Arbeits-Beziehungen führe zu einer psychologistischen Intimisierung: Sich in der Supervision von einem exzentrischen Standpunkt aus (missglückte) Facetten der Beziehungsarbeit anzuschauen, ist eben *kein* Rückzug aufs Persönliche oder gar Pathologische der am Geschehen persönlich Beteiligten. Im Gegenteil: Mit der Hinwendung zu den »blinden Flecken« wird diese Phantasie ins Bewusstsein gehoben und entmystifiziert. Damit wird die Beziehung versachlicht und kann jetzt erst in ihrer politischen Tragweite erkannt werden.

Das Persönliche ist sehr politisch – allerdings inhaltlich etwas anders gefüllt, als von der APO-Generation einst formuliert. So lautet denn die Schlusspassage: »Jugendarbeit ist keineswegs erst politisch, wenn sie politische Aktionen initiiert. Dem pädagogischen Binnenverhältnis wohnt eine immense politische Dimension inne«.

Manfred Gerspach

Abstracts

Cath Arnold
Pädagogische Haltungen von Betreuungspersonen und Eltern im Umgang mit Vorschulkindern

Es wird eine Untersuchung vorgestellt, die im Pen Green Centre (Corby, Northamptonshire, Großbritannien) durchgeführt wurde. Auf der Basis von Videoanalysen wurde erforscht, welche Haltungen und Strategien PädagogInnen in der Arbeit mit Vorschulkindern einsetzen, um sie in ihren Aktivitäten zu unterstützen. Es zeigte sich, dass alle 12 Strategien, die im Zuge der Analysen herausgearbeitet wurden, entweder emotional oder kognitiv ausgerichtet waren. Die Autorin beschreibt, wie drei verschiedene PädagogInnenteams in Pen Green mit Hilfe der 12 Strategien ihre pädagogische Arbeit selbst evaluierten, inwieweit dieser Selbstevaluationsprozess als hilfreich, aber auch als belastend erlebt wurde und wie das Forscherteam und die pädagogischen MitarbeiterInnen mit diesen Erkenntnissen umgingen. Abschließend werden pädagogische Konsequenzen gezogen sowie Möglichkeiten und Grenzen des Verfahrens aufgezeigt.

Gertrude Bogyi
Magisches Denken und die Verarbeitung von traumatischen Ereignissen

Magisches Denken ist geprägt von magisch-animistischen Vorstellungen, Ich-Bezogenheit, Finalität und Anthropomorphismus. Die Unterscheidung von Fantasie und Realität gelingt oft nicht. Dementsprechend gestaltet sich auch das Todeskonzept von Kindern. Traumatische Verlusterfahrungen werden kognitiv oft nicht begriffen, doch emotional erfasst. Dies führt zu entwicklungstypischen Schuld-, Allmachts- und Interventionsfantasien. Die Reaktion der Umwelt spielt bei der Verarbeitung eine entscheidende Rolle. Die Autorin zeigt auf, welche Abwehr- und Bewältigungsstrategien wirksam werden und wie Kinder traumatische Erfahrungen von Tod und Verlust verarbeiten.

Kathrin Fleischmann & Elisabeth Vock
Jüngere Publikationen zu speziellen Praxisbereichen und Fragestellungen der Psychoanalytischen Pädagogik

Auch das diesjährige Jahrbuch wird mit einer Literaturumschau abgerundet. In mehreren thematisch gegliederten Kapiteln werden aktuelle Veröffentlichungen zu verschiedenen Fragestellungen psychoanalytisch-pädagogischer Theoriebildung und Praxis überblicksweise dokumentiert. Im Umschauartikel finden Beiträge zu folgenden Fragenkomplexen Darstellung: (1.) Publikationen zu grundlegenden und historischen Fragestellungen Psychoanalytischer Pädagogik; (2.) Aktuelle Literatur zu verschiedenen Praxisbereichen Psychoanalytischer Pädagogik; (3.) Beiträge zu entwicklungspsychologischen und sozialisationstheoretischen Fragestellungen und (4.) Veröffentlichungen zu weiteren Themenstellungen mit psychoanalytisch-pädagogischer Relevanz.

Helmuth Figdor
Psychoanalytische Pädagogik und Kindergarten: Die Arbeit mit der ganzen Gruppe

Die Arbeit berichtet von dem Versuch, psychoanalytisch-pädagogische Gestaltungsmöglichkeiten des Kindergartenalltags zu entwerfen und praktisch auszuprobieren, die über das Bemühen um szenisches Verstehen (im Rahmen von Supervision) in dreierlei Hinsicht hinausgehen: Erstens orientieren sie sich weniger an »konflikttypischen Szenen«, sondern an der langfristigen emotionalen Entwicklung der Kinder, was notwendiger Weise eine pädagogische Bestimmung dessen, was »gelungene Entwicklung« oder »psychische Gesundheit« heißen kann, voraussetzt. Zweitens sollen die psychoanalytisch-pädagogisch geleiteten Handlungen der Erzieherin nicht einzelne Kinder (mit besonderen Problemen), sondern die ganze Gruppe im Auge haben. Drittens geht es weniger um konkretes Verstehen dessen, was ist, sondern um die Herstellung einer Art normativen Rahmens, der die Wahrscheinlichkeit, dass alle Kinder entwicklungsfördernde Erfahrungen machen, zu erhöhen vermag. Wird »Entwicklung« psychoanalytisch verstanden, heißt das natürlich: strukturelle Voraussetzungen für die Möglichkeit der Verarbeitung der vielfältigen inneren Konflikte der ödipalen Phase zu schaffen.

Hans Füchtner
Ich-AG Dreikäsehoch

In Zeiten der Globalisierung werden alle gesellschaftlichen Bereiche ökonomischen Imperativen unterworfen. So auch Erziehung und Bildung. Der Unternehmer wird zum pädagogischen Ideal erhoben. Was bedeutet eine solche Funktionalisierung von Erziehung für die Psychoanalytische Pädagogik? Ist diese dafür überhaupt geeignet? Soweit die Überlegungen, die der Autor dazu und zu einigen Aspekte des Verhältnisses Psychoanalyse – Ökonomie anstellt, satirischen Charakter bekommen, liegt das weniger in der Absicht des Autors, als vielmehr an der Realität, mit der er sich auseinandersetzt.

Rolf Göppel
»Kinder denken anders als Erwachsene ...« Die Frage nach dem »magischen Weltbild des Kindes« angesichts der These von der »Kindheit als Konstrukt« und angesichts der neuen Bildungsansprüche an den Kindergarten

Die These vom »magischen Weltbild des Kindes« stellt ein zentrales Theoriestück psychoanalytischer Kinderkunde im Bezug auf das Kindergartenalter dar. In diesem Beitrag wird der Frage nachgegangen, welche Bedeutung diesem Theoriestück heute, angesichts einer zunehmend konstruktivistisch orientierten Kindheitsforschung einerseits und einer zunehmend lern- und effektivitätsorientierten Bildungsdebatte im Vorschulbereich andererseits noch zukommt. Dabei werden zunächst unterschiedliche Varianten der Beschreibung des kindlichen Weltbildes und der Typik des kindlichen Denkens diskutiert. Schließlich werden die Grundzüge und Grundpositionen jener kontroversen »Bildungsdebatte« vorgestellt, die durch die Ergebnisse der PISA-Studie im Bereich der Vorschulerziehung ausgelöst wurde. Dabei zeigen sich erstaunliche Parallelen zu einer ähnlichen Debatte, die in jenem Bereich schon einmal, nämlich zur Zeit der Bildungsreform Anfang der siebziger Jahre, geführt wurde.

Daniela Kobelt Neuhaus
Kindertageseinrichtungen der Zukunft – Aufgaben und Chancen. Ein Essay aus der Perspektive von Fort- und Weiterbildung
Die Autorin geht der Frage nach, welchen Anforderungen sich die Fort- und Weiterbildung von PädagogInnen, die in Kindertageseinrichtungen arbeiten, zu stellen hat. Sie zeigt auf, dass die Pädagogik von morgen nicht aus der Pädagogik von gestern generiert wird, sondern durch die in der Postmoderne typischen Prozesse des Wandels charakterisiert ist. Kindergemeinschaften, die durch kulturelle Verschiedenheit, soziale Vielschichtigkeit und emotionale Unberechenbarkeit gekennzeichnet sind, können sich nur bedingt an tradierten, vermeintlich allgemein gültigen Normen und Werten orientieren. Diese vielschichtigen Anforderungen bedürfen kompetenter, reflexionsfähiger PädagogInnen, die individuell und situationsbedingt handeln können. Daher sollte die Ausbildung auf Fachhochschulniveau stattfinden und Weiterbildung zu Situationsanalysen befähigen, was permanente Supervisionsbegleitung erfordert.

Gerd E. Schäfer
Die Bildungsdiskussion in der Pädagogik der frühen Kindheit
Die Bildungsdiskussion in der Frühen Kindheit ist nach mehreren Jahren wieder in die Aufmerksamkeit der Öffentlichkeit gerückt. In dem Aufsatz wird der spezifische Beitrag der Psychoanalytischen Pädagogik zur Entwicklung dieser Diskussion aufgegriffen und mit neueren Entwicklungen der Kognitionsforschung verbunden. Dieser Diskussionslinie wird die Bildungsdiskussion gegenüber gestellt, die sich aus einigen übergreifenden Studien (u.a. DELFI, PISA) ergeben hat. Die beiden Bildungsverständnisse werden am Beispiel des Bayerischen Erziehungs- und Bildungsplans und der Bildungsvereinbarung Nordrhein-Westfalen gegenüber gestellt und diskutiert.

Iram Siraj-Blatchford, Kathy Sylva, Brenda Taggart, Edward Melhuish, Pam Sammons und Karen Elliot
Was kennzeichnet qualitativ gute Vorschulbildung? Ergebnisse von Einzelfallstudien in britischen Vorschuleinrichtungen
In Großbritannien wird seit 1997 in der groß angelegten Studie ›The Effective Provision of Pre-school Education – EPPE‹ der Entwicklungsprozess von 3000 Vorschulkindern begleitet. Dabei wurde untersucht, was Vorschuleinrichtungen kennzeichnet, in denen die Kinder überdurchschnittliche Entwicklungsfortschritte im sozialen und/oder kognitiven Bereich verzeichneten. Auf der Basis von 14 Fallstudien über qualitativ hochwertige Einrichtungen wurden analysiert, wie diese Einrichtungen strukturiert sind, wie pädagogisch gearbeitet wird und auf welchen Haltungen sie aufbauen. Dabei zeigt sich, dass die Qualität hervorragender Einrichtungen auf zahlreichen »Säulen« ruht, die in ihrer Kombination

wirksam werden. Dazu zählen die starke Bildungsorientierung, die Mitarbeiterkompetenz, der differenzierte Umgang mit den Kindern, die Betonung von sowohl sozialem und kognitivem Lernen, die nachhaltig wirksames gemeinsames Nachdenken, die Einbeziehung der Eltern, die Qualität der Leitung, u.a.m. Die Ergebnisse werden differenziert vorgestellt und diskutiert.

Kornelia Steinhardt
Bildungsprozesse der Drei- bis Sechsjährigen: eine »neue« Herausforderung für die Psychoanalytische Pädagogik?
In diesem Beitrag, der in den Themenschwerpunkt einführt, wird aufgezeigt, dass in der aktuellen Debatte um die Vorschulerziehung die Psychoanalytische Pädagogik kaum involviert ist. Die Bedeutung des Bildungsbegriffs wird aufgezeigt und es wird angeregt, dass sich Psychoanalytische Pädagogik mit der Angemessenheit von Forschungsmethoden im Vorschulbereich auseinander setzen solle.

Colette Tait
Emotionales Wohlbefinden und Resilienz des Kindes: die Bedeutung von »Chuffedness«
Im Zuge des Forschungsprojekts »Emotionales Wohlbefinden und Resilienz«, das in einer Vorschuleinrichtung des Pen Green Centres (Corby, Northamptonshire, Großbritannien) durchgeführt wurde, extrapolierten die ForscherInnen einen Gefühlsausdruck von Kindern, mit dem sie stolze Zufriedenheit zeigen, nachdem sie eine herausfordernde, anstrengende Leistung vollbracht haben. Sie nannten dieses Gefühl »Chuffedness«. Es wird herausgearbeitet, was Chuffedness charakterisiert, und anhand einzelner Fallvignetten wird dieser emotionale Zustand näher beschrieben.

Martin Textor
Die Vergesellschaftung der Kleinkindheit: Kindertageseinrichtungen im Spannungsfeld kontroverser Erwartungen
Zunächst werden die höchst unterschiedlichen »Aufträge« von Teilsystemen der Gesellschaft an Kindertageseinrichtungen dargestellt. Sie bedingen ein Spannungsfeld, da Kindertagesstätten einerseits Dienstleistungs- und andererseits Bildungseinrichtungen sein sollen. Es wird aufgezeigt, dass Erziehung und Bildung etwas anderes als Dienstleistungen sind. Der Bildungsbegriff wird diskutiert – zum einen aus historischer Sicht, zum anderen anhand der wenigen Publikationen von Elementarpädagog/innen zu dieser Thematik. Danach wird kurz auf die Bildungspläne der deutschen Bundesländer für den Elementarbereich eingegangen. Abschließend werden Implikationen für die Psychoanalytische Pädagogik herausgearbeitet.

Autorinnen und Autoren

Cath Arnold, MA in Education, stellvertretende Direktorin des Forschungs-, Entwicklungs-, Ausbildungs- und Führungszentrums des »Pen Green Centres for Under Fives and Their Families« in Corby, Northamptonshire, Großbritannien. Langjährige Erfahrung mit unterschiedlichen Betreuungssettings für Vorschulkinder, veröffentlichte mehrere Bücher zu frühkindlicher Entwicklung und Lernen im Vorschulalter.

Gertrude Bogyi, Dr. phil., klinische Psychologin und Psychotherapeutin (IP) an der Universitätsklinik für Neuropsychiatrie des Kindes und Jugendalters in Wien, psychotherapeutische Leiterin des »Ambulatoriums für Kinder und Jugendliche in Krisensituationen – die Boje« in Wien.

Helmuth Figdor, Univ. Doz., Dr. phil., Lehrbeauftragter an der Universität Wien und an der Universität für Musik und Darstellende Kunst, Wien; Psychoanalytiker (WPV /IPA), Kinderpsychotherapeut und Erziehungsberater in freier Praxis, Vorsitzender der APP (Arbeitsgemeinschaft Psychoanalytische Pädagogik); Leiter der Ausbildung zum/zur psychoanalytisch-pädagogischen Erziehungsberater/in.

Kathrin Fleischmann, Mag. phil., Studium der Pädagogik und Sonder- und Heilpädagogik an der Universität Wien, arbeitet derzeit als Betreuerin in einer Wohngemeinschaft für Menschen mit geistiger Behinderung und als Tutorin am Institut für Bildungswissenschaft der Universität Wien.

Rolf Göppel, Dr. phil. habil., Professor für Allgemeine Pädagogik an der Pädagogischen Hochschule Heidelberg. Stellvertretender Vorsitzender der Kommission »Psychoanalytische Pädagogik« in der Deutschen Gesellschaft für Erziehungswissenschaft. Zu seinen Arbeitsschwerpunkten zählen: Psychoanalytische Pädagogik, Kinder- und Jugendforschung, Risiko- und Resilienzforschung.

Daniela Kobelt Neuhaus, lic. phil., dipl. heilpäd., Leiterin des afw – Arbeitszentrum Fort- und Weiterbildung am Elisabethenstift Darmstadt, in der Professionalisierung von pädagogischen Fachkräften engagiert. Entwicklung zahlreicher Fort- und Weiterbildungsprogramme, Lehraufträge an zwei Fachhochschulen zum Schwerpunkt frühe Bildung und »Pädagogik der Vielfalt« .

Gerd E. Schäfer, Univ. Prof., Dr., Lehrstuhl für Allgemeine Erziehungswissenschaft unter besonderer Berücksichtigung der Pädagogik der Frühen Kindheit, Familie, Jugend. Schwerpunkte: Bildungsforschung in der Frühen Kindheit, Spiel, Ästhetische Erziehung, Psychoanalytische Pädagogik, qualitative Forschung. Mehrere Projekte zur Professionalisierung frühkindlicher Bildung Letzte Publikation zum Thema Frühkindliche Bildung: Schäfer, G. E. (Hg.): Bildung beginnt mit der Geburt. 2. veränd. Auflage 2005.

Iram Siraj-Blatchford, Professorin für Early Childhood Education am Institute for Education, University of London, Gastprofessorin an der Bejing Normal University und am Institute for Education in Hong Kong; berät und kooperiert mit internationalen Organisationen wie UNESCO und ECCE; forscht u. a. zur Qualität von Vorschuleinrichtungen; sie ist Co-Direktorin des Projekts »The Effective Provision of Pre-School Education Project« – EPPE, an dem sie zusammen mit Kathy Sylva (University Oxford), Edward Melhuish (Institute for the Study of Children, Family and Social Issues, Birbeck, University of London), Brenda Taggart, Pam Sammons und Karen Elliot (alle Institut of Education, University of London) arbeitet.

Kathy Sylva, Professorin für Pädagogische Psychologie an der University of Oxford, Department of Educational Studies; ein Arbeitsschwerpunkt ist u.a. die Evaluation pädagogischer Qualität in der Früherziehung und in der Grundschule unter besonderer Berücksichtigung der kognitiven, sprachlichen und sozialen Entwicklung von Kindern; sie ist Principal Investigator im Projekt »The Effective Provision of Pre-School Education Project« – EPPE.

Colette Tait, MA in Integrated Provision for Children and Families, arbeitet als Forscherin im »Pen Green Centre for Under Fives and Their Families« in Corby, Northamptonshire, Großbritannien.

Martin R. Textor, Dr. phil., wissenschaftlicher Angestellter am Staatsinstitut für Frühpädagogik in München. Zahlreiche Publikationen zu Themen aus den Bereichen Elementarpädagogik, Sozialarbeit und Familienforschung, (Mit-)Herausgeber der Websites www.kindergartenpaedagogik.de, www.familienhandbuch.de, www.SGBVIII.de und www.kindertagesbetreuung.de. Seine Website: www.martin-textor.de

Elisabeth Vock, Abteilungsvorständin an einer Bildungsanstalt für Kindergartenpädagogik in Wien, Studentin der Pädagogik und Sonder- und Heilpädagogik an der Universität Wien.

Die Mitglieder der Redaktion

Christian Büttner, Dr. phil., Diplom-Psychologe; seit 1973 Projektleiter der Hessischen Stiftung Friedens- und Konfliktforschung (Forschungsgruppe »Politische Psychologie«); Honorarprofessor an der Evangelischen Fachhochschule Darmstadt; freier Mitarbeiter der Hessischen Landeszentrale für politische Bildung (Bereich Lehrerfortbildung); Lehrbeauftragter an der Universität Frankfurt (Erziehungswissenschaften); Gründungs- und Vorstandsmitglied des Frankfurter Arbeitskreises für Psychoanalytische Pädagogik; Arbeitsschwerpunkte: Aggressionsforschung, Medien, Erwachsenenbildung.

Wilfried Datler, Dr. phil., Ao Univ.-Prof., leitet die Forschungseinheit Psychoanalytische Pädagogik und die Arbeitsgruppe für Sonder- und Heilpädagogik am Institut für Bildungswissenschaft der Universität Wien. Er ist Lehranalytiker im Österreichischen Verein für Individualpsychologie, stv. Vorsitzender der Arbeitsgemeinschaft für Psychoanalytische Pädagogik (APP) Wien und im Vorstand der Kommission Psychoanalytische Pädagogik der Deutschen Gesellschaft für Erziehungswissenschaft. Er arbeitet zu Fragen im Grenz- und Überschneidungsbereich von Psychoanalyse, Pädagogik und Psychotherapie.

Annelinde Eggert-Schmid Noerr, Dr. phil., Dipl.-Päd., Psychotherapeutin in freier Praxis; Professorin an der Katholischen Fachhochschule Mainz; Lehrbeauftragte der Universität Frankfurt/M.; Arbeitsschwerpunkte und Veröffentlichungen: Geschlechtsspezifische Sozialisation, Randgruppenproblematik. Vorstandsmitglied des Frankfurter Arbeitskreises für Psychoanalytische Pädagogik.

Urte Finger-Trescher, Priv.-Doz., Dr. phil., Dipl.-Päd., Gruppenanalytikerin; Weiterbildung in Familientherapie; Leiterin der Beratungsstelle für Eltern, Kinder und Jugendliche der Stadt Offenbach, Vorsitzende des Frankfurter Arbeitskreises für Psychoanalytische Pädagogik e.V., Privatdozentin an der Gesamthochschule/Universität Kassel, Gastprofessorin am Institut für Bildungswissenschaft der Universität Wien. Arbeitsschwerpunkte: psychoanalytisch orientierte Methoden der Arbeit mit Gruppen, Psychoanalytische Pädagogik in der öffentlichen sozialpädagogischen Versorgung.

Hans Füchtner, Dr. phil., Professor für Sozialisation und Sozialpsychologie im Fachbereich Sozialwesen der Universität/Gesamthochschule Kassel; Veröffentlichungen zur Psychoanalytischen Pädagogik und psychoanalytischen Sozialpsychologie sowie zu politikwissenschaftlichen Problemen Lateinamerikas.

Johannes Gstach, Mag., Dr. phil., Assistenzprofessor in der Forschungseinheit Psychoanalytische Pädagogik des Instituts für Bildungswissenschaft der Universität Wien; Absolvent der Ausbildung zum psychoanalytisch-pädagogischen Erziehungsberater der Arbeitsgemeinschaft für Psychoanalytische Pädagogik Wien. Arbeitet zur Geschichte der Psychoanalytischen Pädagogik, zur Erziehungsberatung sowie zur Situation von Arbeitslosigkeit bedrohten Jugendlichen.

Heinz Krebs, Dr. phil., Dipl. Päd., Supervisor (DGSv), Kinder- und Jugendlichenpsychotherapeut, Psychoanalytischer Pädagoge (FAPP), Mitarbeiter einer Beratungsstelle für Eltern, Kinder und Jugendliche und Tätigkeit in freier Praxis mit den Schwerpunkten Beratung, Kinder- und Jugendlichenpsychotherapie, Supervision und Fortbildung; zweiter Vorsitzender des Frankfurter Arbeitskreises für Psychoanalytische Pädagogik e.V.; Lehrbeauftragter an der J.W. Goethe-Universität, Frankfurt/M.; Veröffentlichungen zu den Arbeitsschwerpunkten.

Burkhard Müller, Prof. Dr. theol., Professor für Sozialpädagogik an der Universität Hildesheim; ehemaliges geschäftsführendes Mitglied im Vorstand der Kommission »Psychoanalytische Pädagogik« der Deutschen Gesellschaft für Erziehungswissenschaft. Arbeitsschwerpunkte: Theorie, Methoden und Professionsgeschichte sozialer Arbeit, Jugendarbeit, Gruppendynamik, Supervision, Psychoanalytische Pädagogik.

Kornelia Steinhardt, Mag., Dr. phil., Universitätsassistentin in der Arbeitsgruppe für Sonder- und Heilpädagogik, Forschungseinheit Psychoanalytische Pädagogik am Institut für Bildungswissenschaft der Universität Wien, Supervisorin (ÖVS) und Gruppenanalytikerin (ÖAGG), Psychoanalytikerin i.A. (WPV). Arbeitet über frühe Entwicklungsprobleme und Entwicklungsstörungen, Supervision und Beratung.

Luise Winterhager-Schmid, Prof. Dr. phil., Studium der Germanistik, Geschichte, Politikwissenschaft, Pädagogik, Lehramt am Gymnasium; Professorin für Erziehungswissenschaft an der Pädagogischen Hochschule Ludwigsburg; ehemaliges geschäftsführendes Mitglied im Vorstand der Kommission »Psychoanalytische Pädagogik« der Deutschen Gesellschaft für Erziehungswissenschaft. Arbeitsschwerpunkte: Allgemeine Pädagogik, Jugendtheorie, Mädchen- und Frauenbildung, Psychoanalytische Pädagogik, Historische Pädagogik.

Lieferbare Bände des Jahrbuchs für Psychoanalytische Pädagogik Psychosozial-Verlag – Gießen

Band 8 (1997)

Themenschwerpunkt: Arbeit in heilpädagogischen Settings. *Elfriede Kraft und Achim Perner:* Vom Objekt der Betreuung zum Subjekt des Wunsches. Über psychoanalytische Sozialarbeit mit einer achtzehnjährigen Frau. - *Susanne Kupper-Heilmann und Christoph Kleemann:* Heilpädagogische Arbeit mit Pferden. - *Bernadette Neuhaus*: Das Psychodramaspiel mit Kindern an einer Schule für Erziehungshilfe. - *Ulrike Schaab*: Psychoanalytische Pädagogik als Möglichkeit einer dialogischen Heilpädagogik in der Arbeit mit geistig behinderten Menschen. - *Kornelia Steinhardt:* Supervision als Ort der Reflexion des beruflichen Selbstverständnisses von Heilpädagogen.
Psychoanalytische Reflexionen über Ethnie, Kultur und Identitätsentwicklung: Eine Diskussion. *Hans Füchtner:* Für »Ethnische Identität« – gegen Freud. Kritische Anmerkun- gen zu Erdheims Thesen über Familie, Kultur und Ethnizität. - *Mario Erdheim:* Erwiderung auf Hans Füchtners Kritik. - *Hans Füchtner:* Nachbemerkung.
Literaturumschau: *Bernhard Natschläger:* Erziehungsberatung als Gegenstand psychoanalytisch-pädagogischer Veröffentlichungen. Ein Literaturbericht. - *Bernhard Natschläger:* Über weitere jüngere Veröffentlichungen zu speziellen Praxisfeldern und Fragestellungen Psychoanalytischer Pädagogik. – **Rezensionen.**

Band 9 (1998)

Themenschwerpunk: Jugendhilfe und Psychoanalytische Pädagogik. *Burkard Müller, Urte Finger-Trescher und Heinz Krebs:* Jugendhilfe und Psychoanalytische Pädagogik. Zur Einführung in den Themenschwerpunkt. - *Heinz Krebs und Burkhard Müller:* Der psychoanalytisch-pädagogische Begriff des Settings und seine Rahmenbedingungen im Kontext der Jugendhilfe. - *Hans-Werner Eggemann-Dann:* Was zählt, kann man (er)zählen. Die Bedeutung der institutionellen Erziehungsberatung für die Kinder- und Jugendhilfe. - *Renate Dohmen-Burk:* An der Schwelle zum Berufsleben: Aus der Arbeit einer Beratungsstelle für Jugendliche und junge Erwachsene ohne Ausbildung. - *Beate Szypkowski:* Vor Ort und hautnah – Sozialpädagogische Familienhilfe. - *Burkard Müller:* Authentizität als sozialpädagogische Aufgabe – erläutert am Beispiel Schuldnerberatung. -
Beiträge aus nicht-deutschsprachigen Ländern: *Francis Imbert:* »Bolid-Kinder« und die Arbeit des Pädagogen. - *Mireille Cifali:* Das pädagogische Verhältnis: Zwischen Verstrickung und Distanzierung. - *Leendert Frans Groenendijk:* Psychoanalytisch orientierte Sexualaufklärung vor dem Zweiten Weltkrieg.
Literaturumschau: *Regina Studener, Wilfried Datler:* Lese- und Rechtschreibschwierigkeiten als eine spezifische Form von Lernschwierigkeiten – ein Thema Psychoanalytischer

Pädagogik? *Bernhard Natschläger:* Über weitere aktuelle Publikationen zu verschiedenen Fragestellungen Psychoanalytischer Pädagogik. – **Rezensionen.**

Band 10 (1999)

Themenschwerpunkt: Die frühe Kindheit. Psychoanalytisch-pädagogische Überlegungen zu den Entwicklungsprozessen der ersten Lebensjahre. *Wilfried Datler, Christian Büttner, Urte Finger-Trescher:* Psychoanalyse, Pädagogik und die ersten Lebensjahre. Zur Einführung in den Themenschwerpunkt. - *Rolf Göppel:* Die Bedeutung der frühen Erfahrungen oder: Wie entscheidend ist die frühe Kindheit für das spätere Leben. - *Gerd E. Schäfer:* Bildung beginnt mit der Geburt. - *Martin Dornes:* Spiegelung – Identität – Anerkennung: Überlegungen zu kommunikativen und strukturbildenden Prozessen der frühkindlichen Entwicklung. - *Karin Messerer:* Ein psychoanalytisch-pädagogischer Blick in die Praxis der Mobilen Frühförderung: Ausschnitte aus der Geschichte von Natalie und ihrer Familie. - *Isca Salzberger-Wittenberg:* Kurztherapeutische Arbeit mit Eltern von Kleinkindern. - *Gertraud Diem-Wille:* »Niemand hat mir jemals etwas gesagt ...« Die Falldarstellung einer Eltern-Kleinkind-Therapie aus der Tavistock Clinic. - *Ludwig Janus:* Zur Thematisierung vorgeburtlicher und geburtlicher Erfahrungen in pädagogischen Zusammenhängen – Ideen und Vorstellungen.
Psychoanalytische Aspekte von Lernen und Lernbehinderung: *Dieter Katzenbach:* Kognition, Angstregulation und die Entwicklung der Abwehrmechanismen. Ein Beitrag zum Verständnis behinderter Lernfähigkeit.
Literaturumschau: *Ulrike Kinast-Scheiner:* Geschwisterbeziehungen: Ein Bericht über tiefenpsychologische und psychoanalytisch-pädagogische Veröffentlichungen. - *Ulrike Kinast-Scheiner:* Über aktuelle Publikationen zu verschiedenen Fragestellungen Psychoanalytischer Pädagogik. - **Rezensionen.**

Band 11 (2000)

Themenschwerpunkt: Gestalten der Familie – Beziehungen im Wandel. *Christian Büttner, Heinz Krebs, Luise Winterhager-Schmid:* Einführung in den Themenschwerpunkt. - *Andreas Lange, Kurt Lüscher:* Vom Leitbild zu den Leistungen. Eine soziologische Zwischenbilanz des aktuellen Wandels von der Familie. - *Michael B. Buchholz:* Wie kann Familienberatung und Familientherapie auf die sich ändernden Familienprobleme antworten? - *Urte Finger-Trescher:* Psychosoziale Beratung von Familien im institutionellen Kontext. Aktuelle Fragen und konzeptionelle Überlegungen. - *Udo Rauchfleisch:* Familien mit gleichgeschlechtlichen Paaren. Probleme und Chancen. - *Frank Dammasch:* Das Kind, seine alleinerziehende Mutter und der virtuelle Vater. - *Fakhri Khalik:* Leben in zwei Heimatländern. Erfahrungen aus der psychotherapeutischen Arbeit mit Mitgliedern aus Migrantenfamilien. - *Carsten Rummel:* Die Freiheit, das Chaos der Liebe und die Notwendigkeit einer neuen Generationenethik.

Literaturumschau: *Ulrike Kinast-Scheiner:* Psychoanalytische Beiträge zum Prozeß des Alterns. - *Katharina Ereky, Judit Richtarz:* Über aktuelle Publikationen zu verschiedenen Fragestellungen Psychoanalytischer Pädagogik. - **Rezensionen**

Band 12 (2001)

Themenschwerpunkt: Das selbständige Kind. *Annelinde Eggert-Schmid Noerr:* Das modernisierte Kind. Einleitung in den Themenschwerpunkt. - *Luise Winterhager-Schmid:* Die Beschleunigung der Kindheit. - *Rolf Göppel:* Frühe Selbständigkeit für Kinder – Zugeständnis oder Zumutung. - *Wilfried Datler, Katharina Ereky, Karin Strobel:* Alleine unter Fremden. Zur Bedeutung des Trennungserlebens von Kleinkindern in Kinderkrippen. – *Martina Hoanzl:* Vom Land, in dem es keine Eltern gibt: Geschwisterliche Themen und deren mögliche Bedeutung im Prozess des Heranwachsens. - *Burkhard Müller:* Wie der »aktive Schüler« entsteht. Oder: »For learning for love to the love of learning«. Ein Vergleich von Ansätzen Fritz Redls, Rudolf Eksteins und Ulrich Oevermanns. - *Gerd E. Schäfer:* Selbst-Bildung als Verkörperung präreflexiver Erkenntnistheorie.
Literaturumschau: *Katharina Ereky:* Präödipale Triangulierung: Zur psychoanalytischen Diskussion um die Frage nach des Entstehens der frühen familiären Dreiecksbeziehungen. – *Natascha Almeder und Barbara Desch:* Über aktuelle Publikationen zu verschiedenen Fragestellungen Psychoanalytischer Pädagogik. - **Rezensionen.**

Band 13 (2002)

Themenschwerpunkt: **Professionalisierung in sozialen und pädagogischen Feldern. Impulse der Psychoanalytischen Pädagogik.** *Burkhard Müller, Heinz Krebs, Urte Finger-Trescher:* Professionalisierung in sozialen und pädagogischen Feldern. Impulse der Psychoanalytischen Pädagogik. - *Burkhard Müller:* Beziehungsarbeit und Organisation. Erinnerung an eine Theorie der Professionalisierung sozialer Arbeit. - *Heinz Krebs:* Emotionales Lernen in der Schule – Aspekte der Professionalisierung von Lehrerinnen und Lehrern. - *Helmuth Figdor:* Psychoanalytisch-pädagogische Erziehungsberatung. Theoretische Grundlagen. - *Heiner Hirblinger:* Ein »Organ für das Unbewußte« auch für Lehrer? Der Beitrag der psychoanalytischen Pädagogik zur Frage der Professionalisierung in der Lehrerbildung. - *Franz-Josef Krumenacker:* Professionalisierung im pädagogisch-therapeutischen Milieu. - *Annelinde Eggert-Schmid Noerr:* Über Humor und Witz in der Pädagogik.
Literaturumschau: *Wilfried Datler, Margit Datler, Irmtraud Sengschmied, Michael Wininger:* Psychoanalytisch-pädagogische Konzepte der Aus- und Weiterbildung. Eine Literaturübersicht. - *Natascha Almeder, Barbara Desch:* Über aktuelle Publikationen zu verschiedenen Fragestellungen Psychoanalytischer Pädagogik. - **Rezensionen.**

Band 14 (2004)

Themenschwerpunkt: Sie sind wie Novellen zu lesen ... Zur Bedeutung von Falldarstellungen in der Psychoanalytischen Pädagogik. *Wilfried Datler:* Wie Novellen zu lesen ...: Historisches und Methodologisches zur Bedeutung von Falldarstellungen in der Psychoanalytischen Pädagogik. - *Günther Bittner:* Was kann man »aus Geschichten lernen«? - *Vera King:* Generationen- und Geschlechterbeziehungen in Freuds Fall ›Dora‹. Ein Lehrstück für die Arbeit mit Adoleszenten. - *Brigitte Boothe:* Die Fallgeschichte als Traumnovelle: Eine weibliche Erzählung vom Erziehen. - *Inge Schubert:* Die *Offene Klassenrunde* – ein gruppenanalytisches Setting in der Schule. - *Urte Finger-Trescher, Wilfried Datler:* Gruppenanalyse in der Schule? Einige Anmerkungen zum Beitrag von Inge Schubert. - *Jürgen Körner, Burkhard Müller:* Chancen der Virtualisierung – Entwurf einer Typologie psychoanalytisch-pädagogischer Arbeit.
Literaturumschau: *Katharina Gartner:* Warum der kleine Ernst eine Holzspule schleudert. Oder: Die psychoanalytische Theorie der Bearbeitung von Erlebnisinhalten im Spiel. - *Andrea Tober, Michael Wininger:* Jüngere Publikationen zu speziellen Praxisbereichen und Fragestellungen der Psychoanalytischen Pädagogik. - **Rezensionen**

www.ingramcontent.com/pod-product-compliance
Ingram Content Group UK Ltd.
Pitfield, Milton Keynes, MK11 3LW, UK
UKHW040024200726
13854UKWH00001B/344

9 783898 063913